미국법상의

대표당사자소송

오 시 영

법률저널

인 사 말

모래 이야기

이 세상은 사막이다. 사막은 모두가 길이고, 모두가 길이 아니다. 사막을 걷는 자는 오아시스를 만나든지 목마름을 만난다. 삶과 죽음의 경계를 걷는다. 몽골의 고비사막을 걸었고, 모래산 명사산을 올랐고, 페루의 와카치나 사막을 달렸다. 저 많은 모래알은 도대체 어디서 어떻게 만들어져 거대한 산을 만들고 모래바다를 이루는 것일까? 어쩌면 태초의 태산의 일부였을 저 모래알들, 쪼개지고 깎여지고 다듬어져 생의 마지막 존재로 살아 숨 쉬는 저 모습이야말로 바로 우리 인간의 모습이 아니겠는가.

모래알을 집어 엄지와 검지로 맞비벼본 적이 있는가? 그대의 손바닥에 모래알 하나 올려놓고 다른 손 엄지로 누르며 쓰다듬어 본 적이 있는가? 그 모래알이 당신의 피부를 찌르듯 아프게 자극하는 것을 느껴본 적이 있는가? 모래알은 마지막 삶의 자존심이다. 멀지 않아 모래알은 더 닳아져 먼지가 되어 이 세상에서 사라질지 모른다. 어쩌면 세상은 모래알의 존재를 그렇게 운명 짓고, 무시할지도 모른다. 모래알 스스로도 그렇게 자신을 폄훼하고 좌절할지도 모른다. 하지만 인간의 모든 욕망으로 세워진 저 바벨탑이, 하늘 높은 줄 모르고 치솟는 저 마천루가 이 작은 모래 알갱이 하나하나의 뭉쳐짐으로 쌓아올려진 거대한 탑이라는 사실을 그대는 아는가? 작은 모래알의 힘은 강하고 세다. 삶의 마지막일지도 모를 실존과 이데아의 경계에서 한 알의 모래알이 토해내는 에너지의 힘은 무한하다. 어느 누가 감히 모래알을 무시할 수 있단 말인가.

미국법상의 대표당사자소송제도는 필자가 미국 시카고 일리노이공과대학교(IIT) 켄트 로스쿨에서 연구년 동안 주제로 삼았던 연구과제였다. 그 결과물을 이 저서로 내어 놓게 되었다. 대표당사자소송은 모래알들의 반란이다. 대기업이나 거대한 공권력의 가해행위로 인해 불특정 다수의 약자들이 소액의 피해를 보았으면서도 피해배상절차에 빼앗기는 시간과 비용이 배상받을 금액보다 크다 보니 소송을 통한 구제를 포기함으로써 가해자인 대기업 등이 오히려 이익을 취하고, 불특정 다수에게 소액의 피해를 주는 행위를 반복하는 악순환을 끊을 수 있는 제도가 대표당사자소송이다. 한 알의 모래알이 대표로 삐져나와 가해자인 대기업 등 가해자의 살갗을 뚫고 들어가면 가해자들이 저 사막의 모래알 하나하나에게 모두

배상을 해주거나, 두 번 다시 위법행위를 저지르지 못하게 하는 소송결과를 얻어낼 수 있는 것이 대표당사자소송이다. 사막을 이루는, 마천루의 꼭대기를 이루는 모래알의 힘이 크고 강하듯 대표당사자소송에서 한 사람의 대표자의 힘은 크다. 아니 모든 모래알 하나하나의 힘은 크다.

증권관련집단소송법과 소비자기본법에 예외적으로 허용되고 있는 집단소송제도가 본 저서의 출간으로 일반 소송제도로 확장되는 논의의 장이 열리기를 희망한다. 자동차, 전자제품, 의약품, 음식료품 등 불량제품으로 인한 불특정 다수에 대한 피해가 속출하고 있고, 인터넷 해킹을 비롯한 개인정보유출이나 공해물질배출 등으로 인한 소액 다수의 피해가 양산되고 있다. 이러한 피해를 구제하는 수단으로 대표당사자소송은 그 존재가치가 대단히 크다고 하겠다. 그런 연고로 대기업 등은 자신들을 겨냥하는 불화살이 될 수도 있는 대표당사자소송의 도입을 극력 반대하고 있다. 대표당사자소송의 일반소송제도화를 두려워하고 있는 것이다. 그러나 이러한 제도의 도입이야말로 갑질에 익숙해 있는 대기업들에 대한 사법적 제재수단이 될 수 있고, 약자인 을일 수밖에 없는 수많은 모래알 국민들에게는 훌륭한 피해구제방안이 될 수 있다. 영미법상의 대표당사자소송이나 독일 등 대륙법상의 집단소송제도는 이미 OECD 국가 중 상당수가 수십 년 전부터 채택하고 있는 소송법상의 구제수단이다. 세계 10위권의 경제력을 확보한 우리 대한민국이 이를 채택하지 못할 하등의 이유가 없다고 하겠다.

이 저서의 출간에 많은 도움을 준 켄트로스쿨의 조성준 교수와 Kevin McClure 선생에게 감사를 드리고, 자료정리에 도움을 준 서연이 양에게도 고마움을 전한다. 어려운 주제를 잘 정리할 수 있도록 격려를 아끼지 않은 이선미 선생님께도 감사를 드린다. 시카고대학에서 학업에 정진 중인 아들 형민과 연구실에서 많은 시간을 보내고 있는데도 묵묵히 지켜봐준 아내에게도 감사한 마음을 전한다. 이 저서가 출간될 수 있도록 배려해 준 법률저널의 공병익 사장님과 이상연 국장님, 이 책의 편집을 맡아 준 강미정 선생에게도 감사를 드린다.

작은 모래 한 알의 힘이 크듯, 대표당사자소송의 불특정 다수의 약자들의 힘도 크다고 믿는다. 사막에서 모래바람 불 듯, 하루 속히 대표당사자소송제도가 일반소송법제도로 도입되어 불특정 다수의 소액피해자들이 법적인 보호를 받기 바란다. 모래알은 힘이 세다.

2015. 8.

하늘꽃서실에서

지은이

목 차

제 1 편

총 론

담 쟁 이

도 종 환

저것은 벽
어쩔 수 없는 벽이라고 우리가 느낄 때
그때
담쟁이는 말없이 그 벽을 오른다
물 한 방울 없고 씨앗 한 톨 살아 남을 수 없는
저것은 절망의 벽이라고 말할 때
담쟁이는 서두르지 않고 앞으로 나아간다
한 뼘이라도 꼭 여럿이 함께 손을 잡고 올라간다
푸르게 절망을 다 덮을 때까지
바로 그 절망을 잡고 놓지 않는다
저것은 넘을 수 없는 벽이라고 고개를 떨구고 있을 때
담쟁이 잎 하나는 담쟁이 잎 수천 개를 이끌고
결국 그 벽을 넘는다

(시집 '당신은 누구십니까"에 수록, 1993)

제1절 서 론

현대사회는 불특정 다수인 사이에서 집단적 분쟁이 수없이 발생하는 사회구조라 할 수 있다. 이는 대량생산과 대량소비를 전제로 하는 현대사회의 구조적 문제이기도 하고, 공해소송이나 제조물책임과 같은 불특정 다수를 상대로 하는 사실관계 또는 법률관계에서 대량피해자가 발생은 현대사회의 특징이기도 하다. 그런데 피해를 입은 불특정 다수의 소비자나 경제적 약자는 그러한 대량피해로부터 발생하는 개인적 피해액이 지나치게 소액이다 보니 많은 비용과 시간을 필요로 하는 민사소송을 통해 구제받기 어려운 현실적인 문제에 부딪히게 된다. 결국 소송절차를 통해 구제를 받더라도 실질적으로 투자된 비용과 시간 등을 고려할 때 그에 상응한 피해배상을 받지 못하고 오히려 더 큰 손해를 입게 되는 결과마저 야기되기도 한다.

이러한 불특정 다수에 의한 소액피해배상문제를 해결하기 위한 소송구제방법으로 개발된 제도가 집단소송제도라 할 수 있다. 이러한 집단소송제도의 대표적인 것으로 영미법 국가에서 판례를 통해 발전해 오다 성문법으로 체계를 잡게 된 대표당사자소송(Class Action)[1]과, 독일, 프랑스, 오스트리아 등 대륙법 계통에서 발전해 온 단체소송(Verbandsklage)이 있다.

영미법상의 대표당사자소송은 판례를 통해 발달해 온 집단소송제도로, 미국에서는 1966년에 이르러 연방민사소송규칙(Federal Rule of Civil Procedure, FRCP)[2] 제23조로 성문화되기에 이르렀다. 이 제도는 피해자집단(Class)[3] 중에서 한 명 또는 소수의 대표당사자가 나서서 그 단체에 속한 구성원 전체의 청구금액을 일괄 청구하여 하나의 소송절차에서 전체 구성원의 권리를 구제받는 방법

1) class action을 이하 대표당사자소송이라 한다.
2) 이하 연방규칙이라 한다.
3) class를 이하 단체라 한다.

으로 주로 손해배상청구나 일정한 금지명령이나 부작위위법확인소송에서 이용되고 있다.

한편 대륙법상의 단체소송은 직접 피해자가 아닌 단체, 예를 들어 환경단체나 소비자단체 등이 대신 당사자로 나서서 피해자의 이익을 대표하여 가해자에 대한 부작위청구권을 행사하는 집단소송제도라 할 수 있다. 이러한 단체소송의 대표적인 것으로 독일의 부정경쟁방지법(UWG), 보통계약약관의 규율에 관한 법률(AGBG) 등에 의해 시행되고 있는 단체소송이 있다. 이러한 대륙법계통의 단체소송은 피해자집단 중에서 대표당사자가 나서는 영미법상의 대표당사자소송과 달리 소비자단체나 환경단체 등과 같은 공익단체가 직접 소송의 주체로 나서서 계속적 위법행위를 자행하는 기업 등을 상대로 그러한 위법행위의 중지를 구하는 부작위청구권을 행사하는 데 이용되고 있다. 물론 영미법상의 대표당사자소송에도 손해배상을 구하면서 더 이상의 위법행위를 하지 못하도록 하는 금지명령청구를 함께 하는 경우도 있지만, 일반적으로 영미법상의 대표당사자소송은 피해에 대한 금전손해배상을 받는데 주목적이 있고, 대륙법상의 단체소송은 금전손해배상보다는 가해자의 부작위를 구하여 향후 동일 유사한 위법행위를 더 이상 하지 못하도록 하는 데에 주목적이 있다는 점에서, 양 제도는 다소 차이가 있다고 하겠다.

우리 민사소송법은 위와 같은 집단소송제도를 일반적인 제도로 채택하고 있지 않다. 다만 증권관련집단소송법은 유가증권의 거래과정에서 불특정 다수의 집단적 피해가 발생한 경우에 그 중 일정 수의 주주가 대표당사자로 나서서 피해자집단 구성원 전원을 위한 손해배상청구소송을 수행할 수 있도록 보장하고 있고, 소비자기본법은 사업자가 소비자 권익 관련기준(안전 · 거래 · 표시 · 광고 · 개인정보 관련기준 등)을 위반하여 소비자의 생명 · 신체 또는 재산에 대한 권익을 직접적으로 침해하고 그 침해가 계속되는 경우에 소비자단체가 직접 나서서 그 권리침해행위의 금지 · 중지를 구할 수 있는 부작위청구소송의 수행을 인정하고 있다. 즉 증권관련집단소송법은 일종의 영미법상의 대표당사자소송을, 소비자기본법은 대륙법상의 단체소송을 인정하고 있다고 하겠다. 하지만 현재 우리는 집단소송을 위 두 특별법에서만 인정하고 있을 뿐 민사소송법에서는 일반적 제도로 인정하고 있지 아니하다.

그렇지만 현대사회는 위 두 특별법 경우 이외에도 공해소송, 제조물소송, 정보산업관련소송, 약관관련소송 등 수많은 분야에서 집단소송제도의 도입 필요성이 점차 높아지고 있다.

이 저서는 이러한 시대적 상황에 비추어 필자가 미국에서 연구년 동안 연구한 영미법, 특히 미국에서 현재 시행 중에 있는 대표당사자소송제도를 국내에 소개하고, 우리 민사소송법체계에서 일반적 제도로 대표당사자소송제도를 도입할 필요성은 없는지 등에 대하여 살펴보고자 한다. 특히 미국에서 시행되고 있는 대표당사자소송제도와 관련하여 대표당사자소송분야, 대표당사자소송의 개시, 사전증거조사(Discovery),[4] 단체의 인증절차, 단체구성원들에 대한 공지 및 구성원들의 탈퇴, 단체 구성원 상호 간의 의견교환, 대표당사자소송과 관련된 헌법조항에 대한 검토, 집단소송절차에서의 화해 또는 합의, 관할을 둘러싼 쟁점, 항소심절차, 구성원들의 쟁점에 대한 구속력의 효과 및 일사부재리원칙의 적용 여부, 기본적 민사소송절차 등 대표당사자소송 전반에 걸쳐 살펴보고자 한다.

그리고 대표당사자소송제도 이외에도 현재 미국에서 시행되고 있는 통상적인 공동소송제도, 제3당사자소송절차, 권리경합확인소송, 제3자의 소송참가 등 다수당사자소송제도에 대하여도 간단히 살펴보기로 한다. 이러한 제도들은 다수당사자가 관여한다는 점에서 대표당사자소송제도와 유사한 면이 있다. 즉 다수당사자소송과 관련하여 여러 주에 관할권이 걸쳐 있는 광역관할소송, 파산법에 따른 다수 채권자들의 다수의 소송을 둘러싼 파산법원의 통합관할 등도 연방규칙 등에 의하여 규율되고 있다. 따라서 다수가 관련된 분쟁해결방법으로 대표당사자소송 이외에도 위와 같은 제도들이 함께 이용되고 있기 때문에 본 저서에서는 이러한 다양한 제도를 일종의 군중소송 내지 준대표당사자소송으로 보아 함께 살펴보고자 한다.

---

4) Discovery는 증거개시, 사전증거제출요구, 사전증거제출 등 여러 가지 의미로 사용될 수 있으나, 이하 미국에서의 다양한 목적에 비추어 사전증거조사라 한다. 이러한 의미 속에는 법원의 허가를 얻어 상대방이 보유하고 있는 증거에 대한 제출 요구 및 증거조사, 증거조사 후 수집된 증거자료를 법원에 제출하는 일련의 결과까지 포함되어 있는 것으로 한다.

제2절 연방규칙 제23조(대표당사자소송) 조문 내용

본서에 부록으로 첨부되어 있는 연방민사소송규칙(Federal Rule of Civil Procedure, FRCP) 조문 내용은 아래와 같다.

(a) 전제조건

하나의 소송에서 한 명 또는 그 이상의 구성원은 아래와 같은 경우에 모든 구성원의 대표당사자로서 소송을 제기하거나 소송에 응소할 수 있다.

(1) 소송의 당사자가 너무 많아 개별적인 공동소송 실행이 불가능한 경우

(2) 소송 단체에 공통된 사실상 또는 법률상 쟁점이 있는 경우

(3) 대표당사자의 청구 또는 항변이 전체 구성원의 전형적인 청구 또는 항변인 경우

(4) 대표당사자가 공정하고 적절하게 소송 집단의 이익을 대변하는 경우

(b) 대표당사자소송의 유형

대표당사자소송은 위 (a)의 내용이 충족되고, 아래의 내용을 충족하여야 한다.

(1) 개별적인 소송이 아래와 같은 위험을 초래하는 경우

(A) 개별 구성원들에 대한 판결이 불일치하거나 가지각색이어서 반대당사자에게 통일된 기준을 제시하지 못하게 되는 경우

(B) 개별 구성원들에 대한 판결의 결과가 판결의 당사자가 아닌 다른 구성원의 이익을 결정하거나, 이익을 보호받을 수 없도록 그들의 능력을 손상시키거나 방해하는 경우

(2) 대표당사자소송의 반대당사자가 단체에 일반적으로 적용되는 행위를 하거나 행위를 거부함으로써 최종적인 금지명령이나 확인명령이 필요

한 경우

(3) 법원은, 단체에 공통된 법률상 · 사실상 쟁점이 다른 개별 구성원들의 문제보다 더 우월하다거나, 대표당사자소송이 다른 구제방법에 비하여 분쟁을 공정하고 효과적으로 해결할 수 있다고 판단한 경우에, 추가로 (A) 개별적인 제소나 항변이 집단 구성원의 이익에 미치는 영향, (B) 이미 단체 구성원들에 의해 착수되거나 관련된 소송의 범위와 성격, (C) 특정 법원에 모든 소송을 통합하는 것이 바람직한가 여부, (D) 단체소송 과정에서 발생할 수 있는 문제점 등을 종합적으로 고려하여 대표당사자 소송을 허용할 것인지 여부를 결정하여야 한다.

(c) 단체인증 결정, 구성원에 대한 통지, 판결, 소송의 쟁점, 하위단체

(1) 단체인증 결정

(A) 증명의 시기 : 법원은 대표당사자소송을 제기하거나 대표당사자소송이 제기당한 경우 그 소송을 대표당사자소송으로 허가할 것인지 여부를 가능한 한 신속하게 결정하여야 한다.

(B) 단체의 정의 및 변호사 선임 : 대표당사자소송을 허가하는 결정[5]에는 단체, 청구, 소송에서의 쟁점 또는 항변에 대한 개념을 정의 내려야 하고, 제23조 (g)에 따라 변호사를 지명하여야 한다.

(C) 결정의 변경 또는 수정 : 법원은 최종 판결 이전에 단체인증[6] 또는 단체불인증 결정에 대하여 변경하거나 수정할 수 있다.

(2) 단체 구성원에 대한 통지[7]

(A) (b)(1)이나 (b)(2)의 단체 : 제23조(b)(1)이나 제23조(b)(2)에 의해 인증된 단체의 경우, 법원은 적절한 통지를 할 것을 단체에게 명할 수 있다.

(B) (b)(3)의 단체 : 제23조(b)(3)에 의해 인증된 단체의 경우, 법원은 인증 당시의 상황에서 최선의 방법으로 단체의 구성원에게 통지할 것을 명하여야 하며,

---

5) order는 판결, 결정, 명령 등 다양한 의미로 사용될 수 있으나, 우리 소송법체계에 맞춰 단체인증 또는 단체불인증의 경우에는 결정이라는 용어로 통일하여 사용하기로 한다. 법원의 소송지휘권에 의해 다른 사안에 대해 발령되는 경우에는 명령이라는 용어를 사용할 수도 있다.

6) Class Certification은 단체확인, 단체인증 등 여러 가지 의미로 사용될 수 있으나, 법원의 결정에 의해 단체로 인정된다는 재판 결과의 의미가 강하므로 이하에서는 단체인증이라는 용어로 통일하여 사용하기로 한다.

7) notice는 통지 또는 고지 등 다양한 의미로 사용될 수 있으나, 우리 소송법체계상 고지와 유사한 면도 없지 않지만 완전히 같다고도 할 수 없으므로, 이하에서는 통지라는 용어로 통일하여 사용하기로 한다.

합리적인 노력으로 인적사항을 알 수 있는 모든 구성원들에게 개별적으로 통지할 것을 명하여야 한다. 통지는 명확하고 간결하며 이해하기 쉬운 말로써 아래와 같은 내용을 포함하여 통지하여야 한다.

(i) 소송의 본질

(ii) 인증된 단체의 정의

(iii) 단체의 청구, 쟁점, 항변

(iv) 구성원이 원할 경우 변호사를 통해 법정에 출석할 수 있다는 사실

(v) 구성원이 탈퇴를 원할 경우 법원이 단체에서 그를 제외할 수 있다는 사실

(vi) 탈퇴를 요구할 수 있는 시기와 방법

(vii) 제23조(c)(3)의 단체에 대하여는 구성원에게 판결의 구속력이 생긴다는 사실

(3) 판결

단체에 대한 유리한 판결 또는 불리한 판결인지 여부와 상관없이 아래의 경우에는 판결의 효력이 구성원에게 반드시 미친다.

(A) 제23조(b)(1) 및 제23조(b)(2)에 의해 인증된 모든 단체의 경우에는 법원이 단체의 구성원으로 인정하여 포함시키고자 표현한 모든 구성원

(B) 제23조(b)(3)에 의해 인증된 모든 단체 및 제23조(c)(2)에 의해 인증된 단체의 경우에는 법원에 의해 구성원으로 파악되어 통지를 받고서도 탈퇴신청을 하지 아니한 모든 구성원

(4) 특정 쟁점

적합성이 인정될 경우처럼 특별한 경우에는 특정 쟁점에 대한 대표당사자소송을 제기할 수 있다.

(5) 하위단체

경우에 따라 단체는 여러 개의 하위단체로 세분화될 수 있고, 이 경우 각 하위단체는 이 법령의 적용을 받는 하나의 단체로 취급될 수 있다.

(d) 소송 지휘

(1) 일반적인 경우

법원은 이 규칙에 의해 재판을 진행함에 있어 아래와 같은 명령을 발할 수 있다.

(A) 소송절차를 결정하거나, 증거제출 및 변론에 있어 불필요한 반복이나 복잡함을 방지하기 위한 방법을 제시할 수 있다.

(B) 단체 구성원을 보호하고 공정한 소송을 수행하기 위해 단체 구성원 전부나 일부에게 아래와 같은 내용의 적절한 통지를 발할 수 있다.

(ⅰ) 소송의 단계별 절차

(ⅱ) 제시된 판결의 규모

(ⅲ) 구성원들이 대표당사자가 공정하고 적절하게 소송을 수행하였는지에 대한 의사표시를 할 수 있는 기회, 소송에 참가하여 청구 및 항변을 할 수 있는 기회, 기타 소송에 참여할 수 있는 기회

(C) 대표당사자나 소송참가자에 대한 조건의 부여

(D) 참여하지 않은 사람들의 대표성에 대한 의혹을 해소하기 위한 변론의 수정이나 그에 따른 소송절차의 수정 요구

(E) 기타 유사한 절차상의 문제에 대한 처리

(2) 여러 명령의 변경 또는 결합

제23조(d)(1)에 의한 명령은 경우에 따라 변경되거나 수정될 수 있고, 연방규칙 제16조에 의한 명령과 결합할 수 있다.

(e) 화해, 자발적 소 취하, 타협

인증된 단체의 청구, 쟁점, 항변에 대해 법원의 승인을 득하면 화해, 자발적 소 취하, 타협할 수 있으나, 이런 경우에도 아래의 절차에 의하여야 한다.

(1) 법원은, 제안된 화해나 소 취하가 성립한 경우 그 효력이 미치는 모든 구성원에게 합리적인 방법으로 통지할 것을 명하여야 한다.

(2) 법원은, 그 제안된 내용이 단체 구성원들을 구속할 경우 그것이 공정하고 상당하며 적절한지를 확인한 후 허가하여야 한다.

(3) 화해나 소 취하 허가를 받고자 하는 단체는 화해나 소 취하와 관련된 일체의 합의내용이 기재된 진술서를 법원에 제출하여야 한다.

(4) 법원은, 제23조(b)(1)에 의해 사전에 단체소송으로 인증된 소송에서 단체소송의 허가 사실을 통지받고도 탈퇴기간 내에 탈퇴신청을 하지 아니한 구성원들에게 다시 한 번 탈퇴신청기회를 주지 아니한 경우, 화해의 승인을 거절할 수 있다.

(5) 단체 구성원은 누구든지 제23조(e)에 따라 법원의 승인을 받아야 하는 화해나 소 취하에 대해 반대할 수 있다. 그 반대는 법원의 허가가 있어야만 철회할 수 있다.

(f) 항소

항소법원은 지방법원이 대표당사자소송의 인증 또는 불인증을 결정한 후 14일 이내에 항소허가신청서를 항소법원의 서기에게 제출한 경우에는 항소를 허가할 수 있다. 지방법원 또는 항소법원의 판사가 별도의 명령을 내리지 않는 한 지방법원에서의 절차는 정지되지 아니한다.

(g) 단체의 소송대리인

(1) 소송대리인의 선임

특별한 사정이 없는 한 단체소송을 허가한 법원은 단체의 소송대리인을 선임하여야 한다. 이때 법원은 아래 사항을 고려하여야 한다.

(A) 반드시 고려하여야 할 사항은 아래와 같다.

(i) 소송대리인이 당해 소송에서 가능한 청구사항을 확인하거나 조사하였는지 여부

(ii) 단체소송이나 다른 복잡한 소송 및 당해 소송에서 주장되는 청구와 같은 유형의 소송을 취급한 경험이 소송대리인에게 있는지 여부

(iii) 해당 법령에 대한 소송대리인의 지식

(vi) 당해 소송을 수행하기 위하여 비용을 책임질 수 있는 변호사의 경제적 능력

(B) 소송대리인이 공정하고 적절하게 단체의 이익을 대변할 수 있는 능력과 관련한 모든 사항들을 종합적으로 참고하여야 한다.

(C) 변호사 보수에 대한 것과 비조세비용을 산출하여 제출하고 선임에 필요한 관련 정보를 제출할 것을 소송대리인이 되고자 하는 변호사에게 명할 수 있다.

(D) 변호사 보수와 비조세비용의 산정은 제23조(h)에 의한다.

(E) 선임과 관련하여 기타 명령을 내릴 수 있다.

(2) 단체의 소송대리인 선정 기준

단체의 소송대리인이 되고자 원하는 변호사가 1인인 경우, 법원은 그 변호사가 제23조(g)(1) 및 제23조(g)(4)의 요건들을 갖춘 경우에 한하여 단체의 소송대리인으로 선임하여야 한다. 만일 단체의 소송대리인으로 선임되기를 원하는 변호사가 둘 이상인 경우, 법원은 그들 중 단체의 이익을 가장 잘 대변할 수 있는 변호사를 소송대리인으로 선임한다.

(3) 임시 소송대리인

법원은 단체인증 이전이더라도 임시로 소송대리인을 선정하여 구성원들을 대변하게 할 수 있다.

(4) 소송대리인의 의무

소송대리인은 공정하고 적절하게 단체의 이익을 대변하여야 한다.

(h) 변호사의 보수와 비조세비용

단체가 인증되면, 법원은 적절한 변호사 보수 및 비조세비용을 해당 법령 또는 당사자의 동의에 따라 다음과 같이 지급할 수 있다.

(1) 소송대리인은 변호사 보수 및 비조세비용의 청구는 연방규칙 제54조(d)(2) 및 제23조(h)의 세부조항에 의해 법원이 정한 기간 내에 신청하여야 한다. 이 경우 당사자 모두에게 보수 및 비용에 대한 신청 사실이 통지되어야 하고, 단체의 소송대리인에 의한 신청은 그 단체 구성원들에게 적절한 방법으로 통지되어야 한다.

(2) 단체 구성원이나 지급이 요구된 당사자는 그 신청에 대해 반대의견을 제시할 수 있다.

(3) 법원은 심문을 통해 사실을 확인한 후 연방규칙 제52조(a)에 의해 금액을 결정하여야 한다.

(4) 법원은 지급된 금액에 대한 쟁점들에 관하여 특별조사관 또는 하위법원판사에게 연방규칙 제54조(d)(2)(D)에 파라 조사를 회부할 수 있다.

제 2 편

미국의 대표당사자 소송제도

고 름

오 시 영

더럽다고 고개 돌리지 마라

널 살리기 위해
상처가
흘리는 눈물인 것을
몰랐더냐

살리기 위해 죽는
네 몸 안의 예수인 것을

(시집 '여수'에 수록, 2012)

제1절 서 론

영미법 국가에서 판례를 통해 발전해 온 대표당사자소송은 미국에서는 1966년에 제정된 연방규칙(FRCP) 제23조(대표당사자소송)에 성문화된 이후 그 이용도가 점차 높아져가고 있다.

미국법상의 대표당사자소송은 공통의 청구를 가진 익명의 불특정 다수인으로 구성된 단체에서 특정한 개별 당사자들이 대표당사자로 나와 그 구성원 전원을 대표하여 소송을 진행하고, 그 소송의 결과를 그 소송에 직접 참여하지 않은 개별 당사자 모두에게 확장시키는 제도이다. 이처럼 대표당사자소송은 같은 쟁점을 내용으로 하는 법적 분쟁이 불특정 다수인에 의해 개별적으로 수없이 반복 제기되는 것을 방지하고 판결의 모순·저촉을 방지하여 분쟁의 일회적 해결을 도모하기 위하여 고안된 제도이다.

이러한 대표당사자소송을 통해, 원고는 소액의 배상판결을 받기 위해 수많은 시간과 비용을 들이는 소송불경제를 방지할 수 있고, 피고는 수많은 불특정 다수의 당사자들이 개별적으로 제기하는 수많은 소송에 응소해야 하는 시간과 비용을 절약할 수 있고, 법원도 일회적 판결을 통해 판결의 모순·저촉을 방지하고 판결결과를 통일시킴으로써 수많은 법원에 의해 판결결과가 달라지는 사법불신을 방지할 수 있는 장점이 있다. 이러한 편리성 때문에 대표당사자소송은 다른 어떤 민사소송 분야보다 입법자뿐만 아니라 법원, 변호사, 학자들에 의해 깊은 관심의 대상이 되고 있고,[8] 그 동안 축적된 판례와 연구를 통해 새로운 제도개선이 모색되고 있다.

특히 대표당사자소송은 미국 내에서 빈번하게 발생하는 학교나 직장에서의 인종차별문제, 기차 충돌이나 비행기 추락과 같은 동일사고로 인한 다수의 인명피해에

---

8) Robert H. Klonoff, Class Actions and other Multi-Party Litigation in a Nutshell, West, 2012, p14.

따른 손해배상문제, 대량불법이민자들에 대한 시민권취득문제, 석면이나 의약품과 같은 불특정 다수에게 판매되는 제품으로 인하여 발생한 대량불법행위에 대한 손해배상문제, 불공정독과점으로 발생한 다수의 소비자 피해구제문제, 증권사기로 인한 불특정 다수의 증권투자자에 대한 피해구제문제, 대형 유통업체에 의한 소비자 집단 피해 문제, 기업 내에서의 남녀차별 및 인종차별로 인한 고용차별문제, 환경파괴 등으로 인한 공해소송, 대형재난사고에 대한 연방정부나 주정부의 대응미비로 인한 피해보상문제, 담배흡연으로 인한 폐암환자 등의 담배소송문제, 제조물의 유통과정에서 발생한 대량소비자피해문제 등 집단적으로 발생한 불특정 다수의 피해자들에 대한 구제를 위한 소송수단으로 많이 이용되고 있다.

즉 대표당사자소송은 불특정 다수의 피해자들이 소액 피해보상을 받기 위해 많은 시간과 비용을 들여 개별소송을 제기하는 것을 지양하고, 대표당사자를 통해 개별적으로 소액의 피해를 구제받을 수 있다는 실질적 효과 및 이를 통해 대기업 등이 불특정 다수인에게 소액의 피해(합산하면 거액이 되는)를 양산하는 불법적 기업행위를 함부로 하지 못하도록 사전에 억제하는 역할을 수행하고, 소송 사건수가 경감됨에 따라 법원의 업무 또한 경감되고 동일한 판결결과를 불특정 다수인에게 공통적으로 적용함으로써 사법불신을 해소할 수 있는 장점이 있다고 하겠다. 반면에 대표당사자소송 결과 징벌적 손해배상금이 부과될 경우 거액의 배상판결로 인한 가해 기업의 파산 등 예기치 못한 상황이 발생할 수 있고, 소송을 수행한 변호사에 대한 과다수임료지급으로 인해 변호사만 부자로 만들어 줄 뿐 피해자(구성원)들이 실질적으로 얻는 이익이 별로 없다는 등의 단점이 있다고 하겠다.

문제는 대표당사자소송이 활성화되면 될수록 기업경영활동이 상대적으로 위축되는 부작용이 발생함에 따라, 법원이 구체적 판례를 통해 단체를 인증함에 있어 엄격한 증명을 요구하기에 이르렀고, 결국 2005년에 대표당사자소송공정화법(Class Action Fairness Act of 2005, CAFA)을 제정하여 입법적으로 해결하는 방안을 모색하기에 이르렀다. 이 법은 첫째, 여러 주에 걸쳐 동시다발적으로 진행되는 대표당사자소송에 대하여 주법원 관할사건을 연방법원으로 이송토록 하여 연방법원에서 일괄 해결하도록 하였고, 둘째, 특정한 종류의 대표당사자소송에 대하여는 화해를 함부로 하지 못하도록 화해에 대한 제한을 가할 수 있도록 하는 것을 주요내용으로 하고 있다.[9]

이러한 제도적 개선 노력에도 불구하고 대표당사자소송은 복잡한 소송이라는 인식이 여전하고, 실제로도 소송진행에 많은 어려움이 있다. 왜냐하면 절차의 복잡성으로 인해 실체관계가 영향을 받기도 하고, 반대로 실체관계에 의해 절차관계가 영향을 받기도 하는 등 절차와 실체가 상호영향을 미치게 되어 당사자들이 어려움을 겪고 있기 때문이다. 그렇지만 대표당사자소송은 연방규칙에서 성문화된 절차법상의 제도로서, 대표당사자소송의 인증절차와 관련하여 단체 구성원 중 어느 누구도 실질적 권리에 대한 불이익을 받아서는 안 된다. 그 결과 대표당사자소송이 아니라면 종래에 청구를 포기할 수밖에 없었던 불특정 다수의 소액사건에 대한 소송이 가능하게 되어, 상대방 기업 등은 막대한 잠재적 손해배상책임이라는 위험성에 노출되어 기업을 운영하면서 함부로 불법행위를 저지르지 못하도록 억제하는 긍정적 효과를 유발하고 있다. 또한 연방규칙 제23조는 다른 연방규칙이 민사소송에 적용되는 것과 마찬가지로 실질적으로 다른 법영역에까지 확대적용되고 있어 적용범위를 점차 넓혀가고 있다. 특히 집단적 불법행위로 인한 피해배상, 고용차별에 따른 근로자피해배상, 증권사기로 인한 투자자피해배상 분야에서 그러한 현상이 뚜렷하게 나타나고 있다. 그 이외의 영역에서도 점차 위 연방규칙 적용범위를 넓혀가고 있다.

이처럼 대표당사자소송제도에 대한 관심이 고조됨에 따라 최근 연방대법원은 대표당사자소송과 관련하여 획기적인 판결을 다수 선고하였고, 학계에서도 수많은 연구논문을 발표하였다. 그 결과 미국법률협회(American Law Institute, ALI)는 2010년 대표당사자소송제도를 보완하기 위하여 통합소송법의 제원칙(Principles of the Law of Aggregate Litigation)[10)]을 발표하였다. 특히 대표당사자소송공정화법이 제정됨에 따라 연방규칙 제23조도 이를 따르고 있고, 법원도 몇몇 중요한 단체소송에 대해 위 법을 근거로 판결을 선고하기에 이르렀다.

그리고 대표당사자소송제도 및 각종 다수당사자소송제도는 비용과 시간 등의 절감 및 판결의 모순 · 저촉을 방지하면서 분쟁의 1회적 해결이라는 장점으로 인해 나름대로 사법부 정책결정의 효율성을 증가시키고 있을 뿐만 아니라 소송구제에서 방치될 수밖에 없었던 소액 피해의 이해당사자의 소송참가를 보장함으로써 그들의 이익을 보호하는 제도로 정착되었다고 할 수 있다. 그렇지만 이러한 제도

9) http://papers.ssrn.com/sol3/papers.cfm?abstract%_id=2038985 및 Robert H. Klonoff, 「The Decline of Class Action」, 90 Wash. U. L. Rev, 2013. 참조.
10) 이하 "통합소송법의 제원칙"이라고 한다.

들에 대한 법원 상호 간의 협력이 강제되고 있지 않기 때문에 위와 같은 장점에도 불구하고 경우에 따라서는 오히려 사건을 복잡하게 만들어 문제해결을 방해하거나 불공정한 재판결과를 야기하는 역효과가 발생하기도 한다. 특히 제1심지방법원에 상당한 재량권이 주어져 있기 때문에 지방법원이 자신들에게 주어진 재량권을 각각 다르게 해석할 경우에는 관할법원에 따라 판결결과가 달라지는 등 불공정문제가 발생하기도 한다. 한편 대표당사자소송에 대한 절차와 관련하여 연방법원과 주법원의 처리지침이 통일되어 있지 않아 문제해결에 대한 접근방법이 다른 경우도 있고, 전국 법원에 적용될 연방대법원 차원의 통일지침이 마련되어 있지 않아 대표당사자소송을 제기하고자 하는 자는 주마다 사건의 유형에 따라 적용되는 법률이나 주요 쟁점이 서로 다르기 때문에 이러한 점을 잘 알지 못한 경우에 어려움을 겪기도 한다. 다행인 것은 미국법률협회에서 출판한 통합소송법의 제원칙과 자문위원회 주석서(Advisory Committee Notes)[11] 및 연방사법센터에서 발행한 복잡한 소송을 위한 지침서(Manual for complex Litigation)[12] 등이 대표당사자소송에 대한 기본적 업무처리기준으로 활용되고 있기 때문에, 법원마다 다른 점이 전혀 없는 것은 아니지만 전체적으로 볼 때 통일된 판결이 내려지는 경향을 보이고 있다. 특히 자문위원회 주석서가 해석하는 내용에 근거하여 연방법원들이 재판에 임하는 경우가 대부분인데, 오히려 연방대법원에서는 판례가 아닌 주석서에 대한 지나친 의존을 우려하고 있는 형편이다. 특히 복잡한 소송을 위한 지침서는 연방법원 판사들이 복잡한 대표당사자소송을 처리할 때 많이 참조하고 있다.

---

11) 이하 "자문위원회 주석서"라고 한다. 자문위원회 주석서는, 관행과 절차의 규칙에 대한 상임위원회의 지휘를 받아 연방대법원의 수석재판관에 의해 임명된 연방민사소송규칙자문위원회에 의해 작성되었다. 동 자문위원회는 연방민사소송규칙에 대한 의견 개진 또는 개정안 마련 등의 업무를 수행하고 있다. 위 주석서에는 연방규칙 제23조에 대해 조문별로 주석이 되어 있다.

12) 이하 "복잡한 소송을 위한 지침서"라고 한다. 위 지침서는 연방사법센터(the Federal Judicial Center, FJC)에서 2004년에 제4차개정판을 발간하여 현재 시행 중에 있는데, 이에 대하여는 www.fjc.gov(연방사법센터 사이트)에서 검색할 수 있다.

제2절 연방규칙 연혁

제1장 서 론

앞서 살펴본 바와 같이 다수당사자가 관련된 대표적 소송이 대표당사자소송이지만, 그 외에도 다수당사자 사이에 공통의 사실관계 또는 법률관계가 있을 경우 하나의 소송절차에서 분쟁을 1회적으로 해결하는 것이 바람직하다. 이를 위하여 연방규칙 제14조(제3당사자소송)는 원고로부터 제소당한 피고가 제3당사자원고가 되어 본소원고가 주장하는 권리에 대한 최종 책임이 있는 제3자를 제3당사자피고로 삼아 강제로 소송인입절차를 밟는 제도를 채택하고 있다. 이러한 제3당사자소송제도는 우리나라 민사소송법에는 없는 제도로서 장차 도입되어야 할 필요성이 크다고 하겠다. 현재는 법원의 업무부담 증가와 소송절차의 무한정한 확대로 인한 소송지연 등의 이유로 그 도입에 부정적 견해가 많지만, 제도의 필요성에 비추어볼 때 장차 도입하는 것이 바람직하다고 하겠다. 또한 연방규칙 제20조(임의적 공동소송)는 우리나라 공동소송과 유사한 통상적인 공동소송제도를 규정하고 있다. 연방규칙 제22조(권리경합확인소송)는 우리나라의 권리참가를 목적으로 하는 독립당사자참가소송과 유사한 제도인 권리경합확인소송제도를 두고 있는바, 동 제도는 특정 기금이나 개인별 재산권을 둘러싸고 그 권리자가 누구인지를 다투는 본소절차에 제3자가 자신이 권리자임을 주장하며 소송참가하는 형태의 소송제도라 할 수 있다. 한편 연방규칙 제24조(제3자소송참가)는 우리나라의 소송참가 또는 소송인수와 비슷한 제3자소송참가제도를 규정하고 있다. 연방규칙 제42조(a)(통합)은 하나의 공통된 사실관계 또는 법률관계에 기초한 쟁점에 대한 소송이 여러 법원에 계속되어 있을 경우 이를 하나의 연방법원으로 하여금 통합하여 재판하도록 하여 판결의 모순 · 저촉을 방지하고 소송자료를 상호 이용함으로써 분쟁의 일회적 해결을 도모할 수 있도록 하기 위한 이송제도를 두고 있다. 그 결과 다수 사건을 관할하게 된 연방법원은 공통의 쟁점에 대해 공동청문회를 개최하거나 변론을 사실상 병합하는 방법으로 재판을 진행할 수 있게 되었다.

그런데 위와 같은 다수당사자소송은 모두 당사자가 능동적으로 소송에 당사자로 참여하여야만 판결의 효력이 미친다는 점에서, 소송에 참여하지 아니한 구성원에 대하여도 판결의 구속력이 미치는 대표당사자소송과 다르다. 즉 대표당사자소송을 수행하지 아니하는 소송 외 구성원들은 전통적 의미의 다수당사자소송에서는 당사자가 아니기 때문에 소송절차에 참여하지 못하는 것이 원칙이다. 그렇지만 대표당사자소송에서는 그러한 부재구성원에 대하여도 당사자로 인정하여 판결의 효력을 미치도록 하고 있는 것이다. 그런데 대표당사자소송은 단체의 구성원이 지나치게 많거나 여러 주에 걸쳐 광역으로 분포되어 있는 경우가 대부분이기 때문에 개별적으로 소송에 관여하지 못하는 현실적 한계가 있을 수밖에 없다. 그러나 단체 구성원들이 주장하는 쟁점이 동일한 경우에는 사전심리절차와 변론절차의 병합을 통해 효율성이 크게 보장될 수는 있다. 결론적으로 대표당사자소송절차에서는 대표당사자와 소송대리인이 소송 외의 구성원들을 대신하여 판결을 받게 되고, 그 판결의 효과가 소송 외의 구성원 모두에게 미치게 된다. 이런 기판력의 확장성으로 인해 대표당사자소송에서의 대표당사자와 소송대리인은 대단히 중요하다고 하지 않을 수 없기 때문에 그들은 공정한 소송수행을 담보하는 적합성 및 대표성 등 연방규칙 제23조가 요구하는 여러 가지 자격요건을 갖추어야만 한다.

그런데 대표당사자소송의 결과가 구성원에게 반드시 유리하게 나오는 것만은 아니기 때문에 구성원들을 보호할 필요성이 높다. 이를 위해 개별 구성원들은 판결 전에 탈퇴권을 행사하여 그 판결의 구속으로부터 벗어날 수 있다. 이 경우에 탈퇴한 구성원은 개인별로 소송을 수행할 수 있다. 다만 대표당사자소송의 유형이 여러 가지 있기 때문에 강제적 대표당사자소송 유형의 경우 및 대표당사자나 소송대리인이 공정하게 대표당사자소송을 수행할 경우 탈퇴할 수 없는 제한이 가해지기도 한다.

따라서 대표당사자소송을 허용할 것인지 여부를 결정함에 있어, 법원은 첫째, 대표당사자소송을 수행하는 대표당사자와 소송대리인들이 소송 외 구성원들의 이익을 효과적으로 대표할 수 있는지 여부, 둘째, 대표당사자소송의 방식을 취하는 것이 앞서의 다른 방식의 공동소송형태보다 더 효율적인지 여부 등을 종합적으로 고려하여 허용 여부를 결정하여야 한다.

미국의 대표당사자소송은 영국 상법부의 판례에 근거하고 있는데, 연방대법원도 대표당사자소송에 대해 “필요당사자의 공평의 법칙 및 공적 엄격함에 대한 예외뿐만 아니라 평화적으로 다수의 소송을 결합하기 위한 공정한 방식”이라고 판시함으로써,[13] 영국 상법부의 판례와 같은 입장을 취하고 있다. 그런데 대표당사자소송은 판례를 통해 형성된 제도이지만, 현대에 들어와 이해관계가 첨예하게 대립하는 대형소송이 많아짐에 따라 연방법원 및 주법원 전체의 통일적 체제를 갖출 필요성이 대두되었고, 여러 차례에 걸쳐 제정 및 개정 등 성문화절차를 밟게 되었다. 특히 1966년에 연방규칙 제23조가 제정되었고, 더 나아가 2005년에 대표당사자소송공정화법이 제정됨으로써, 이제 대표당사자소송제도는 성문화된 제도로 정착되었다고 하겠다.

제2장 1966년 이전 적용 규칙

Ⅰ. 1842년 형평규칙[14] 제48조

미국은 1842년에 연방대표당사자소송에 관하여 연방규칙 제48조를 처음으로 제정하였다. 그런데 이 규칙은 형평법 관련 소송절차에만 한정적으로 적용되었다. 연방규칙 제48조는 다수 당사자들이 개별로 소송절차를 수행할 필요 없이 다수당사자단체가 소송을 수행하도록 허용하였다. 이 조항에 의해 소송 외 당사자[15]들의 손해배상과 권리에 대한 편견 없는 선고가 이루어짐으로써 다수당사자의 권리관계를 명확히 할 수 있게 되었다. 그렇지만 위 규칙이 제정되었음에도 불구하고 거의 모든 법원은 대표당사자소송을 판결함에 있어 위 규칙에 구속될 필요가 없다는 입장을 유지하였다. 그 결과 부재구성원들은 판결에 구속됨이 없이 판결결과에 동의하지 않을 경우 별도의 후소를 제기하는 것이 보장되었다.

---

13) Oritiz v. Fibreboard Corp., 527 U.S. 815, 832 (1999); Smith v. Pizza Hut, Inc., 2011 WL 2791331.

14) Equity Rule을 이하에서는 형평규칙이라 한다.

15) 대표당사자소송에 참가하여 소송절차를 수행하지 않는 구성원을 이하에서는 내용에 따라 부재구성원 또는 부재당사자로 칭하기로 한다.

Ⅱ. 1912년 형평규칙 제38조

1842년에 제정되었던 형평규칙 제48조는 1912년에 이르러 제38조로 대체되었다. 형평규칙 제38조도 종전의 제48조처럼 형평법이 적용되는 소송절차에만 적용되었지만, 종전 제48조와 달리 부재구성원들에 대한 판결의 구속력 배제에 관한 내용을 삭제함으로써 기판력의 범위를 부재구성원에게까지 확장하였다. 1938년까지 적용된 위 대체된 형평규칙 제38조는 부재구성원에 대하여 제한적으로만 대표당사자소송판결의 구속력을 인정하였다. 문제는 그러한 구속력이 법원까지 확장되어 미치느냐 여부인데, 이에 대하여는 견해가 나누어짐으로써 실무상 많은 혼란이 야기되었다.

Ⅲ. 1938년 연방규칙 제23조

1938년에 연방규칙 제23조가 처음 제정되었고, 이후 1966년에 대폭 개정되었다.[16] 첫 번째 제23조는 1912년의 형평규칙 제38조를 전면 개정한 것으로, 형평법 관련 소송뿐만 아니라 일반 민사소송 전반에 걸쳐 통일화된 규칙, 다시 말해 대표당사자소송의 공정한 재판절차를 확립함으로써 그 적용범위를 일반 민사소송으로까지 확대하였다.

특히 이 첫 번째 제23조는 대표당사자소송을 진정(true),[17] 혼합(hybrid),[18] 부진정(spurious)[19] 등 세 가지 유형으로 분류한 후, 대표당사자소송을 그 중 어느 하나의 유형에 속한 것으로 보아 재판하도록 하였다. 그러나 재판실무에서는 이 세 가지 유형 중 어느 하나에 딱 맞아 떨어지는 유형이 의외로 많지 않고, 혼재된 형태를 띠고 있다는 사실을 발견하게 되었다.

첫 번째 유형인 진정대표당사자소송은 가장 전형적인 대표당사자소송 유형으로, 공통된 이익이 모든 집단의 구성원들에게 통상적이거나 공통적인 경우의 대

---

16) 이하 첫 번째 연방규칙 제23조라 한다.

17) true class action(진정대표당사자소송)은 통상적인 대표당사자소송을 말한다.

18) hybrid class action(혼합 대표당사자소송)은, 소구되고 있는 권리는 개별적이지만, 소송의 목적이 그 소송에서 특정한 재산에 영향을 미칠 수 있는 청구에 대한 판결을 구하는 유형의 대표당사자소송을 말한다.

19) spurious class action(부진정 대표당사자소송)은, 단체의 구성원의 이익이 분리되어 있고 상호의 존적이 아닌 단체소송으로, 공동소송참가의 목적이 오로지 판결 결과가 다양하게 나오는 것을 피하기 위한 것인 경우에 인정되는, 통상의 대표당사자소송의 이전에 존재했던 형태의 대표당사자소송을 말한다.

표당사자소송이다. 이 유형에는 기본적 권리의 소유자 이외의 구성원들도 그 기본적 권리의 소유자가 그 권리를 행사하지 아니할 경우에 그 권리를 행사할 수 있는 경우도 포함되었다. 예를 들어 수탁자(신탁관리자)의 의사에 반하여 신탁수익자에 의해 신탁재산의 감소가 야기된 경우에 수탁의무를 위반하였다며 발생한 손해의 배상을 청구하는 경우라든지, 다른 노동조합을 상대로 노동조합원에 의해 야기된 계약위반이나 방해에 대한 손해배상청구권의 행사등이 이에 해당된다고 하겠다.

한편 혼합대표당사자소송은 보험증권관련 소송절차, 신탁계정, 은행예금, 다양한 유형의 펀드와 같이 동일한 재산이나 기금 등을 둘러싸고 이해관계가 대립하는 당사자 사이의 분쟁처럼, 공동으로 소송을 제기할 수도 있고 개별적으로 소송을 제기할 수도 있는 경우처럼 소송형태가 혼합되어 있는 유형의 대표당사자소송이다.

그리고 부진정대표당사자소송은 첫 번째 제23조에 의해 마련된 제도로, 구성원의 이익이 각각 분리되어 있지만 그 분리된 권리가 공통의 사실관계 또는 법률관계에 의해 유발되었고 공통의 구제책 마련을 위해 소송을 함께 진행하는 것이 적합할 경우에 인정되는 대표당사자소송 유형이라고 할 수 있다. 예를 들어 채권자들의 모든 채권을 동시에 만족시킬 수 있는 재산을 가지고 있지 않은, 즉 순재산이 배상액에 비해 부족한 회사에 대한 증권사기를 원인으로 한 손해배상청구를 구하는 경우의 대표당사자소송이 이에 속한다 하겠다.

이 첫 번째 제23조는 진정대표당사자소송과 혼합대표당사자소송의 유형에 대하여는 부재구성원에게도 판결의 효력이 미친다고 하여 구속력의 범위를 확장하였다. 그렇지만 부진정대표당사자소송 유형에 대하여는 부재구성원들이 법원에 실재당사자로 등재될 때까지는 구속력을 인정하지 않았다. 따라서 부진정대표당사자소송 유형의 경우에는 부재구성원들은 불리한 판결에 구속받지 않기 위하여 승소가 보장될 수 있는 여건이 형성된 이후에, 즉 소송의 최종단계에 이르러 단체에 참가하는 방식을 취하는 것이 일반적이었다. 그러다 보니 판결의 승패를 봐가면서 참가 여부를 결정할 수 있는 선택권을 부재구성원에게 보장하는 것이 과연 합리적인가 하는 의문이 제기되기에 이르렀고, 개정 필요성이 대두되기에 이르렀다.

제3장 1966년 이후 연방규칙 제23조[20)]

Ⅰ. 1966 연방규칙 제23조

연방규칙 제23조는, 위와 같이 첫 번째 연방규칙 제23조의 시행과정에서 발생한 여러 가지 문제점을 해결하고자 1966년에 개정되었다. 앞서의 자문위원회는 첫 번째 연방규칙 제23조가 진정(true), 혼합(hybrid), 부진정(spurious) 등 세 가지 유형으로 대표당사자소송의 유형을 지나치게 세분화한 것이 오히려 단체의 인증을 둘러싸고 애매모호하고 불명확한 증명문제가 대두되는 등 많은 문제가 발생하게 되자 1966년에 연방규칙 제23조의 개정 필요성을 인식하게 되었다. 특히 세 번째 유형인 부진정대표당사자소송의 경우 당사자(구성원)가 아닌 부재구성원의 권리나 책임에 대해서는 아예 판결을 하지 않았기 때문에 위 유형의 대표당사자소송제도를 이용하는 것이 제한적일 수밖에 없었다. 그 결과 위 자문위원회는 첫 번째 연방규칙 제23조가 대표당사자소송과 관련된 절차상의 공정성을 보장하지 못한다는 점을 인정하고, 부재구성원들에 대한 통지 및 제도의 효율성을 위한 보완대책 등이 필요하다는 결론에 이르렀다.

Ⅱ. 2003년 현행 연방규칙 제23조

1. 재개정이유

2003년에 연방규칙 제23조가 다시 개정되었다. 특히 첫 번째 연방규칙 제23조가 세 유형으로 대표당사자소송을 나누고 있는 내용을 삭제하고, 대표당사자소송이 실용적이고 기능적으로 이용될 수 있도록 합리적인 내용을 보완하였다. 그 결과 현행 연방규칙 제23조는 모든 유형의 대표당사자소송에 대해 판결 결과와 상관없이 단체의 구성원 모두에게, 즉 부재구성원에게도 원칙적으로 판결의 효력이

20) 연방규칙 제23조는 1938년에 제정된 것(첫 번째 연방규칙 제23조), 1966년에 개정된 연방규칙 제23조, 2003년에 개정되어 현재 시행되고 있는 연방규칙 제23조, 2007년에 현행 연방규칙 제23조 중 제23조(d)(2) 및 제23조(f)의 내용을 이해하기 쉽게 개정한 것 등이 있다. 이하에서는, 1938년에 제정된 연방규칙 제23조는 첫 번째 연방규칙 제23조라 하고, 1966년에 개정된 연방규칙 제23조는 1966년 연방규칙 제23조라 하고, 2003년에 개정된 연방규칙 제23조 및 2007년에 개정된 연방규칙 제23조는 합하여 현행 연방규칙 제23조 또는 그냥 연방규칙 제23조라고 칭하기로 한다.

미친다는 입장을 취하게 되었다.

현행 연방규칙 제23조는 여러 면에서 1966년 연방규칙 제23조와 비슷하지만, 대표당사자소송의 요건들을 보다 더 명확하게 규정하고 있는바, 현행 연방규칙 제23조의 기본내용에 대하여 간단히 살펴보기로 한다.

2. 주요 내용

법원은 대표당사자소송을 허용함에 있어 현행 연방규칙 제23조의 요건들을 갖추었는지를 먼저 검토해야 한다. 대표당사자소송이 허용되기 위해서는 기본요건으로 첫째, 단체가 확인될 수 있는 존재일 것, 둘째, 단체의 대표당사자가 단체의 구성원일 것, 셋째, 당사자가 주장하는 쟁점이 논쟁의 여지가 없는 대표당사자소송 사항일 것 등의 요건을 갖추어져 있어야 한다.

위 기본요건 이외에도 현행 연방규칙 제23조(a)에 규정된 특별요건 등을 갖추어야 한다. 즉 첫째, 단체의 구성원이 너무 많아 개별적인 공동소송의 실행이 불가능하고(구성원의 불특정 다수성), 둘째, 최소한 하나 이상의 공통적인 사실관계 또는 법률관계가 존재하여야 하고(공통성), 셋째, 대표당사자의 주장(청구 또는 항변)이 전체 구성원의 전형적 주장이어야 하고(주장의 전형성), 넷째, 대표당사자와 소송대리인이 구성원 전체의 이익을 대표하기에 적합하여야 하는(대표당사자와 소송대리인의 대표권에 대한 타당성) 등의 네 가지 특별요건을 갖추어야 한다. 만일 대표당사자 등이 위와 같은 기본요건 및 네 가지 특별요건을 갖추지 못한 경우에는 단체를 인증할 수 없어 대표당사자소송이 허용되지 않는다.

3. 대표당사자소송의 유형

현행 규칙 제23조(b)는 대표당사자소송을 네 개의 유형으로 규정하고 있다. 제1유형은, 연방규칙 제23조(b)(1)이 규정한 두 개의 유형 중 첫 번째 유형으로 당사자들에 대한 판결의 결과가 불일치하거나 다양하여 상대방 당사자에게 통일된 기준을 제시하지 못하는 것을 예방하기 위한 대표당사자소송이고(제23조(b)(1)(A)),[21] 제2유형은, 제23조(b)(1)이 규정한 두 개의 유형 중 두 번째 유형으

21) 이하에서는 제1유형의 대표당사자소송 또는 연방규칙 제23조(b)(1)(A) 유형의 대표당사자소송이라고 한다.

로 한정된 재원을 모든 구성원들이 합리적으로 배당받기 위한 대표당사자소송으로(즉 구성원들은 전액을 배당받지 못하고 일정 비율에 의한 일부배당만을 받게 된다) 소송에 참가한 당사자들의 판결에 의해 부재당사자의 이익을 침해하거나 권리행사를 방해하지 못하게 유형의 대표당사자소송이고(제23조(b)(1)(B)),[22] 제3유형은, 금지명령(부작위를 구하는)이나 상대방 당사자의 부작위가 위법하다는 것에 대한 선언, 즉 부작위위법확인을 구하는 유형의 대표당사자소송으로 금전손해배상청구가 독점적 또는 우월적 청구가 되는 경우에는 이 소송을 제기할 수 없으며(제23조(b)(2)),[23] 제4유형은, 단체 구성원 전체에 존재하는 공통의 법률관계나 사실관계가 구성원 개인의 문제보다 우월하거나 대표당사자소송으로 처리하는 것이 다른 판결방법을 취하는 것보다 더 나은 경우에 허용되는 대표당사자소송의 유형이다(제23조(b)(3)).[24] 그런데 이 제4유형의 대표당사자소송은 앞서 살펴본 나머지 세 유형의 대표당사자소송과 달리 법원의 별도 명령이 없는 한 단체 구성원들은 대표당사자소송에서 탈퇴할 수 있음과 구성원으로서의 자격이 있음을 통지받을 권리가 보장되어 있다.

따라서 대표당사자소송을 제기하고자 하는 자는 현행 연방규칙 제23조(b)에 규정된 네 가지 유형 중 어느 유형에 해당하는 대표당사자소송인지를 특정한 후, 그 유형의 요건을 갖추었는지 여부를 판단하여야 한다.

4. 법원의 관리권

현행 연방규칙 제23조(c)는 대표당사자소송에 대한 법원의 관리권에 대해 규정하고 있다. 특히 대표당사자소송에 해당하는지 여부에 대하여는 법원이 재판의 초기단계에서 신속하게 이를 결정하도록 하고 있다(제23조(c)(1)). 제1유형 내지 제3유형(제23조(b)(1), (b)(2))의 대표당사자소송의 경우에는, 부재구성원에 대한 통지 여부를 법원이 임의로 결정할 수 있도록 법원에게 재량권을 부여하고 있다. 제4유형(제23조(b)(3))의 대표당사자소송의 경우에는 단체에 대한 인증 이후 참가하지 아니한 부재구성원들에게 단체의 인증사실 및 탈퇴권에 대해 통지하라는

22) 이하에서는 제2유형의 대표당사자소송 또는 연방규칙 제23조(b)(1)(B) 유형의 대표당사자소송이라고 한다.

23) 이하에서는 제3유형의 대표당사자소송 또는 연방규칙 제23조(b)(2) 유형의 대표당사자소송이라고 한다. 이 유형의 대표당사자소송은 주로 사법상의 권리(Civil rights)를 청구원인으로 하여 행사되고 있는데, 최근 들어 연방대법원은 판례를 통해 이 조항의 적용을 제한하려는 태도를 취하고 있다.

24) 이하에서는 제4유형의 대표당사자소송 또는 연방규칙 제23조(b)(3) 유형의 대표당사자소송이라 한다.

법원의 명령을 발할 수 있도록 하고 있다(제23조(c)). 위 통지에는 통지의 대상이 누구이며, 구성원 중 탈퇴할 수 있는 자와 없는 자를 특정한 후 이러한 사실을 설명해 주도록 하고 있다(제23조(c)(3)(B)).

대표당사자소송을 취급함에 있어 특별한 쟁점을 확인할 필요가 있는 경우 법원은 그 쟁점에 대한 확인을 할 수 있고(제23조(c)(4)), 하위단체를 허용할 것인지 여부를 결정할 수 있다(제23조(c)(5)).

법원은 절차상의 문제해결을 위해 필요한 경우에는 적당한 명령을 내릴 수 있다(제23조(d)). 이에 따라 법원은 부재구성원에게도 통지할 것을 명령하거나, 소송대리인들에게 일정한 조건을 부과하는 등의 처분을 내릴 수 있다.

5. 화해조항 · 항소 등

대표당사자소송 진행 중에도 단체가 인증된 이후 화해, 자발적 소 취하, 타협을 하려면 사전에 법원의 승인을 얻어야 한다(제23조(e)). 이 경우에 법원은 이러한 화해, 자발적 소 취하, 타협에 대한 구성원들의 의견이 반영될 수 있도록 사전에 구성원들에 대하여 통지하여야 한다. 통지를 받은 후 구성원들은 화해나 소 취하 또는 타협 등에 대해 거절의사를 표시할 수 있다. 그리하여 거절의사를 표시한 구성원들은 판결의 구속력에 기속되지 않는다(제23조(e)(4)). 한편 법원은 위와 같은 구성원들의 의견을 구두가 아닌 서면으로 제출할 것을 명할 수 있다(제23조(e)(3)).

대표당사자소송을 제기한 당사자는 단체의 인증이 거절된 경우 그 결정일로부터 14일 이내에 항소할 수 있다(제23조(f)).

법원은 대표당사자소송을 허용할 경우에, 소송대리인이 되고자 신청한 변호사가 다수인 경우에는 그 중 적합한 자 1인을 지명하고, 신청한 변호사가 1인인 경우에는 그를 임명하여야 한다. 다만 법원은 이때 소송대리인에 대해 고려할 사항들에 대한 기준을 제시하여야 하고(제23조(g), 제23조(a)(4)), 그러한 요건을 갖춘 변호사 중에서 소송대리인을 선임하여야 한다. 법원이 소송대리인을 지명 또는 선임하는 경우에는 합리적인 보수를 책정하여야 하고, 이 경우 소송대리인의 비조세비용에 대한 적절한 제안이 인정되면 비조세비용을 인정해야 하며(제23조(h)), 이 경우 구성원이나 단체는 그러한 법원의 결정이 합리적이 아니라고 판단될 경우 이를 거절할 수 있다. 그러나 법원은 대표당사자소송에 대해 판결할 경우에는 법적 결론과 사실관계 규명 등의 노력 등을 감안하여 변호사 보수를 함께 판결하여야 한다.

6. 적용 범위

일반적으로 대부분의 주는 연방규칙 제23조를 따르고 있지만, 일부 주는 연방규칙 제23조를 채택하고서도 약간의 변형을 가한 경우도 있고, 일부 주는 아예 대표당사자소송제도를 두고 있지 않거나 연방규칙 제23조의 적용을 배제하고 있는 경우도 있다.

따라서 대표당사자소송을 수행하고자 하는 당사자나 소송대리인은 이러한 주법을 먼저 파악할 필요가 있고, 해당 주의 관련 주법이 반드시 연방규칙 제23조와 동일할 것이라는 선입견을 가져서는 아니 된다. 다시 말해 주마다 적용법조가 다를 수 있고, 적용되더라도 내용 및 해석을 각기 달리 할 수도 있기 때문에 유의하여야 한다.[25] 예를 들어 웨스트버지니아 주법은 문맥만으로 보면 연방규칙 제23조와 유사하지만 단체의 인증에 대해서 해석을 달리 하고 있다.

Ⅲ. 2007년 현행 연방규칙 제23조

2007년에 연방규칙 제23조(d)(2)와 제23조(f)의 조문 내용이 일부 개정되었다. 그러나 이러한 개정은 내용의 본질을 바꾼 것은 아니고, 동 조항 조문의 표현이 명확하지 않아, 이를 조금 바로 잡은 것으로, 개정 전 내용과 본질적인 내용이 달라진 것은 아니다. 자문위원회 주석서는 이 두 조항의 개정에 대하여, 종전의 내용을 보다 더 이해하기 쉬운 문장으로 개정하였고, 체제와 용어가 일치하도록 개정하였다고 밝히고 있다.

즉 제23조(d)(2)의 조문 내용이 개정된 것은 연방규칙 제16조에 의한 예심 명령과 이 조문에 의한 명령이 결합될 수도 있고, 연방규칙 제23조(d)에 의한 명령에 보다 폭넓은 기준을 제시하기 위한 것이지, 연방규칙 제16조에 의한 명령의 수정을 보다 더 엄격하게 하려는 취지가 아니라고 밝히고 있다. 뿐만 아니라 조

25) Smith v. Bayer Corp., 131 S.Ct. 2368, 180 L.Ed.2d 341 (2011); Bridgeford v. Pacific Health Corp., 202 Cal.App.4th 1034, 135 Cal.Rptr.3d 905, 12 Cal. Daily Op. Serv. 721, 2012 Daily Journal D.A.R. 684 (Cal.App. 2 Dist. Jan 18, 2012).

문 내용이 개정된 제23조(f)에 대해서도 항소법원이 단체인증 및 불인증 결정에 대한 중간항소를 허용할 것인지를 결정할 수 있는 재량권이 있음을 명백히 하고자 함에 있는 것이지, 개정 전 규칙이 언급하고 있지 않은 항소법원의 재량권을 제한하려고 개정하는 것이 아님을 명백히 밝히고 있다.

제4장 대표당사자소송공정화법

Ⅰ. 서 론

연방규칙 제23조를 보완한 대표당사자소송공정화법이 2005. 2. 18. 발효되었다. 대표당사자소송공정화법의 주요 목적은 여러 개 주에 관할권이 분산되어 있는 대표당사자소송에 대한 통합관할권을 연방법원에 인정하는 것과, 연방법원에서 다양한 유형의 대표당사자소송을 해결하도록 하고자 함에 있다.

Ⅱ. 연방법원의 통합관할권

대표당사자소송공정화법은 대표당사자소송의 구성원 수가 100명 이상인 경우 또는 소송가액이 5백만 불 이상인 경우에 구성원 사이의 주요 쟁점이 최소한의 다양성 요건을 충족할 경우 주법원에 관할권이 인정되는 대표당사자소송을 연방법원으로 이송하여 연방법원이 관할권을 행사할 수 있도록 하고 있다. 그러나 이 경우에도 하나의 단체가 주법원에서 오직 지역적인 문제만을 쟁점으로 삼고 있는 사건의 경우, 주요 피고가 정부 공무원이나 관계자인 경우에는 예외가 허용된다.

다만 증권사기나 기업내부문제가 포함된 사건에 대하여는 대표당사자소송공정화법의 적용이 배제된다. 대표당사자소송공정화법은 여러 개의 주법이 적용되는 사건에 대한 원칙적 관할권을 연방법원에 인정하고 있을 뿐만 아니라, 여러 개의 주에 계속되어 있는 사건의 경우에도 이를 모두 연방법원으로 이송하여 연방법원이 관할권을 행사하도록 보장하고 있다.

그 결과 여러 개 주법원에 관할권이 인정되는 대표당사자소송의 경우 대부분 연방법원에서 소송이 이루어지고 있다.

Ⅲ. 화해조항(Settlement Provision)

대표당사자소송공정화법은 법원에서 대표당사자소송에 대한 화해가 성립할 경우에도 일정한 제한을 가하고 있다. 예를 들어 구성원들의 피해금액이 적다 보니 현금으로 직접 지급하기가 곤란한 경우에 피고 기업이 쿠폰을 발행해 주는, 소위 쿠폰화해조항이 성립할 수 있는데, 그 쿠폰으로 피고 기업의 제품을 구매할 수 없는 경우가 발생할 수도 있다. 자동차 결함의 경우 소액의 쿠폰을 발행해 줌으로써 그 쿠폰을 다음에 자동차를 구매할 때 매매대금의 일부로 대체할 수 있도록 보장해 주겠다고 화해한 경우에, 과연 소비자인 구성원이 결함 있는 피고 기업의 자동차를 다시 구매하고 싶은 구매욕구가 생길 수 있을 것이며, 설령 생겨서 그 쿠폰을 이용하겠다고 하더라도 자동차 내구년한이 상당히 장기이다 보니 그 기간을 기다려야 하는 등의 문제가 발생할 수도 있기 때문에, 이런 경우에 법원으로서는 구성원에게 불리하지 않도록 화해조항에 일정한 제재를 가하거나, 구성원들의 금전적 손해에 대한 순손실화해조항의 성립에 일정한 제한을 가할 수 있도록 법원에 소송지휘권을 인정하고 있는 것이다.

또한 대표당사자소송공정화법은 구성원들이 판결 법원과 지리적으로 가깝다는 이유로 더 많은 보상을 받을 수 있도록 하는 내용의 화해조항 성립을 금지하고 있다. 왜냐하면 법원과 지리적으로 가까운 구성원들은 소송에 직접 참여하여 자신들에게 유리한 내용의 화해를 도모할 것이고, 이로 인해 장거리에 위치한 부재구성원들의 이익이 상대적으로 침해될 수도 있기 때문에, 현명당사자들이 법원에 더 가깝다는 이유로 더 많은 보상을 받지 못하도록 금지하고 있는 것이다.

한편 대표당사자소송공정화법은 연방법원에서 대표당사자소송에 대한 화해를 도모하는 당사자는 그 화해조항에 대하여 연방과 주관련공무원에게 적절한 방법으로 통지하도록 규정하고 있다. 그런데 대표당사자소송공정화법은 주법원에서 재판되는 대표당사자소송에 대하여는, 설령 그 대표당사자소송이 연방법원으로부터 이송되어 온 것이라고 하더라도 화해와 관련된 동법의 규정이 적용될 수 없다고 규정하고 있다.

제3절 대표당사자소송의 요건(제23조)

제1장 서 론

대표당사자소송을 제기하는 원고는 자신이 제기한 소송이 대표당사자소송에 해당됨을 증명하여야 한다. 따라서 대표당사자소송의 전제로서 단체의 인증이 사전에 이루어져야 한다. 이러한 단체의 인증이 이루어지기 이전 상태의 대표당사자소송을 소위 추정적 대표당사자소송 또는 잠재적 대표당사자소송이라 칭하고, 그 상태의 당사자를 추정적 당사자 또는 잠재적 당사자라 칭한다.

따라서 대표당사자소송을 제기하고자 하는 대표당사자는 연방규칙 제23조(a)에 규정된 일반요건인 다수성, 공통성, 전형성, 대표당사자의 타당성 등 네 가지 요건을 갖추어야 할 뿐만 아니라, 연방규칙 제23조(b)가 규정한 네 가지 유형의 대표당사자소송별로 개별적 특별요건을 갖추어야 한다. 더 나아가 법원은 대표당사자소송의 기본요건 및 특별요건의 충족 여부 이외에도 소송대리인에 대하여는 별도의 소송대리인 요건을 갖추었는지, 관할권 요건을 갖추었는지 등에 대하여도 심사하여야 한다.

제2장 기본요건

Ⅰ. 서 설

연방규칙 제23조(a)는 대표당사자소송에 대한 기본요건으로 다수성, 공통성, 전형성, 대표당사자의 타당성 등 네 가지를 규정하고 있다. 자문위원회 주석서는 위와 같은 네 가지 기본요건 이외에도 첫째, 단체의 현실적 존재, 둘째, 단체 구성원 중 단체를 대표하는 한 명 이상의 대표당사자의 등장, 셋째, 구성원에게 실체법상의 권리 등이 존재하여야 한다고 밝히고 있다.

판례도 또한 이러한 견해에 따르고 있다. 물론 일부 하급심법원에서는 위 네 가지 요건 중 어느 하나를 갖추지 못한 경우에도 필요하다고 인정되는 경우에는 대표당사자소송을 허용하는 경우도 있지만,[26] 일반적으로 하급심법원은 위 네 가지 기본요건의 충족 여부를 엄격히 심사하고 있다. 이와 관련하여 연방대법원은 지방법원이나 연방항소법원 등이 대표당사자소송을 허가할 때는 연방규칙 제23조(a)의 충족 여부에 대하여 모든 관련자료를 검토하여 종합적으로 판단하여야 한다는 입장을 취하고 있으며,[27] 하급심법원이 신중한 검토 결과 연방규칙 제23조(a)의 요건을 갖추었다고 인정하였다면 그러한 결정은 유효하다는 입장을 취하고 있다.[28] 즉 대표당사자소송에 있어 단체의 인증은 하급심법원의 재량결정사항이라는 것이다.

그 결과 대표당사자소송을 제기하는 대표당사자로서는 대표당사자소송의 기본요건을 충족하는지에 대한 증명책임을 부담하는 불리한 지위에 놓이게 된다.

Ⅱ. 연방규칙 제23조(a)의 네 가지 기본요건

1. 다수성(numerosity)

가. 다수성의 의의

연방규칙 제23조(a)(1)은 대표당사자소송에 대한 요건으로 구성원의 다수성을 요구하고 있다. 즉 다수의 구성원이 소송을 제기하거나 제기당한 경우, 구성원의 수가 너무 많아 통상적인 공동소송으로 처리하는 것이 불가능한 경우에 한하여 대표당사자소송을 허용하겠다는 것이다. 다시 말해 연방규칙 제19조나 제20조에 규정된 통상의 공동소송으로 사건이 해결될 수 있다면, 그리하여 그러한 통상의 공동소송으로 개별적 권리구제가 가능하다면 구태여 복잡한 대표당사자소송을 이

---

26) Wal-Mart Stores, Inc. v. Dukes, 131 S. Ct 2541 (2011); Haddock v. Nationwide Financial Services, Inc., 293 F.R.D. 272, 56 Employee Benefits Cas. 2189 (D.Conn. Sep 06, 2013) (NO. 3:01-CV-1552 SRU), appeal denied 2nd Cir. 13-3525 (Jan 14, 2014).

27) Hydrogen Peroxide Antitrust Litig., 552 F.3d 305, 320 (3d Cir 2008); Terrill v. Electrolux Home Products, Inc., 295 F.R.D. 671 (S.D.Ga. Oct 11, 2013).

28) General Telephone Co. of Southwest v. Falcon, 457 U.S. 147, 161 (1982); Gray v. Golden Gate Nat. Recreational Area, 279 F.R.D. 501 (N.D.Cal. Aug 30, 2011).

용할 필요가 없다는 것이다.

따라서 제1심법원은 제기된 대표당사자소송이 연방규칙 제23조(a)를 충족하는지 여부를 결정함에 있어 상당한 재량권을 행사할 수 있고, 재량권의 남용이 인정되지 않는 한 상소심에서는 제1심법원이 인증한 대표당사자소송을 대표당사자소송이 아니라고 파기할 수 없다.

나. 구성원의 규모

문제는 다수성에 대하여, 대표당사자소송공정화법은 대표당사자소송이 연방법원의 관할 대상이 되기 위해서는 구성원의 수가 최소한 100명 이상이어야 한다고 규정하고 있지만, 연방규칙 제23조는 구성원의 최소 수에 대하여 구체적으로 규정하고 있지 아니하다. 이 점이 우리나라 증권관련집단소송법 제12조가 50인 이상의 구성원, 증권의 합계가 발행증권총수의 1만분의 1 이상의 요건을 증권관련대표당사자소송의 소송허가요건으로 규정하고 있는 것과 다르다.

그 결과 판례에 따라서는 구성원이 20명에 불과한 경우에도 다수성 요건의 충족을 인정한 사례가 있는가 하면, 300명 이상인 경우에도 다수성 요건의 충족을 부정한 사례도 있다. 그렇지만 대체적으로 25명 내지 40명 정도의 구성원이면 다수성 요건을 갖추었다고 보고 있다. 다만 일부 주법원에서는 그 이상을 요구하기도 한다. 그러면서 다수성 요건은 단순히 구성원의 수가 얼마인가에 따라 획일적으로 판단할 것이 아니라 구성원들의 지리적 분산이라든지 관련사항의 면밀한 검토라든지 모든 사항을 종합적으로 판단하여 다수성 요건을 판단하여야 한다는 입장을 취하고 있다.

한편 법원은 금지명령청구를 구하는 소송의 경우에는 구성원의 수가 적더라도 다수성 요건을 인정하여 대표당사자소송을 허용하고 있다. 왜냐하면 금지명령판결의 효과는 피고가 불법행위 등을 더 이상 하지 않게 됨으로써 그 소송에 참여하지 아니한 불특정 다수의 사람들에게도 판결의 효과가 돌아가게 되어, 결국 다수의 사람들이 혜택을 보기 때문이다.

종래에는 피고들이 다수성을 가지고 문제 삼는 경우가 별로 없었기 때문에 원고들로서는 구성원이 지나치게 많은 대표당사자소송을 선호하지 않았었다. 즉 소송대리인들도 구성원이 많은 대표당사자소송의 경우 피고들의 방어권 행사가 강력하기 때문에 자신들에게 유리한 판결을 얻어내기가 어렵다는 점을 잘 알고 있어 실재로 원고들에게 많은 구성원을 확보하라고 권하지 않고 연방규칙 제23조의 다른 요건들을 갖추는데 관심을 기울이는 편이었다.

그런데 최근 들어 대표당사자소송이 활성화됨에 따라 피고들도 다수성 요건에 적극 대응을 하게 되면서 구성원이 25명 내지 40명 정도의 소규모 대표당사자소송의 경우에 다수성 요건을 갖추지 못하였다고 항변하는 사례가 자주 등장하고 있는 추세이다. 법원도 이러한 피고들의 항변에 따라 다수성 요건을 엄격하게 심사하다 보니 다수성 요건을 충족하지 못하였다며 대표당사자소송을 불허하는 사례가 늘어나고 있다. 이러한 현상은 피고들이 다수성 요건 충족 불비라는 항변을 강력하게 하는데 반해 원고들이 이를 충분히 증명하지 못한 결과로 보이며, 그러다 보니 구성원이 40명 정도 되는 경우조차 다수성 요건 흠결로 단체의 증명이 부정되는 경우조차 발생하고 있다.

그러한 대표적 사례로 T-Mobile 사례[29]를 들 수 있다. 이 사건은, 플로리다에 거주하는 T-Mobile 종업원들만이 구성원으로 대표당사자소송을 제기한 경우이다. 법원은 위 사건에 대해 설령 T-Mobile이 전국적으로 많은 종업원을 고용한 큰 회사이지만 대표당사자소송의 청구원인이 오직 플로리다에 거주하는 T-Mobile 종업원에게만 해당되며, 그 수가 그리 많지 않다면 구태여 대표당사자소송을 인정할 이유가 없다고 하였다. 즉 전국적으로 종업원이 다수라는 이유만으로는 특정 주에만 해당되는 사건에 대한 다수성 요건을 확장 적용할 수 없다는 것이다.

이에 반해 일부 법원에서는 다수성 요건을 완화하여 인정하기도 한다. 예를 들어 Louisiana 주법원은 여성 운동선수들에 대한 차별과 관련하여 Louisiana 주에만 거주하는 여성 운동선수들만을 구성원으로 하였더라도 그 다수성이 인정된다면 대표당사자소송을 허가해야 한다고 하였고,[30] 이를 따른 판례도 많이 있다.

다. 다수성 판단방법

앞에서 살펴본 바와 같이 다수성을 단순히 구성원의 수에 의해서만 판단할 것이 아니라 여러 요소를 고려한 종합적 판단이 필요하다고 하겠다. 특히 대표당사

29) Vega w. T-Mobile USA, Inc., 564 F.3d 1256(11th Cir. 2009); Karhu v. Vital Pharmaceuticals, Inc., 2014 WL 1274119 (S.D.Fla. Mar 27, 2014).

30) Pederson v. Louisiana State Univ., 213 F.3d 858, 868 (5th Cir, 2000); Kase v. Salomon Smith Barney, Inc., 218 F.R.D. 149 (S.D.Tex. Aug 22, 2003), Verdow ex rel. Meyer v. Sutkowy, 209 F.R.D 309, 312 (N.D. N.Y. 2002); Marriott v. County of Montgomery, 227 F.R.D. 159, 171 (N.D.N.Y. Mar 25, 2005).

자소송을 허가함에 있어 법원이 고려해야 할 사항은 통상의 공동소송으로 그 목적을 달성할 수 있는지 여부라고 하겠다. 나아가 구성원들의 지리적 분산 여부도 다수성 판단에 중요한 기초자료가 된다. 그 결과 구성원이 여러 개 주에 걸쳐 분산되어 있는 경우 통상의 공동소송으로 소송을 수행하게 되면 관할권의 분산으로 실재로 소송을 수행하는 것이 상당히 불편하기 때문에 대표당사자소송을 허용하는 경우가 많다. 이런 경우에는 구성원 상호 간의 의견교환이나 화해나 합의도출 등 여러 가지 면에서 어려움이 따르기 때문에 보통 구성원이 25명 이상이면 다수성 요건을 충족하였다고 보는 것이 판례의 일반적 태도이다.

반면에 같은 25명이더라도 구성원들이 같은 주나 같은 도시에 거주하고 있다면 대표당사자소송의 다수성 요건을 인정함에 있어 신중할 필요가 있다. 그러나 구성원들이 개인별로 소송을 제기하거나 통상의 공동소송 형태로 소송을 제기하는 것이 망설여지는 경우라면 구성원 수가 적은 경우에도 예외적으로 대표당사자소송이 허용되기도 한다. 예를 들어 개인별 피해액수가 적어 소송을 통한 구제 실익이 없거나, 종업원들이 고용주의 불법행위에 대해 손해배상을 받고 싶지만 고용주의 보복소송을 두려워하여 개인적으로 소송을 제기하는 것을 망설이게 되거나, 성소수자들이나 전과자 등이 경찰의 불법체포 등에 대해 국가를 상대로 손해배상을 청구하고 싶으나 자신의 성소수성을 드러내거나 다른 범죄로 구속되는 것 등을 피하기 위하여 개인별 소송이나 통상의 공동소송으로 구제받기를 꺼려할 수도 있기 때문이다. 결국 소송을 통해 얻을 이익과 소송의 결과 받게 될 다른 피해를 비교 형량하여 소송 여부를 결정하게 되는데, 대표당사자소송 방식을 취하게 되면 부재당사자가 됨으로써 인적사항의 노출을 방지할 수 있어 노출로 인한 소송포기를 예방할 수 있다.

이처럼 소송으로 나아가지 않게 되는 경우를 소극적 가치 사건이라고 한다.[31)]이러한 소극적 가치 사건의 경우뿐만 아니라 집단의 구성원이 경제적으로 가난하거나, 개인적으로 적극적 소송제기를 두려워하거나 원하지 않을 경우에도 통상의 공동소송이라는 관점에서 볼 때 그러한 소송수행이 실현불가능하다고 보아 다른 구성원에 의해 대표당사자소송을 제기토록 하는 것이 합리적이라고 판단될 경우에는 대표당사자소송이 허용될 수도 있다.

이처럼 다수성의 문제는 단순히 구성원 수의 많고 적음에 의해 판단할 것이 아

31) Arykus v. Gomilla, 121 F.R.D. 357,361 (N.D. Ill. 1988); Ploog v. Homeside Lending, Inc., 2001 WL 987889 (N.D.Ill. Aug 28, 2001).

니라, 여러 상황을 종합적으로 검토하여 판단하여야 한다고 하겠다.

한편 연방규칙 제23조에 의해 하나의 단체가 여러 개의 하위단체로 나누어지는 경우가 있는데, 그 경우 하위단체에 대한 다수성 요건을 어떻게 판단할 것이냐 여부이다. 이 경우에도 그 하위단체는 그 자체가 연방규칙 제23조의 기본요건들을 개별적으로 갖추어야 하기 때문에 다수성 요건 역시 갖추어야 한다. 따라서 대표당사자소송을 제기한 자가 하위단체로의 세분화를 요구할 경우, 법원은 하위단체별로 다수성 요건의 충족 여부를 판단하여야 한다. 이 경우에 그 하위단체가 역시 통상의 공동소송에 의한 구제가 불가능할 경우에는 하위단체를 인정하여 대표당사자소송을 허가할 수 있다.

라. 구성원의 자격

대표당사자소송의 당사자는 소를 현실적으로 제기하는 당사자,[32] 즉 현명당사자는 물론이고 장차 당사자가 되어 판결에 구속될 지위에 있는 부재당사자도 포함된다고 하겠다. 따라서 다수성 요건을 판단할 때는 현명당사자 및 부재당사자 모두를 합산하여 판단하여야 한다. 그 결과 현재 피해가 구체적으로 나타나고 있지 않지만, 장차 다수의 피해자가 양산될 것이 예상되는 경우에도 다수성 요건은 충족된다고 하겠다. 예를 들어 석면사용으로 인한 피해가 발생하였다는 사실이 밝혀진 경우 석면에 노출된 자가 아직은 피해가 구체적으로 나타나지 않았지만 장차 나타날 개연성이 있는 경우 그 단순노출자도 단체의 구성원으로 보아야 한다는 것이다.

따라서 대표당사자소송을 제기할 당시에는 알려지지 않았지만 추후 밝혀질 잠재적 당사자도 다수성 판단의 대상이 되기 때문에 경우에 따라서는 단체의 구성원은 점차 증가하는 추세를 보이기도 한다. 이러한 경우에는 피해자가 나타날 때마다 소송을 하는 것이 번거롭기 때문에 통상의 공동소송이 아닌 대표당사자소송으로 분쟁을 해결하는 것이 보다 바람직하다고 하겠다.

마. 구성원 수의 변동과 다수성 요건

대표당사자소송의 기본요건인 다수성이 제소 당시에는 충족되었다고 하더라도 소송계속 중 구성원이 감소할 수도 있고, 반대로 제소 당시에는 충족되지 않았더

32) 부재당사자에 대립되는 개념으로 설명할 때는, 이하 현명당사자(顯名當事者)라고 한다.

라도 소송계속 중 구성원이 증가할 수도 있다. 그렇다면 소송계속 중 구성원의 수가 탈퇴 등의 사유로 감소하여 다수성 요건을 충족하지 못할 경우 어떻게 되느냐 여부인데, 결론적으로 다수성 요건은 소송요건이기 때문에 소송이 종료될 때까지 계속 유지되어야 한다고 하겠다. 반대로 처음에 구성원 수가 적어 다수성 요건을 충족하지 못하였더라도 소송이 종결되지 않고 진행되는 사이 구성원이 추가되어 다수성 요건을 갖추게 되면 대표당사자소송을 허가해야 한다.

따라서 법원은 대표당사자소송이 진행되는 도중에도 구성원 수의 변동 여부에 관심을 가져야 한다. 즉 법원으로서는 대표당사자소송의 네 가지 기본요건은 소제기요건이자 존속요건이므로 다수성, 공통성, 전형성, 대표당사자의 타당성 등 네 가지 기본요건이 계속 유지되는지 소송계속 중에도 수시로 확인할 필요가 있다고 하겠다.

2. 공통성(Commonality)

가. 공통성의 의의

공통성이라 함은 대표당사자소송에 있어서 당사자들의 청구에 사실관계 또는 법률관계의 공통되는 쟁점이 있어야 한다는 것을 말한다. 연방규칙 제23조는 대표당사자소송의 두 번째 요건으로 "하나의 대표당사자소송에서 사실상 또는 법률상 하나의 쟁점"이 없을 경우에는 대표당사자소송이 허용되지 않는다고 규정하고 있다. 이를 대표당사자소송의 공통성 요건이라고 한다.

우리 민사소송법 제65조(공동소송의 요건)가 "소송목적이 되는 권리나 의무가 여러 사람에게 공통되거나 사실상 또는 법률상 같은 원인으로 말미암아 생긴 경우에는 그 여러 사람이 공동소송인으로서 당사자가 될 수 있다. 소송목적이 되는 권리나 의무가 같은 종류의 것이고, 사실상 또는 법률상 같은 종류의 원인으로 말미암은 것인 경우에도 또한 같다."라고 규정하고 있는데, 이러한 공동소송의 요건인 "공통성"과 같은 취지라고 하겠다.

이처럼 공통성 요건은 단체의 구성원들이 대표당사자소송을 수행하기 위해 갖추어야 할 요건이고, 법원도 이러한 공통성 요건을 갖추었는지 여부에 의해 대표당사자소송을 허용할 것인지를 판단하게 된다. 대표당사자소송에서 이러한 공통성을 요구하는 것은, 사실상 또는 법률상 그 구성원들이 공통적 쟁점을 하나의 소송절차에서 해결하는 것이 타당한지 여부를 판단하는 기본적 근거가 되기 때문이다. 공통성 요건이 충족되었을 때 법원도 모든 구성원에게 동일한 결론의 판결을 할 수 있게 되어 판결의 모순·저촉을 방지할 수 있고, 분쟁의 1회적 해결을 도모할 수 있게 된다.

대표당사자소송의 구성원 역시 공통의 사실상 또는 법률상 주장을 통해 대표당사자소송이 추구하는 공통의 이익을 도모할 수 있고, 피고 또한 그 주장에 대해 집중적으로 방어함으로써 방어권 행사를 용이하게 할 수 있다. 만일 대표당사자소송을 제기한 당사자들의 주장하는 쟁점이 각각 다르거나, 추정적 구성원들의 주장이 사실상 또는 법률상 기초관계가 서로 다르면, 구성원별로 상이한 대표당사자소송의 심리가 비효율적, 불공정하게 될 수밖에 없고, 그로 인해 판결의 결과가 서로 다르게 되어 대표당사자소송의 본래 목적을 상실하게 된다.

따라서 현명당사자는 물론이고 잠재적 구성원도 공통된 사실상 또는 법률상 기초관계에 대한 동일한 내용의 변론을 통해 전형적 결론을 도출해 내도록 노력해야 하며, 다른 구성원들의 이익에 반하는 주장을 하여서는 아니 된다.

다수성이 대표당사자소송 개시의 절차적 문제라고 한다면, 공통성은 대표당사자소송의 결론을 도출해내고자 하는 본질적 문제라고 하겠다. 연방대법원도 대표당사자소송과 관련하여 다수성, 공통성, 전형성, 대표당사자의 타당성 등이 모두 갖추어져야만 대표당사자소송이 가능하다고 하였다. 예를 들어 증권사기의 경우 피고가 투자자인 주주들에 대해 증권투자로 인한 이익을 과장하거나 허위사실을 공시하는 등 피해 원인을 공통적으로 제공했는지 여부, 동일한 보형물에 의한 여성의 가슴확대수술의 결과 시술을 받은 구성원들에게 유사한 피해가 발생하였는지 여부, 제조물책임과 관련하여 제품이 회사의 동일한 생산방식에 의해 생산됨에 따라 불특정 다수의 소비자들에게 유사한 피해가 발생하였는지 여부, 동일한 과장광고에 의해 소비자가 피해를 보았는지 여부 등이 사실상 또는 법률상 공통성의 판단기준이 된다고 하겠다.

나. 공통성 요건의 필요 이유

앞서 개략적으로 살펴보았지만, 대표당사자소송에 있어 공통성 요건이 왜 필요한지 그 이유에 대해서 살펴보기로 한다. 그런데 공통성 요건과 관련하여 연방규칙 제23조(a)(2)에서 규정한 용어가 애매하여 해석상 많은 문제가 발생하고 있다. 왜냐하면 조문 내용이 복수의 쟁점들이라는 용어를 사용하고 있어 조문대로 해석하면 하나보다 많은, 즉 둘 이상의 사실상 또는 법률상 공통 쟁점을 필요로 하지 않느냐고 해석될 여지가 있기 때문이다. 이러한 의문이 제기되는 이유는 임의적 공동소송에 관한 연방규칙 제20조(a), 임의적 중재에 관한 연방규칙 제24조(b), 소송통합에 관한 연방규칙 제42조(a)가 모두 하나 또는 하나 이상의 사실상 또는 법률상 공통성이 있으면 된다고 규정하고 있어, 이 경우에는 하나의 공통성이 인정될 경우에도 위와 같은 유형의 다수당사자소송이 허용된다고 보고 있기 때문이다. 그런데 유독 연방규칙 제23조(a)(2)는 복수의 사실상 또는 법률상의 공통쟁점이라고 규정하고 있기 때문에, 그 해석을 둘러싸고 견해가 나누어지고 있다.

그렇지만 압도적 다수의 견해는 연방규칙 제23조(a)(2)의 표현의 애매성에도 불구하고 대표당사자소송의 기본요건인 공통성은 사실상 또는 법률상 공통 쟁점이 하나뿐이더라도 충분하다는 입장을 취하고 있다.

연방대법원 역시 Dukes 판결을 통해 하나의 공통된 사실상 또는 법률상 쟁점이 있으면 대표당사자소송은 허용된다고 보았다.

다. 공통성 요건의 판단방법

대표당사자소송에 요구되는 공통성은 원고가 사실상 또는 법률상 공통쟁점을 주장하면 일단 요건이 충족된 것으로 된다(제23조(a)(2)). 즉 사실상 또는 법률상 공통쟁점을 주장할 경우, 그 주장 자체만으로 공통성이 인정되면 위 규칙의 요건이 충족되었다고 볼 수 있다는 것이다. 즉 심리 결과 공통성 요건이 충족되지 않음이 밝혀지게 되면 대표당사자소송을 기각하면 될 것이므로, 소송요건 단계에서 공통성 요건이 실재적으로 반드시 존재해야 하는 것은 아니라는 것이다.

대부분의 법원은 변론과정에서 대표당사자소송의 원고들이 사실상 또는 법률상 공통의 쟁점을 주장하면 대표당사자소송의 공통성 요건이 충족되었다고 인정하고 있다. 그러나 일부 법원은 제한법령이 대표당사자소송을 금지하고 있는 경우라든지 혹은 징벌적 손해배상청구가 가능한 경우라든지와 같이 법적 쟁점만을 근거로 공통성을 인정하는 경우는 연방규칙 제23조(b)(2)의 공통성 요건이 충족되지 않았다고 보아야 한다는 이유로 공통성 인정을 거절하고 있다. Dukes 판결의 취지를 고려할 때 연방대법원은 후자의 견해를 취하고 있는 것으로 보인다.

라. 대표적 판례(Dukes 판결) 검토[33)]

공통성 요건에 대한 대표적인 연방대법원 판례가 2011년도에 나왔는데, 바로 Wal-Mart Stores v. Dukes 사건이다. 위 Dukes 사건은 약 150만 명의 직원을 고용하고 있는 Wal-Mart에서 해고당한 여성근로자가 위 회사가 여성에 대한 편견을 당연시하는 사내문화를 형성함으로써, 수천 명의 중간간부들이 여성근로자의 승진과 급여에 대해 불리한 기준을 적용함으로써 성차별을 자행하였다며 고용주인 Wal-Mart를 상대로 손해배상을 구하는 대표당사자소송을 제기한 사건이었다.

피고인 Wal-Mart는 회사의 자유재량의 범위 내에서 여성근로자에 대해 적절한 차등을 둔 것일 뿐 여성의 능력을 남성보다 못하다고 보는 편견에서 비롯된 성차별정책이 아니었다고 주장하였다.

위 사건 이전에는 원고들이 법적 기준이 다른 경우에도 사실관계가 공통되거나 공통된 사실관계에 근거하여 공통성 요건을 갖추었다고 주장하면 대부분의 법원은 연방규칙 제23조(a)(2)의 문언에 따라 당사자의 공통성 주장만으로 위 공통성 요건이 충족되었다고 보아 대표당사자소송을 허용하였다. 물론 일부 법원에서는 그런 경우 공통성이 없다는 이유로 대표당사자소송을 불허하기도 하였으나, 그런 경우는 아주 예외적인 경우에 불과하였다. 실재로 피고들은 자주 연방규칙 제23조(b)(3)이 적용되는 대표당사자소송에서 공통성을 갖추지 못하였다고 주장하면서 구성원 전체를 지배하는 공통성은 개인별 쟁점에 우선하여 필요한 요소(우월성 요건)라고 주장하였다.

그런데 연방대법원은 위 Dukes 판결에서 연방규칙 제23조(a)(2)가 적용되는 대표당사자소송의 경우 공통성 요건은 필수적으로 필요하다고 판시하였다. 그러면서 종래 판례에 대한 반대 관점에서 우월성에 대한 조사를 통해 공통성의 의미를 정립하였다. 그 이후 연방규칙 제23조(a)(2)의 공통성 요건을 필요로 하는 대표당사자소송에서는 Dukes 판결에서 정의한 공통성 개념을 사용하게 됨으로써 위 판례는 공통성 요건에 대한 주요한 시금석이 되고있다고 하겠다.

Dukes 사건을 처음 취급한 연방지방법원은 약 150만 명에 달하는 Wal-Mart의 현재 또는 퇴직한 여성 근로자들이 급여와 승진에서 성차별을 당함으로써 1964년에 제정된 인권법(The Civil Lights Act) 제7절을 위반하였다는 주장에 대해 공통

33) Wal-Mart Stores v. Dukes, 131 S. Ct. 2541(2011); Fosmire v. Progressive Max Ins. Co., 277 F.R.D. 625, 80 Fed.R.Serv.3d 1351 (W.D.Wash. Oct 11, 2011).

성 요건이 충족되었다며 대표당사자소송을 허용하였다. 여성근로자들은 Wal-Mart 내 수천 명의 매니저들이 여성근로자를 부당하게 차별대우한 것이 일종의 사내문화였기 때문에 당연한 것이라는 피고 회사 주장에 대해 그러한 행위는 여성근로자에 대한 성차별로 부당하기 때문에 손해배상을 해야 한다는 것이었다.

변론절차를 통해 대표당사자소송의 양 당사자는 실체적 경험에 근거한 통계적 증거를 충분히 제출하였는데, 연방대법원은 추정적 대표당사자소송의 구성원들의 주장만으로는 공통성 요건을 충족하였다고 볼 수 없다면서 5대4로 원심판결을 파기하였다. 즉 연방대법원은 원고들이 제출한 증거만으로는 회사 내의 모든 근로자들이 여성근로자들을 성차별하여 그들에게 고통을 주었다는 증거를 발견할 수 없다고 하였다.

이 판결에서 다수견해를 대표집필한 Scalia 연방대법원판사는 이 판결을 통해 대표당사자소송의 공통성 요건에 대한 개념을 법원이 명백하게 정립하였다고 판시하였다. 즉 공통성이라는 개념은 하나의 판결로 전체적인 문제가 해결될 수 있는 그러한 성질이라는 것이다. 다시 말해 공통성이라는 것은, 그것이 진실이든 거짓이든 그것을 결정하는 것으로, 분쟁이 되고 있는 하나하나의 청구의 유효성 판단을 위해 집중된 쟁점을 해결할 수 있는 것이어야 한다는 것이다. 그러면서 공통적 쟁점은 단순히 연방규칙 제23조(a)(2)의 문구에 의해 “공통성이 있다고 주장하는 것”만으로 판단해서는 안 되며, Richard Nagareda 교수가 최근 논문을 통해 주장한 것처럼 변론과정에서 조사를 통해 나온 증거결과에 의해 판단하여야 한다고 하였다.

한편 네 명의 소수견해를 대표 집필한 Ginberg 연방대법원판사는 다수견해가 인용한 Richard Nagareda 교수의 견해에 반대하면서, Richard Nagareda 교수의 견해를 따르게 되면 연방규칙 제23조(b)(3)의 요건에다가 제23조(b)(2)의 요건까지 추가해야 하기 때문에 공통성 요건을 증명하는 것이 사실상 어렵게 되어 더 이상 대표당사자소송이 현재처럼 이용될 수 없다고 주장하였다.

다수견해를 따르게 되면 실재 적용과정에서 연방규칙 제23조(b)(1) 또는 제23조(b)(2)가 적용되는 대표당사자소송은 물론이고 심지어 연방규칙 제23조(b)(3)가 적용되는 대표당사자소송에서조차 공통성에 대한 명백한 증명을 해야 하기 때문에 대표당사자소송의 공통성 요건에 대한 증명이 어렵게 되는데, 벌써 그런 현상이 실무상 나타나고 있다. 즉 Dukes 판결 이전에도 공통성 요건의 부재를 이유로 대표당사자소송이 허용되지 않은 경우가 전혀 없었던 것은 아니나, Dukes 판결 이후 연방규칙 제23조(b)가 적용되는 다른 대표당사자소송에서 Dukes 판결을 근거로 공통성 요건을 충족하지 못하였다며 대표당사자소송을 불허하는 사례가 자주 나타나고 있는 것이다.

그렇지만 Dukes 판결이 5대4로 박빙을 이룬 것처럼 Dukes 판결의 다수견해에 대한 반론도 만만치 않아, 위 Dukes 판결 이후에도 연방규칙 제23조(b)(2)가 적용되는 대표당사자소송에서 공통성의 요건을 당사자의 주장만으로 인정하는 경우도 종종 나타나고 있다. 즉 연방규칙 제23조(b)(3)이 적용되는 대표당사자소송의 경우에 하위단체가 공통성의 요건을 이미 충족하였다면 Dukes 판결의 영향을 받지 않고 공통성을 인정할 수 있다며 대표당사자소송을 허용하기도 하였다.

3. 전형성(Typicality)

가. 전형성의 의의

전형성이라 함은 대표당사자소송을 통한 청구가 대부분의 구성원들이 주장하는 청구와 닮은 꼴이어야 한다는 의미이다. 연방규칙 제23조(a)(3)은 "집단의 대표당사자의 소송 또는 항변이 집단의 소송 또는 방어의 전형적인 경우"여야 한다고 전형성 요건을 규정하고 있다. 이 내용은 1966년에 연방규칙 제23조가 개정될 때 추가된 내용이다. 즉 첫 번째 연방규칙 제23조(1938년)는 명시적으로 전형성을 요구하지 않은 채 대표당사자소송의 대표당사자들이 공정하게 모든 타당한 주장을 할 수 있도록 보장한다라고만 규정하고 있었는데, 위와 같이 연방규칙 제23조(1966년)를 개정하여 전형성을 명문화한 것이다.

그런데 앞서 공통성에서도 살펴본 바와 같이 현행 연방규칙을 개정하면서 자문위원회는 연방규칙 제23조(a)(3)과 관련하여 전형성 요건에 대하여도 어떠한 지침을 정하지 않았다. 그러다 보니 전형성 요건을 어떻게 해석할 것인가를 놓고 개정 직후 여러 법원 사이에 많은 혼란이 야기되었는데, 현재는 관련 판례를 통해 기준이 정립되었다고 할 수 있다.

나. 전형성 요건의 판단방법

(1) 독자성을 인정하는 견해

일반적으로 전형성 여부는 대표당사자인 원고의 주장이나 피고의 방어방법 등을 구성원의 주장이나 방어방법과 비교하여 판단하면 된다. 이러한 입장을 취하는 법원은 전형성 요건을 공통성 요건과 동일하게 독립된 요건으로 보아, 그 의미를 대표권 행사의 타당성과 같은 개념으로 이해하려 한다.

그런데 실재로 보면 연방규칙 제23조가 규정한 공통성, 전형성, 대표권 행사의 타당성 등은 상호 간에 얽혀 있는 경우가 많기 때문에 각 요건별로 명백하게 구별하는 것이 그리 쉬운 일은 아니다. 연방대법원도 현실적으로 그러한 상황을 인정하고 있다. 그러다 보니 대표당사자소송을 허용하는 것이 경제성을 갖는지 여부, 대표당사자의 주장과 다른 구성원들의 주장이 상호관련성이 있다 보니 소송에 참여하지 않은 부재구성원들의 이익이 대표당사자소송을 통해 타당하게 보호받을 수 있는지 여부에 의해 대표당사자소송의 허용 여부가 결정될 수밖에 없다.

그런데 대부분의 법원은 이러한 논란에도 불구하고 법령상의 명문의 규정 내용을 무시하는 것은 부당하다며 전형성 요건에 독자성을 인정하는 입장을 취함으로써, 전형성 요건을 갖추지 못하였을 경우 대표당사자소송을 불허하고 있다.

그렇다면 전형성 요건의 독자성을 인정할 경우, 어떻게 전형성을 판단할 것인지가 문제되는데, 이 견해를 취하는 법원은 대표당사자의 주장과 구성원의 주장을 단순비교하여 판단하면 된다고 한다. 다만 주의할 점은 전형성이라고 하여, 대표당사자의 주장과 구성원들의 주장이 모든 면에서 일치되어야 함을 요구하는 것은 아니기 때문에, 법원으로서는 대표당사자의 주장을 다른 구성원들의 주장과 비교하여 대표당사자의 주장과 현명구성원의 주장이 대동소이하다고 인정되거나, 부재구성원이 장차 주장할 것으로 예상되는 주장과 대동소이한 경우에는 전형성을 인정하고 있다. 실무도 또한 그렇게 운영되고 있다.

(2) 독자성을 부정하는 견해

전형성 요건이 공통성이나 타당성 요건 등과 혼합되어 있다 보니 전형성 요건을 독자적으로 정립하기가 어렵다는 이유로 일부 법원은 대표당사자소송에 있어서의 전형성 요건에 대해 독자성을 인정할 필요가 없다는 입장을 취하고 있다. 더 나아가 일부 법원은 대표당사자가 연방규칙 제23조(a)(3)에 따라 자신이 단체의 구성원임을 밝히려면 자신의 주장이 다른 구성원들의 주장과 닮았음을 주장할 수밖에 없기 때문에 전형성 요건은 그러한 주장을 위한 하나의 수단에 불과하다고 보아 독자성을 부인하기도 한다.

이러한 견해를 취하게 되면 전형성을 판단하기 위해서는 대표당사자의 주장과 구성원들의 주장을 단순비교하는 것에 그쳐서는 안 되고, 단체의 대표당사자가 부재구성원이 장차 주장하리라 예상되는 피고의 잘못된 위법행위에 대한 책임을 함께 묻고 있는지, 동일한 전형적 피해에 대하여 동일한 법이론에 근거하여 대표당사자 자신과 구성원들의 청구를 주장하고 있는지, 대표당사자의 주장이 소송에 참여하고 있지 않은 부재구성원들이 주장하고 있지 않은 유일한 방어방법까지 주장하고 있는지, 아니면 다른 사실상 또는 법률상 쟁점들까지 주요내용으로 주장하고 있는지 등을 종합적으로 평가하여야 한다는 입장을 취하고 있다.

그런데 실재로 보면, 독자성을 인정하는 경우나 부정하는 경우 모두 전형성 판단 역시 종합적으로 하고 있는 것이 현실이다.

다. 대표당사자의 독자적 주장

전형성 요건과 관련하여 실무상 발생하고 있는 중요한 문제로 대표당사자가 구성원의 광범위한 주장과 달리 소송의 초점을 바꾸어버릴 수도 있는 유일한 방어방법을 주장할 경우 어떻게 되느냐 여부이다. 즉 보편적인 여러 개의 주장을 하지 않고 승소하기 위해서는 자신이 생각하고 있는 주장방법을 주장하는 것이 옳다면서 자신이 생각한 주장만을 독자적으로 주장하는 경우라고 하겠다. 이렇게 되면 대표당사자, 특히 피고인 대표당사자의 유일한 방어방법 주장이 오히려 논점의 방향을 반대로 전개해 버릴 염려가 있다. 그렇지만 대표당사자소송의 전형성 판단에 있어 그러한 방어방법이 유일한 방법이거나 적어도 단체의 작은 부분에 국한되는 경우에는 예외적으로 그러한 유일한 방어방법의 주장을 허용할 수밖에 없다. 이 경우에는 이를 고려하여 전형성 여부를 판단해야 할 것이다.

제한법령 등으로 인해 다른 구성원도 주장할 수 없는 방어방법이라면 대표당사자 역시 이를 주장할 수 없으므로 주장하지 않는다고 하여 문제될 것은 없다고 하겠다. 한편 유일한 방어방법은 서면으로 뒷받침되어야 한다. 순수하게 이론적인 방어방법만으로는 대표당사자의 비전형성을 정당화시킬 수 없다. 일부 법원은 대표당사자가 유일한 방법만을 주장할 경우 전형성의 증명이 없음을 이유로 대표당사자소송을 허용하지 않는 경우도 있다. 그러나 이 경우 일반적으로 법원은 유일한 방어방법의 이점을 배제할 필요는 없다는 입장을 취하고 있다. 그러한 주장이 가치가 있든 없든 불문하고, 변론절차의 상당한 정도를 차지하고 있고, 전반적으로 집단 구성원 전체에게 손해가 되지 않는다면 전형적인 문제는 존재한다고 보아야 한다는 것이다. 이에 더하여 Dukes 판결에 근거하여 대표당사자소송을 허가함에 있어 전형성 요건에 대한 판단은 단체인증과정에서 주장되는 주요쟁점들에 대한 판단과 함께 판단하는 것이 타당하다는 견해가 확산되고 있다. 자문위원회 주석서도 같은 입장을 밝히고 있다.

법원은 대표당사자가 유일한 방어방법을 주장할 경우 그에게 대표당사자로서의 자격이 있는지 여부를 신중히 검토하여야 한다. 즉 대표당사자의 유일한 방어방법의 주장이 재판과정에서 중요한 쟁점이 될 수밖에 없기 때문에 이를 기준으로 전형성 요건도 판단해야 한다는 것이다. 전형성이 없더라도 유일한 방어방법이 주장될 경우 대표당사자소송이 허용될 수 있는 경우를 살펴보면, 증권사기소송에서 사기당하였다고 주장하는 원고에 대해 피고가 증권사기사실이 폭로된 이후에 원고가 주식을 대량으로 매입하였으므로 증권사기피해가 아니라고 주장하는 경우, 고용차별을 원인으로 하는 대표당사자소송에서 원고가 고용차별을 당하였다고 주장하는 것에 대하여 피고인 고용주가 해고당한 근로자가 인종차별로 해고된 것이 아니라 회사의 재물을 절취한 범죄로 인하여 해고되었다고 주장하는 경우, 제약회사의 신약 복용 후 피해가 발생하였다고 주장하는 대표당사자소송에서 피고인 제약회사가 원고가 다른 약을 복용한 후유증으로 피해가 발생하였다고 주장하는 경우, 대표당사자가 대량불법행위를 원인으로 한 대표당사자소송에서 피고가 공장을 가동한 이후에 원고에게 오히려 재산증가의 이익이 돌아갔다고 주장하는 경우, 피고가 제품의 위험성을 사전에 고지하지 않았다며 제기한 소비자보호를 위한 대표당사자소송에서 원고가 이미 다른 친지나 언론을 통해 그 제품의 위험성을 사전에 인지하고 있었다고 피고가 주장하는 경우 등에는 피고의 그 특정 대표당사자에 대한 유일한 방어방법의 주장이 있다고 하여 전형성 요건을 위배하였다고 볼 수는 없다고 하겠다.

이러한 사례들에서 대표당사자는 이러한 쟁점의 다양성, 즉 개인의 유일한 주장과 다른 구성원의 전형적 주장을 전체적으로 조사한 결과에 의해 전형성 요건 충족 여부를 판단받게 되고, 결국 부정적 판단을 받게 될 경우 단체 전체에게도 불리하게 작용될 수밖에 없다. 따라서 개별적 유일한 방어방법을 주장할 경우 그러한 주장은 그 당사자에 한하여 적용되는 것이 타당하겠지만, 법원들은 그러한 취급에 견해가 나누어져 있다. 일부 법원은 방어방법을 제한하는 가능한 법령에 복종하는 대표당사자에게 대해서도 전형성을 충족시킬 수 없다며 대표당사자소송을 불허하기도 하고, 일부 법원은 반대로 방어방법을 제한하는 법령이 있는 경우에는 그 대표당사자도 어찌할 수 없다는 이유로 그 대표당사자의 자격이 없다고 보는 것은 부당하다며 대표당사자소송을 허용하기도 한다.

라. 일부 피고에게만 청구하는 경우

다수 피고를 상대로 하는 대표당사자소송의 경우 일반적으로 모든 피고에게 손해배상을 구하고 있다. 그런데 원고가 일부 피고에게만 손해배상을 청구하면서 다수 피고를 공동피고로 하는 대표당사자소송을 제기할 수 있는가 여부이다. 이러한 경우는 원칙적으로 대표당사자소송의 전형성을 갖추고 있지 못하다고 보아야 한다.

그렇지만 그런 경우에도 예외가 있다. 예를 들어 여러 항공사들이 공모하여 비싸게 항공권을 판매하자고 부당행위를 한 경우에 그 공모에 가담한 모든 항공사를 공동피고로 삼으면서도, 원고가 항공권을 구체적으로 구매한 한 항공사에 대해서만 손해배상을 구하는 경우이다. 그렇게 되면 항공권을 구매한 구매자들이 손해배상을 청구하는 항공사는 각기 분산될 수밖에 없는 특징이 있다. 이런 예외적인 경우에는 전형성을 인정할 수밖에 없고, 대표당사자소송을 허용할 수밖에 없다고 하겠다. 즉 공모에 가담한 항공사 전체에 대한 공동책임의 문제와 개별적 항공권 구매에 따른 손해배상의 문제가 분리되는 현상이 나타나게 된다고 하겠다.

마. 주장 내용의 동일성 판단기준

전형성과 관련하여 반드시 대표당사자가 구성원들의 주장과 동일한 내용을 주장해야 하는가 여부이다. 경우에 따라서는 그 피해 내용이 다를 수도 있기 때문이다. 예를 들어 공장에서 배출된 유해물질로 인해 피해가 다수 발생하였는데, 그 중의 일부는 재산상의 피해를 본 경우도 있을 수 있고, 또 다른 일부는 신체상의 피해를 본 경우도 있을 수 있기 때문이다. 신체상의 피해의 경우에도 일부는 호흡기상의 질환을, 일부는 내장기능상의 질환 등 질환의 내용이 다를 수도 있다.

이에 대하여 일부 법원은 이러한 다른 주장은 서로 각각 다른 피해내용을 전제로 하고 있어 전형성의 요건을 갖추지 못하였다며 대표당사자소송을 불허하기도 하고, 일부 법원은 이러한 경우 공장에서 배출된 유해물질로부터 발생한 피해는 같은 것이고 단지 피해의 형태가 다양하게 나타났을 뿐이라는 이유로 전형성 요건이 충족되었다며 대표당사자소송을 허용하기도 한다.

그러나 일반적으로 피해 유형이 다르더라도 동일한 위법행위로부터 파생된 것이라면 동일한 법적 견해를 근거로 하여 청구할 경우 법원은 전형성 요건을 인정하고 있다.

실재적으로 위와 같이 동일한 사실에 근거한 상이한 피해에 대한 손해배상청구의 경우에는 하위단체를 인정하는 방향으로 전형성 요건의 문제를 해결하기도 한다. 만일 하나의 하위단체가 전체로서의 하위단체의 전형적 사실관계를 전제로 하여 적어도 1인의 대표당사자를 내세울 수 있으면 전형성 요건은 충족되었다고 볼 것이다.

그러나 이 경우에도 법원은 어떤 구성원의 전형적 청구나 방어가 상호 간에 많은 사실적 차이가 있다는 이유로 대표당사자소송을 허용하지 않기도 한다.

4. 대표당사자의 타당성(Adequacy)

가. 타당성의 의의

대표당사자의 타당성이라 함은 과연 대표당사자가 전체 구성원의 이익을 위해 올바른 소송을 수행할 수 있는 능력을 제대로 갖추고 있느냐 여부를 말한다. 이러한 타당성을 판단함에 있어 대표당사자의 개인적 도덕성, 법률적 지식, 소송수행에 대한 경험, 경제적 능력 등 모든 요소를 종합적으로 판단하여 결정하여야 한다.

대표당사자의 타당성과 관련하여 연방규칙 제23조(a)(4)는 대표당사자소송이 허가되기 위해서는, 법원이 대표당사자가 단체의 이익을 위해 공정하고 타당하게 소송을 수행할 것이라는 신뢰가 있어야 한다고 규정하고 있다. 이러한 대표당사자의 타당성 요건은 대표당사자소송에 있어 기본요건이라고 할 수 있다. 따라서 대표당사자의 타당성이 인정되지 않으면 소송에 참여하지 아니한 부재구성원들에게 판결의 효력이 발생하지 아니한다.[34] 한편 이러한 타당성은 대표당사자가 공

34) Hansberry v. Lee, 311 U.S. 32 (1940); Placid Oil Co., 753 F.3d 151, 71 Collier Bankr.Cas.2d 1657, 59 Bankr.Ct.Dec. 149, Bankr. L. Rep. P 82,643 (5th Cir.(Tex.) May 27, 2014); Beyer v. Verizon North Inc., 270 Mich.App. 424, 715 N.W.2d 328 (Mich. App. Mar 28, 2006).

정하게 모든 구성원들의 이익을 위해 소송을 수행할 수 있으면 충족되기 때문에 대표당사자가 가장 최상의 소송능력이 있어야 한다거나 소송대리인에게 뛰어난 능력이 있어야 한다는 것을 의미하지는 않는다.

연방규칙 제23조(g)는 대표당사자소송의 소송대리인에 대한 선임기준을 규정하고 있다. 따라서 법원은 위 기준에 맞춰 소송대리인을 선임하게 된다. 한편 대표당사자 및 소송대리인의 타당성을 보장하기 위해 연방규칙 제23조(d)(1)(B)(iii)는 법원뿐만 아니라 구성원들에게도 대표당사자 및 소송대리인의 소송수행상의 타당성에 대한 감시권을 인정하고 있다. 법원은 대표당사자소송의 소송대리인을 선임한 이후에도 소송수행과정에서 그의 소송행위가 불공정하다고 판단될 경우에는 직권 또는 구성원들의 신청에 의해 소송대리인이나 대표당사자의 교체를 허가할 수 있다.

한편 1995년에 제정된 사적증권소송개혁법(PSLRA)[35)]은 증권관련 대표당사자소송을 규율하고 있는데, 증권소송과 관련하여 대표당사자나 소송대리인 등을 임명하는 기준 및 방법, 절차 등에 대하여 자세하게 규정하고 있다.

나. 타당성 요건에 대한 판단방법

대표당사자소송에서 대표당사자 및 소송대리인의 대표권 행사는 구성원들에게는 대단히 중요한 문제이다. 따라서 대표권 행사의 타당성을 규율하는 법은 다양한 형태로 존재한다.

대표당사자의 타당성을 판단할 때는 과연 그에게 그 사건을 성실하게 수행할 수 있는 시간과 재력이 있는지 여부, 소송수행을 하지 못할 정도의 신체적 또는 정신적 문제가 있는지 여부, 대표당사자가 타당성에 대한 요건 증명을 제대로 하지 못하는지 여부 등을 대표당사자소송의 요건 증명에 즉각적으로 대응하는지 여부 등을 종합적으로 판단하여야 한다. 다만 어떠한 장애사유가 있을 경우 그 장애가 대표당사자소송의 원인에서 비롯된 것이면 예외적으로 타당성이 인정된다. 왜냐하면 그 문제를 해결하기 위하여 대표당사자소송을 제기하는 것이기 때문이다.

대표당사자는 일단 자신의 시간과 비용으로 재판을 진행할 수밖에 없기 때문에 특히 대표당사자의 시간과 재력 여부가 중요한 근거가 되고 있다. 따라서 대표당

---

35) the Private Securities Litigation Reform Act of 1995.

사자에게는 그러한 비용을 지출할 수 있는 최소한의 경제적 능력이 있어야 한다. 이와 관련하여 일부 법원은 그러한 비용을 지출할 경제적 능력이 없다는 이유로 대표당사자의 타당성을 배척한 경우도 있다. 그렇지만 대부분의 법원들은 대표당사자의 재력 여부를 직접적인 타당성 근거로 삼지는 않으려는 태도를 취하고 있다. 왜냐하면 대표당사자소송의 소송대리인들이 비용을 승소한 금원에서 일정액을 받기로 하는 조건으로 소송비용을 직접 부담하면서 소송을 수임하고 있기 때문이다. 그렇지만 이 경우 변호사의 소송수임료가 과다하게 고액으로 책정될 우려가 있는바, 이에 대해서는 법원이 승인 과정에서 적절한 제한을 가하고 있다. 따라서 법원이 대표당사자의 재력을 검토한 결과 전혀 재력이 없다고 판단한 경우에도 그 대표당사자가 다른 구성원들과 비용을 조달하는 방법에 합의하는 등 구체적으로 소송비용을 조달할 능력이 있다고 인정되면 이를 문제 삼지 않고 있다.

뿐만 아니라 대표당사자가 대표당사자소송을 통해 얻는 이익의 정도도 대표권의 타당성 판단에 기초자료가 된다. 왜냐하면 만일 대표당사자가 그 대표당사자소송을 통해 얻는 이익이 적을 경우에는 대표당사자소송의 승소를 위해 시간과 비용을 들여 최선을 다 하지 않을 수도 있다고 보기 때문이다. 다만 그 경우에도 대표당사자의 개인별 청구금액이 비율로는 작지만 금액으로 칠 때 절대금액이 클 경우에는 타당성을 인정하여야 한다. 결국 대표당사자의 타당성을 판단할 때는 특정 요소에 치우쳐서는 안 되고 대표당사자의 여러 가지 상황을 종합적으로 검토하여 판단하여야 할 것이다.

다. 대표당사자 교체

대부분의 법원은 대표당사자소송의 대표당사자가 단체의 이익을 위해 소신껏 소송수행하기를 바란다. 다시 말해 대표당사자는 자신의 청구에 대해서는 당사자이지만 다른 구성원의 청구에 대해서는 타인의 사무를 관리하는 자이기 때문에 소송수행에 최선을 다해야 하는 선량한 관리자로서의 주의의무가 있다고 하겠다. 따라서 대표당사자는 그 소송수행으로 얻어질 이익을 확신한 후 시기에 맞춰 소송을 제기하여야 하며, 소송대리인의 소송행위를 감독해야 한다.

앞에서 살펴본 바와 같이 이를 위해 대표당사자에게는 시간과 재력, 신체적 또는 정신적 건강성, 얻게 될 이익의 정도 등이 종합적으로 고려되어야 한다.

그런데 대표당사자소송을 제기당한 피고는 습관적으로 대부분의 경우 원고대표당사자의 대표권에 대하여 이의를 제기한다. 이의를 제기하는 피고의 본심은 타당성 요건의 흠결로 대표당사자소송이 각하되기를 바라는 것이라 할 수 있다. 그런데 경우에 따라서는 법원으로부터 대표당사자의 타당성 없음이 인정되어 유능한 대표당사자로 교체되면 오히려 피고는 더 큰 낭패를 당할 수도 있다. 즉 피고가 이의를 통해 얻고자 원하는 것은 적합하고 유능한 대표당사자나 소송대리인으로의 교체가 아니라 대표당사자소송 자체의 각하인데 반대 결과가 나왔기 때문이다.

한편 피고로서는 적합한 대표당사자나 소송대리인에 의해 대표당사자소송이 수행되었는지 여부에 대해 커다란 이해관계가 있다. 만일 적합하지 아니한 대표당사자에 의해 소송이 수행된 결과 피고에게 유리한 판결이 내려졌을 경우 패소한 단체의 구성원들이 대표당사자의 타당성 흠결을 주장하며 그 판결에 구속받기를 거부하는 상황에 피고가 직면하게 될지도 모른다. 그 경우에 피고로서는 승소하고서도 대표당사자의 자격 흠결을 이유로 승소의 이익을 누리지 못하게 되는 경우가 발생할 수도 있다. 반대로 타당성 흠결이 존재한 대표당사자소송에서 피고가 패소하였더라도 승소한 원고들은 그 이익을 그대로 누리려 할 것이기 때문에 피고로서는 불이익한 지위에 놓이게 된다. 따라서 승소가 되었든 패소가 되었던 대표당사자의 타당성 여부는 피고에게는 중대한 문제라 하지 않을 수 없다.

한편 법원도 대표당사자의 타당성에 이의를 제기한 피고의 본심이 부재구성원들의 이익을 대변할 수 있는 유능한 대표당사자나 소송대리인으로의 교체가 아니라 대표당사자소송이 소 취하되는 것에 있음을 잘 알고 있기 때문에, 대표권에 타당성이 없다는 피고의 주장에 대하여 부정적 견해를 취하는 경우가 많다. 그 결과 대부분의 법원은 대표권의 타당성에 이의를 제기하는 피고의 주장을 무시하는 입장을 취하지만, 일부 법원은 피고의 주장과 상관없이 직권으로 대표권의 타당성에 대하여 독립적으로 심사하여 가부를 결정하기도 한다.

대표당사자소송의 대표당사자에 대한 타당성 요건에 대한 심사는 제1심법원의 전권사항이다. 따라서 제1심법원이 권한을 남용하여 대표당사자의 타당성에 대해 부당한 판결을 한 경우에 한하여 항소법원의 심판대상이 된다.

이처럼 제1심법원은 대표당사자의 타당성 판단에 대한 전속적 재량권을 가지고 있기 때문에, 이를 판단함에 있어 과연 당해 대표당사자가 소송을 수행할 만한 사실적, 법률적 지식을 소유하고 있는지, 대표당사자의 다른 구성원들과의 이해상반 여부, 일정한 경우 소송비용 등을 일부 부담할 수 있는 경제적 능력이 있는지 여부 등을 종합적으로 판단하여 결정하여야 하며 필요하다면 증인을 불러 신문하는 방법으로 조사를 할 수도 있다. 즉 법원은 직권으로 대표당사자의 타당성 여부를 심사할 수도 있고, 다른 구성원들이나 피고의 이의에 의해 심사할 수도 있다. 그리하여 심사 결과 흠결이 발견될 경우 적합한 대표당사자나 소송대리인으로 이를 교체할 수 있다.

만일 대표당사자소송에서 대표당사자가 여러 명인 경우 그 중 어느 한 명이 타당성 요건을 충족하면 대표당사자소송은 허용된다. 즉 모든 대표당사자에게 연방규칙 제23조(a)(4)의 요건 충족을 요구하지 않는다는 것이다. 그렇지만 특정 대표당사자가 그 타당성 요건을 증명하지 못하면 그 대표당사자는 소송절차에서 더 이상 그 역할을 수행할 수 없게 된다.

결국 대표당사자나 소송대리인의 대표권 행사의 타당성은 소송계속 중 존속되어야 할 요건이기 때문에 소송진행 중일지라도 타당성 요건에 의문이 생기는 경우, 예를 들어 대표당사자가 타당성 요건 증명에 즉각적으로 대응하지 못하거나, 중요한 변론기일에 불출석하거나 상대방의 결정적 항변에 제대로 대응하지 못하는 등의 사유가 발생할 경우에는 대표당사자의 타당성에 대한 신뢰를 잃게 되거나 교체사유가 되기도 한다.

라. 대표당사자의 변론능력 등

대표당사자가 되기 위해서는 최소한 그가 사건의 사실관계에 대한 정확한 파악 및 이해, 그 사실관계를 둘러싼 기본적 쟁점에 대한 사실상 또는 법률상의 해결능력을 갖추고 있어야 하고, 그 문제를 가지고 소송대리인과 대등한 정보교환을 나눌 수 있는 식견이 있어야 한다. 법원이 이러한 요건을 대표당사자가 갖추어야 한다고 보는 이유는 대표당사자가 명목상의 대표당사자에 그치지 않고 실질적인 소송수행권을 행사할 수 있기를 바라기 때문이다. 그렇지만 법원으로서는 실재로 대표당사자가 청구원인과 관련된 사실관계 또는 법률관계를 모두 알고 있을 것을 기대하는 것이 현실적으로 불가능하다는 점 또한 깊이 인식하고 있다. 따라서 실무적으로 볼 때도 법원은 소송이 진행되는 중에도 수시로 대표당사자가 기본적 지식을 가지고 있는지 여부 등에 대하여 관심을 나타내고 있다. 경우에 따라 법원은 대표당사자가 아주 복잡하고 이해하기 힘든 사건을 처리함에 있어 소송대리인이나 전문가의 조언을 듣도록 소송지휘를 할 수도 있다. 실재로 대표당사자가 사실관계에 대해 전혀 무지한 경우가 아니면 이를 이유로 대표당사자의 타당성 요건 불충족을 이유로 삼아 불허하거나 하지는 않는다.

일부 법원에서는 대표당사자가 수많은 구성원들의 이익을 제대로 대변하기 위해서는 도덕적 인품을 갖출 것을 요구하기도 한다. 예를 들어 다른 소송에서 해당 대표당사자가 위증을 하거나 부정직한 행위를 한 전례가 있으면 이러한 사정을 대표권의 타당성 판단에 참고로 하고 있다. 그렇지만 그러한 잘못이 고의성 없이 단순한 기억력 쇠퇴에서 오는 경우에는 고의가 없기 때문에 증언에 있어 최소한의 불일치가 있더라도 이를 위증으로 보지는 않는다.

이처럼 당해 대표당사자소송에서뿐만 아니라 다른 사안의 소송수행 결과 등도 참작하는 등, 판례 중에는 이러한 이유를 근거로 대표당사자의 자격을 박탈한 경우도 있다. 따라서 대표당사자는 정직성, 도덕성, 좋은 성품, 신뢰성 등 인간으로서의 기본적 자질도 갖추어야 한다고 하겠다.

마. 구성원과의 이해상반

대표당사자소송을 수행하는 대표당사자는 집단의 다른 구성원들과 심각한 이해관계의 대립이나 갈등으로 인한 부당이익을 얻어서는 아니 된다. 예를 들어 대표당사자가 대표당사자소송의 주요 청구원인으로 인해 회사 내에서 이미 어떠한 이익을 얻은 바가 있다면, 만일 피고가 패소할 경우 그 피고가 대표당사자에게 그 이익을 반환해 달라고 구상권을 행사하게 된다면, 그러한 구상의무를 부담하기 싫은 대표당사자는 대표당사자소송절차에서 강력한 변론을 수행하지 못할 우려가 있기 때문이다. 경우에 따라서는 피고로부터 부당한 이익을 챙길 수도 있다.

마찬가지로 타당성과 관련된 쟁점은 대립하는 단체 또는 대립하는 구성원 상호간, 대립하는 단체와 구성원 및 소송대리인 상호 간에도 나타날 수 있다. 하지만 이러한 갈등과 이해관계가 대립되더라도 이러한 갈등 등이 특정한 사실관계를 둘러싸고 발생하는 경우에만 문제가 될 뿐이다. 발생하는 갈등과 이해상반은 대부분의 경우 대표당사자와 잠재적 부재구성원 사이에 발생할 개연성이 크며, 실무상 그런 경우가 가장 흔한 유형이기도 하다. 그런데 대부분의 법원은 대표당사자의 타당성 요건을 심사함에 있어 이와 같은 충돌문제가 주장될 때만 고려하고 있으며, 사실관계에 대한 지식이라든지 대표당사자의 인품 등에 대해서는 특별히 고려하고 있지 않는 것이 현실이다.

실재로 한 직장 내에서 인종에 의한 차별이나 나이에 의한 차별 등이 함께 있을 경우에 대표당사자가 아프리카계 미국인이라며 인종 문제로 차별받았다고만 주장할 뿐 나이가 많아 강제 해고당한 다른 근로자의 이익을 위한 주장을 게을리 한다면, 이는 나이에 의한 차별로 해고당한 다른 근로자의 이익을 침해하는 문제가 발생할 수 있다. 이때 대표당사자가 아닌 나이 많은 해고근로자는 자신이 나이가 많아 해고되었으며 그 자리에 젊은 근로자가 고용되었다는 사실이 주장되기를 희망한다. 증권사기를 원인으로 한 대표당사자소송의 경우에도 피고 회사가 회사의 장래 성장을 허위공시하여 주가가 오름에 따라 주식을 산 주주들이 대표당사자소송의 원고가 되는 경우 그 중 일부가 그 회사로부터 어떠한 이익을 얻었다면 다른 원고들과 이해상반이 발생할 수도 있다. 그리고 대표당사자소송의 구성원과 소송대리인이 특수신분관계가 있을 경우 그 구성원은 다른 구성원들의 이익보다는 소송대리인의 수임료를 증액하는데 더 많은 신경을 씀으로써 다른 구성원들과 이해가 충돌하는 경우도 있을 수 있다.

이와 관련하여 이해충돌의 잠재적 유형은 원고로 나선 대표당사자의 주장이 다른 구성원들의 주장과 다른 경우에 나타나기도 한다. 연방대법원은 석면에 노출되어 피해를 현실적으로 입고 있다고 주장하는 대표당사자는 아직 그로 인한 피해가 구체적으로 발병하지 아니한 다른 구성원들을 위한 대표당사자가 될 수 없다고 하였다.[36] 왜냐하면 현재 피해를 입고 있는 대표당사자의 소송수행 태도는 이미 석면으로 인해 피해를 입은 구성원들을 위해 최선의 노력을 기울일 뿐 아직 피해를 입지 않은 잠재적 구성원들의 이익을 위해 최선을 다할 것이 기대되지 않기 때문이라는 것이다.

그러면서도 연방대법원은 대표당사자와 다른 구성원 사이의 최소한의 충돌은 어찌할 수 없기 때문에 사소한 충돌이 있다고 하여 대표당사자의 타당성 요건을 충족하지 못했다고 보아서는 안 된다는 입장을 견지하고 있으며, 어떠한 경우에도 그러한 이해충돌은 반드시 특정한 쟁점에 대한 핵심적 내용이어야 한다고 하였다.

---

36) Amchem Products, Inc. v. Windsor, 521 U.S. 591 (1997); Ortiz v. Fibreboard Corp., 527 U.S. 815 (1999); Placid Oil Co., 753 F.3d 151, 71 Collier Bankr.Cas.2d 1657, 59 Bankr.Ct.Dec. 149, Bankr. L. Rep. P 82,643 (5th Cir.(Tex.) May 27, 2014).

바. 유일한 방어방법의 행사

만일 대표당사자소송의 대표당사자가 자신의 이익을 위해 유일한 방어방법만을 주장할 경우 이로 인해 다른 구성원들이 피해를 보게 되는 경우가 발생할 수 있다. 따라서 대표당사자는 주요 쟁점에 대해 모든 구성원들의 이익을 대표할 수 있는 주요 쟁점들을 놓치지 않고 모두 변론과정에서 현출할 수 있도록 최선의 노력을 다 하여야 한다.

반대로 대표당사자소송을 수행하는 과정에서 구성원 전체의 공동 쟁점이 있기도 하지만, 경우에 따라서는 아주 특정 구성원에게만 특별한 쟁점이 있을 수도 있다. 예를 들어 증권사기를 원인으로 한 대표당사자소송에서 특정 구성원에 대해서 다른 구성원들과 다른 특이한 기망행위가 행해진 경우이다. 이 경우에 대표당사자나 소송대리인이 그 특정 구성원의 이익을 위해 특별한 기망행위를 주장해 주지 않을 경우 어떻게 되느냐 이다. 만일 이를 방치하게 되면 그 특정 구성원은 대표당사자소송을 통해 자신이 입은 특별한 손해에 대한 배상을 받지 못할 경우가 발생할 수도 있다. 이러한 경우에 어떻게 할 것이냐를 두고 법원 내부에서도 수많은 논쟁이 있어 왔다. 제11연방항소법원은 이와 관련하여 이러한 특정한 구성원에 대한 주장을 생략하는 것은 다른 잠재적 구성원들의 이익을 대표당사자가 적절히 대표하였는지 여부에 대한 의문을 불러 일으킨다고 보았고,[37] 앞서 살펴본 Dukes 판결을 통해 반사적 효과 또는 선례구속성의 원칙을 따를 수밖에 없는 문제가 생기게 된다고 보았다. 즉 그 특정 구성원이 피해를 볼 수밖에 없지 않느냐는 것이다. 그러나 대부분의 법원은 이렇게 특정 쟁점을 주장하지 않음으로서 피해를 입게 된 구성원은 별소를 통해 자신의 이익을 주장할 수 있다고 보아야 한다는 입장을 취하고 있다.

Ⅲ. 자문위원회 주석서 요건

1. 단체의 현실적 존재

자문위원회 주석서에 의하면, 대표당사자소송이 허용되기 위해서는 연방규칙 제23조의 네 가지 기본 요건 이외에도 별도로 세 가지 요건, 즉 단체의 현실적

37) Cooper v. Southern Co., 390 F.3d 695, 721 (11th Cir. 2004); Rollins v. Alabama Community College System, 2010 WL 4269133 (M.D.Ala. Oct 25, 2010).

존재, 단체 구성원 중 단체를 대표하는 한 명 이상의 대표당사자 등장, 구성원에게 실체법상의 권리가 존재하는 등의 요건을 갖추어야 한다고 하고 있고, 법원들도 대체적으로 위 주석서상의 요건을 갖추어야 한다고 보고 있음은 이미 앞에서 살펴보았다.

그 중 첫 번째 요건인 단체의 현실적 존재를 확정하기 위해서는 무엇을 단체라고 할 것인지 단체의 명확한 정의가 선행되어야 할 것이다. 즉 단체인증이 이루어져야 한다는 것이다. 단체가 명확하게 특정되면 그 결과로 구성원이 특정되게 되고, 그 특정된 구성원이 대표당사자소송을 통해 이익을 얻거나 불이익을 당하는 등의 결론을 도출해 낼 수 있게 된다.

단체가 인증을 통해 특정되었다는 것은 우리 민사소송법상 당사자 확정이 이루어졌음을 의미한다고 하겠다. 당사자가 확정되면 그를 중심으로 관할, 송달, 판결의 기판력, 소송비용 부담자 등이 결정될 수 있는 것처럼, 대표당사자소송에서 단체가 특정되면 법원으로부터 통지를 받을 자가 누구인지, 어떠한 경우에 그러한 통지를 받게 되는지, 판결의 구속력이 미치는지 등이 결정되게 된다. 그런데 연방규칙 제23조는 단체의 인증과 관련하여 구체적 내용을 규정하고 있지 않아 문제이다.

그리하여 2003년에 제23조(c)(1)(B)를 신설하여 "대표당사자소송을 제기하기 위해서는 단체와 그 단체의 청구원인, 주요 쟁점, 방어방법 등에 대한 정의를 내려야 한다."고 규정하였다. 그러나 이 조항만으로 단체를 정의하기에는 실무상 많은 어려움이 있는바, 결국 단체의 정의에 대하여는 그 동안의 판례 및 복잡한 소송을 위한 지침서(4차)를 참고하여 개별적으로, 구체적으로 인증절차를 밟게 된다. 그렇지만 단체성이 인증되는 경우에도 판결문에 사용되는 용어들이 너무 애매하여 문제가 있다. 예를 들어 "적극적으로 화해를 추구하는" 이라거나 "피고의 오염물질 배출에 의해 영향을 받는 자"와 같이 지나치게 포괄적 의미로 그 범위를 정의하고 있기 때문에 실재로 단체인증을 위한 정의를 내리는 것이 쉬운 일은 아니다. 그렇지만 단체를 정의함에 있어 단체 구성원의 주관적 의사만으로 단체를 정의해서는 아니 된다. 예를 들어 "피고가 판매하는 제품을 구매한 결과 발생한 모든 피해자의 단체"와 같이 단체의 정의가 너무 막연하거나 주관적인 경우에는 단체의 특정을 둘러싸고 많은 문제가 발생할 수 있기 때문에 이러한 단체의 정의를 통해 단체를 특정하는 것은 허용되지 아니한다고 하겠다. 경우에 따라서는 재판이 종결될 때까지 해당 단체의 정의를 명확하게 내리지 못하는 경우도 발생할 수 있다. 왜냐하면 재판의 진행에 따라 권리의 실체와 당사자의 실체가 유동적일 수 있고, 변론종결 단계에 이르러 단체성이 명확하게 밝혀지는 경우도 있기 때문이다.

실무적으로는 원고가 주장하는 피고의 행동을 기준으로 하여 지리적, 시간적으로 상관성이 인정되는 객관적 변수를 고려하여 단체의 당사자 범위를 특정하고 있다. 또한 하나의 절차 안에서 사실문제와 법률문제가 공통되어 문제해결을 위한 가장 공평하고 효율적인 방법이 대표당사자소송인 경우일 때 단체성이 인증된다. 만약 이러한 방법으로 단체의 정의를 내리는 것이 불가능하게 되면 법원은 대표당사자소송의 조건을 갖추지 못하였다고 소송을 각하하거나, 또는 더 많은 대안들, 예를 들어 대표당사자와 소송대리인을 분리하는 등의 방법으로 하위단체를 구성한 후 그 하위단체에 대해 대표당사자소송을 허가하기도 한다.

법원은 단체를 정의하기 위하여, 즉 단체를 특정하기 위하여 필요하다면 다양한 방법을 강구하게 되는데, 예를 들어 단체의 구성원들에게 의무적으로 통지해야 하는 연방규칙 제23조(b)(3) 유형, 즉 제4유형의 대표당사자소송의 경우에는 다른 대표당사자소송 유형보다 단체에 대한 정의가 더 엄격하게 이루어져야 한다. 그리고 제4유형의 경우에는 단체 구성원들의 탈퇴권이 보장되어야 한다.

따라서 그러한 통지를 요하지 않는 제1유형 내지 제3유형(제23조(b)(1) 및 제23조(b)(2) 유형)의 경우와 달리 통지를 요하는 제4유형(제23조(b)(3) 유형)의 대표당사자소송인 경우에는 예를 들어 현재 피해가 나타나고 있지 않지만 장래 나타날 것으로 예견되는 잠재적 피해자에 대해 현재로서는 그들을 알 수 없기 때문에 제23조(b)(3)에 의해 제4유형의 대표당사자소송으로 정의하게 되면 그들에게 통지를 할 수 없게 되어 대표당사자소송이 진행될 수 없기 때문에 그러한 경우에는 요건이 완화된 제1유형 내지 제3유형(제23조(b)(1) 내지 제23조(b)(2) 유형)의 대표당사자소송이 될 수 있도록 단체에 대한 정의, 단체를 특정하여야 한다.

그런데 현재까지 피해자가 구체적으로 드러나지 않은 부재구성원들을 포함하는 추정적 대표당사자소송은 1966년 내지 2000년 사이에는 그 모호성 때문에 단체에 대한 증명을 하지 못하였다는 이유로 기각되는 경우가 많다 보니,[38] 대표당사자소송에 어려움이 생기게 되었다. 그러나 최근 들어 단체 정의의 증명요건을 완

38) Romberio v. UnumProvident Corp; Byrd v. Aaron's Inc., 784 F.3d 154 (3rd Cir.(Pa.) Apr 16, 2015); Simington v. Menard, Inc., 2012 WL 868026 (N.D.Ind. Mar 13, 2012).

화하여 흠이 있는 경우 대표당사자소송의 유형을 수정하여 대표당사자소송의 소송대리인을 허가하고 있다. 제7연방항소법원은 단체 정의, 즉 단체를 특정하는 것이 과학보다 더 기술적인 문제라고 하면서(그만큼 특정하기가 어렵다는 의미이다) 단체의 정의를 지나치게 엄격하게 결정하기보다는 그 요건을 완화하여 대표당사자소송을 허가할 수 있으면 허가하는 것이 타당하다는 입장을 취하기에 이르렀다.

2. 대표당사자의 존재

대표당사자소송이 제기되기 위해서는 최소한 한 명 이상의 대표당사자가 단체의 구성원들을 대표하여 소송의 당사자로 나서야 한다. 그렇게 대표당사자로 나선 자에 대하여는 앞에서 살펴본 바와 같이 대표권 행사의 타당성에 대한 조사가 이루어지게 된다.

3. 실체법상의 권리의 존재

대표당사자소송이 제기되기 위한 요건으로 단체의 구성원들에게 실체법상의 권리가 존재하여야 한다. 우리 소송법상의 청구적격이 있어야 한다는 것이다. 그런데 그러한 권리는 단체의 주장에 의하여 인정된다고 할 것이다. 재판 결과 그러한 권리가 있다고 인정되지 아니하면 청구기각의 판결을 하면 충분하며, 청구적격의 흠결을 이유로 소 각하할 것은 아니라 하겠다.

Ⅳ. 기타 요건

1. 대표당사자 자격과 허가

대표당사자소송의 대표당사자는 반드시 그가 대표하고자 하는 단체의 구성원일 것을 요구하고 있다. 따라서 단체의 구성원이 아닌 경우에는 연방규칙 제2조(a)(4)(D)에 근거하여 당사자적격을 인정하지 않고 있다. 대부분의 법원은 대표당사자가 단체의 구성원이어야 한다는 점에서는 의견을 같이 하지만, 그 근거에 대해서는 견해가 나누어져 있다. 법원에 따라, 연방규칙 제23조(a) 본문을 근거로 1인 또는 다수의 당사자(구성원)가 단체를 대표하는 전형적인 경우여야 대표당사자소송이 허용된다거나(대표권 행사의 타당성), 제23조(a)(2)를 근거로 모든 구성원에게 공통적인 사실상 또는 법률상 쟁점이 있는 경우여야 대표당사자소송이 허용된다거나, 제23조(a)(3)를 근거로 대표당사자의 청구원인이 단체 구성원 전체의 주장이나 항변사항과 일치하여야 대표당사자소송이 허용된다거나, 제23조(a)(4)를 근거로 대표당사자가 단체 구성원 전체의 이익을 보호하기 위하여 공정하고 적절하게 변론할 것이 기대되는 경우여야 대표당사자소송이 허용된다거나, 헌법을 근거로 모든 개인에게 소송수행권이 보장되어야 하므로 한 개인의 권리가 대표당사자소송을 통해 완전하게 보장될 수 있어야 대표당사자소송이 허용된다는 등 다양한 근거를 대표당사자소송의 허용근거로 인용하고 있다. 결론적으로 법원에 따라 대표당사자소송을 인정하는 근거가 다르다 하더라도, 구체적으로 대표당사자가 단체 구성원 전체의 이익을 위하여 공정하고 합리적으로 소송을 수행할 것이라는 기대가능성이 있으면 대표당사자소송이 허용되고 있다. 한 예로 고용차별을 주장하는 대표당사자소송인데도 단체의 구성원이 아닌 자가 단체를 대표하겠다며 제소한 사건[39]에서 법원은 그 대표성이 인정되지 않는다는 이유로 대표당사자소송을 허락하지 않았다. 비슷한 경우로 자동차운전면허가 취소될 경우에는 정부로부터 면허취소통지를 받게 되는데 그 통지서를 아무리 읽어봐도 내용이 복잡하게 되어 있어 그 내용을 잘 이해하지 못하겠다며 자신과 같은 운전면허소지자가 많을 것이라며 아직 운전면허취소통지서를 받지 않은 채 대표당사자소송을 제기한 경우에, 원고가 아직 그러한 통지를 받지 아니하였다면 대표당사자소송을 제기할 수 없다고 하였다. 즉 사건의 성숙성 요건을 갖추어야 한다는 것이다. 또한 증권사기로 인하여 피해를 입었다고 주장하는 자는 구체적으로 증권을 구매하였거나 매도한 자에 한하기 때문에 증권 등을 매매한 사실이 없는 자는 구체적 피해를 입은 바 없기 때문에 피해자 단체의 대표당사자 소송수행권이 없으며, 인종차별을 겪지 않은 백인노동자는 인종장애로 인해 차별을 받은 아프리카계 미국인을 대표하여 대표당사자소송을 제기할 수 없다고 하겠다. 다시 말해 제3자소송이 허용되지 않는다는 것이다.

이러한 모호성원칙(mootness doctrine)은 헌법 제3조에 근거하고 있다 할 수 있다. 대표당사자는 현재 쟁점이 되고 있는 문제로부터 야기되는 결과에 구체적으로 이해관계가 있을 것이 요구된다. 그러나 실재 다양한 형태의 대표당사자소송에서 이러한 재판원칙의 공통점을 찾기는 쉽지 않다. 한편 청구적격과 관련하

39) East Texas Motor Freight System Inc v. Rodriguez; E.E.O.C. v. Roadway Exp., Inc., 261 F.3d 634.

여 앞에서 살펴본 바와 같이 연방법원에서 대표당사자 자격을 인정하여 대표당사자소송을 허가하였으나 변론결과 대표당사자소송에서 주장하는 권리가 인정되지 아니하였다면 그 대표당사자소송을 청구기각할 것이지 대표당사자소송 자체가 성립되지 않는다는 이유로 소를 각하할 것은 아니다.[40] 따라서 이 경우 소를 각하당한 대표당사자는 대표당사자소송을 주장하며 항소할 수 있다. 즉 항소할 당사자적격이 인정된다고 하겠다.

그러나 법원에서 대표당사자소송 요건이 증명되기 전에 대표당사자의 주장 자체로 권리보호이익이 없음이 밝혀진 경우, 예를 들어 법상 청구가 금지된 청구를 구하는 경우에는 권리보호이익이 있는 구성원으로 대표당사자를 교체하지 않으면 그 소송은 각하된다. 모호성의 원칙은 부작위를 구하는 금지명령청구의 경우 피고가 자발적으로 원고의 주장에 이의를 제기하지 않고 위법행위를 멈출 경우에도 적용된다. 이 경우 대표당사자소송의 원고는 피고가 행한 이전의 행위 중 위법행위에 대한 금지명령을 청구할 필요는 없으나, 기왕에 발생한 손해가 있으면 이에 대한 청구는 가능하다고 하겠다. 반면에 피고가 자신의 위법행위를 스스로 중단했다 하더라도, 원고가 주장하는 피고의 위법행위가 이후에도 반복되지 않을 것임을 피고가 증명하지 못하는 경우에는 그 사건이 권리보호의 이익이 없다고 할 수 없다. 한편 피고가 고의로 쟁점사항에 대한 사법판단을 회피한다면 법원은 직권으로 피고의 동기를 조사할 수 있다. 이처럼 법원은 피고가 위법행위를 반복할 것인지 여부를 결정함에 있어 넓은 재량권을 가지고 있다.

2. 소송대리인의 자격과 허가 및 교체

대표당사자소송에서는 무엇보다도 소송대리인의 역할이 중요하다. 불특정 다수의 이익, 특히 현명당사자뿐만 아니라 부재당사자의 이익을 위해서도 변론하여야 하기 때문에 고도의 공정성을 필요로 하고 있다. 특히 연방규칙 제23조(g)(4)는 그 동안의 판례를 통해 형성된 원칙, 즉 소송대리인은 반드시 공정하고 적절하게 구성원의 이익을 대표하여야 한다는 원칙을 명문으로 규정하고 있다. 이를 위해 대표당사자소송의 소송대리인이 되고자 하는 자는 일정한 요건을 갖출 것이 요구된다.

40) Sosna v. Iowa; Doe v. Briley, 2014 WL 4249983.

연방규칙 제23조(g)는 대표당사자소송의 소송대리인의 선임에 대해 규정하고 있다. 대표당사자소송의 소송대리인은 구성원 모두를 공정하게 대우해야 할 중요한 의무를 부담한다. 연방규칙 제23조(g)(1)은 대표당사자소송을 허가할 때 법원이 반드시 소송대리인을 선임하도록 강제하고 있다. 한편 연방규칙 제23조(g)(1)(A)는 법원이 소송대리인을 선임할 경우에 소송대리인이 소송절차에서 주장될 잠재적 사실관계를 확인하거나 판단해 낼 수 있는 능력, 소송대리인이 대표당사자소송이나 다른 복잡한 소송에서 어려운 소송을 수행해 본 경험이 있는지 여부, 소송대리인의 법률지식의 정도, 소송대리인이 대표당사자소송을 수행하는데 소요되는 비용을 조달할 수 있는 재정적 능력 등을 고려하도록 규정하고 있고, 연방규칙 제23조(g)(1)(B)는 법원이 소송대리인을 선임할 때에는 그 소송대리인이 구성원 모두의 이익을 위해 공정하고 적정하게 소송을 수행할 수 있는 능력을 고려해야 한다고 규정하고 있고, 연방규칙 제23조(g)(1)(C)는 법원이 소송대리인을 선임함에 있어 잠재적(소송대리인이 되겠다고 신청한)인 소송대리인에게 그가 맡게 될 소송에 대한 적절한 정보를 제공하고, 변호사 수임료와 비과세소송비용 등에 대한 계약조건을 알려주어야 한다고 규정하고 있다.

그리고 연방규칙 제23조(g)(2)는 여러 명의 변호사가 소송대리인 지정신청을 해온 경우라면 그 중에서 구성원 모두의 이익을 위해 소송을 가장 잘 수행할 수 있는 자를 소송대리인으로 지명하도록 규정하고 있다. 연방규칙 제23조(g)(3)은 법원이 소송대리인을 지명함에 있어 임시 소송대리인을 선임할 수도 있다고 규정하고 있다. 오직 1인의 소송대리인을 지명할 경우에는 법원은 그 변호사가 연방규칙 제23조(g)(1)과 제23조(g)(4)를 동시에 만족시키고 있는지 여부를 판단하여야 한다.

연방규칙 제23조(g)(1)(D)는 법원이 소송대리인을 지명할 때 연방규칙 제23조(h)를 고려하여 변호사의 수임료와 무과세비용을 보장할 수 있는 방안을 모색하도록 규정하고 있다.

이 규정을 근거로, 법원은 다양한 요인들을 종합적으로 분석하여 소송대리인의 자격을 평가하고 있다. 즉 법원은 소송대리인이 당해 사건과 유사한 다른 대표당사자소송에서 소송대리인의 소송수행경험이 있는지, 만일 있다면 그 다른 소송에서 어떻게 소송을 수행했는지, 다른 복잡한 소송, 예를 들어 증권사기사건이나 대량불법행위사건 등 이해관계인이 많거나 법적 쟁점이 많은 다른 사건을 다뤄본 경험이 있는지, 소송수행한 경험이 있다면 적절하게 소송을 수행했는지, 그러한 소송과정에서 그 변호사가 어떠한 평판을 받고 있는지 등을 종합적으로 고려하여 판단해야 한다는 것이다. 그러다 보니 대표당사자소송을 수행하고자 하나 경험이 부족한 젊은 변호사들은 유사한 소송수행 경험이 있는 다른 변호사들과 연합하여 사건을 수임하기도 한다.

법원은 소송계속 중에도 소송대리인이 부적합하다고 판단될 경우 소송대리인의 교체를 명할 수도 있다. 그러다 보니 소송대리인의 변론절차에서의 성실성을 참고하기도 한다. 변론기일을 제대로 지키고 있는지, 쟁점을 명확하게 하려고 최선의 노력을 다하고 있는지, 변론과정에서 주장할 내용을 성실하게 작성하여 제출하고 있는지 등등 변론과정을 면밀하게 평가하기도 한다.

그러한 평가기준으로 일부 법원은 연방규칙 제23조(a)(4)가 대표당사자소송에 있어 소송대리인이 어떻게 성실하게 소송을 수행해야 할 것인지에 대한 기준을 제시해 주고 있다고 보고 있다. 그렇지만 대부분의 법원은 소송대리인의 소송수행이 최소한의 성실성을 유지하고 있는 한, 다시 말해 당사자들이 크게 이의를 제기하지 않는 한 이를 그대로 인정하려는 경향을 보이고 있다. 이와 관련하여 제7연방항소법원은 지방법원의 결정과 달리 소송대리인이 결정적 불법행위를 했는지 여부에 대해 증명을 요하지 않는다고 하면서,[41] 소송대리인의 소송수행이 단체 전체를 명예롭게 대표할 수 있기 위해서는 의심을 불식시킬 수 있을 정도의 일정한 기준이 마련될 필요성이 있다고 판시하였다.

그리고 만일 대표당사자소송의 소송대리인이 변론과정에서 알게 된 내용을 단체의 구성원들에게 알려주지 않거나 감추려 한다면 불성실한 소송대리인으로 평가될 수 있고, 이러한 문제는 대표당사자의 적정성 문제만이 아니라 변호인의 적정성 문제이기도 하다.

법원은 소송대리인의 자격을 심사함에 있어 그가 이전에 법을 위반한 적이 있는지, 비도덕적 행위를 하여 비난받은 전력이 있는지 등도 함께 검토하고 있다. 특히 소송대리인이 다른 소송에서 거짓증언을 조장하거나 관련증거를 은닉하거나 조작한 전력이 있는 경우에는 그 소송대리인에 대해 엄중하게 책임을 추궁하고 있다. 즉 무관용 원칙을 적용하고 있는 것이다. 일부 법원은 소송대리인이 공무

---

41) Creative Montessori Learning Centers v. Ashford Gear, LLC, 662 F. 3d 913 (7th Cir. 2011); Reliable Money Order, Inc. v. McKnight Sales Co., Inc., 281 F.R.D. 327 (E.D.Wis. Mar 30, 2012).

원윤리규칙을 위반하여 소송비용을 증액한 사안에 대해 소송대리인의 자격을 박탈하기도 하였다.

법원은 소송대리인의 자격을 심사함에 있어 내부적 또는 외부적으로 이해상반관계가 있는지 여부도 함께 심사한다. 즉 대표당사자소송의 소송대리인이 상대방과의 사이에서 경제적 이해관계가 있거나 다른 특수신분관계를 맺고 있어서는 안 된다는 것이다. 동시에 상대방으로부터 다른 사건을 수임하고 있어서도 안 된다. 한편 소송대리인과 대표당사자가 특별한 신분관계, 예를 들어 가족관계나 동업관계 또는 적대관계 등 이해관계가 있는지 여부도 심사하여야 한다. 왜냐하면 그런 특별한 관계가 있을 경우 개인적 이해관계로 인해 다른 구성원들의 이익을 침해하는 소송대리인의 부당소송행위가 나올 수 있기 때문이다.

그리고 소송대리인이 두 개의 다른 대표당사자소송을 동시에 수행할 경우 두 단체의 이해관계가 상호충돌하는 경우에도 역시 그 자격이 인정되지 않는다.[42] 예를 들어 현재의 불법행위로 인한 물리적 피해를 보상받기 위한 대표당사자소송과 피해원인은 밝혀졌으나 아직 구체적 피해가 발생하지 아니하여 장래의 손해배상을 주장하는 대표당사자소송을 동시에 수행하는 경우가 이에 해당된다고 하겠다.

대표당사자소송 소송대리인에게는 대표당사자에게 소송관계에 대해 교육시킬 의무, 자격에 문제가 있는 대표당사자를 구별해 낼 의무 등이 있다. 일부 법원은 대표당사자소송의 소송대리인에게 대표당사자들의 의무가 무엇이고, 소송절차를 어떻게 진행해 나가야 할 것인지 이해할 수 있도록 대표당사자들을 가르칠 의무가 있다고 하고 있다. 따라서 만일 대표당사자가 소송을 제대로 수행하지 못하면 소송대리인은 그 점을 법원에 알리는 등 공정한 소송수행자로서의 역할을 다 하여야 하고, 이런 의무를 제대로 수행하지 아니하면 그 소송대리인은 자격을 박탈당할 수도 있다.

그런데 실재로 법원은 대표당사자소송의 소송대리인을 지명함에 있어 규칙 제23조(g)를 근거로 거부하는 경우는 드물며, 대부분 별다른 언급 없이 신청한 변호사들 중에서 적절한 소송대리인을 지명하고 있는데, 선임 이유 역시 구체적으로 밝히지 않는 경향을 보이고 있다.[43] 일부 법원은 아예 적정한 심사 자체를 게을리 하는 경우조차 있다. 그렇지만 법원에 따라서는 소송대리인을 선임함에 있

42) Ortiz v. Fibreboard Corp., 527 U.S. 815 (1999); Amchem Prods,. Inc. v. Windsor, 521 U.S. 591 (1997).

43) Cree, Inc., Sec. Litig., 219 F.R.D. 369, 373 (M.D.N.C. 2003); Johnson v. Pozen Inc., 2008 WL 474334 (M.D.N.C. Feb 15, 2008).

어 연방규칙 제23조(g)의 요건을 제대로 갖추었는지 엄격하게 심사하기도 한다. 소송대리인을 여러 명 선임할 경우에는 공동소송대리인으로 운영하도록 하여 상호 견제하도록 하면서, 그 중에서 가장 적절한 변호사를 대표소송대리인으로 임명하기도 한다.[44)]

앞서 살펴본 바와 같이 법원은 대표당사자와 소송대리인이 적합한 변론을 수행하지 못할 경우에는 대표당사자소송을 불허하거나 대표당사자나 소송대리인의 교체를 허용한다. 제소 당시에 그러한 문제점이 있으면 그들을 배제시켜 구성원의 범위를 축소시키거나, 적합한 대표당사자나 소송대리인으로 교체하거나, 대표당사자소송을 불허하는 등의 방법으로 다른 구성원들의 이익을 보호하고 있다. 소송계속 중에 그러한 문제가 발견되면 새로운 대표당사자나 소송대리인으로 교체토록 한다. 이 경우에도 필요하다면 단체의 범위를 축소하여 다른 구성원들이 피해를 보지 않도록 사전방지하거나 극단적인 경우에는 대표당사자소송을 불허할 수도 있다. 단체의 범위를 축소하는 경우에도 적어도 한 명 이상의 대표당사자와 소송대리인을 선임하여 그 축소된 하위단체를 위한 소송이 가능하도록 하고 있다.

일부 지방법원에서는 소송지휘권을 강하게 행사하여 새로운 대표당사자를 선정할 기회도 주지 않고 대표당사자의 부적합성을 근거로 대표당사자소송을 불허한 경우조차 있었다.[45)] 그런데 제7연방항소법원은 이러한 경우와 관련하여 법원이 새로운 대표당사자를 선임할 수 있는 기회를 제공하지 않은 것은 부당하다고 판시하였다. 결국 법원은 대표당사자와 소송대리인이 대표당사자소송으로서의 요건을 제대로 갖춘 사안을 가지고 대표당사자소송을 제기하고 있는지 여부를 면밀히 검토하여 대표당사자소송의 허가여부를 결정한다고 하겠다.

44) LeBeau v. United States, 222 F.R.D. 613, 618-19 (D.S.D. 2004.)
45) Birmingham Steel Corp. v. TVA, 353 F.3d 1331 (11th Cir. 2003); Lawrence v. Household Bank (SB), N.A., 505 F.Supp.2d 1279 (M.D.Ala. Aug 20, 2007).

제4절 단체의 인증

제1장 서 론

법원은 대표당사자소송을 허가함에 있어 첫째 확인해야 할 사항이 과연 대표당사자소송에서 주장하는 단체의 존재를 인정할 것인가 여부이다. 즉 대표당사자소송에서 단체성을 인정한다는 것은 우리 소송법체계에 비춰보면 당사자 확정, 당사자능력 및 당사자적격을 인정하는 세 가지 요건을 동시에 갖추었다고 인정하는 것과 같다고 하겠다. 우리 소송법체계상 우선 당사자를 특정(확정)한 후 당사자능력과 당사자적격을 검토하는 것처럼, 대표당사자소송의 경우 구성원들로 구성된 단체를 소송에서의 당사자로 인정할 것인가 여부가 첫 번째 법원의 관심대상이 되고 있다. 현행 민사소송법 제52조(법인이 아닌 사단 등의 당사자능력)가 법인이 아닌 사단의 경우에도 대표당사자 또는 관리인이 있는 경우에는 그 사단이나 재단의 이름으로 당사자가 될 수 있다고 하여 비법인단체에 당사자능력을 인정하고 있는 것처럼, 대표당사자소송에서의 단체는 우리 민법상의 비법인사단과 유사하다고 보아야 하기 때문에 그 단체성이 인정되어야만 비로소 대표당사자소송의 당사자요건의 충족이 이루어져 소송요건을 갖추게 되는 것이다.

따라서 단체성이 인증되어 대표당사자소송이 허용되기 위해서는 자문위원회 주석서에서 밝힌 세 가지 요건 및 연방규칙 제23조(a)에 규정된 네 가지 요건 등을 모두 갖추어야 할 뿐만 아니라, 연방규칙 제23조(b)(1)(A), 제23조(b)(1)(B), 제23조(b)(2), 제23조(b)(3) 등이 규정한 네 가지 대표당사자소송 중 각 유형별 요건을 갖추어야 한다. 그런데 연방규칙 제23조(b)가 규정한 대표당사자소송의 네 가지 유형별 요건을 충족하였는지 여부를 판단하는 것은 결코 쉬운 일이 아니다. 그 결과 판례 중에는 이 법조의 해당 여부를 놓고 모순되거나 충돌되는 경우가 종종 발생할 정도로 판례의 통일조차 이루어지지 못한 실정에 있다. 이처럼 연방규칙 제23

조 조문 내용의 자체적 불완전성으로 인해 많은 문제가 야기되고 있다고 하겠다.

따라서 대표당사자소송을 제기하고자 하는 대표당사자나 소송대리인은 위와 같은 점들을 유념하여야 한다. 그러다 보니 실재 법원에서도 대표당사자소송을 허가함에 있어 네 가지 유형 중 어느 하나의 요건을 갖추었는지 명확하게 경계를 짓기 보다는 연방규칙 제23조를 폭넓게 적용하여 여러 범위 중 어느 하나의 범위에 해당하면 대표당사자소송을 허용하고 있다. 예를 들어 제3유형인 연방규칙 제23조(b)(2)와 제4유형인 제23조(b)(3)는 서로 다른 요건을 규정하고 있다고 해석하지 않고 상호 보완적 관계에 있다고 절충적 해석을 하는 방식인 것이다. 특히 George v. Kraft Foods Global 판결[46]이 제1유형 및 제2유형을 규정하고 있는 연방규칙 제23조 23(b)(1)과 제3유형을 규정하고 있는 연방규칙 제23조(b)(2)와 관련하여 위 세 가지 대표당사자소송의 요건을 명확하게 구분하여 판시한 이후 대표당사자소송을 제기하는 원고들은 그 명확한 요건의 충족을 증명하는 것이 어렵다는 이유로 세 가지 유형 모두의 요건을 포괄하여 주장하는 방법을 취함으로써 특정된 유형의 대표당사자소송에 대한 요건 증명의 어려움을 극복해 나가고 있는 실정이다.

실재로 제3유형인 연방규칙 제23조(b)(2) 유형의 대표당사자소송이나 제4유형인 제23조(b)(3) 유형의 대표당사자소송으로 대표당사자소송이 허용되고 있다. 그러다 보니 제1유형 및 제2유형인 제23조(b)(1)(A) 및 제23조(b)(1)(B) 유형의 대표당사자소송은 실재 별로 이루어지고 있지 아니하다. 그리고 연방규칙 제23조(b)(3)에 해당하는 제4유형의 대표당사자소송의 경우에는 구성원이 대표당사자소송에서 탈퇴할 수 있고 대표당사자소송에 관한 통지를 받을 권리가 구성원에게 보장되어 있다. 반면에 연방규칙 제23조(b)(1) 및 23조(b)(2)에 해당하는 제1유형 내지 제3유형의 대표당사자소송의 경우에는 구성원들이 당사자로 소송에 참여한 것과 상관없이 대표당사자소송결과에 승복하도록 강제되어 있다. 즉 소송탈퇴권이나 통지받을 권리가 보장되어 있지 않다. 앞에서 살펴보았듯이 연방규칙 제23조(b)(1)은 제1유형인 제23조(b)(1)(A) 유형의 대표당사자소송과 제2유형인 제23조(b)(1)(B) 유형의 대표당사자소송으로 나누어져 있다. 따라서 법원은 연방규칙 제23조(b)(1)이 적용되는 경우에는 대표당사자소송을 허가함에 있어 위 두 유형 중 어느 유형에 해당하는지 또는 두 유형 모두에 해당하는지 여부 등을 판단하여 대표당사자소송을 허용해야 한다.[47]

46) George v. Kraft Foods Global, Inc., 251 F.R.D. 338, 353 (N.D.Ill. 2008); Turner v. Talbert, 2009 WL 2356662 (M.D.La. Jul 30, 2009).

47) Feret v. coresstates Fin. Corp., 1998 WL 512933 at13(E.D.Pa. 1988); Sears Retiree Group

제2장 네 가지 유형의 대표당사자소송

Ⅰ. 제1유형 대표당사자소송

1. 의 의

앞서 살펴본 바와 같이 연방규칙 제23조(b)(1)은 제23조(b)(1)(A)와 제23조(b)(1)(B)의 두 가지 유형의 대표당사자소송으로 나누어져 있으며, 두 유형의 대표당사자소송은 소송목적과 요건이 서로 다르다. 그렇지만 두 대표당사자소송 모두 연방규칙 제23조(a)의 네 가지 기본요건, 즉 다수성, 공통성, 전형성, 대표당사자의 타당성 등의 기본요건을 충족한 상태에서 진행될 것을 전제하고 있다.

제1유형의 대표당사자소송, 즉 연방규칙 제23조(b)(1)(A) 유형의 대표당사자소송은 불특정 다수의 원고들로부터 대표당사자소송을 제기당한 피고 또는 제기당할 위험에 처해 있는 피고를 보호하기 위한 대표당사자소송이라고 할 수 있다. 왜냐하면 피고가 제1유형의 대표당사자소송을 통해 얻어낸 통일된 판결을 이용하여 피고는 모든 구성원에게 동일한 내용의 금지행위, 예를 들어 동일한 공해물질 배출을 금지하는 것으로 자신의 책임을 면할 수 있게 되어 그 범위 내에서 피고의 권리가 보호될 수 있기 때문이다.

반면에 제2유형의 대표당사자소송, 즉 연방규칙 제23조(b)(1)(B) 유형의 대표당사자소송은 단체의 현명구성원이 아닌 부재구성원의 이익을 보호하기 위한 대표당사자소송이라고 할 수 있다. 왜냐하면 대표당사자소송을 통해 현명당사자들이 이익을 얻은 결과 부재당사자들이 권리구제를 제대로 받지 못하게 되거나 권리를 침해 또는 방해되는 것을 방지하기 위해 고안된 제도이기 때문이다.

즉 제1유형의 대표당사자소송은 대표당사자소송의 구성원들이 개별적으로 소송을 제기하거나 제기당할 경우 그들에 대한 판결의 결과가 각기 다르게 되면 공통의 사실상 또는 법률상의 쟁점에 대한 판결의 모순 · 저촉이 발생하게 되어 사법불신을 가져올 수 있고 부수적으로 피고가 모순된 판결로 인해 더 큰 피해를 볼 수도 있기 때문에 구성원 모두에게 공통으로 적용될 수 있는 하나의 행위기준,

---

Life Ins. Litigation, 198 F.R.D. 487, 25 Employee Benefits Cas. 1936 (N.D.Ill. Oct 26, 2000).

즉 하나의 동일한 내용의 판결을 받기 위해 허용되고 있는 것이다. 결국 제1유형의 대표당사자소송은 판결의 모순 · 저촉을 사전방지하기 위한 목적의 대표당사자소송이라고 할 수 있다. 자문위원회 주석서는 다수의 토지소유자의 권리와 공해물질 배출로 인한 가해자의 의무 사이에 동일한 내용의 판결이 내려지는 경우를 제1유형의 대표당사자소송의 한 예로 적시하고 있다. 다시 말해 피고 공장의 공해물질 배출로 인해 피해를 입은 주민들이 다수인 경우에, 그 각 주민들이 원하는 내용이 서로 다를 수 있다. 예를 들어 공장 폐쇄를 원하는 자, 공해물질배출의 완화를 통한 타협을 원하는 자, 단순히 금전배상을 원하는 자 등으로 의견이 나누어질 때 제1유형의 대표당사자소송을 통해 그 중 하나의 결론으로 판결결과를 통일시킬 수 있게 된다. 마찬가지로 국가가 공채를 발행할 경우 그 공채를 의무적으로 구매해야 하는 주민들로서는 개인 소송을 제기하는 대신 제1유형의 대표당사자소송을 제기하여 공채발행을 철회시키거나, 발행하더라도 보다 주민들에게 유리한 조건이나 제한이 가해진 공채를 발행하도록 하는 동일한 판결결과를 얻어내는 경우도 이에 해당한다고 하겠다. 즉 모든 주민이 동일한 판결결과에 의해 발행하는 동일한 내용의 공채를 의무적으로 매수하게 되어 평등원칙이 유지될 수 있도록 제1유형의 대표당사자소송이 이용될 수 있다는 것이다.

이처럼 제1유형의 대표당사자소송은 공통의 사실상 또는 법률상의 쟁점에 대한 판결의 모순 · 저촉을 방지할 목적으로 이용되는 대표당사자소송 유형이라고 할 것이다. 판례[48] 중에는 근로자퇴직금보장법과 관련하여 근로자들의 퇴직금지급기준을 일률적으로 정하도록 하기 위해 제1유형의 대표당사자소송이 이용된 경우도 있다. 즉 퇴직금지급비율이 서로 다른 퇴직근로자들이 있는 경우 일정한 퇴직근로자들의 이익이 침해되더라도 모든 퇴직근로자들의 퇴직금지급기준을 통일적으로 정하기 위해 제1유형의 대표당사자소송을 허용하였던 것이었다. 이처럼 대부분의 법원은 제1유형, 즉 연방규칙 제23조(b)(1)(A) 유형의 대표당사자소송에 대하여 피고가 대표당사자소송을 반대하여도 모순 · 저촉된 판결로 인한 피고의 손해를 방지하기 위하여 필요한 제도라는 입장을 취하고 있다.

48) re Merck & Co., Inc. Securities, Derivative & ERISA Litigation, 2009 WL 31425(D.N.J. 2009).

2. 요 건

제1유형의 대표당사자소송을 제기하고자 하는 대표당사자는 연방규칙 제23조 (b)(1)(A) 요건의 충족을 증명하여야 한다. 즉 제1유형의 대표당사자소송을 제기하는 자는 이 유형의 대표당사자소송이 허용되지 않으면 구성원들이 제기하는 개별적 소송의 결과가 서로 상이하게 나와 판결의 모순 · 저촉이 발생할 수 있는 실질적 위험이 있음을 증명하는 방법을 취하게 된다. 자문위원회 주석서 역시 제1유형의 대표당사자소송은 대표당사자소송을 반대하는 상대방이 직면하게 될 지도 모르는 실제적 또는 가정적 모순을 제거하기 위한 효과적 방법이라고 하고 있다.

일부 법원은 제1유형의 대표당사자소송의 목적과 관련하여 판결의 모순 · 저촉을 방지하는 것에서 더 나아가 다수의 잠재적 구성원들이 개별적으로 많은 비용을 들여가면서까지 독립된 다수의 소송을 제기하는 것을 막고 한 번의 대표당사자소송을 통해 다수당사자 사이의 분쟁을 1회에 해결할 필요성이 있을 때 이 제도를 이용해야 한다는 입장이다.

3. 금지명령과 배상청구의 병합 여부

제1유형의 대표당사자소송은 금지명령을 구하거나 선언적 구제를 구하는 소송에 이용되는 것이 원칙이다. 즉 금전배상을 받기 위한 목적이 아니라 공해배출금지와 같은 일정한 부작위를 명령하거나 향후의 일정행위에 대한 선언을 구하는 목적으로 이용되는 대표당사자소송이 바로 제1유형의 대표당사자소송이라는 것이다.

따라서 판결의 모순 · 저촉을 방지하기 위해 이 유형의 소송이 이용되지만, 경우에 따라서는 공통의 사실상 또는 법률상 쟁점에 근거하고 있기 때문에 구성원들이 대표당사자소송의 방식을 취하지 않고 개별적으로 소송을 제기하더라도 동일한 판결이 나옴으로써 판결의 모순 · 저촉이 사실상 발생하지 않는 경우도 있을 수 있다. 법원이 후소를 판결함에 있어 전소의 판결결과를 고려할 것이기 때문이다.

그렇다면 이러한 금지명령이나 선언적 명령을 구하기 위해 이용되어야 하는 제1유형의 대표당사자소송을 제기하면서, 구성원들이 예를 들어 공해물질배출이 있는 경우 공통의 주제로 공해물질배출의 금지를 구하면서 그 동안 공해물질의 배출로 입은 피해를 금전으로 배상하라는 금전배상청구를 병합하여 소를 제기할 수 있는가 여부이다.

이에 대해 일부 법원은 제1유형의 대표당사자소송의 주된 목적이 금지명령에 있고, 이에 부수하여 일부 손해배상을 받는 것이라면 그러한 병합은 허용된다고 보고 있다. 즉 공해물질배출의 경우를 예로 들 때 피고 공장으로 하여금 공해물질을 더 이상 배출하지 말라는 금지명령을 내림과 동시에 일부 구성원에게 배상금을 지급하는 판결을 하는 것이 피고를 모순된 행동기준에 귀속시키는 것은 아니라는 것이다. 그렇지만 선언적 구제나 금지명령은 전혀 구하지 않으면서 오로지 금전적 배상만을 구하는 경우에는 제1유형의 대표당사자소송으로 적합하지 않다는 것이 판례의 입장이다.[49)]

일부 오래된 판결 중에는 피고가 장차 어떠한 위법행위를 계속할 것인지 아니면 중단할 것인지 여부를 정확히 판단할 수 없는 경우에 기존의 대량불법행위로 인한 대량불법행위피해가 발생한 경우 피해자들이 피고의 침해행위 금지를 요구하면서 기왕에 발생한 피해에 대한 손해배상을 구한 경우에 연방규칙 제23조(b)(1)(A) 유형의 대표당사자소송, 즉 제1유형의 대표당사자소송이 허용된다는 입장을 취하였다.[50)] 그런데 연방대법원은 이러한 하급심 판결에 대하여 그 타당성을 인정하기 어렵다며 강한 의문을 제기하기도 하였다.[51)] 구체적 사례[52)]로 원고들이 항공기 충돌과 관련하여 제1유형의 대표당사자소송을 제기하여 항공사에게 법적 책임이 있는 확인판결을 구하면서 동시에 금전적 손해배상을 구한 대표당사자소송에 대하여 제9연방항소법원은 이러한 대표당사자소송의 금전배상청구부분은 그 자체로 모순된 판결이 발생할 여지가 없고, 법적책임을 인정하라는 선언적 구제를 구하는 확인판결부분은 금전배상을 요구하기 위한 전제조건에 불과하다는 이유로, 즉 오로지 금전배상을 구하는 것이 주된 목적일 뿐 책임확인판결부분은 단순히 금전배상을 받기 위한 핑계에 불과하므로 연방규칙 제23조(b)(1)(A) 유형에 의한 제1유형의 대표당사자소송으로는 부적합하다고 판단하였다. 왜냐하면 제1유형의 대표당사자소송은 금지명령과 선언적 확인판결을 위해 존재하는 제도이기 때문이다.

---

49) Dennis Greenman Securities Litigation, 829 f.2d 1539, 1545 (11th Cir. 1987); Smith v. Tower Loan of Mississippi, Inc., 216 F.R.D. 338 (S.D.Miss. Mar 27, 2003).

50) Fed. Skywalk 사례, 93 F.R.D. 415. 423(W.D. Mo. 1982); .

51) Wal-Mart Stores, Inc. v. Dukes, 131S. Ct. 2541, 2558-61(2011); Fosmire v. Progressive Max Ins. Co., 277 F.R.D. 625, 80 Fed.R.Serv.3d 1351 (W.D.Wash. Oct 11, 2011).

52) McDonnell Douglas corp. v. United States District Court, 523 F.2d 1083(9th cir. 1975); Jones v. NovaStar Financial, Inc., 257 F.R.D. 181, 46 Employee Benefits Cas. 2032 (W.D.Mo. Apr 06, 2009).

4. 구체적 사례 검토

제1유형의 대표당사자소송이 인정된 사례로는, 근로자들이 기업의 복지축소에 대해 그러한 복지축소를 중지하라며 대표당사자소송을 제기한 경우, 특허권을 침해당한 자가 침해자들을 상대로 특허침해행위를 중지할 것과 손해배상을 청구하며 대표당사자소송을 제기한 경우, 라이벌 프로팀과의 합병을 반대하며 합병행위를 중지해 줄 것을 구하는 프로 스포츠선수들의 대표당사자소송 등이 있다. 그리고 보안수준이 낮은 교도소로 외국인(히스패닉계) 수감자들의 이송을 금지한 교정당국의 정책에 대해 히스패닉계 미국인들이 헌법상의 권리를 침해당하였다는 이유로 제기한 제1유형의 대표당사자소송을 허용한 경우도 있다.[53] 만일 이를 허용하지 않으면 히스패닉계 미국인 수감자들이 개별적으로 소송을 제기할 경우 판결의 결과가 동일하게 나온다는 보장이 없다는 이유로, 즉 일부는 이송을 허용하면서 일부는 이송을 허용하지 않을 수도 있으므로 이송에 대한 동일한 판결을 얻기 위해 제1유형의 대표당사자소송이 인정되어야 한다고 하였다.

5. 의료임상실험과 제1유형 대표당사자소송과의 관계

일부 법원은 제1유형의 대표당사자소송을 의료임상실험으로 인해 발생한 피해사례에 대해 인정하였다. 의료임상실험은 특정한 질병에 대하여 신약이 개발되거나 새로운 치료법이 개발된 경우 의사가 그러한 질병환자에게 어떤 치료효과가 나타나는지를 임상실험하기 위하여 허가받지 아니한 신약을 주기적으로 처방한다든지 의료검진을 실시하거나, 아니면 의료기금을 조성하기 위하여 일정한 질병환자를 위험한 조건에 노출시키거나 처방 등을 하는 경우를 말한다. 그런데 그러한 임상실험결과 피해가 발생했을 경우 제1유형의 대표당사자소송을 통한 구제가 가능한지 여부이다.

일부 법원에서는 이러한 임상실험사례에서 제1유형의 대표당사자소송을 인정한 경우도 있다. 반면에 일부 법원은 환자인 원고들이 의사인 피고에게 강제되는 양립할 수 없는 행위의 기준을 보여줄 수 없다는 이유로 임상실험사례에 대하여 제1유형의 대표당사자소송이 허용되지 않는다는 입장을 취하기도 하였다. 즉 제9연

53) Franklin v. Barry, 909 F.Supp. 21 (D.D.C. 1995); Franklin v. District of Columbia, 168 F.3d 1360, 335 U.S.App.D.C. 60 (D.C.Cir. Mar 22, 1999).

방항소법원은 임상실험 피해자들이 주로 금전적 보상을 청구하고 있다면 그런 경우에는 연방규칙 제23조(b)(1)(A) 유형, 즉 제1유형의 대표당사자소송이 허용될 수 없다고 하였다.[54)]

Ⅱ. 제2유형 대표당사자소송

1. 의 의

앞에서 살펴본 바와 같이 제2유형의, 즉 연방규칙 제23조(b(1)(B) 유형의 대표당사자소송은 단체의 현명구성원이 아닌 부재구성원의 이익을 보호하기 위한 대표당사자소송이라고 할 수 있다. 제2유형의 대표당사자소송은 단체의 구성원들에 의해 제기되거나 그들을 상대로 하여 제기된 소송에서 현명당사자들이 이익을 얻는 반대급부로 부재당사자들이 이익을 침해당하거나 향후 권리구제청구가 금지되거나 방해되는 경우에 현명당사자와 부재당사자 사이에 이해관계가 충돌하는 것을 방지하기 위하여 동일한 판결을 통해 동일한 가치의 구제를 받도록 하기 위해 인정되는 대표당사자소송이라고 할 수 있다. 자문위원회 주석서는 연방규칙 제23조(b)(1)(B) 유형, 즉 제2유형의 대표당사자소송에 대하여 단체 구성원 자격이 있는 구성원이 단체가 아니라 개인별로 소송을 제기하거나 제기당한 경우에 그 판결의 결과 다른 구성원들과의 판결 결과가 서로 불일치할 수 있는 경우에 그러한 불일치를 방지하기 위하여 제기될 수 있는 소송이라고 설명하고 있다. 예를 들어 채무자의 재산이 적어 모든 구성원들이 손해를 전액 배상받을 수 없게 되면 채권자들 사이에 서로 자신의 채권을 먼저 배상받으려는 충돌이 발생하게 되는데 그러한 부족한 기금에 대해 모든 피해자들이 원고 단체의 구성원이 되어 제2유형의 대표당사자소송을 제기할 수 있다는 것이다.

자문위원회 주석서가 밝힌 바와 같이 연방규칙 제23조(b)(1)(B) 유형, 즉 제2유형의 대표당사자소송의 목적은 단체의 부재당사자들의 이익을 보호하기 위한 제도라고 할 수 있다. 그런 점에서 제2유형의 대표당사자소송은 제1유형의 대표당사자소송과 다르다고 하겠다.

---

54) Zinser v. Accufix Research Institute, Inc., 253 F.3d 1180 (9th cir. 2001); Tibble v. Edison Intern., 2009 WL 6764541 (C.D.Cal. Jun 30, 2009).

2. 요 건

제2유형의 대표당사자소송으로 인정되기 위해서는 앞서 살펴본 기본적 요건 이외에도 현명당사자에 대한 판결로 인해 부재당사자들이 장차 불이익을 받게 되거나 권리행사에 방해를 받게 될 것이라는 점이 증명되어야 한다. 제2유형의 대표당사자소송에서 가장 중요한 점은 현명당사자에 의해 제기된 첫 번째 소송(전소)과 부재당사자에 의해 제기된 두 번째 소송(후소) 사이에서, 첫 번째 소송의 판결 결과에 두 번째 소송이 구속을 받는가, 즉 선례구속성 원칙의 지배를 받는가 여부라고 하겠다. 만일 받지 않는다면 제2유형의 대표당사자소송은 허용되지 않을 수도 있다.

그런데 법원은 후소가 대표당사자소송으로 제기될 경우 그 후소에서 전소의 판결결과가 불리하게 작용하게 되는, 즉 선례구속성 원칙의 지배를 받게 될지도 모른다는 이유만으로 전소를 제2유형의 대표당사자소송으로 인정하는 것은 곤란하다는 입장을 취하고 있다. 이러한 판례의 태도는 단지 선례구속성의 원칙 때문에 제2유형의 대표당사자소송에 대해 연방규칙 제23조(b)(1)(B)를 적용해야 한다면, 네 가지 유형 모두에 선례구속성의 원칙이 적용되어야 하므로, 구태여 연방규칙 제23조(b)를 위와 같이 네 가지 유형의 대표당사자소송 중 하나로 세분할 필요가 없다는 것이다. 네 가지 유형의 대표당사자소송은 모두 연방규칙 제23조(a)(2)에 규정된 공통성 요건에 해당되기 때문에 부재구성원들이 개인별로 후소를 제기하게 되면 어차피 다른 구성원들에 의해 제기된 전소가 개인별 소송이든 대표당사자소송이든 간에 그 전소판결의 결과에 사실상 영향을 받는 것은 어찌할 수 없다는 것이다. 따라서 제2유형의 대표당사자소송에서는 선례구속성의 원칙에 얽매일 필요가 없으며, 대표당사자소송으로서 공통성 요건을 갖추고 있는 사건의 경우라면 제2유형의 대표당사자소송의 요건을 갖추어야 하며, 그때 연방규칙 제23조를 지나치게 의식할 필요는 없다고 하겠다.

제2유형의 대표당사자소송은 징벌적 손해배상청구의 근거가 된다는 견해도 있다. 원래 징벌적 손해배상은 원고의 손해배상에 의미가 있다기 보다 불법행위를 자행한 가해자의 불법행위에 대한 징벌적 의미가 더 크다고 하겠다. 배심원들에 의해 결정되는 징벌적 손해배상금은 종종 원고들의 피해액에 비해 지나치게 과도한 경우가 많고 이로 인해 가해기업이 회복불능의 피해가 발생하는 경우도 있기 때문에 연방대법원은 적법절차를 근거로 지나친 징벌적 손해배상금액을 합리적으로 조정하려는 입장을 취하고 있다.[55]

그런데 법원은 징벌적 손해배상제도와 제2유형의 대표당사자소송을 두 가지 관점에서 연결 짓고 있다. 첫째, 당사자들이 개별적 소송을 통해 징벌적 손해배상을 받게 되면 피고 기업이 다수의 징벌적 손해배상으로 인해 지불능력이 고갈되는 사태가 발생할 수 있고, 둘째, 만약 전소의 징벌적 손해배상 청구 쟁점과 후소의 징벌적 손해배상 청구 쟁점이 공통의 사실관계 또는 법률관계에 관련되어 있다면 이미 전소를 통해 징벌받았음에도 불구하고 후소에서 다시 징벌을 받게 되어 이중적 징벌이 가해지는 것이 타당한지 여부이다.

이런 점을 고려하여 법원은 제2유형의 대표당사자소송이 제기되면 이를 가능한 한 허가하여 다수의 개인들에 의한 연속적 징벌적 손해배상청구소송이 제기되지 않도록 하고 있다. 따라서 전소가 대표당사자소송이 아닌 개별적 징벌적 손해배상청구소송으로 진행되었다면, 동일 피고에 대한 후소는 제2유형의 대표당사자소송으로 허가하여 제3의 징벌적 손해배상소송이 제기되는 것을 차단하는 것이 바람직하다는 입장을 취하고 있다. 실무적으로 원고는 위 두 가지 모두를 복합적으로 주장하여 유리한 쪽을 취하려는 입장을 취하고 있다.

연방대법원은 Ortiz 사건을 통해 한정된 기금원칙에 의한 대표당사자소송의 기준을 확립하였다.[56] 그렇지만 연방대법원이 Ortiz 판결을 통해 한정된 기금모델이론에서 벗어나기를 주저하는 바람에 많은 지방법원들이 이러저러한 한정된 기금모델이론의 적용에 소극적 입장을 취하고 있다. Ortiz 판결 결과, 대부분의 지방법원은 전소를 제기한 원고는 거액의 징벌적 손해배상을 받지만, 후소를 제기한 원고는 전소에 대한 배상금지급으로 기금이 고갈되어버린 피고로부터 손해배상을 적게 받거나 받지 못하게 되는 문제를 잘 인식하고 있다.[57] 소위 한정된 기금이론과 제한적 징벌이론이 함께 작용하였다고 할 수 있다. 그리하여 흡연자들이 개별적으로 담배회사를 상대로 제기한 소위 담배소송에 대하여 연방규칙 제23조(b)(1)(B) 유형, 즉 제2유형의 대표당사자소송을 허가함으로써 전국적인 흡연피해자들을 구성원으로 하는 제2유형의 대표당사자소송이 가능하게 하였다.

---

55) State Farm Mut. Auto. Ins. Co. c. Cambell, 538 U.S. 408, 425(2003); Conboy v. Wynn Las Vegas, LLC, 2013 WL 1701073 (D.Nev. Apr 18, 2013).

56) Ortiz v. fibreboard Corp., 526 U.S. 815 (1999); Jacobsen v. State, 325 S.W.3d 733 (Tex.App.-Austin Jun 08, 2010).

57) Muise v. GPU, Inc., 371 N.J.Super. 13, 851 A.2d 799 (N.J.Super.A.D. Jul 08, 2004).

Ortiz 판결이 있기 전까지는 일부 법원만이 연방규칙 제23조(b)(1)(B) 유형, 즉 제2유형의 대표당사자소송을 통한 징벌적 손해배상을 인정하고 있었으나, Ortiz 판결 이후에는 대부분의 지방법원이 두 개의 소송을 따로 운영하는 대신 제2유형의 대표당사자소송 내에서 징벌적 손해배상액수가 정해지도록 하고 있다.[58]

다만 이러한 판결 경향과 달리 지방법원이 위에서 언급된 제한된 징벌이론에 근거하여 제기한 연방규칙 제23조(b)(1)(B) 유형의 대표당사자소송에 대하여 징벌적 손해배상을 확인한 Exxon Valdez 판결이 예외적으로 있다.[59] 위 소송에서 피고 Exxon사는 법원에 대하여 두 가지 소송을 모두 허용할 것이 아니라 손해와 책임에 기초한 단 하나의 대표당사자소송만을 인정해야 한다고 주장하였는데, 법원이 이를 받아들인 것이다. 피고는 법원을 설득하는 이론으로 제한적 징벌이론을 주장하였다. 배심원이 정한 징벌적 손해배상액은 항소심에서 중요한 쟁점이 되었을 뿐만 아니라 연방대법원에서도 가장 중요한 쟁점사항으로 다투어졌는데, 배심원에 의해 손해액이 결정됨으로써 절차가 더 이상 진행되지 않았다. 제2유형의 대표당사자소송에 의해 징벌적 손해배상액이 결정되었다는 점은 연방대법원에 사건이 넘어가기 전까지는 별로 관심을 받지 못하고 있었는데, 연방대법원이 특히 연방해사법이 적용되는 경우에는 위와 같이 정해진 징벌적 손해배상액이 지나치게 많다고 결정을 내린 후에야 주목을 받기에 이르렀다.

3. 다른 유형 소송과의 비교

가. 제4유형의 대표당사자소송과의 비교

대표당사자소송을 제기하려는 자는 연방규칙 제23조(b)가 규정하고 있는 네 가지 유형 중 어느 유형의 대표당사자소송을 제기할 것인지에 대하여 고민하게 된다. 어느 유형의 대표당사자소송을 선택할 것인가는 단체의 구성원들이 단체로부터의 탈퇴가 가능한지, 소송에 대한 통지를 받을 권리가 있는지 라는 점 등에서 차이가 있기 때문에 어느 유형을 선택하는가는 대단히 중요한 문제이다.

실재로는 제1유형 또는 제2유형에 해당되면서 동시에 제4유형에 해당되는 경우가 많은데, 그럴 때는 보통 제1유형이나 제2유형의 대표당사자소송으로 허가되고

58) N. Dist. Of Cal. "Dalkon Shield" IUD Prods. Liab. Litig., 521 F.Supp. 1188, 1193 (N.D.Cal. 1981).

59) Exxon Valdez, 236 F.Supp.2d 1043, 1060 (D. Alaska 2002).

있으며 제4유형의 대표당사자소송으로는 허가가 잘 이루어지지 않고 있다. 왜냐하면 제4유형의 대표당사자소송절차에서는 구성원에게 통지해야 할 의무가 생기고, 구성원들의 탈퇴권 행사로 인해 탈퇴한 당사자와 소송 내에 머물고 있는 당사자를 구별해야 하는 등 소송절차가 복잡해지고 판결의 구속력을 두고도 어려운 문제들이 발생할 수 있기 때문이다. 그러다 보니 법원도 제1유형이나 제2유형에 해당할 경우 그런 유형으로 인정하는 방법을 취함으로써, 구태여 제4유형의 대표당사자소송임을 증명하라고 소송지휘를 하지 아니한다. 지방법원[60] 중에는 근로자퇴직금보장법(ERISA) 관련 대표당사자소송에서 대표당사자가 차별금지를 구하는 청구를 주된 목적으로 하면서 차별로 인한 금전손해배상을 부수적으로 청구하는 경우라면 제4유형이 아닌 다른 유형의 대표당사자소송이 허용된다는 입장을 취한 경우도 있다. 제4유형 이외의 대표당사자소송으로 허가하게 되면 법원으로서도 소송계속 중 구성원들에 대한 통지에서 자유롭기 때문에 재판부담이 경감되는 효과가 있다. 이처럼 제4유형의 대표당사자소송을 허가하게 되면 대표당사자가 금전적 손해배상을 청구해 올 경우 법원은 단체의 구성원에게 통지 및 탈퇴와 관련된 절차를 밟아야 하는 번거로움이 있고, 대표당사자는 그러한 유형의 대표당사자소송으로서의 요건을 증명하여야 하기 때문에 재판 부담이 가중되어 불리해진다.

한편 제4유형의 대표당사자소송에서만 구성원들의 탈퇴권이 보장되어 있다. 따라서 제1유형이나 제2유형의 대표당사자소송이 허가된 경우에는 구성원에게 원칙적으로 탈퇴권이 없다. 그렇지만 법원은 때때로 적법절차와 관련하여 탈퇴권을 보장할 필요성이 있다고 인정할 경우에는 예외적으로 제1유형 또는 제2유형의 대표당사자소송의 경우에도 구성원에게 탈퇴권을 보장하는 특별한 결정을 내리기도 한다. 이 경우에도 탈퇴권 행사 여부는 구성원의 자유이다. 다만 한정된 재원과 관련된 경우 대표당사자가 허가받기 쉬운 제1유형 또는 제2유형의 대표당사자소송으로 진행하기를 원하여 구성원들에게 피해를 줄 우려가 있는 경우에 구성원들이 집단탈퇴의 수단을 사용하여 그 잘못된 목적을 무산시키는 경우가 실무상 발생하고 있다.

60) George v. Kraft Foods Global, Inc., 251 F.R.D. 338 (N.D.Ill. 2008); Turner v. Talbert, 2009 WL 2356662 (M.D.La. Jul 30, 2009).

나. 제2유형의 대표당사자소송과 다른 공동소송과의 관계

어떤 면에서 보면 연방규칙 제23조(b)(1) 유형, 즉 제1유형 및 제2유형의 대표당사자소송은 연방규칙 제19조의 필수적 공동소송이나 연방규칙 제22조의 권리경합확인소송과 유사한 면이 많다. 법원도 그러한 점을 인정하고 있고, 자문위원회 주석서도 제1유형의 대표당사자소송과 제2유형의 대표당사자소송을 이해하게 되면 연방규칙 제19조(a)의 강제적 공동소송의 당사자를 명확하게 이해할 수 있다고 밝히고 있다.

연방규칙 제22조의 권리경합확인소송과 제2유형의 대표당사자소송은 모두 한정된 재원에 대한 소송에서 부재당사자에게 불이익이 발생하지 않게 하려는 점에서 목적이 같다. 더 나아가 연방규칙 제19조(a)의 필수적 공동소송처럼 제2유형의 대표당사자소송은 부재당사자의 이익이 침해되는 것을 사전예방하려는 목적하에서 운영 되고 있다.

4. 구체적 사례 검토

연방규칙 제23조(b)(1)(B) 유형, 즉 제2유형의 대표당사자소송은 한정된 기금을 전제로 한 대표당사자소송에 많이 이용되고 있지만, 반드시 그 경우로 사건이 제한되는 것은 아니다. 자문위원회 주석서도 기금이 현재 마련되어 있는지 여부와는 상관없이, 즉 기금이 없는 상태에서도 비슷한 문제는 발생할 수 있다고 보고 있다. 예를 들어 수많은 단체의 하나로부터 확보된 부정적이거나 의무를 명하는 금지명령은 단체의 다른 구성원들에 대한 의무를 이행하는 과정에서 피고를 이행불능에 빠뜨릴 수도 있고, 실질적으로도 피고로 하여금 집행이 불가능하도록 영향을 미칠 수도 있기 때문에 기금이 확보되어 있다는 것이 모든 것을 보장하는 것은 아니라고 하겠다. 이러한 상황 하에서는 하나 또는 그 이상의 단체의 구성원들에 대한 판결은 다른 단체의 구성원들의 권리 또는 이익에 영향을 미치게 되기 때문에 판결의 모순 · 저촉을 방지하기 위해서 제2유형의 대표당사자소송의 적합성이 인정받게 된다. 또 다른 예로는 피고의 계약위반을 이유로 개인들이 입은 손해를 대표당사자소송으로 제기하는 경우 또는 불법행위를 금하는 방법을 찾고자 제기하는 금지명령소송과 소위 근로자퇴직소득보장법상의 주가폭락과 같은 소송도 포함된다.

이처럼 제2유형의 대표당사자소송은 한정된 재원을 근거로 하는 손해배상 등의 소송에서뿐만 아니라, 원고들이 개인적으로 소송을 진행함으로써 그 특별한 쟁점에 대하여 다른 원고들의 이익에 부정적인 결과가 나오게 될 실질적인 우려가 있는 경우에 다른 원고들의 소송방향을 결정하기 의해서도 많이 이용되고 있다.

그렇지만 제2유형의 대표당사자소송은 채무초과로 인해 단체 구성원 모두가 한정된 재원의 기금으로부터 전액 변제를 받을 수 없는 경우에 가장 많이 이용되고 있는 것이 현실이다. 예를 들어 부족한 신탁자금, 은행예금, 보험자산, 부동산자산 등 다양한 경우에 나타나고 있다. 그렇지만 연방대법원은 1999년에 제2유형의 대표당사자소송의 연혁적인 면을 고려해 볼 때 한정된 기금에 대해 대표당사자소송이 허용되는 것은 적절히 제한할 필요가 있다는 태도를 보이기도 하였다.

앞서 살펴본 Ortiz 사건은 피고 Fibreboard사의 순자산이 약 2억3천5백만 불에 불과하였는데 다수의 석면관련피해자들이 예상 청구금액이 수십억 불에 이르는 소송을 제기함으로써 한정된 기금이 문제된 전형적인 대표당사자소송이었다. Fibreboard사는 1980년대에 어마어마한 석면보상청구소송을 제기당하여 회사가 가입한 보험금지급한도에 육박하여 남은 보상한도가 별로 없는 상황이었는데, 1950년대에 체결된 보험계약에 의해 그 남아 있는 보험금을 자신들이 가져야 한다고 주장하였다. 이러한 보험보상범위에 대한 주장은 캘리포니아 주법원에 제소된 두 명의 보험중개인에 의해 주장되었다.

한편 Fibreboard사는 1990년대 초에 수십만 명에 이르는 잠재적 석면피해자들과 피해배상에 대한 합의에 착수하였다. Fibreboard사는 석면피해자들이 연방규칙 제23조(b)(1)(B) 유형의 대표당사자소송을 제기할 것을 예상하고, 예상된 단체의 구성원들의 변호사와 합의를 도출하기 위하여 접촉을 시도하였다. Fibreboard사는 제2유형의 대표당사자소송을 원했는데, 그 이유는 하위단체가 대표당사자소송의 탈퇴를 허용하지 않아 자신의 책임을 한 번의 대표당사자소송으로 최종 종결지을 수 있을 것으로 기대하였기 때문이었다. Fibreboard사가 가입한 보험회사들은 처음에 동의하지 않다가 제1심법원에서 보험금지급소송에서 패소한 후 1993년에 와서야 뒤늦게 위 협상에 참여하였다. 세계적 협상으로 소문난 1993년의 위 협상에서 원고들의 소송대리인은 캘리포니아 보험사건에서 전례를 찾아보기 어려운, 세계적 화해사건으로 불리게 될 소위 재고청구소송을 진행하여 화해금액 중 50%를 미결로 보류하기로 하는 조건의 화해를 하였다. 캘리포니아 보험금청구사건으로 항소되기 직전에 당사자들은 15억3천5백만 불에 합의를 하였고, 그 돈을 Fibreboard가 가입한 보험회사에서 지급하기로 하였다. 원고의 소송대리인은 아직 Fibreboard사를 상대로 소송을 제기하지 않은 석면피해자들의 피해보상을 위해 두 번째로 Texas 동부지구법원에 손해배상청구소송을 제기하였다. 일부 구성원들의 반대가 없지는 않았지만, 그 지방법원은 위 후소에 대해 연방규칙 제23조(b)(1)(B) 유형, 즉 제2유형의 대표당사자소송을 인정하였고, 제5연방항소법원도 이를 인정하였다.

그런데 연방대법원은 이를 파기하고 변경하였다. 연방대법원은 제한된 기금에 대한 대표당사자소송에 대해 자문위원회가 형평성과 관련하여 연방규칙 제23조(b)(1)(B)에서 세 가지 요건을 갖출 것을 요구하고 있는데 위 지방법원판결이 그러한 요건을 갖추지 못하였다며 원심판결을 파기한 것이었다. 그 세 가지 요건은 첫째, 모든 손해배상을 만족시키기에 동원되는 자금이 부족하고, 둘째, 부족한 자금은 모두 손해배상에만 사용되어야 하고, 셋째, 피해자(구성원)들 사이에 그 손해배상금이 적절히 분배되어야 한다는 것이었다.

연방대법원은 첫째 요건과 관련하여 한정된 재원이 현실적으로 존재하는가에 대해 지방법원에게 독자적 판단 의무가 있는데 이를 판단하지 않은 채 양 당사자들의 화해조항을 단순히 승인한 것은 문제가 있다고 보았다. 왜냐하면 한정된 재원이 얼마인지가 전제되어야만 이를 전제로 화해금액을 결정할 수 있게 될 것인데 이러한 과정이 없었기 때문이다. 한편 둘째 요건과 관련하여서도 연방대법원은 전형적인 한정된 재원 사례는 원고에게 최고로 유리한 결과를 가져올 뿐으로, 개인별 소송이 아닌 대표당사자소송이 제기된 경우에 피고들에게 결코 유리한 결과를 가져오지 않는다고 지적하였다. 연방대법원은 Fibreboard사가 순재산만으로 합의에 나서는 것은 문제가 있다고 보았다. 그러나 연방대법원은 피고가 연방규칙 제23조(b)(1)(B) 유형, 즉 제2유형의 대표당사자소송에서 화해한 내용에 의해 순재산이 유지될 수 있는지 여부에 대해서는 하급심판결을 파기하지 않았다.

셋째 요건과 관련하여 연방대법원은 대표당사자소송에서 한 화해내용이 현명당사자와 부재당사자가 서로 동등한 가치를 전제로 손해배상을 제기하였는데, 즉 현재의 청구와 장래의 청구는 중간이자 공제 등에서 서로 다른 가치를 가지고 있는데, 그들의 가치를 동일하게 취급하고 있어 결국 현명당사자와 부재당사자를 불평등하게 취급하는 결과를 가져오게 되어 부당하다고 지적하였다.

한편 연방대법원은 주요보험증서의 효력기간이 1959년으로 종료됨에 따라 1959년 이후 석면에 노출된 원고들은 보험배상을 적게 받을 수밖에 없게 되는데 이 역시 불공평하다고 지적하였다. 즉 1959년 이전의 피해자들과 이후의 피해자들을 함께 취급하여 한정된 재원을 동등하게 나누어 주는 것은 부당하다는 것이다. 연방대법원은 또한 석면으로 인한 피해로 상해를 입은 현재의 구성원들과 현재는 신체적 상해가 없지만 석면 노출로 인해 장차 장래의 청구를 하게 될 잠재적 구성원들은 서로 이해상반관계에 있기 때문에 다른 소송대리인을 선임하여 하위단체의 대표당사자소송을 보장받을 수 있어야 하는데, 동일한 소송대리인이 이를 수행한 것은 잘못이라고 지적하였다.

연방대법원은 명시적으로 판결한 것은 아니지만, 적법절차를 부정한 채 합의과정에서 배제된 부재구성원들의 이익에 대해 화해하는 것은 수정헌법 제7조가 보장한 배심원에 의한 재판을 받을 권리와 적법절차에 의한 재판을 받을 권리를 부정하는 것으로 이를 인정할 수 없으며, 아직은 육체적 상해가 밝혀지지 않은 단순노출상태의 구성원들을 포함하여 제3조의 잠재적 쟁점들에 대해 한정된 재원이 분배되는 것에 대해 반대의견을 제시한 사람들에 대한 연방대법원의 견해를 밝히기도 하였다.

Ortiz 판결 결과 대다수의 법원은 연방규칙 제23조(b)(1)(B) 유형, 즉 제2유형의 대표당사자소송을 통해 대량불법행위사례를 해결하는 것은 부당하다는 입장을 취하고 있다.[61)]

Ⅲ. 제3유형 대표당사자소송

1. 의 의

제3유형, 즉 연방규칙 제23조(b)(2) 유형의 대표당사자소송은 단체의 반대당사자가 일반적인 위법행위를 하거나 적법행위를 하지 아니할 경우 일정한 금지명령을 구하거나 선언적 명령, 즉 확인판결을 얻기 위하여 제기하는 대표당사자소송이다. 즉 연방규칙 제23조(b)(2) 유형의 대표당사자소송은 피고에 대한 금지명령 또는 부작위위법확인판결을 얻어내어 단체 전체가 그로 인해 이익을 얻도록 하기

61) Zinser v. Accufix Research Inst., Inc., 253 F.3d 1180, 1196-97(9th cor. 2001); Syncor Erisa Litigation, 227 F.R.D. 338 (C.D.Cal. Mar 28, 2005).

위해 고안된 제도라고 하겠다.

1966년의 자문위원회 주석서는 연방규칙 제23조(b)(2) 유형, 즉 제3유형의 대표당사자소송은 단체 구성원 전체에 대한 불법적 차별을 금지하도록 하여 시민의 권리를 보호하기 위한 장치로서 개발되었다고 밝히고 있다. 대부분의 법원은 연방규칙 제23조(b)(2) 유형, 즉 제3유형의 대표당사자소송이 명문화되기 이전에도 대표당사자소송을 통해 시민의 권리를 보호하여 왔는데, 일부 법원은 시민의 권리 자체가 대표당사자소송의 대상이 될 수 있는 사안은 아니라며 반대입장을 취하기도 하였다. 그러나 1966년에 연방규칙 제23조(b)(2) 유형, 즉 제3유형의 대표당사자소송이 성문화된 후 모든 법원은 시민의 권리를 보호하기 위한 분쟁에 대하여 대표당사자소송을 인정하고 있다.

그러나 자문위원회 주석서가 밝히고 있듯이 제3유형, 즉 연방규칙 제23조(b)(2) 유형의 대표당사자소송이 반드시 시민의 권리에 대한 분쟁을 해결하기 위해서만 제정된 것은 아니다. 즉 위 주석서는 위 시민의 권리 이외에도 불법적인 가격정책이라든지 특허소송 등에서도 제3유형의 대표당사자소송이 이용될 수 있음을 밝히고 있다. 또한 미국수정헌법 제1조를 비롯하여 다른 헌법문제, 예를 들어 연방 또는 주의 법정화된 권리보장프로그램[62] 같은 것을 실현시키고자 하는 소송, 강제적 구제를 위한 대량불법행위에 대한 소송 등에도 위 대표당사자소송이 가능하다고 하겠다. 앞에서 살펴본 바와 같이 Dukes 판결에 나타난 대법원의 결정은 연방규칙 제23조(b)(2) 유형의 대표당사자소송에도 영향을 주고 있다.

2. 요 건

연방규칙 제23조(b)(2) 유형의 대표당사자소송이 허용되기 위해서는 네 가지 기본요건 및 자문위원회 주석서가 요구하는 세 가지 요건을 갖추어야 할 뿐만 아니라 동조가 규정한 두 가지 요건을 갖추어야 한다. 그러한 요건은 단체가 인증되기 이전에 충족되고 있어야 한다. 첫째, 단체의 반대당사자가 그 단체에 일반적으로 적용되는 근거에 기반하여 일정한 행위를 하거나 하지 않아야 한다. 즉 하지 말아야 할 행위를 위법하게 하거나, 하여야 할 행위를 위법하게 하지 않는 경우여야 한다는 것이다. 이 요건은 행위의 당위성을 놓고 조금 불명확할 수도

62) entitlement program(일정한 조건을 갖춘 사람에게 사회보장, 의료비 보조 등을 보장해주는 복지 프로그램).

있다. 그렇지만 법원은 전체단체에 적용해온 관례에 따라 이 요건에 대하여 판단하고 있다. 제3유형, 즉 연방규칙 제23조(b)(2) 유형의 대표당사자소송을 제기당한 피고의 행위는 단체의 다른 구성원들의 지시를 받아야 하는 행위일 필요도 없고, 그들에게 손해를 야기하는 것일 필요도 없다. 자문위원회 주석서는 일반적으로 그 단체에 적용되어야 할 근거에 기초하여 단체의 구성원 중 하나 또는 소수에게라도 영향을 미치거나 위협을 가하는 것이라면 일정한 위법작위나 위법부작위가 있을 경우 모두 연방규칙 제23조(b)(2) 유형의 대표당사자소송이 허용된다고 밝히고 있다. 연방규칙 제23조(b)(2) 유형, 즉 제3유형의 대표당사자소송은 금지명령이나 부작위위법확인을 통해 구성원들이 손해배상을 청구하거나 그 위법한 부작위의 실행가능성을 판단하기 위하여 법원이 심문할 필요는 없지만, 단체의 구성원들 모두에게 공통적으로 적용될 수 있는 통일된 구제방안이 마련될 수 있는지 여부를 판단하기 위해서 필요하다면 심문할 수 있다고 하겠다.

둘째, 최종적인 금지명령을 통한 구제나 부작위위법확인을 통한 구제는 구성원 전체에게 적합한 것이어야 한다. 자문위원회 주석서는 금지명령구제 또는 부작위위법확인구제는 단체 전체에 대한 행위의 적법성을 확정하는 것이어야 한다고 한다. 구체적으로 Dukes 판결 이전에도 일부 법원이 비판하였던 것처럼, 연방민사송규칙 제23조(b)(2) 유형, 즉 제3유형의 대표당사자소송은 금전손해배상만을 받기 위해서는 허용될 수 없고, 다른 청구가 병합되어 있기는 하지만 소송의 주요 목적이 금전손해배상을 받기 위한 사건인 경우에는 허용되지 않는다.

제10연방항소법원은 연방규칙 제23조(b)(2) 유형, 즉 제3유형의 대표당사자소송에 대해 동 조항이 규정한 두 개의 대표당사자소송(금지명령과 부작위위법확인)은 서로 독립적이지만 상호 관련성이 있기 때문에 피고의 부작위에 대한 부작위위법확인소송도 단체의 모든 구성원에게 일반적으로 적용 가능한 근거에 기초하고 있어야 하며, 피고의 위법행위에 대한 금지명령구제도 단체 모든 구성원에게 적합한 내용이어야 한다고 밝히고 있다. 따라서 동 조항이 단체, 피해, 구제 사이에 상관관계가 있음을 밝히기 위해 필요한 사항을 조사할 수 있다고 되어 있는바 단체는 동일 단체 내의 구성원들의 피해회복을 위해 노력하여야 한다.

한편 제3유형의 대표당사자소송은, 제4유형의 대표당사자소송과 달리, 단체의 구성원들에게 대표당사자소송이 진행되고 있다는 사실을 통지할 필요도 없고, 그 구성원들의 탈퇴권도 보장하고 있지 않다. 그러나 제1유형과 제2유형의 경우처럼, 법원은 필요하다고 인정되는 특별한 경우에는 예외적으로 통지할 것과 탈퇴권을 보장하는 명령을 발하기도 한다.

일반적으로 연방규칙 제23조(b)(2) 유형, 즉 제3유형의 대표당사자소송의 결과 위법행위에 대한 금지명령이나 위법부작위에 대한 확인판결이 있게 되면 그 판결의 효과가 구성원 모두에게 크게 영향을 미치게 된다. 예를 들어 시에서 제정한 지방자치법규가 상위 법령인 헌법 등에 위반되는지 여부가 쟁점이 될 경우, 이를 판결하는 법원으로서는 이 법령의 위반 여부가 모든 시민에게 영향을 크게 미치게 된다는 점을 고려할 필요가 있고, 행정관청 역시 이러한 법을 제정할 때 모든 시민이 이에 구속될 것이라는 점을 심각하게 고민할 필요가 있다. 그러다 보니 피고들은 위헌 판결이 나게 되면 모든 시민에게 적용되던 법이 효력을 상실하게 되어 혼란이 야기된다며 대표당사자소송을 제기할 소의 이익이 없다는 주장을 일반적으로 하여 왔다. 다시 말해 제3유형의 대표당사자소송이 어떤 목적을 위해 허용되어야 하는지 그 목적성이 명확하지 않은 면이 있으므로 남용되어서는 안 된다는 것이었다. 즉 피고들은 일종의 재량판결의 필요성을 강조하였던 것이다.

그러나 법원은 이러한 피고의 주장에 대해 연방규칙 제23조의 취지와는 무관하다는 이유로 피고의 주장을 대부분 받아들이지 않고 있다. 다시 말해 대부분의 판례는 연방규칙 제23조의 요건을 충족한 대표당사자소송이 제기되면 일단 허용되어야 한다는 입장을 취하고 있는 것이다.[63] 마찬가지로 단 한 사람의 원고가 법령이나 계약이 특별한 의미를 가지고 있다는 선언적 판결을 구할 경우에는 그 판결을 통해 그 개인에게 특혜를 주게 될 위험성이 크기 때문에 그러한 대표당사자소송은 허용해서는 안 된다고 하겠다.

수많은 피고들은 제3유형의 대표당사자소송을 막기 위하여 과연 그러한 대표당사자소송이 필요한지에 의문을 제기하며 필요성의 원칙을 주장하였다. 만일 대표당사자소송이 필요한 결과를 이루어낼 수 없다면 그러한 대표당사자소송이 허용될 필요성이 없다는 것이다. 그런데 피고들이 제3유형의 대표당사자소송에 대한 판결이 없을 경우 자발적으로 모든 구성원들을 평등하게 대우한다는 보장이 없고, 만일 실재로는 평등하게 보장하지 않으면서 그럴 듯하게 꾸며 대표당사자소송의 필요성을 부인하는 것은 일종의 직무유기 내지 권한남용이라 할 것이므로 논할 가치조차 없다고 하겠다.

---

63) Disability Rights Council of Greater Wash. v. Washington Metro Area Transit Auth., 239 F.R.D 9,23 (DDC 2006); Flournoy v. Honeywell Intern., Inc., 2007 WL 1087279 (S.D.Ga. Apr 06, 2007).

3. 다른 유형 소송과의 비교

만일 하나의 대표당사자소송이 제1유형 및 제2유형의 요건과 제4유형의 요건을 모두 갖춘 경우 대부분 제1유형이나 제2유형, 즉 통지권이나 탈퇴권이 문제되지 않는 쉬운 방법의 연방규칙 제23조(b)(1)이 적용되는 제1유형과 제2유형의 대표당사자소송으로 허가되고 있음은 앞에서 살펴보았다. 그렇다면 제3유형, 즉 연방규칙 제23조(b)(2) 유형의 대표당사자소송의 요건을 갖추고 있으면서 동시에 제1유형 또는 제2유형의 대표당사자요건을 갖추고 있는 경우에 어떻게 할 것이냐 여부이다. 제1유형과 제2유형 및 제3유형은 서로 그 목적이 다르다고 할 것이므로, 법원으로서는 단체의 의사를 존중하여 종합적으로 판단하여 대표당사자소송의 유형을 결정하면 된다고 하겠다.

그렇다면 제3유형과 제4유형의 요건을 모두 갖추었을 경우에는 어떻게 하느냐인데, 일반적으로 제3유형, 즉 연방규칙 제23조(b)(2)유형의 대표당사자소송을 제4유형, 즉 연방규칙 제23조(b)(3) 유형의 대표당사자소송에 우선하여 인정하고 있다. 왜냐하면 제4유형의 경우에는 통지 받을 권리와 탈퇴권이 보장되어 있어 법원의 업무가 과중해지기 때문이다. 그렇지만 일부 법원은 연방규칙 제23조(b)(2) 유형의 대표당사자소송과 제23조(b)(3) 유형의 대표당사자소송을 서로 비교하여 관련사항 등을 종합적으로 상황에 맞게 고려하여 어느 유형의 대표당사자소송으로 허용할 것인지를 결정하여야 한다는 입장을 취하고 있다. 이와 관련하여 대표당사자소송에서 대표당사자나 소송대리인이 연방규칙 제23조(b)가 규정하고 있는 네 가지 유형 중 어느 유형을 특정하여 대표당사자소송을 제기한 경우, 법원으로서는 특별한 사유가 없는 한 당사자들의 의견을 존중하여 소장에서 특정한 유형의 대표당사자소송으로 허용하는 것이 바람직하다고 하겠다.

그런데 법원에서는 제3유형의 대표당사자소송과 제4유형의 대표당사자소송 중 어느 유형으로 허가할 것인가와 관련하여, 연방규칙 제23조(a)(4)의 대표당사자의 타당성 등을 고려하여 대표당사자소송의 유형을 결정하고 있다. 왜냐하면 만일 대표당사자나 소송대리인이 제3유형의 대표당사자소송으로 허가받기가 보다 용이하기 때문에, 왜냐하면 통지받을 권리와 탈퇴권 등이 배제되어 법원의 업무부담이 감소되므로, 손쉽게 대표당사자소송의 허용을 받기 위하여 제3유형의 대표당사자소송을 제기하면서 제4유형의 대표당사자소송이었다면 주장할 수 있었던 금전배상청구 부분을 의도적으로 누락시킴과 동시에 구성원들의 통지받을 권리와 탈퇴권을 일부러 보장하지 않는 쪽을 취하게 되면, 나중에 전소 구속력 또는 금반언으로 인해 구성원들이 후소를 통해 개별적으로 금전배상청구를 하지 못하게 되는 경우도 발생할 수 있기 때문에, 법원으로서는 제3유형과 제4유형을 선택함에 있어 위와 같은 숨어 있는 이면도 함께 판단하여야 한다.

연방대법원은 Dukes 판결을 통해 위와 같은 입장을 밝혔다. 즉 제3유형과 제4유형 중 어느 쪽이 우월한 방법인지를 판단하는 우월성 심사권을 대표당사자나 소송대리인에게 인정하게 되면, 그들은 소송진행이 용이한 제3유형의 대표당사자소송으로 허가받기 위해 제4유형의 대표당사자소송이었다면 주장할 수 있었던 금전배상청구를 의도적으로 생략하는 잘못된 선택권을 갖게 되어 부당하다는 것이다. 만일 우월성 심사권을 대표당사자에게 인정하여 대표당사자가 제3유형의 대표당사자소송을 선택하게 되면, 제3유형의 대표당사자소송의 구성원으로 취급받을 수밖에 없게 된 구성원들은 통지받을 권리를 보장받지 못하고 탈퇴권도 보장되지 않아 소송에서 탈퇴할 수 없기 때문에 그 판결의 결과에 구속될 수밖에 없게 되어 개인적 금전손해배상청구를 개별 소송으로 제기할 수 없게 됨으로써 피해를 보게 되어 제4유형의 대표당사자소송으로 진행되는 것보다 불리해질 수 있다. 따라서 그런 경우에는 대표당사자의 타당성과 관련하여 개인적으로 금전배상청구권을 가지고 있는 구성원을 대표당사자로 허락함으로써 그들이 자신의 이익을 확보하기 위해서라도 부당한 우월성 심사, 즉 금전청구가 병합될 수 있는 제4유형을 배제한 채 금전청구가 배제된 제3유형을 선택하는 권한남용을 하지 못하도록 하는 것이 바람직하다고 하겠다. 결국 구성원들은 자신의 금전채권에 대한 운명을 대표당사자에게 맡길 것인지 아니면 직접 권리행사를 할 것인지를 선택하여야 하나, 연방규칙 제23조(b)(2) 유형, 즉 제3유형의 대표당사자소송을 선택한다 하더라도 그들의 권리가 반드시 보장되는 것은 아니라 하겠다. 결국 Dukes 판결의 취지는 제3유형과 제4유형 중 어느 유형의 대표당사자소송으로 허락할 것인지는 대표당사자의 주장은 물론이고 생략된 채 주장되지 아니한 잠재적 주장 등도 종합적으로 검토하여 판단하여야 한다는 것이다.

그러다 보니 일부 법원은 제3유형과 제4유형이 혼합된 대표당사자소송을 허용하기도 한다. 왜냐하면 대표당사자소송의 요건이 네 가지 유형에 공통되는 부분이 많기 때문에 어떤 주장은 연방규칙 제23조(b)(2) 유형의 대표당사자소송에 부합되고, 또 어떤 주장은 연방규칙 제23조(b)(3) 유형의 대표당사자소송에 부합되는 경우가 혼재되어 있기 때문이다. 연방제11항소법원은 원고가 연방규칙 제23조(b)(3) 유형, 즉 제4유형의 대표당사자소송을 주장하면서 금전배상을 구하고, 연방규칙 제23조(b)(2) 유형, 즉 제3유형의 대표당사자소송을 주장하면서 위법행위 금지명령을 구한 사건에 대해 그러한 혼합형 대표당사자소송을 주장할 수 있다고 인정하였다.[64] 즉 제3유형과 제4유형의 객관적 병합을 인정한 것이다.

그런데 제5연방항소법원은 이러한 혼합식 접근방법이 부당하다고 판시하였다.[65]

4. 구체적 사례 검토

가. 우월성과 공통성에 대한 비교

(1) 필요하지 않다고 보는 입장

대부분의 법원은 대표당사자소송의 적격성을 검토할 때 연방규칙 제23조(b)에 명문화되어 있지 않은 요건들에 대하여는 고려하지 않으려는 입장을 취하고 있다. 그런데 제4유형, 즉 연방규칙 제23조(b)(3) 유형의 대표당사자소송과 달리, 제3유형, 즉 연방규칙 제23조(b)(2) 유형의 대표당사자소송에서는 단체의 공통되는 사실상 또는 법률상의 쟁점이 구성원 개인들의 개별적 쟁점에 우월해야 하는가에 대하여, 반드시 우월해야 할 필요는 없다는 입장을 취해왔는데, 이에 대하여 자문위원회 주석서도 같은 입장을 취하고 있다.

제9연방항소법원도 위 주석서 입장에 따라, 1990년에 제정된 이민귀화법을 적용하여 헌법상의 적법절차를 밟지 않은 채 국외로 추방명령을 받은 약 4천 명의 불법체류자들이 연방규칙 제23조(b)(2) 유형의 대표당사자소송을 제기한 것에 대해 지방법원이 단체인증한 결정을 인용하였다.[66] 피고인 정부는, 연방규칙 제23조(b)(2) 유형, 즉 제3유형의 대표당사자소송으로 단체의 인증이 이루어지면, 그 결과 단체의 구성원인 수천 명의 이민자들이 자신들을 추방하지 말라며 수천 개의 행정소송을 제기하게 될 것인데 각 이민자별로 이민 관련 사실관계가 모두 다

---

64) Williams v. Mohawk Industries, Inc., 568 F. 3d 1350 (11th Cir. 2009); Simpson v. Sanderson Farms, Inc., 2012 WL 4049435.

65) Allison v. Citgo Petroleum Corp, 151 F.3d 402(5th Cir. 1998); Ryan v. Patterson, 23 So.3d 12 (Ala. Feb 27, 2009) (NO. 1060438), rehearing denied (May 08, 2009).

66) Walters v. Reno, 145 F.3d 1032(9th Cir. 1998); King v. Baca, 2001 WL 682793 (C.D.Cal. Jun 12, 2001).

르기 때문에 공통의 사실관계가 없어 위 유형의 소송이 부당하다고 주장하였으나, 제9연방항소법원은 이는 피고가 연방규칙 제23조(b)(2) 유형의 대표당사자소송을 오해한 데에서 비롯된 잘못된 주장이라며 피고의 주장을 배척하면서 제3유형의 대표당사자소송을 인정하였다.

즉 구성원들 사이에서 공통의 쟁점이 있어야 한다는 요건은 연방규칙 제23조(b)(3) 유형, 즉 제4유형의 대표당사자소송의 단체 적격성의 선행요건으로 반드시 필요하지만, 그러한 요건은 연방규칙 제23조(b)(2) 유형, 즉 제3유형의 대표당사자소송에서는 필요하지 아니하다면서, 그러한 공통성 요건은 일반적으로 전체로서의 단체에 적합한 방식이나 행위를 주장하는 것으로 충분하다는 것이었다.

그러나 연방대법원은 Dukes판결을 통해 대표당사자소송의 요건으로서의 공통성은 제4유형의 대표당사자소송에서뿐만 아니라 나머지 제1유형 내지 제3유형의 대표당사자소송에서도 모두 반드시 필요한 요건이라고 밝혔다. 결국 Dukes 판결은 법원이 연방규칙 제23조(b)(2) 유형의 대표당사자소송에서 구성원들이 주장하는 개별적 쟁점에 대한 확인을 더욱 어렵게 만들고 있다.

(2) 필요하다고 보는 입장

이와 달리 제3연방항소법원은, 연방규칙 제23조(b)(2)에 근거하여 공통성의 요건을 갖추지 못하였다며 펜실베니아 주에 거주하는 수천 명의 잠재적 흡연피해자들의 대표당사자소송을 불허한 지방법원의 처분을, 그대로 승인하였다.[67] 이 소송에서 원고들은 흡연 때문에 발생하게 될 지도 모르는 질병을 발견하기 위한 건강검진비 지출을 법원이 감독해 줄 것을 요구하였다. 이에 대해 지방법원은 연방규칙 제23조(b)(2) 유형, 즉 제3유형의 대표당사자소송에서 단체 구성원 모두에게 요구되는 공통의 쟁점이 구성원 개인이 주장하는 개별적 쟁점보다 우선할 것이 요구되지 않는다는 점을 인정하면서도 흡연자들에 대한 제3유형의 대표당사자소송을 불허하였는데, 그 불허 근거로 연방규칙 제23조(b)(2) 적용과 관련하여 "결합력"이라는 새로운 개념을 사용하였다. 즉 연방규칙 제23조(b)(2) 유형의 대표당사자소송이 구성원에게 탈퇴권을 보장하지 않기 때문에 구성원들은 의무적으로 대표당사자소송에 구속될 수밖에 없기 때문에 제3유형의 대표당사자소송은

67) Barnes v. American Tobacco Co., 161 F.3d 127 (3d Cir. 1998); Eslava v. Gulf Telephone Co., 2007 WL 2298222, 42 Employee Benefits Cas. 1993 (S.D.Ala. Aug 07, 2007).

탈퇴권이 보장된 제4유형, 즉 연방규칙 제23조(b)(3) 유형의 대표당사자소송보다 구성원 사이의 결합력이 더 강하다는 것이다. 그러면서 위 법원은 위와 같이 수많은 개인별 쟁점을 거론하면서, 수많은 구성원 모두에게 적용되는 금지명령이나 부작위위법확인판결의 결과 구성원들이 개별적으로 수많은 소송을 제기하더라도 어찌할 수 없다고 하였다.

제3연방항소법원은, 위 Barnes 판결에서, 연방규칙 제23조(b)(2) 유형 즉 제3유형의 대표당사자소송이 진행될 경우 그러한 유형의 대표당사자소송의 판결결과로 인하여 장차 발생하게 될 수많은 개별소송에 대한 고려를 하면서 제3유형 대표당사자소송에 대한 허용 여부를 판단하는 것이 바람직할 것이라고 밝혔다. 연방규칙 제23조(b)(3) 유형, 즉 제4유형의 대표당사자소송 요건인 우월성과 연방규칙 제23조(b)(2) 유형, 즉 제3유형의 대표당사자소송 요건인 결합력 사이에는 아무런 유사점이 없다는 것이다.[68)]

이러한 Barnes 판결의 접근 방법은 다른 법원들에 의해 채택되기도 하였는데, 제6연방항소법원은 연방규칙 제23조(b)(2) 유형, 즉 제3유형의 대표당사자소송에는 결합력이라는 요건이 필요하다면서 장기장애급여가 부당하게 거절되거나 종료되었다며 제23조(b)(2) 유형의 대표당사자소송을 제기한 원고들의 대표당사자소송을 지방법원이 인정한 것은 재량권을 남용한 것이라고 판시하였다.[69)]

제7연방항소법원은 연방규칙 제3유형의 대표당사자소송은 단체의 일부 구성원들에만 특별한 사실관계에 기초한 경우와 단체 구성원들 사이에서 실질적으로 구제방법이 다른 경우에는 허용되지 않으며, 단체 구성원들 사이에 이해관계가 결합되어 있거나 같다는 전제 하에서만 허용된다고 하였다.[70)] 즉 탈퇴를 허용하지 않을 만한 결합력이 있어야 한다는 것이다. 그런데 제3유형의 대표당사자소송에 대한 허용 여부를 결정해야 하는 지방법원으로서는 금지명령을 구하는 구성원의 개별적 쟁점주장이 단체 전체의 결합력에 우선한다는 사실을 특정하는 것이 어렵다는 현실에 직면해 있다.

---

68) Gates v. Rohm & Haas Co., 655F. 3d 255, 269-70 (3d Cir. 2011); Donovan v. Philip Morris USA, Inc., 2012 WL 957633.

69) Romberio v. Unumprovident Corp., 385 F. App'x 423 (6th Cir. 2009).

70) Lemon v. International Union of Operating Enfineers, 216 F.3d 577 (7th Cir.2000); Olson v. Brown, 284 F.R.D. 398 (N.D.Ind. Jul 25, 2012).

나. 관리가능성 등의 요건에 대한 검토

(1) 필요하지 않다고 보는 입장

법원은 연방규칙 제3유형의 대표당사자소송에, 제4유형의 대표당사자소송의 필요 요건인 우월성 요건의 한 요소로 그 성질이 비슷한, 관리가능성이라는 요건이 포함되는가에 대하여 견해가 나누어져 있다. 일부 법원은, 관리가능성이라는 요건과 재판비용의 절감이라는 문제는 제3유형의 대표당사자소송에서는 서로 상관성이 없다는 입장을 취하고 있다. 왜냐하면 제4유형의 대표당사자소송과 달리, 제3유형의 대표당사자소송에서는 관리가능성이라는 요건을 명백하게 요구하고 있지 않기 때문이라는 것이다.[71)]

한편 연방대법원은 최근에 Dukes 판결의 주요쟁점과 관련하여 연방규칙 제23조(b)(2) 유형, 즉 제3유형의 대표당사자소송에서는 우월성이나 우수성 같은 요건은 반드시 필요한 것은 아니라는 입장을 밝혔다. 즉 우수성이나 우월성 같은 요건은, 연방규칙 제23조(b)(2) 규정이 그러한 요건을 불필요하다고 보아서가 아니라, 제3유형의 대표당사자소송의 경우에는 그러한 요건들이 불필요하다고 생각했기 때문에 연방규칙 제23조(b)(2)의 내용에 포함시키지 않았다는 것이다. 하나의 단체가 구성원 모두에게 이익이 되는 불가분의 금지명령을 얻고자 할 때 단체의 대표당사자로서는 문제가 되고 있는 쟁점이 지배적이거나 대표당사자소송을 통해 그러한 분쟁을 해결하는 것이 우월적 해결방법인지 여부에 대해 검토하지 않을 수 없다.

지배적이라거나 우월적이라는 것은 그 자체로서 자연히 알게 된다. 그 결과 Dukes 판결에 의하면, 연방규칙 제23조(b)(2) 유형의 대표당사자소송은 그 유형의 대표당사자소송을 통해 얻게 된 판결이 그 문제 해결에 아주 적합한 판결이라는 점이 저절로 판명된다는 것이다.

(2) 필요하다고 보는 입장

반면에 다른 법원은, 대표당사자소송의 목적은 불특정 다수인의 분쟁을 1회적으로 해결함으로써 효율성을 도모하자는데 있으므로, 연방규칙 제23조(b)(2) 유형, 즉 제3유형의 대표당사자소송을 인정할 경우에는 당연히 재판절차의 수월성과 효율성을 고려해야 한다는 입장을 취하고 있다.[72)]

---

71) Elliott v. J.C. Penney Co., Inc., 994 F.2d 1101, 1105 (5th Cir. 1993); WellPoint, Inc. Out-of-Network UCR Rates Litigation, 2014 WL 6888549 (C.D.Cal. Sep 03, 2014).

72) Shook v. El Paso Cnty. Bd. of Cnty. Comm'rs, 386 F.3d 963 (10th Cir. 2004).

다. 구체적 사례

(1) Dukes 판결은 대표당사자소송의 요건 중 공통성 요건과 연방규칙 제23조(b)(2)의 요건에 대해서도 비판적이다. 위 Dukes 판결은 5대4로 다수견해와 소수견해가 나뉠 정도로 견해 대립이 팽팽했지만, 연방규칙 제23조(b)(2) 유형의 대표당사자소송에 대해서는 대법관 전원의 의견이 일치되었다. Dukes 판결은 연방규칙 제23조(b)(2) 유형, 즉 제3유형의 대표당사자소송으로 근로자의 체불임금에 대한 대표당사자소송이 가능한가 여부도 하나의 쟁점이 된 사건이었다. 위 Dukes 판결이 있기 전에도 일부 지방법원은 연방규칙 제23조(b)(2) 유형, 즉 제3유형의 대표당사자소송을 통해 금전손해배상청구가 가능할 것인가에 대하여 고민하였다. 그런데 어느 법원도 연방규칙 제23조(b)(2) 유형의 대표당사자소송에 의해 체불임금청구소송이 불가능하다고 보지는 않았다. 대부분의 지방항소법원은 제5연방항소법원의 제한된 접근방법을 따랐다.[73] 즉 제5연방항소법원은 위 Allison 판결을 통해 제3유형의 대표당사자소송의 본래 취지인 금지명령이나 부작위위법확인소송에 병합하여 체불임금지급청구가 이루어지는 경우라면 금전지급을 명하는 대표당사자소송이 허용된다고 보았는데, 지방법원들이 이러한 견해를 따랐던 것이다. 위 Allison 판결에 의하면, 제3유형의 대표당사자소송을 통해 금전손해배상청구를 병합청구하기 위해서는, 단체 구성원들이 자동적으로 단체에게 책임을 추궁할 수 있어야 하고, 그러한 피해가 전체 구성원 모두에게 발생해야 하고, 그러한 금전지급을 명하는 판결을 위해 금지명령 등을 위한 청문회 말고 별도의 청문회를 열지 않아야 한다. 즉 소송지연이나 별도의 추가절차가 필요하지 않아야 한다는 것이다. 그 결과 위 Allison 판결은 체불임금청구를 제3유형의 대표당사자소송에 병합하여 제기할 수 있다고 하였는데, 그 이유는 법원이 금지명령이나 부작위위법확인판결에 부수하여 그러한 체불임금지급을 명하는 판결이 관련되어 있음을 인정하여 분쟁을 함께 해결하는 것이 타당하다고 보았기 때문이다. 이후 연방규칙 제23조(b)(2) 유형의 대표당사자소송이 유사한 사례에서 많이 허용되었다.

실재로 제5연방항소법원은 Allison 판결을 인종차별사건에 확장 적용하였는바, 인종을 차별하여 보험가격정책을 수립하여 그렇게 차별된 보험가격을 어떠한 공

---

73) Allison v. Citgo Petroleum Corp., 151. F.3d 402(5th Cir. 1998); Scott v. Family Dollar Stores, Inc., 2010 WL 143725.

식이나 평가기준에 기계적으로 대입하여 특정 인종에게 불리한 보험료나 보험금이 산정되었다면, 제3유형의 대표당사자소송을 통해 금전배상청구를 병합청구할 수 있다고 하였다.[74] 즉 부당하게 인종차별된 것을 시정하는 금지명령이나 부작위위법확인판결과 동시에 그러한 부당차별로 인해 발생한 피해금액을 배상하라는 금전청구가 가능하다는 것이다.

(2) 제2연방항소법원은 제3유형, 즉 연방규칙 제23조(b)(2) 유형의 대표당사자소송을 더욱 확대 적용하였는바,[75] 사건에 주어진 모든 사실관계와 환경을 고려하여 상대적으로 중요한 해결방법을 찾는 과정에서 연방규칙 제23조(b)(2) 유형의 대표당사자소송이 적당하다고 판단될 경우에는 지방법원으로서는 그러한 유형의 대표당사자소송을 허용되어야 한다는 것이다. 이러한 'ad hoc test(특별한 목적을 위한 심사)'라 불리는 당면한 문제에 대한 특별심사를 통해 체불임금의 병합청구를 위 유형의 대표당사자소송으로 허용하게 되었지만, 경우에 따라서는 단순한 부수적 청구가 아니라 금전손해배상청구가 주된 목적이면서도 부수적 청구인 양 위장하는 소송마저 허용될 수 있어 문제가 되고 있다. 그리하여 제2연방항소법원은 최종적 구제의 결과가 금전손해배상청구가 그 소송에서 독자적이거나 우월적인 지위를 차지하고 있는 사건인 경우에는 연방규칙 제23조(b)(2) 유형, 즉 제3유형의 대표당사자소송에 해당되지 않는다라고 밝힌 자문위원회 주석서를 주목하게 되었다. 그리하여 제2연방항소법원은 금지명령이나 부작위위법확인이 그 단체의 이익이라는 관점에서 볼 때 금전배상청구에 비해 훨씬 더 우월적인지 여부를 중점적으로 고려하였다.

한편 제9연방항소법원은 Dukes 판결과 비슷한 접근방식을 취하였는데, 그러한 금전손해배상청구가 금지명령이나 선언적 구제에 비해서 강도나 영향력, 권한 면에서 비중이 높지 않다면 연방규칙 제23조(b)(2) 유형의 대표당사자소송에 병합을 허용하는 것이 타당하다고 하였다.

그런데 Dukes 판결을 선고한 연방대법원은 제2연방항소법원과 제9연방항소법원이 우월성 판단근거를 자문위원회 주석서에서 찾은 것을 인정할 수 없다는 입

74) Monumental life Ins. Co., 365 F.3d 408, 419(5eh Cir. 2004); Rodriguez, 432 B.R. 671 (Bankr.S.D.Tex. Jul 21, 2010).
75) Robinson v. Metro-North Commuter R.R., 267 F.3d 147 (2d Cir. 2001); U.S. v. City of New York, 717 F.3d 72(2013).

장을 취하였다. 그러면서 연방대법원은 연방규칙 제23조(b)(2) 유형의 대표당사자소송을 결정함에 있어 자문위원회 주석서에 지나치게 의존해서는 안 되며, 허용 근거를 연방규칙 법조문 자체에서 찾아야 한다고 강조하였다. 그리하여 Dukes 판결은 모든 연방항소법원들이 쟁점 검토 후 형평성을 인정하여 연방규칙 제23조(b)(2) 유형, 즉 제3유형의 대표당사자소송을 통해 체불임금의 지급을 병합 청구한 것을 인정한 Allison 판결을 부당하다며 파기하였다. 다시 말해 연방대법원은 Dukes 판결을 통해 연방규칙 제23조(b)(2) 유형, 즉 제3유형의 대표당사자소송은 금지명령이나 부작위위법확인판결 등을 받기 위한 목적으로 운영되어야지, 금전배상을 받기 위한 목적으로 운영되어서는 안 된다는 것이었다.

결국 Dukes 판결은 개별적인 금전채권에 대한 분쟁은 연방규칙 제23조(b)(3) 유형, 즉 제4유형의 대표당사자소송으로 해결해야 한다는 것이다. 한편 Dukes 판결은 연방규칙 제23조(b)(2) 유형, 즉 제3유형의 대표당사자소송은 구성원들에 대한 통지 및 탈퇴권을 보장하고 있지 않기 때문에 이 유형의 대표당사자소송을 통해 금전배상청구를 허용하게 되면 그것이 설령 부차적 청구라고 하더라도 단체 구성원들의 적법절차권, 즉 통지받을 권리와 탈퇴권의 행사를 침해하게 되어 부당하다는 것이다. 그러면서도 연방대법원은 체불임금에 대한 청구가 구성원 개인들이 그 소송을 통해 구제받고 싶어 하는 개별화된 청구로 반드시 부수적 청구로 결론내리기도 어렵다는 이유로 그 쟁점에 대해서는 어떠한 결론도 내리지 않았다.

(3) 연방규칙 제23조(b)(2) 유형, 즉 제3유형의 대표당사자소송을 다룬 Dukes 판결이 앞으로 어떻게 작용할지는 두고 지켜 볼 일이다. 지방법원의 초기 반응은 상당히 복합적이다. 일부 법원은 연방규칙 제23조(b)(2) 유형의 대표당사자소송에 대해 판결한 Dukes 판결의 취지를 받아들여 성차별을 주장하면서 동시에 징벌적 손해배상을 구한 사건에 대해 연방규칙 제23조(b)(2) 유형, 즉 제3유형의 대표당사자소송을 허용할 수 없다고 하였고,[76] 많은 법원들이 이러한 견해를 따랐다.

Dukes 판결 이전에는 금전청구의 병합을 허용하는 것이 법원의 다수 경향이었는데, 앞으로는 Dukes 판결로 인해 체불임금청구든지 성차별로 인한 손해배상청구와 같은 금전배상청구가 구성원들의 개인적 관심쟁점으로 부각된다면, 이러한

76) Ellis v. Costco Wholesale Corp., 657 F.3d 970(9th Cir. 2011); Donovan v. Philip Morris USA, Inc., 2012 WL 957633.

청구는 연방규칙 제23조(b)(2) 유형, 즉 제3유형의 대표당사자소송으로 해결되기 어렵게 되었다고 할 것이다.

그로 인해 Dukes 판결 이전에 연방규칙 제23조(b)(2) 유형의 대표당사자소송에 의해 가능했던 여러 종류의 다른 금전채권의 청구, 예를 들어 법정손해배상청구와 부작위위법확인을 함께 구하거나, 퇴직급여규정의 위법을 다투면서 발생한 퇴직급여차액에 대한 청구를 함께 구하거나, 고용차별이나 성차별 또는 인종차별을 규정한 관련법규의 무효 등을 주장하면서 차별로 인한 손해배상을 함께 청구하는 것과 같은 병합청구가 어렵게 되었다고 할 것이다.

(4) 한편 임상실험결과로 인한 피해구제에 대해 제1유형, 즉 연방규칙 제23조(b)(1)(A) 유형의 대표당사자소송이 이용되고 있다는 점에 대해서는 이미 살펴보았다. 그런데 일부 사례의 경우 임상실험으로 인해 발생한 피해에 대하 연방규칙 제23조(b)(2) 유형의 대표당사자소송이 허용된 바 있다. 이와 관련하여 연방규칙 제23조(b)(2) 유형, 즉 제3유형의 대표당사자소송의 목적에 비추어 볼 때 일부 법원에 의해 허용된 제3유형의 대표당사자소송에서, 금지명령을 구하면서 동시에 금전배상을 구하는 것이 과연 타당한가를 둘러싸고 논란이 벌어졌다. 그런데 이를 허용한 법원들은 임상실험의 대상이 되어 피해를 본 환자들이 그러한 임상실험의 중지를 구하면서 동시에 금전적 배상을 요구하는 제3유형의 대표당사자소송이 허용, 즉 병합청구될 수 있다고 보았다. 그러면서도 그러한 금전배상청구는 금지명령의 구제를 구하는 손해배상소송에 부수되어 법원이 관리하는 형식이어야 한다고 하였다.

한편 일부 법원은 임상실험피해구제를 위한 대표당사자소송은 설령 그 단체가 법원이 관리하는 프로그램의 적용을 요구한다고 하더라도 금전손해배상을 구하는 것이 구성원 개인에 대해 예비적 청구여야 한다는 입장을 보이고 있다.

Ⅳ. 제4유형 대표당사자소송

1. 의 의

제4유형, 즉 연방규칙 제23조(b)(3) 유형의 대표당사자소송은 단체의 공통적 법률관계나 사실관계로 인한 쟁점이 개별 구성원들의 쟁점보다 더 우월하거나,

다른 구제방법보다 대표당사자소송을 통해 분쟁을 해결하는 것이 훨씬 공정하고 효율적인 경우에 예외적으로 허용되는 대표당사자소송이라 할 수 있다.

연방규칙 제23조가 1966년에 개정되었을 때 대부분의 학자들은 제23조(b)(3) 유형, 즉 제4유형의 대표당사자소송에 대하여 비판적 입장을 취하였다. 그렇지만 연방규칙 제23조(b)(3) 유형, 즉 제4유형의 대표당사자소송은 종전의 부진정대표당사자소송을 대체하여 그 실효성이 입증되지는 않았지만 “탈퇴권이 보장된 새로운 대표당사자소송”으로 점차 자리를 잡아가고 있다.

그런데 문제는, 연방규칙 제23조(b)(3) 유형, 즉 제4유형의 대표당사자소송의 구체적 기준이 잘 마련되어 앞으로 문제가 없을 것이라는 입법자들의 기대와 달리, 실재 운영 과정에서 그 기준들이 애매하고 난해하여 어려움이 많이 나타나고 있다는 점이다. 한편 자문위원회 주석서는 연방규칙 제23조(b)(3) 유형, 즉 제4유형의 대표당사자소송의 목적이 연방규칙 제23조(b)(1) 유형과 제23조(b)(2) 유형, 즉 제1유형 내지 32유형의 대표당사자소송의 목적처럼 명확하지는 않지만, 그럼에도 불구하고 이 유형을 통해 특정한 사실관계에 관하여 편리하고 바람직한 해결을 도모할 수 있는 장점이 있다고 밝히고 있다. 즉 연방규칙 제23조(b)(3) 유형, 제4유형의 대표당사자소송은 두 가지 유형의 하위 대표당사자소송(단체의 우월적 공통쟁점처리와 가장 효과적인 분쟁해결처리방법)을 통해 동일한 상황에 놓인 다수의 구성원에게 동일한 결과의 판결을 통해 비슷한 처지에 놓인 사람들에게 불일치한 바람직하지 않은 결과 또는 공정한 절차가 희생되는 위험을 사전에 차단할 수 있고(판결의 모순 · 저촉 방지), 개별적으로 소송을 수행하는 과정에서 소요되는 시간과 노력, 비용 등을 절감하는 등의 효과를 얻을 수 있다는 것이다.

위 주석서가 밝힌 바와 같이 연방규칙 제23조(b)(3)은, 첫째, 만일 법원이 구성원 개인에게만 상관되는 문제보다 구성원 모두에게 공통적으로 적용되는 사실관계나 법률관계가 더 우세하다고, 즉 더 중요하다고 판단하였다면 제4유형의 대표당사자소송을 허용할 수 있고, 둘째, 법원이 제4유형의 대표당사자소송을 통해 분쟁을 해결하는 것이 그러하지 아니한 경우보다 더 쟁점사항에 대한 공정하고 효과적 해결방법이라고 판단하였다면 제4유형의 대표당사자소송을 허용할 수 있다고 규정하고 있다. 그러다 보니 연방규칙 제23조(b)(3) 유형, 즉 제4유형의 대표당사자소송을 허가할 것인지를 결정해야 하는 법원으로서는 직권으로, 구성원 개인에게만 영향을 미치는 쟁점에 우선하여 단체 전체에 공통적으로 적용될 사실관계 또는 법률관계가 있는지를 먼저 조사하거나, 공통의 쟁점에 대한 판결이 다른 어떠한 해결방법보다 공정성과 효율성에서 우월하다는 점에 대하여 조사할 필요가 있게 된다.

2. 요 건

가. 우월성(Predominance)

(1) 의 의

연방규칙 제23조 (b)(2) 유형의 대표당사자소송을 검토할 때 우월성에 대해 간단히 살펴본 바 있지만, 연방규칙 제23조(b)(3) 유형, 즉 제4유형의 대표당사자소송을 허용할 것인지를 결정할 때 법원으로서는 반드시 우월성에 대해 조사하여야 한다. 왜냐하면 법원으로서는 제4유형의 대표당사자소송을 허용하려면 단체의 구성원 모두에게 미치는 공통의 쟁점과 구성원 개인별 쟁점의 우열을 상호 비교하여야 하고, 이 유형의 해결방식과 다른 해결방식과의 우열을 상호 비교하여야 하기 때문이다. 이러한 분석은 사건을 처리함에 있어 구성원 모두에게 공통적인 쟁점과 개별 구성원에게 해당되는 쟁점을 모두 동일한 가치와 무게를 두고 우열을 평가해야 한다는 의미라고 하겠다.

(2) 일반적 판단방법

그런데 문제는 제4유형의 대표당사사자소송에 대한 연방규칙 제23조(b)(3)의 규정 내용이나 자문위원회 주석서가 모두 우월성에 대한 개념을 명확하게 밝히지 않고 있고, 학자들 역시 그 개념에 대한 명확한 해답을 내놓지 못하고 있어 업무처리에 어려움이 발생하고 있다는 점이다. 일반적으로 법원이나 학자들은 우월성 기준을 다른 요건들보다 더 엄격하게 판단해야 한다는 점에 대해서는 견해가 일치하고 있다. 그러면서도 그 내용에 무엇이 포함되어야 하느냐를 놓고서는 견해가 나누어진다. 더군다나 연방규칙 제23조(b)(3) 유형, 즉 제4유형의 대표당사자소송을 제기하려는 자는, 이 유형에서도 단체의 인증이 필요하기 때문에, 우월성 요건을 증명하는 것이 가장 어려운 문제가 되고 있다.

그러다 보니 일부 법원은 우월성 요건을 완화하여 공통의 쟁점에 대한 판결이 전반적으로 소송 전체를 해결하는데 반드시 필요한 것은 아니라고 하더라도 적어도 소송 초기 단계에서 공통의 쟁점에 대한 판결이 소송의 목적 달성에 반드시 필요하다고 주장되었다면 우월성 요건의 충족을 인정할 수 있다는 태도를 보이고 있다. 한편 또 다른 일부 법원에서는 공통적인 쟁점을 해결하는데 그 소송이 실질적으로 효과가 있다면 공통의 쟁점에 대한 해결방법으로 우월성을 갖게 된다고 보기도 한다.

하지만 여전히 일부 법원들은 구성원 개인들의 쟁점 및 증거는 단체 전체의 공통의 쟁점에 대한 문제가 해결된 후에 제시되어야만 한다는 입장을 취하고 있다. 그런데 이 방법을 취하게 되면 구성원 모두에게 해당되는 쟁점에 대한 판결이 이루어진 이후, 비로소 그 판결에 기초하여 구성원들이 개별적인 소송을 별도로 제기하여 자신들의 개인적 손해배상 쟁점과 증거를 주장하고 제출하게 되는바, 이러한 방식을 취하게 되면 소송지연 및 소송의 다수화로 연방규칙 제23조(b)(3) 유형의 소송에는 적합하지 않다고 하겠다.[77]

그런데 일부 항소법원은 이와 달리 공통된 쟁점의 질과 양을 통하여 우월성 요건을 판단하려는 시도를 인정하지 않고 있다. 그 대신 그러한 항소법원은 소송의 향방을 결정하는 주요 쟁점이 실재 소송이 진행되는 과정에서 하급심법원에서 낮게 평가하고 있는지를 발견하게 되었다.

적어도 법원으로서는 우월성을 판단함에 있어 경쟁적으로 주장되는 쟁점들에 제한을 받아서는 안 된다고 하겠다. 다시 말해 원고 대표당사자가 공통적으로 주장하는 쟁점, 즉 우월성에 대해 피고가 동의하였다고 하더라도, 법원으로서는 그러한 공통적 쟁점이 구성원 개인들의 쟁점을 압도할 수 있는 우월성을 실재로 가지고 있는지에 대하여 독자적으로 판단해야 한다는 것이다.[78] 제2연방항소법원은 연방규칙 제23조(b)(3) 유형, 즉 제4유형의 대표당사자소송에서 요구되는 우월성 요건에 대한 판단을, 피고가 쟁점을 인정한다고 하여, 생략해 버리게 되면 아이러니컬하게 피고의 책임이 명백해져버리기 때문에 향후 원고 구성원들에 의해 제기될 수많은 잠재적 소송에서 주장될 침해 및 손해에 대한 공통성 요건을 공유하고자 하는 원고의 필요성과 효율성을 침해하는 역효과가 나타나게 된다고 밝히고 있다.

대표당사자소송의 개별 구성원들이 고통 받고 있는 손해를 결정하는 것은 모든

77) Klay v. Hamana, Inc., 382 F.3d 1241, 1255 ((11th Cir. 2004); CGC Holding Co., LLC v. Broad and Cassel, 773 F.3d 1076.

78) Nassau Cnty. Strip Esarch Cases, 461 F.3d 219(2d Cir. 2006); Rattray v. Woodbury County, Iowa, 253 F.R.D. 444 (N.D.Iowa Sep 02, 2008).

개별 구성원들의 쟁점에 존재하는 같은 영역의 문제이다. 많은 법원들은 피고에 대한 중요한 책임문제가 해결된다면 개별 구성원들이 피해의 기초로 삼고 있는 문제를 계산하는 것은 우월성 판단을 방해하는 것으로 볼 것은 아니라는 입장이다. 이러한 견해는 특히 피해산정이 거의 정형화되어 있는 경우에 더 지지를 받고 있다.

일부 법원은 개인별 손해를 산정하기가 어렵거나 복잡한 경우에는 이러한 대표당사자소송의 확인을 거부하고 있다. 제7연방항소법원은 우월성의 기준을 상대적으로 요구하는 사건에서, 예를 들어 주택담보대출의 무효와 같은 본질적으로 특별한 구제책이 필요한 사안에 대해서는 제4유형의 대표당사자소송이 적합하지 않다고 판시하였다. 제7연방항소법원은 피고들의 연방공정대부법(the Federal Truth in Lending Act) 위반을 이유로 단체의 추정적 구성원들이 그들의 주택담보대출이 무효라는 근거를 주장한 사건에서 그들의 공통적 쟁점은 우월성이 인정되지 않는다고 하였다.[79] 즉 만일 대표당사자소송의 판결 결과 수백 또는 수천의 개인별 소송이 꼬리를 물고 발생하게 된다면, 어떻게 그러한 공통의 쟁점이 우월적이라고 할 수 있겠느냐는 것이다. 즉 수많은 소송을 양산하는 부정적 영향이 더 크다는 것이다.

이러한 우월성에 관한 다툼은 주로 독점금지법위반 소송에서 발생하고 있는데, 예를 들어 특정 잠재적 구성원에게만 특별한 요인에 집중하게 되는 것에 반대하면서, 피해 단체의 공통적 침해에 대한 원고의 증명능력을 중심으로 전개되고 있다.[80] 만일 자유시장 가격구조를 침해하려는 피고들의 공모사실을 원고들이 증명할 수 있다면, 관대한 입장을 취하고 있는 법원은 우월성을 인정하고 있고, 손해배상에 있어 개인별 다양성이 인정되는 경우라고 하더라도 연방규칙 제23조 (b)(3) 유형의 대표당사자소송의 요건이 충족되었다고 보고 있다.

(3) 유형별 요건에 대한 검토

(가) 연방규칙 제23조(b)(3)(A) 요건(개인별 소송의 이익 여부)

법원은 일반적으로 연방규칙 제23조(b)(3) 유형, 즉 제4유형의 우월성 요건을

---

79) Andrews v. Chetry Chase Bank, 545 F.3d 570 (7th Cir, 2008); Bacon v. Stiefel Laboratories, Inc., 837 F.Supp.2d 1280 (S.D.Fla. Aug 17, 2011).

80) Blades v. Monsanto Co., 400 F.3d 562, 571 (8th Cir, 2005); Elsea v. U.S. Engineering Company, S.W.3d, 2015 WL 1246614 (Mo.App. W.D. Mar 17, 2015).

심사할 때 동 조항이 규정한 네 가지 요소를 복합적으로 고려하여 평가하고 있다. 즉 네 가지 요소 중 어느 하나의 요소만으로는 우월성에 대한 결정적 판단근거가 되기 어렵기 때문에 네 가지 요소를 종합적으로 판단할 수밖에 없다는 것이다.

그 중 첫 번째 요건이 바로 "개별적인 제소나 항변이 집단 구성원의 이익에 어떠한 영향을 미치는가" 여부이다. 즉 개별 구성원들이 이 유형의 대표당사자 소송을 통해 얻게 될 이익과 개별적으로 소송을 제기하거나 방어함으로써 얻게 될 이익을 비교 형량하여야 한다는 것이다. 대표당사자소송은 개인별 소송에 따르는 고비용의 문제를 해결하기 위하여 비슷한 유형의 피해를 입은 구성원들이 자신들의 손해를 합산하여 하나의 소송절차에서 해결하려고 하는 점에서 정당성의 근거가 인정되기 때문이다.

그런데 대표당사자소송에 있어 소송의 당사자들은 단체의 잠재적 개별 구성원들이 중대한 피해로 인하여 고통을 받게 되면 제4유형의 대표당사자소송을 더 적극적으로 고려하게 되는데, 이와 달리 법원은 이러한 경우 단체의 구성원들은 개인별로 소송을 제기하여 구제받으면 되지 구태여 대표당사자소송을 제기할 필요가 없다는 입장을 취하고 있다. 즉 재산상 피해를 입었으면 개인별로 금전손해배상청구소송을 제기하여 구제를 받으면 되므로, 구태여 대표당사자소송을 제기할 필요가 없다는 것이다. 마찬가지로 소송대리인에게 거액의 비용을 지급하도록 하고 있는 관련 법령들은 우월성을 판단하는데 부정적으로 작용하게 되고, 소송비용을 회수할 수 있는 능력만 있다면 구성원들로서는 개별적으로 소송을 수행하는 것이 보다 더 나을 수도 있다고 보고 있다.

결론적으로 연방규칙 제23조(b)(3)(A)의 내용에 대한 조사는 특별한 경우에만 해당된다고 하겠다. 이와 관련하여 자문위원회 주석서는 법원은 개인들이 제기하거나 제기당한 소송이 실질적으로 계속되어 있다면 그러한 소송에 대한 정보를 제공하여야 하고, 개별적으로 소송을 제기하는 개인들의 태도는 대표당사자소송을 거부하는 의사가 강하다고 보아야 하지만, 이러한 개인별 이익추구는 실질적이라기보다는 이론적 측면이 강하기 때문에 대표당사자소송을 제기하려는 자는 대표당사자를 통해 반대할 수 없거나 혹은 위기에 처한 개인들의 손해배상액수가 너무 적어 분리해서 소송하는 것이 실행불가능할 수도 있다는 점을 강조하면서 대표당사자소송을 모색하게 된다고 밝히고 있다. 그러면서 개별적으로 소송을 제기하면서 법원의 일정을 따라 대표당사자소송을 반대하는 당사자가 개인적으로 안게 되는 부담은 개인별 이익추구에 대한 당연한 부담으로 볼 수밖에 없다는 것이다.

다시 말해 대표당사자소송에 합류하지 않고 별도로 개인별 소송을 수행하는 자는 그에 상응한 부담을 개별적으로 책임지는 것은 어찌할 수 없다는 것이다. 따라서 법원으로서는 단체의 구성원들이 개인적 소송을 선호하는지 아니면 대표당사자소송을 선호하는지 여부에 따라 실질적이고 현실적인 평가를 내리게 된다고 하겠다.

(나) 연방규칙 제23조(b)(3)(B) 요건(이미 제기된 소송과의 관계)

연방민사소송법 제23조(b)(3)(B)는 대표당사자소송을 제기하거나 제기당한 경우 이미 단체 구성원들에 의해 착수되거나 관련된 소송이 있는지 여부, 즉 이미 제기된 다른 개별 소송의 범위와 성격에 대한 규명이 이루어져야 한다고 규정하고 있다. 하지만 동 조항은 이미 제기된 다른 소송의 존재가 대표당사자소송에 대해 우호적인지 배타적인지 여부에 따라 어떻게 달라질 것인지에 대하여는 명백하게 밝히고 있지 않다. 따라서 동 조항에 대한 해석을 둘러싸고 다양한 견해가 대두하고 있다.

이미 제기된 개별소송이 있는 경우, 일부 법원은 그 사건들을 동일한 쟁점사항이라고 보아 대표당사자소송의 우월성을 인정하여 제4유형의 대표당사자소송을 허용하는가 하면, 일부 법원은 이와 달리 개인들이 자신의 개별적 소송을 수행하기에 충분하지 않다고 보아 대표당사자소송의 선순위성을 인정하기도 하고, 어떤 법원은 구성원 개인이 자신의 고유한 소를 제기할 실익이 없다고 보기 때문에 결국 개인별 소가 없는 것이나 마찬가지가 되므로 제4유형의 대표당사자소송이 허용되어야 한다는 입장을 취하기도 한다.

반대로 비슷한 유형의 소송이 없는 경우 유사한 소송이 없다는 사실 자체가 비교대상이 없기 때문에 제4유형의 대표당사자소송의 우월성을 인정할 근거가 부족하다며 제4유형의 대표당사자소송을 부정하는 근거로 사용되기도 한다. 제5연방항소법원은 Castano 판례에서 항소법원이 특별히 관심을 가져야 할 사항은 지방법원이 연방규칙 제23조(b)(3)에 규정된 우월성과 선순위성에 대한 판단자료를 사전에 확인한 선행재판이 없다면 대량불법행위에 대하여 제4유형의 대표당사자소송의 적합성을 인정할 수 없다고 밝혔다.[81] 반대로 비슷한 유형의 개인별 소송이 다수 존재하는 경우에 대하여, 다른 일부 법원은 그렇게 개별적 소송을 통해 피해자들의 피해가 충분히 보전되고 있다면 구태여 제4유형의 대표당사자소송을 인정할 필요가 없다는 입장을 취하기도 하였다. 이처럼 동일한 상황에서도 법원에 따라 개인별 소송과 대표당사자소송 사이에서 우열을 판단하는 결과가 달라지는 것은 결국 구체적 상황을 종합적으로 고려하여 제4유형의 대표당사자소송의 우월성 요건을 평가하고 있기 때문이라고 하겠다.

마지막으로 연방규칙 제23(b)(3)(B)는 다른 잠재적 소송들의 성질과 관련하여 제4유형의 대표당사자소송의 우선성을 분석하는 근거로 기능하고 있다. 만약 다른 잠재적 소송들이 그 자체로 대표당사자소송이 된다면 법원은 그러한 새로운 대표당사자소송에 우선성이 있다고 판단하기는 쉽지 않을 것이다. 반면에 광역관할권을 가진 다른 대표당사자소송이 재판계속 중인 경우에도 법원은 작은 규모의 대표당사자소송을 허용되지 않아야 한다는 필연적 이유로 삼지 않을 수도 있고, 특히 규모가 큰 대표당사자소송이 확인되지 않은 경우라면 더욱 그렇다. 관련사건에 대한 다른 소송의 존재는 대표당사자소송을 확인하는데 상호관련성이 있다. 제4연방항소법원은 파산한 피고를 상대로 증권사기를 원인으로 하여 제기한 원고들의 소송을 대표당사자소송으로 허용하였다.[82] 동 항소법원은 파산법원의 존재는 대표당사자소송을 인정할 우선적 필요성으로 인정되는 자료가 될 수 있고, 변론주의가 적용되는 소송절차에서 피고의 파산절차에서 쟁점사항을 정상적인 절차를 통해 판결하게 될 때 대표당사자소송의 계속진행을 허용하는 것은 효과적이지도 않고 불필요한 중복절차일 뿐이라고 판시하였다.

(다) 연방규칙 제23조(b)(3)(C) 요건(통합관할의 필요성)

연방규칙 제23(b)(3)(C)는 법원이 제4유형의 대표당사자소송에 대하여 개별 구성원들이 서로 다른 법원에 소송을 제기하였을 경우 이를 하나의 법원에서 통합관할하는 것이 바람직한지 여부에 대하여 판단하도록 규정하고 있다. 그런데 법원은 오히려 이 조항을 근거로 당사자, 증인, 증거가 전국적으로 분산되어 있는 사건에 대해 제4유형의 대표당사자소송을 허용하지 않기도 한다. 그러나 법원들은 당사자, 증인, 증거 등이 전국에 흩어져 있더라도 가장 중심이 되는 사건이

81) 84 F. 3d 747; Collins v. Anthem Health Plans, Inc., 266 Conn. 12, 836 A.2d 1124 (Conn. Sep 30, 2003).
82) Gregory v. Finova Capotal Corp., 442 F.3d 188 (4th Cir. 2006).

발생한 주가 소가 제기된 법원 소재지 주이거나, 적어도 상당한 당사자들이나 증인들의 불편함이 인정될 경우에는 소장에서 특정 법원을 관할로 정하였다고 하더라도 당해 소송을 하나의 법원으로 통합하여 소송이 진행될 수 있도록 대표당사자소송을 인정할 수도 있다.

(라) 연방규칙 제23조(b)(3)(D) 요건(관리가능성)

연방규칙 제23조(b)(3)(D)는 법원으로 하여금 대표당사자소송을 진행함에 있어 발생하게 될 어려움이 있는지 여부를 고려하여 제4유형의 대표당사자소송을 허용하도록 규정하고 있다. 법원에 상당한 재량권이 주어지고 있는 조항이라고 하겠다. 따라서 연방규칙 제23조(b)(3)에 규정된 네 가지 요소 중 이 요소가 소송당사자 및 법원으로부터 가장 많은 관심을 받고 있다. 그러나 이 요소는 대표당사자소송이 오직 화해를 위한 목적으로 제기된 경우에는 고려대상이 아니라고 하겠다.[83] 왜냐하면 재판절차가 아니라 화해를 통해 다수의 구성원들에 대한 분쟁이 해결될 수 있다면 화해과정에서 복잡한 문제들이 발생할 여지가 없으므로, 그러한 여지가 없다고 하여 화해를 위한 제4유형의 대표당사자소송을 불허할 이유가 없기 때문이다.

연방규칙 제23조(b)(3)(D)와 관련하여 가장 중점적으로 확인해야 할 사항은 단체의 구성원을 어떻게 특정하고 어떻게 통지할 것인가 여부이다. 연방규칙 제23조(b)(3) 유형, 즉 제4유형의 대표당사자소송을 인정하게 되면 단체의 구성원에 대한 통지 부담을 안게 되는 법원으로서는 경우에 따라서는 그 정보가 별로 중요하지 않거나 정보로서의 가치가 없는 경우에도 전국에 산재해 있는 대규모 구성원들에게 그러한 정보를 통지해야 하는 경우가 종종 있다. 그런 이유로 얼마나 많은 비율의 잠재적 구성원들에게 통지해야 하는가 하는 문제 때문에 위 유형의 대표당사자소송이 허용되지 않는 경우조차 발생하고 있다. 까닭에 법원으로서는 도대체 구성원을 어떻게 특정하고 상호연락해야 할 것인지에 대한 현실적인 어려움 때문에 위 유형의 대표당사자소송을 인정하지 않으려는 경향을 보이기는 하지만, 단순히 단체의 구성원의 규모 때문에 위 유형의 대표당사자소송을 불허할 것은 아니라고 하겠다. 그러한 사례로 항공권 구매와 관련된 Domestic Air Transportation 사건[84]이 있다. 지방법원은 4년 동안 항공권을 구매한 대략 1,250만 명 가량의 신

83) Amchem Prods., Inc. v. Windsor, 521 U.S. 591, 593 594 (1997); Juris v. Inamed Corp., 685 F.3d 1294, 23 Fla. L. Weekly Fed. C 1251 (11th Cir.(Ala.) Jul 06, 2012).

원이 확인되지 않은 구매자를 구성원으로 하는 대표당사자소송이었음에도 위 사건을 제4유형의 대표당사자소송으로 허가하였다.

그러면서 지방법원은 구성원 개인의 피해액이 너무 경미하여 개별적으로 소송을 제기하기 어렵기 때문에 대표당사자소송을 허용하지 않으면 개인들이 소송을 통해 구제를 받기 어렵고 그로 인해 피고가 부당이득을 취하는 것을 용납할 수 없다면서 제4유형의 대표당사자소송을 허용하는 것이 타당하다고 판시하였다.

그런데 일부 법원은 구성원 숫자가 많을 경우 위 유형의 대표당사자소송으로 관리하는 것이 어렵다는 사실을 발견하게 되었다. 제9연방항소법원은 호텔 전화료와 관련된 사건에서[85] 약 4천만 명의 호텔 고객이 잠재적 구성원으로 될 것으로 예상되는 대표당사자소송에 대하여 법원이 그러한 4천만 명이나 되는 소액 다수의 사건을 취급하는 것은 법원의 통제능력 밖의 사건이라는 입장을 유지하였다.

앞에서 살펴본 바와 같이 광역관할권이 문제되는 대표당사자소송에서 적용할 법을 선택하는 문제는 연방규칙 제23조(b)(3) 유형, 즉 제4유형의 대표당사자소송을 결정함에 있어 법원의 우월성 심사에 영향을 미치고 있다. 동일한 문제가 연방규칙 제23조(b)(3)(D)에 따른 법원의 관리능력(manageability)에 의문을 갖게 하기도 한다. 위 사건에서 법원이 어떻게 4천만 명이나 되는 많은 구성원에게 통지를 할 수 있느냐라는 것이다. 뿐만 아니라 광역관할권이 문제가 되는 경우 해당 주별로 상호 다른 주법이 적용되어 판결이 내려지게 되는데 이런 유형의 구성원들에 대한 손해배상판결이 각기 다르게 내려질 경우 단체의 존재가 오히려 실재 강제집행을 어렵게 만드는 경우도 있을 수 있다. 마찬가지로 대표당사자소송을 허용한다고 하여 일반적으로 개인별 주장에 의한 손해배상의 증명을 법원이 거부하지는 않지만, 만일 다른 해결방법이 있다면 이러한 손해배상액을 결정함에 있어 잠재적 어려움이 특히 법원의 관리능력을 평가하는 요소로 작용하기도 한다.

(마) 기타 요건

법원은 제4유형의 대표당사자소송의 우월성(Superiority) 요건을 판단함에 있어 연방규칙 제23조(b)(3)의 네 가지 요소 이외에도 다른 요소들도 종합적으로 함께 평가하고 있다. 즉 제4유형의 당사자소송 이외의 다른 해결방안이 없는지,

84) Domestic Air Transportation Antitrust Litigation, 137 F.R.D. 677 (N.D. Ga. 1991).

85) Hotel Telephone Charges, 500 F.2d 86 (9th Cir. 1974); Littledove v. JBC & Associates, Inc., 2001 WL 42199 (E.D.Cal. Jan 11, 2001) .

대표당사자소송의 판결을 통해 의미 있는 사법적 효과가 발생하는지, 이 판결로 인해 다른 수많은 재판이 감소하거나 증가하는지, 합리적인 화해나 합의 등과 같이 보다 손쉬운 해결방법은 없는지 등 수많은 요소들을 함께 고려하여야 한다는 것이다. 구체적으로도 혈관수축제인 페닐프로판올아민 사건에서 피고는 피해자들에 대한 피해 환불과 하자 없는 제품프로그램을 시행할 것을 스스로 밝힘으로써 대표당사자소송을 통한 해결보다 더 효과적인 방법을 추구하였다.[86]

반면에 Turner 사건[87]처럼 일부 법원은 대표당사자소송에서의 우월성 평가에 대하여 아무리 피고가 개인적 개선프로그램을 스스로 세우겠다고 하여도 우월성을 평가함에 있어 그러한 개선프로그램의 존재를 반드시 고려해야 하는 것은 아니라고 하였다. 즉 우월성 요건에 대한 심사는 제4유형의 대표당사자소송이 다른 해결방법보다 우수한가 여부를 기준으로 평가할 문제이지, 대표당사자소송이 외부의 다른 개별적 해결프로그램보다 우월한가 여부를 기준으로 삼는 것은 아니라는 것이다.

Leysoto 사건[88]에서, 법원은 대표당사자소송의 구성원들에게 실질적인 경제적 피해가 없음이 명백하고 피고회사만이 합의를 위한 소송과정에서 재판비용이 엄청 소요될 것이 명백하다면 대표당사자소송을 인정할 실익이 없다며 추정적 단체성, 즉 제4유형의 대표당사자소송을 인정하지 않았다. 즉 법률적으로 손해배상책임이 잠재적으로 인정되더라도 실재로 원고들이 입은 피해가 적거나 없는 경우라면 소의 이익을 인정할 수 없으므로 우월성 요건 역시 충족되지 않기 때문에 제4유형의 대표당사자소송을 인정할 수 없다는 것이다.

나. 광역관할권의 선택

제4유형의 대표당사자소송의 경우 다수의 구성원들이 다수의 주 또는 여러 국가에 산재되어 있을 가능성이 크기 때문에 광역관할권이 문제가 되고 있다. 이는 어느 법원에 소를 제기해야 하며, 어느 법에 따라 재판을 해야 할 것인지 등 어려운 문제가 발생하게 되기 때문에 우월성을 판단하는데 장애가 될 수도 있다.

이 경우 대부분의 원고는 대표당사자소송공정화법에 근거하여 광역관할권이 문

86) Phenynpropanolamine(PPA) Prods., Liab. Litig., 214 F.R.D. 614, 622 (W.D. Wash. 2003); Anderson Contracting, Inc. v. DSM Copolymers, Inc., 776 N.W.2d 846.
87) Turner v. Murphy Oil USA, Inc., 234 F.R.D. 597, 610 (E.D. La. 2006); Braud v. Transport Services of Illinois, 2009 WL 2208524 (E.D.La. Jul 23, 2009).
88) Leysoto v. Mama Mia I., Inc., 255 R.F.D. 693, 699 (S.D. Fla. 2009).

제되는 경우 연방규칙 제23조(b)(3) 유형, 제4유형의 대표당사자소송에 대해서도 연방법원에 소를 제기하는 것이 일반적이다. 단일 그러하지 아니하면 이송해야 되는 문제가 생길 수도 있기 때문이다. 이 경우 구성원에 따라 적용하는 법이 달라질 수밖에 없지만, 연방대법원이 Erie 사건[89]과 Klaxon 사건[90]에서 연방법원이 위치한 주의 법을 적용하면 된다는 입장을 취한 이후 다른 사건에서도 같은 입장을 취하고 있다.

연방국가인 미국의 특성상 50개 주와 컬럼비아 특별구(미국 연방 정부 소재지로 D.C. 또는 Washington D.C.라고 함) 등 51개의 법원(法源)이 다를 수 있고, 외국 거주 외국인이나 외국법인이 당사자가 되는 경우 그 나라의 법을 적용해야 하는 경우도 발생할 수 있기 때문에, 필연적으로 어느 법을 적용할 것인가라는, 법선택의 문제에 부딪히게 된다. 예를 들어 전국적인 관할권이 문제가 되는 대표당사자소송에서 법원은 피해발생지의 법을 적용해야 한다는 요구에 부딪히게 되는데, 이 경우 피해자들의 거주가 모두 다르고 그 거주지에서 피해가 구체적으로 발생할 경우 구성원마다 각 해당 주의 법을 따로 적용해야 하는 어려움에 놓이게 된다. 이처럼 너무나 많은 주의 법을 따로 적용하는 것은 특히 배심재판에서 문제가 되고 있다.

그 결과 법원은 수많은 다른 법을 적용해야 할 필요성이 있는 경우에는 구성원 모두에 대한 공통적인 쟁점보다 구성원 개인별 쟁점이 주요 쟁점이 되고 있다는 점을 발견하게 되었고, 결국 공통성과 우월성 요건에 비추어 볼 때 연방규칙 제23조(b)(3) 유형, 즉 제4유형의 대표당사자소송을 허용할 필요가 없다는 결론에 이르게 되어 대표당사자소송을 불허하기에 이르렀다. 그렇지만 이러한 이유에도 불구하고 일부 법원은 연방규칙 제23조(b)(3) 유형의 대표당사자소송을 허용하기도 하였다.

다. 개인별 손해액 산정방법

법원은 대표당사자소송에서 개인별 손해를 가능한 한 정확하게 산출하기 위해 여러 가지 방법을 동원하고 있다. 즉 손해액 결정을 위해 별도의 심사위원을 고

89) Erie Railroad Co. v. Tompkins, 304 U.S. 64 (1938); Hogan v. Novartis Pharmaceuticals Corp., 2011 WL 1336566, Prod.Liab.Rep. (CCH) P 13,596 (E.D.N.Y. Apr 06, 2011).
90) Klaxon Co. v. Stentor Electric Manufacturing Co., 313 U.S. 487 (1941); Harley v. Health Center of Coconut Creek, Inc., 469 F.Supp.2d 1212, 20 Fla. L. Weekly Fed. D 373 (S.D.Fla. Dec 21, 2006).

용하거나 회계전문가나 하급판사 등을 고용하는 등의 방법을 사용하여 왔다. 당사자들의 반대에도 불구하고 이러한 사람들을 고용하여 손해액을 산정토록 한 것은 수정헌법 제7조의 배심원의 재판을 받을 권리를 침해한다는 문제점이 제기되었다. 뿐만 아니라 위와 같이 다양한 방법을 이용하는 것은 수정헌법 제7조의 재심사 규정을 위반한다는 문제도 제기되었다. 연방대법원은 Dukes 판결을 통해 법원이 평균적인 손해액을 확인하고 그것을 구성원 개인들에게 적용하기 위하여 특별한 전문가나 공탁을 이용하는 방법은 옳은 해결방법이 아니라고 판시하였다.

라. 우월성 요건과 광역관할권의 선택 문제

대표당사자소송에서 구성원이 다수의 주 또는 다른 나라에 산재하고 있어 광역관할권이 문제가 될 경우 어느 법에 따라 재판을 해야 할 것인지 어려운 문제가 발생하게 되고, 우월성의 판단을 어떻게 할 것인지가 문제가 되고 있다. 이 경우 대부분의 원고는 대표당사자소송공정화법에 근거하여 구성원이 여러 개 주에 걸쳐 있는 경우 연방법원에 연방규칙 제23조(b)(3) 유형의 대표당사자소송을 제기하는 경향을 보이고 있다. 이 경우 구성원에 따라 적용하는 법이 달라질 수밖에 없지만, 연방대법원은 Erie 철도회사 대 Tompkins 사건[91]과 Klaxon 회사 대 Stentor 전자제품 회사 사건[92]에서 연방법원이 위치한 주의 법을 적용하면 된다는 입장을 취한 이래 이후의 다른 사건에서도 같은 입장을 따르고 있다.

3. 재판진행절차

제4유형, 즉 연방민사소송 제23조(b)(3) 유형의 대표당사자소송과 관련하여 고려할 점은 원고들이 소송수행과 관련하여 실행가능한 계획서를 제출하였는지 여부이다.

자문위원회는 2003년 주석서를 수정하여, 제4유형의 대표당사자소송을 허용하는 법원으로 하여금 원고들이 모든 구성원에게 이용될 수 있는 증거로 사용토록 하기 위해서 제출하는 자료에 대한 설명이 첨부된 재판계획서를 제출하도록 원고

91) Erie Railroad Co. v. Tompkins, 304 U.S. 64 (1938); Hogan v. Novartis Pharmaceuticals Corp., 2011 WL 1336566, Prod.Liab.Rep. (CCH) P 18,596 (E.D.N.Y. Apr 06, 2011).
92) Klaxon Co. v. Stentor Electric Manufacturing Co., 313 U.S. 487 (1941); Harley v. Health Center of Coconut Creek, Inc., 469 F.Supp.2d 1212, 20 Fla. L. Weekly Fed. D 373 (S.D.Fla. Dec 21, 2006).

에게 요구할 것을 주문하고 있다.[93] 제5연방항소법원도 대표당사자소송이 제기될 때 재판이 복잡하게 될 개연성이 있을 때에는 단체에 대한 인증이 있기 전에 재판계획서를 제출해야 한다고 하여,[94] 위 자문위원회 주석서를 따랐다.

이러한 쟁점은 주로 연방규칙 제23조(b)(3) 조문의 해석을 둘러싸고 발생하지만 우월성(superiority) 및 우선성(Predominance) 양 영역에서 재판계획서의 존재는 모두 필요하다.

4. 구체적 사례 검토

가. 사기로 인한 불법행위사건과 신뢰의 증명

증권사기나 과장광고 등과 같이 기업의 사기로 인해 불특정 다수의 대량불법행위가 성립하는 경우가 있다. 사기피해자인 원고들은 이 경우 불법행위와 관련하여 제4유형, 즉 연방규칙 제23조(b)(3) 유형의 대표당사자소송을 이용하기를 원한다. 이러한 사기 관련 사건에서 문제가 되는 것은 원고 단체의 각 구성원들의 주장 자체로 대표당사자가 주장하는 공통적 쟁점이 다르다는 사실이 이미 소장에 나타나 있어 피고의 사기행위를 신뢰한 것과 관련된 개인적 쟁점들이 단체 모두의 공통의 쟁점에 비춰 이미 우세한 상태로 표시되어 있다는 점이다. 그런데 이러한 소송을 제기당한 피고는, 원고가 피고의 사기를 신뢰한 결과 사기피해를 입었음을 인정받으려면 개별 구성원에게 존재하는 쟁점이 특별한 대표적 쟁점에 부합한다거나, 대표당사자뿐만 아니라 개별 원고들에게 쓸모 있는 정보라는 사실이 증명되거나, 개별 원고들의 쟁점이 실질적으로나 논리적으로 단체의 대표적 쟁점에 의존하고 있다는 점 등이 증명되어야 한다고, 의례적인 주장을 하게 된다.

이처럼 사기피해를 둘러싼 대표당사자소송을 수행하는 데에는 많은 어려움이 있는데, 자문위원회 주석서도 다수의 피해자를 대상으로 한 비슷한 수법의 사기에 대한 피고의 책임이 인정되고 그 대표당사자소송 절차 내에서 구성원에 대한 피해액이 개별적으로 결정된다면 대표당사자소송이 허용된다고 하고 있다. 그렇지만 비록 사건의 기초가 공통적이라고 하더라도 사기사건의 사기수법이 다르거나 사기에 대한 구성원의 신뢰의 정도나 실질적인 결과가 다르다면 대표당사자소

93) Wachtel v. Guardian Life Insurance of America, 453 F.3d 179 (3○ Cir. 2006); Flood v. Dominguez, 2011 WL 238265 (N.D.Ind. Jan 21, 2011).

94) Feder v. Electronic data Systems Corp., 429 F.3d 125(5th Cir. 2005).

송으로 소송이 진행되는 것이 적합하지 않다고 밝히고 있다.

제5연방항소법원도 사기와 관련된 대표당사자소송에 대해 개인적 신뢰가 주요 쟁점이 될 뿐이라면 연방규칙 제23조(b)(3) 유형, 즉 제4유형의 대표당사자소송으로 적합하지 않다고 판시하였다.[95] 이처럼 대부분의 법원은 개인적 신뢰만이 주요 쟁점이 된 경우에는 제4유형의 대표당사자소송이 적합하지 않다는 입장을 취하고 있다.

하지만 일부 소수 법원은 개인적 신뢰라는 쟁점의 존재에도 불구하고 대표당사자소송이 방해받지 않는다며 허용하기도 하고 있다. 제2연방항소법원은 소위 담배소송에서 담배와 관련하여 개인의 신뢰 쟁점을 함께 고려하여 판시하였다.[96] 그런데 제2연방항소법원은, 지방법원이 담배회사를 상대로 현재도 흡연하고 있는 자와 이미 담배를 끊은 자들이 피고 회사가 생산한 니코틴과 타르 함량이 적은 라이트(light) 담배가 니코틴과 타르가 다량 함유된(Full Flavored) 담배보다 흡연자의 건강을 보호해 줄 것이라는 허위광고를 통해 흡연자들을 기망하였다며 조직범죄처벌법[97]을 근거로 제기한 대표당사자소송을 인정한 사건에 대하여, 인과관계, 상해의 정도, 손해 정도 등 개인적 문제를 고려할 때 그러한 과장광고를 믿은 개인적 신뢰의 문제가 더 우월하다는 이유로 대표당사자소송을 불허한다며 원심판결을 파기하였다.

즉 제2연방항소법원은 원고들이 조직범죄처벌법에 근거하여 소송을 제기한 이상 동법이 요구하는 원고들의 손해에 대한 의존성, 상해의 정도, 손해액 등을 입증하여야 하는데, 원고들을 오해하게 만든 피고의 허위광고에 대해 단체의 구성원들이 이를 신뢰하여 계속 담배를 피웠다는 것만으로는 대표당사자소송을 허용할 공통의 증거가 되지 못한다고 판단한 것이다. 그러면서 파기 근거로 피고 담배회사의 허위광고사실이 증명되고 그 허위과장광고를 구성원 모두가 알고 있다고 하더라도 그것만으로는 대표당사자소송 요건의 절반만을 충족시킬 수 있을 뿐이어서 부족하다는 것이다. 즉 나머지 절반의 증거는 그러한 허위광고를 믿은 구성원들의 신뢰라고 할 것인데, 이러한 신뢰에 대한 일반적 증명이 이루어졌다고 볼 수 없다는 것이다. 즉 기망행위와 신뢰 사이에 인과관계를 인정하기 어렵다는

95) Castano v. American Tobacco., 84 F.3d 734 (5th Cir. 1996); Baycol Products Litigation, 218 F.R.D. 197.

96) McLaughlin v. American Tabacco Co., 522 F.3d 215 (2d Cir.2008); Blessing v. Sirius XM Radio Inc. Not Reported in F.Supp.2d, 2011 WL 1194707.

97) the Racketeer Influenced and Corrupt Organizations Act, RICO

것이다.

이러한 제2연방항소법원의 판결 입장은, 사기에 관한 대표당사자소송은 개인별 신뢰가 주요 쟁점이 될 때 인정될 수 없다[98]는 제5연방항소법원이 세운 일반원칙(blanket rule)을 배척하는 것이어서 주목할 필요가 있다. 그리고 한 단계 더 들어가 보면, 제2연방항소법원은 위 판결을 통해 일정한 경우 사기사건은 물론이고, 심지어 증권 관련 외적인 문제인 경우에도 대표당사자소송이 적합할 수 있다고 명시한 자문위원회 주석서를 따르고 있음을 알 수 있다.

반면에 제9연방항소법원은, 사기사건에서 신뢰라는 것은 증명되어져야 하기 때문에 공통의 쟁점이 우세함을 필연적으로 증명하게 된다면서 대표당사자소송을 인정한 원심판결을 지지하였다.[99] 그러면서 위 제9연방항소법원은 피해자의 사기행위에 대한 신뢰는 재산을 투자할 경우 높은 수익을 가져올 것이라고 설명한 피고의 행위로부터 추정할 수 있다고 하였다. 이러한 결론은 요양원과 양로원 회사 사이에서 발생한 또 다른 판례에서도 찾아볼 수 있다.[100] 주의할 점은 피해자의 신뢰에 관한 개인적 문제가 대표당사자소송을 제기함에 있어 언제나 장애가 되는 것은 아니며, 경우에 따라 대표당사자소송이 허용될 수도 있다는 점이다.

일부 피해자들 중에는 고객보호법률(Customer Protection Statutes)이 피해자의 신뢰에 대한 증명 없이도 사기로 인한 피해브상이 가능토록 되어 있음을 알고 이 규정에 근거한 소를 제기하여 이 문제를 해결하기도 한다.[101] 그러나 위 법원은 원고들이 하와이의 사기집행법에 근거하여 피해자 개인의 신뢰에 대한 증명을 피하고자 제기한 대표당사자소송에 대하여 사기에 대한 신뢰의 증명이 없다는 이유로 불허하였다. 이에 대해 다른 원고들은 사기사건에 있어 이러한 피해자의 신뢰 문제는 피고가 단체 구성원 모두를 획일적인 방법으로 기망하였다면 대표당사자소송이 허용되어져야 한다고 주장하였다.

---

98) Castano v. American Tobacco., 84 F.3d 734 (5th Cir. 1996); Collins v. Anthem Health Plans, Inc., 266 Conn. 12, 836 A.2d 1124 (Conn. Sep 30, 2003).

99) Jenson v. Fiserv Trust Co., 256 F.App'x 924 (9th Cir. 2007); Young v. FirstMerit Bank, N.A., 2011 WL 494893, 2011-Ohio-614 (Ohio App. 8 Dist. Feb 10, 2011).

100) Arenson v. Whitehall Convalescent & Nursing Home, Inc., 164 F.R.D. 659, 666 (N.D. Ill. 1966); Krause v. GE Capital Mortg. Services, Inc., 1998 WL 831896, RICO Bus.Disp.Guide 9667 (N.D.Ill. Nov 20, 1998).

101) Yokoyama v. Midland Nat'l Life Ins. Co., 594 F.3d 1087, 1094 (9th Cir. 2010); Marshall v. H & R Block Tax Services Inc., 270 F.R.D. 400 (S.D.Ill. Sep 17, 2010).

나. 증권사기사건과 신뢰의 추정

증권사기와 관련된 대표당사자소송에서, 법원은 우월성에 대한 심사를 함에 있어 피해자의 신뢰는 일정한 경우에 추정될 수 있다는 입장을 취하였다. 증권사기사건의 대표적 사례인 Basic 판결[102]과 Affiliated Ute Citizens 판결[103]을 기준으로 위와 같은 입장을 밝혔다. 특히 최근에 연방대법원은 위 Basic 판결에 기초하여 Erica P. Jonson Fund v. Halliburton 사이에 발생한 증권사기사건에서 소위 "자본시장에서의 사기이론"이라는 새로운 이론을 통해 신뢰의 믿을만한 추정이라는 하나의 원칙을 확립하였고,[104] Scientific-Atlanta 사건에서 이를 재확인하였다.[105]

그런데 법원은, 앞서 살펴본 Basic 판결과 Affiliated Ute 판결 또는 그동안 증권사기사건의 판례를 통해 확립된 소위 추정이론, 즉 피해자가 피고의 기망행위를 신뢰하였다는 점이 추정된다는 이론이나 다른 이론들을 그대로 적용하는 것을 별로 탐탁해 하지 않고 있다고 알려지고 있다. 예를 들면 앞서 살펴본 담배관련소송인 McLaughlin 사건에서 원고들은 조직범죄처벌법에 근거하여 담배 제조업자 단체를 상대로 대표당사자소송을 제기하면서 위 Basic 판결의 추정의 원칙을 변형하여 적용하려고 시도하였으나, 제2항소법원은 위 담배사건과 자본시장에서의 증권사기사건은 커다란 차이가 있기 때문에 그러한 주장을 받아들일 수 없다면서 원심판결을 파기하였다. 즉 담배소송에 증권사기관련사건의 판례들을 변형 주장하는 것이 받아들여지지 않은 것이다.

다. 대량불법행위에 대한 손해배상청구

최근 들어 대량불법행위를 원인으로 한 불특정 다수의 피해자들에 의한 연방규칙 제23조(b)(3) 유형, 즉 제4유형의 대표당사자소송이 빈번하게 제기되고 있다. 이 경우에도 역시 연방규칙 제23(b)(3)에 의해 우월성 요건에 대한 심사가 필요

---

102) Basic v. Levinson, 485 U.S. 224 (1988); Ballan v. Upjohn Co., 814 F.Supp. 1375, 61 USLW 2500, Fed. Sec. L. Rep. P 97,319 (W.D.Mich. Dec 30, 1992).

103) Affiliated Ute Citizens v. United States, 406. U.S. 128 (1972); George v. California Infrastructure and Economic Development Bank, 2010 WL 2383520, Fed. Sec. L. Rep. P 95,765.

104) Erica P. Jonson Fund, Inc. v. Halliburton co., 131 S. Ct. 2179 (2011); Funeral Consumers Alliance, Inc. v. Service Corp. Intern., 695 F.3d 330.

105) Stoneridge Inv. Partners LLC. v. Scientific-Atlanta, 552. U.S. 148 (2008); Burnett v. Rowzee, 561 F.Supp.2d 1120 (C.D.Cal. Feb 11, 2008).

하다. 다수의 피해자가 석면에 노출되었다든지, 불량제품으로 인해 피해를 입었다든지, 부작용이 있는 약품이나 실리콘 같은 여성 체형 보정물로 인해 불특정 다수인이 피해를 입은 경우가 이에 해당한다고 하겠다.

그러다 보니 대량불법행위로 인한 대량피해를 둘러싸고 대표당사자소송을 인정할 것인지에 대한 관심이 높아지고 있다. 우월성 요건과 관련하여 발생하고 있는 이러한 관심은 개인별로 손해배상액을 결정할 필요라든지 대표당사자소송의 잠재적 구성원들에 대한 피고의 개별화된 방어 주장과 같은 잠재적 쟁점과 관련하여 발생하고 있다.

5. 제4유형의 대표당사자소송의 문제점과 대안

연방규칙 제23조(b)(3) 유형, 즉 제4유형의 대표당사자소송에서 우월성 요건에 대해 심사하다 보니 과연 그러한 우월성 요건에 대한 심사가 반드시 필요한 것인지, 이 유형의 대표당사자소송을 통해 분쟁을 해결하는 것이 해당 분쟁을 가장 공정하고 효율적으로 해결하는 방법인지에 대한 의문이 발생하기에 이르렀다.

이와 관련하여 대안으로 제시되고 있는 것들이, 구성원들이 개별 소송을 통해서 구제받거나, 연방규칙 제19조 및 제20조에 근거한 강제적 공동소송 내지 임의적 공동소송을 이용하거나, 연방규칙 제24조에 근거한 이해관계 있는 제3자의 소송참가를 허용하거나, 광역관할사건의 경우 사법심사위원회의 조정을 통해 변론 전 관할권을 조정하거나, 연방법원 또는 주법원의 사법심사위원회의 결정이나 행정부 산하의 분쟁조정중재위원회의 조정이나 중재 등에 의해 해결하거나, 단체의 잠재적 구성원들 중 일부가 상징적으로 피고와 합의하거나 소송을 제기하여 분쟁해결의 기준이 될 수 있는 상징적 판결이나 화해를 받아내어 이를 선례 삼아 다른 구성원들에 대한 제소전화해나 소송과정에서의 화해나 합의를 도출해 내는 등 다양한 대체수단이 있다.

특히 ADR(Alternative Dispute Resolution)과 같은 대체수단의 강구는 대표당사자소송이 실재 진행과정에서 오랜 시간이 소요되는 경우가 많고, 구성원들이 많다 보니 재판절차가 복잡하게 되고 소송비용이 과다하게 소요되거나, 당사자들에게 돌아가는 이익이 별로 크지 않는 등 많은 문제점이 발현되고 있기 때문에 다른 효과적인 방법을 선택하여 소송이라는 복잡한 절차를 거치지 않고도 동일한 효과를 도모하기 위한 방안으로 거론되고 있다.

제5절 대표당사자소송의 제기

제1장 서 론

대표당사자소송은 다수 당사자가 관련되어 있기 때문에 소송을 개시하는 것이 결코 용이하지 않다. 따라서 소송을 제기하려고 하는 자는 과연 대표당사자소송을 제기하는 것이 타당한지, 그 소송에서 승소할 수 있는지, 얻게 되는 이익이 무엇인지 등을 종합적으로 검토하는 전략적 검토가 필요하다. 그리하여 소송을 결정하였다면 대표당사자는 소송을 통해 주장할 쟁점과 증거를 특정하야 하고, 관련 증거나 사실관계를 수집해야 한다. 그러한 과정에서 사전증거조사는 가장 중심사항이 된다. 단체가 인증되어 당사자가 특정되고 당사자능력 및 당사자적격을 확보하게 되면, 대표당사자는 단체의 인증 과정에서 밝혀진 재판을 수행하기 위해 필요한 모든 행위를 신의성실의 원칙에 입각하여 수행하여야 한다.

실재적으로 대표당사자소송에 대한 법원의 결정이 있게 되면, 재판의 방향이 결정되게 되고, 판결이 되었든 화해가 되었든 불특정 다수의 수많은 구성원들에 대한 분쟁이 1회적으로 해결될 수 있는 기회가 생기게 된다. 그러나 일부 유형의 대표당사자소송에서는 구성원들의 탈퇴권이 보장되어 있기 때문에 탈퇴한 구성원들은 개인별로 소송을 제기할 수 있고, 그런 탈퇴자가 많을 경우 대표당사자소송의 교섭력은 떨어질 수밖에 없게 된다.

이 절에서는 대표당사자소송의 제기 및 변론과정에서의 전략적이고 법률적인 쟁점들을 차례대로 살펴보고자 한다.

제2장 대표당사자소송에 대한 검토 개시

Ⅰ. 의 의

대표당사자소송이 성립하려면 구성원 중 누군가가 나서서 대표당사자가 되어 소송을 개시하여야 한다. 즉 대표당사자소송이 시작되기 위해서는 원고가 되었든 피고가 되었든 어떤 유형의 대표당사자소송이 진행되기를 원하는지, 어떠한 자격을 갖춘 소송대리인을 선임할 것인지, 소송비용은 얼마를 지급할 것인지, 소의 유형이 결정되면 어떤 자가 당사자인 구성원이 될 것인지, 소송과정에서 어떤 쟁점과 증거를 주장하거나 제출하여야 할 것인지, 재판의 결과를 판결이나 화해 등 어떤 방법으로 종결할 것인지 등 전략적 검토를 하지 않을 수 없다. 이러한 초기의 결정에 따라 소송의 궁극적인 결과까지 결정될 수 있기 때문에 이러한 초기 대응은 대단히 중요한 의미를 갖는다고 하겠다

물론 이러한 결정은 대표당사자소송제도를 규정한 연방규칙 제23조나 관련 주법 및 관련성이 있는 판례법과 적용가능한 관련법령 등을 참조하여 결정하여야 할 것이다.

Ⅱ. 당사자에 대한 검토

1. 원 고

가. 대표당사자소송의 선택 여부

피고가 대표당사자소송인 경우가 없는 것은 아니지만, 대부분의 대표당사자소송은 원고가 불특정 다수인 경우가 일반적이다. 대부분 소액의 다수피해자들이 단독으로 소송을 수행하는 것이 현실적으로 불가능하기 때문에 모여서 대표당사자소송을 제기하는 경우가 일반적이기 때문이다. 따라서 대표당사자가 되고자 하는 자는 우선 대표당사자소송을 제기할 것인지 아니면 개인별 소송을 제기할 것인지 여부를 결정해야 한다. 대표당사자소송은 다수의 원고가 참여하거나, 사건의 병합을 통한 분쟁의 1회적 해결이 가능하거나, 부재구성원들에게도 기판력이 생기도록 하여 그 판결의 효과가 많은 사람에게 미치거나, 금지명령이나 부작위

위법확인과 같이 상징적 판결을 통해 사회의 질서를 바로잡거나, 부가적으로 금반언의 효과를 얻어내거나 다른 해결방법보다 분쟁 해결에 대해 공정하고 광범위한 효과를 얻어낼 수 있다면 보다 더 효과적이라고 할 것이다.

일반적으로 위와 같은 요건에서 유리할 경우에 법원으로부터 단체성을 인증받게 되면 피고와의 협상력이 급격히 상승하는 장점이 있다. 왜냐하면 거액의 배상책임에 내몰리게 된 피고가 가능한 한 적은 금액으로 합의에 응하려고 해결방안을 적극 모색할 것이기 때문이다. 그 결과 단체성을 인증받게 되면 개인 소송을 통해 얻게 될 이익보다 훨씬 유리한 지위를 얻게 되고 사건 해결에 유리한 고지를 점하게 된다.

그런데 대표당사자소송이 허용되면 대표당사자는 부재구성원들로부터 위임을 받은 것이나 마찬가지이기 때문에 선량한 관리자로서의 주의의무를 다해야 할 법적 책임이 생긴다. 따라서 자기에게만 유리한 판결이나 화해를 고집해서는 안 되며, 모든 구성원들에게 공평하고 합리적인 이익이 공유될 수 있도록 소송을 수행할 의무를 지게 된다. 이러한 점은 소송대리인도 마찬가지라고 하겠다. 따라서 일단 대표당사자로 인정받게 되면 특정 구성원의 특정한 이익을 위한 소송행위를 하여서는 아니 되는 책임을 지게 된다.

또한 대표당사자소송의 소송대리인이 되고자 하는 자는 대표당사자소송이 법원에서 인정되면 법률적, 윤리적, 재정적 부담이 크게 증가하게 된다. 특히 소송대리인은 연방규칙 제23조(g)의 규정에 따라 단체 전체 구성원들의 이익을 공평하고 적절하게 추구해야 하는 신의성실의 의무를 부담한다. 특히 소송대리인은 단체의 부재구성원으로부터 계약을 통해 위임을 받은 것은 아니나 법원의 선임명령에 의해 선임되는 순간 일종의 법정위임관계에 놓이기 때문에 신의성실의 원칙에 의하여 단체 구성원의 분쟁해결을 통해 모든 구성원들에게 공정한 이익이 돌아가도록 변론하여야 한다. 특히 하나의 단체가 여러 개의 하위단체로 나누어질 경우, 그 하위단체 상호 간에 이익이 충돌하는 문제가 생기게 되므로, 예를 들어 현재의 피해자들과 장래의 피해자들 사이의 이익은 현재이행의 소와 장래이행의 소의 충돌에 해당되는바, 혼자서 두 하위단체의 소송을 수행할 수 없게 된다. 특히 소송대리인은 자신이 소송비용을 선납해야 하는 부담을 지는 경우가 많기 때문에 단체의 구성원에 대한 통지비용이나 증거조사 비용 등 연방규칙 제23조 및 적법절차에 의해 요구되는 그러한 비용을 대신 부담할 수 있는 경제적 여건을 갖추어야 한다고 하겠다.

나. 단체의 특정 및 구성원의 결정

(1) 단체의 특정

앞서 살펴본 바와 대표당사자소송에서의 단체는 우리 민법상 1회적 비법인사단에 해당한다고 할 것이다. 따라서 우선 비법인사단성이 인정되어야만 우리 소송법체계상 당사자적격이 인정되는 것처럼, 대표당사자소송에서도 당사자능력이나 당사자적격이 인정되기 위해서는 단체가 특정되어야 한다. 즉 단체가 인정되지 않으면 대표당사자소송 자체가 불가능하기 때문이다.

그렇다면 이제 어떻게 단체를 특정하고 정의할 것인가가 문제된다. 무조건 구성원 수가 많다고 좋은 것은 아니기 때문에 그 규모를 어떻게 할 것인가를 먼저 결정할 필요가 있다. 대표당사자소송을 인정받는데 금전적 또는 전략적인 장점을 가진 광범위한 단체라고 하더라도 그렇게 구성원이 많은 단체가 반드시 좋은 것은 아니다. 예를 들어 구성원이 국제적으로 여러 나라에 산재해 있다면 대표당사자소송을 제기하는 것이 다양한 국가의 구성원들로 인해 오히려 어려움이 따를 수도 있다. 어느 나라 법을 적용할 것인가와 같은 법 선택의 문제에서부터 많은 문제를 유발하게 되고, 경우에 따라서는 오히려 대표당사자소송이 불허되는 이유로 불리하게 작용하기도 한다.

한편 대표당사자소송공정화법 때문에 특정 주법원에 대표당사자소송을 제기하고자 하는 원고라면 구성원의 범위가 너무 넓어지는 것은 다른 주에 거주하는 구성원 때문에 연방법원으로 관할이 옮겨가게 되어 오히려 불리해지기도 한다. 실재로도 하나의 주법만이 적용되는 대표당사자소송의 경우 공통성, 우월성, 우선성 등에서 오히려 단체의 인정이 더 용이할 때도 있다. 이처럼 당사자의 수와 손해배상의 발생기간을 적절히 축소하는 것이 경우에 따라서는 구성원이 수십만 또는 수백만에 이르는 다루기 힘든 단체보다 대표당사자소송이 허용될 가능성이 더 높다고 하겠다.

(2) 단체의 인증 시기

단체의 인증 시기에 대하여는, 광역관할권이 문제되는 대표당사자소송의 경우 연방법원이나 주법원으로 하여금 원고들이 단체를 증명해야 하는 시기를 결정할 수 있도록 법규를 정해 놓은 경우가 대부분이다. 문제는 그러한 법규가 없는 경우 원고의 소송대리인으로서는 소송 초기에 단체성을 증명해야 하는지 아니면 실체적 진실에 대한 발견이 이루어진 이후에 단체를 증명해야 하는지를 전략적으로 결정해야 한다. 다시 말해 소송대리인이 사전증거조사를 할 수 없는 경우에, 원고들이 시기적으로 각기 다른 시점에 다양한 유형의 상해로 인해 개별적 손해를 입었음에 대한 증거 같은, 원고 개인들의 쟁점이 현존하고 있다는 증거를 가지고 피고가 대응해 올 경우 원고의 소송대리인은 그 증명의 시기를 언제 결정할 것인지를 전략적으로 검토해야 한다. 만약 사전증거조사가 단체 증명에 적합하지 않을 뿐만 아니라 오히려 피고의 방어에 도움이 된다고 판단될 경우에는 원고 소송대리인은 단체 증명을 서둘러 그러한 불리한 증거들이 발견되기 전에 인증을 받는 것이 유리하다. 그런데 이처럼 높아진 단체 증명의 부담은 결국 원고에게 단체 증명 시기를 결정할 수 있는 기회를 거의 주지 않기 때문에 사전증거조사 등을 통해 실질적인 증거를 제출하고 있는 것이 현실이다.

(3) 대표당사자 수와 선정방법

단체가 확정되면 그 단체를 대표할 대표당사자를 선정하여야 한다. 어떻게 어떤 자를 대표당사자로 선임하며, 몇 명을 대표당사자로 선정할 것인지 여부인데, 단체의 대표당사자를 선정하는 문제는 소송의 승패를 결정짓는 요소이기 때문에 대단히 신중해야 한다. 그 수에 제한이 없기 때문에 한 명을 대표당사자로 선정할 수도 있지만, 소송수행의 원활화를 위해 두 명 이상의 대표당사자를 선정하는 것이 일반적이다. 왜냐하면 특정 대표당사자가 부적절하거나 소송수행에 부적합하다고 법원으로부터 판정을 받거나 또는 소송진행 중 손해가 치유되어 자격이 없게 되는 등의 사유가 발생할 수 있기 때문이다.

반대로 대표당사자를 많이 선정한다고 해서 반드시 유리한 것만은 아니다. 왜냐하면 대표권 행사와 관련하여 타당성 요건을 갖추어야 하는데, 다수의 대표당사자 사이에 의견의 불일치가 있게 되면 오히려 내부 갈등이 유발될 수 있고, 구성원 사이에서도 마찬가지로 의견 불일치가 있을 수 있기 때문에 이로 인해 대표당사자나 구성원들의 개인적 갈등이 표출될 경우 대표당사자소송의 공통성 요소를 침해하게 되어 대표당사자소송을 인정받지 못하는 원인이 될 수도 있기 때문이다.

따라서 단체의 대표당사자 자격은 신중히 검토되어야 한다. 특히 소송대리인의 자격을 판단할 때 다른 사건에서 법원의 결정에 승복하지 않은 전력이 있다거나 불미스러운 이면거래를 한 사실 등이 있는지 등 재판과정에서 문제가 될 만한 성품의 소유자인지 여부 등을 면밀히 검토하여야 한다. 그러나 구성원이나 대표당사자 또는 소송대리인의 이익이 전체의 이익과 항시 일치하는 것은 아니기 때문에 그러한 잠재적 이해충돌을 고려하여, 대표당사자나 소송대리인이 사건의 기본적 내용을 잘 알고 있고 이를 효과적으로 증명할 수 있는 시간과 노력, 비용 등을 부담할 수 있는 능력이 있는지를 평가하여야 한다.

다. 소송의 상대방 결정

대표당사자소송을 제기하는 원고로서는 당연히 상대방인 피고를 특정하여야 한다. 그런데 누구를 피고로 하느냐는 그의 지불능력 등을 고려할 때 대단히 중요하다. 따라서 피고의 지불능력 등을 고려하여 경제적으로 지불능력을 갖춘 피고가 다수일수록 좋지만, 반드시 그것만에 의해 피고를 결정해서는 안 된다.

따라서 원고 대표당사자는 피고를 추가할 때 전략적 평가를 하여야 한다. 왜냐하면 책임 없는 피고가 이유 없이 추가될 경우 법원으로부터 대표당사자소송이 적합하지 않다는 불허판정을 받을 수도 있기 때문이다. 또한 다수의 피고들은 대표당사자당사자소송이 인정되는 것을 막기 위하여 협력하여 공동대응을 함으로써 원고 당사자들을 괴롭힐 것이기 때문에 피고를 누구로 할 것인지를 결정하는 데는 신중함이 필요하다고 하겠다.

라. 소송물의 특정

피고와 관할, 즉 당사자에 관한 사항이 결정되었다면, 원고는 그 소송을 통해 무엇을 청구할 것인지, 즉 소송물을 특정하여야 한다. 원고가 무엇을 주장하는가는 대단히 중요하다. 왜냐하면 많은 주장을 하는 것이 좋은 듯싶지만, 경우에 따라서는 오히려 개인적 문제가 쟁점이 된다고 법원이 인정하는 순간 대표당사자소송이 불허될 수도 있기 때문이다. 구체적 예로 증권사기사건의 경우 구성원마다 기망당한 방법이 서로 다를 경우 쟁점의 공통성 요건을 충족하지 못하였다고 인정되어 대표당사자소송이 불허되는 경우도 있다. 따라서 소송대리인으로서는 여러 가지 쟁점을 주장할 수 있는 경우에도 잠재적으로 불리한 법원의 결정을 피하기 위하여 대표당사자소송의 확인, 즉 단체의 인증에 필요한 사실관계 등만 주장하기도 한다. 물론 이 경우에도 잠재적 기판력과 금반언 원칙에 의해 생략한 주장을 향후에 추가주장하지 못할 경우를 면밀하게 검토하여야 하고, 그러한 상황을 종합적으로 고려하여 소송물을 결정할 필요가 있다고 하겠다.

이러한 판단을 함에 있어 소위 Twombly 사건[106] 및 Iqbal 사건[107]을 통해 연방대법원이 소위 "타당성의 기준"으로 제시한 엄격한 변론기준을 참고할 필요가 있다. 원고들은 자신들이 정한 소송물에 대한 주장을 어떻게 전개해 나갈 것인지를 구체적으로 검토하여야 한다. 원고들은, 피고들이 소송 초기단계에서부터 원고들이 소장에서 주장한 사실을 뒤집으려 한다는 점을 인식하고, 법원으로부터 대표당사자소송을 인정받기 위해 자신들이 주장하는 권리가 단순한 이론적 수준에 머무르는 것이 아니라 실질적인 권리구제를 받아야 하는 근거가 충분함을 주장하여야 한다. 이러한 점은 앞서 살펴본 Twombly 판결과 Iqbal 판결 및 이를 따른 Siracusano 판결[108]이 이를 명확히 밝히고 있다.

마. 관할법원의 결정

(1) 절차법적 측면

원고들은 다수의 구성원들의 개인별 관할이 전국에 산재되어 있다 보니 대표당사자소송을 어느 법원에 제기할 것인가라는 관할 특정의 문제에 부딪히게 된다. 일반적으로 원고의 소송대리인은 자신이 속한 주법원을 선호하는 반면, 피고 소송대리인은 연방법원을 선호한다. 그 이유는 대부분의 주법원 판사들은 당해 주의 주민들에 의해 선출되기 때문에 차기 투표 등을 고려하여 자기 주에 거주하는 다수의 원고들에게 우호적일 수밖에 없어 다른 주의 피고를 상대로 한 대표당사자소송을 보다 쉽게 허용하려는 입장을 취함으로써, 그 주와 무관한 연방법원 판사들에 비해 보다 더 적극적 입장을 보이기 때문이다. 반면에 대부분의 피고는 기업들이다 보니 광역관할이 문제되는 대표당사자소송의 경우 서로 협력하여 대응할 수 있는 연방법원을 선호하는 경향을 보이고 있다. 그 결과 이송을 위한 사법적, 입법적 노력을 기울이게 되고, 실재로 2005년에 대표당사자소송공정화법이 제정됨에 따라, 광역관할사건의 원칙적 관할법원이 연방법원으로 결정되었다.

특히 대표당사자소송공정화법이 특정사건에서 피고들에게 연방관할을 허용하고

106) Bell Atlantic Corp. v. Twomby. 550. U.S. 662 (2009); Mikula v. Allegheny County Of PA, 583 F.3d 18 I.

107) Ashcroft v. Iqbal, 556 U.S. 662 (2009).

108) Matrixx Initiatives, Inc, v. Siracusano 131 S. Ct. 1309 (2011); Hill v. Gozani, 651 F.3d 151 (1st Cir. May 26, 2011).

있지 않는 경우에도 원고들의 주법원에 대한 소제기에 대해 통합관할을 인정함에 따라, 보통의 경우에도 통합관할법원으로 사건을 이송할 수 있게 되어 대표당사자소송을 제기하는 소송대리인으로서는 여러 상황을 면밀하게 분석할 필요가 있다. 왜냐하면 소송대리인이 주법원을 선택하게 되면, 피고들이 그 사건을 연방법원으로 이송해 달라고 하지 않는 한, 장차 연방법원에 소를 제기할 수 있는 기회를 스스로 포기하겠다는 것을 의미하기 때문에 신중할 필요가 있다.

따라서 원고들이 사건을 주법원에 제소하려면, 피고들이 그 사건을 연방법원으로 이송신청하지 못하도록 사건에 대한 면밀한 분석이 필요하다고 하겠다.

그런데 대표당사자소송공정화법이 제정된 이후 사건을 어느 법원의 관할로 할 것인지를 결정하는 것이 더 복잡해졌다. 일반적으로 원고의 소송대리인은 단체 구성원의 최대한 이익을 보장하기 위하여 유리한 법원에 소송을 제기하려 하는데, 그러려면 첫째, 소송대리인은 대표당사자소송공정화법상의 예외사유에 해당되는 사항이 없는지를 면밀히 검토하고, 둘째, 소송대리인은 제소하고자 하는 대표당사자소송에 대해 어느 연방법원이 우호적 태도를 보이는지 등을 살펴서 그 연방법원에 소를 제기하는 것이 승소 가능성이 높다고 판단되는 경우에는 차라리 주법원에 제소하는 것을 포기하고 해당 특정 연방법원에 제소하는 방법을 모색할 필요가 있다. 그런데 실재로는 대표당사자소송공정화법이 광역관할 대표당사자소송에 대해 연방법원의 관할을 인정하여 연방법원으로의 이송을 허용하고 있고, 연방법원에 대한 보충적 관할권이나 연방관할이 쟁점인 사안의 경우 연방관할기준 요건을 충족하는 경우가 보통이기 때문에 다수의 주에 걸쳐 구성원들이 산재되어 있는 경우에는 보통 연방법원에 대표당사자소송을 제기하고 있다. 따라서 여러 개의 연방지방법원 중 당해 소송의 쟁점에 대해 우호적인 판결을 내린 바 있는 연방항소법원이 속한 지방법원에 대표당사자소송을 제기하는 것이 보다 효율적이라고 할 수 있다.

(2) 실체법적 측면

대표당사자소송을 제기하는 당사자로서는 자신이 선택한 관할법원이 당해 사건에 어떤 실체법과 절차법을 적용하는지에 대하여도 검토하여야 한다. 예를 들면 미시시피 주는 대표당사자소송제도를 아예 도입하지 않았기 때문에 그 주의 법원에 대표당사자소송을 제기할 것은 아니라 하겠다. 만일 그러한 소송이 형식적으로 제기되었다면, 그 소송은 실질적으로는 대표당사자소송이 아닌 다수의 공동소송에 불과하다고 하겠다. 또한 특별한 사건의 대표당사자소송에 대하여 주법원이 특별한 제한을 가하고 있다면, 그럴 경우에는 주법원보다 제한을 가하고 있지 아니하는 연방법원에 제소하는 것이 보다 효율적이라 하겠다.

2. 피 고

가. 절차항변

(1) 소송요건 흠결 등 소 각하 항변

피고 및 그 소송대리인 역시 원고와 비슷한 전략적 결정을 내려야 한다. 피고는 무엇보다도 당해 대표당사자소송에 대한 단체의 인증이 부정되어 소송이 진행되지 않거나, 원고가 스스로 소를 취하하기를 바란다. 만일 소송요건의 충족이 이루어진다고 하더라도, 자신에게 보다 유리한 다른 법원으로 관할이송신청을 할 것인지를 고려하게 된다. 즉 절차와 실체 양 측면에서 자기에게 가장 유리한 방안을 모색하게 된다는 것이다.

피고 또는 소송대리인은 대표당사자의 적격성과 관련하여 연방규칙 제23조(b)의 요건, 예를 들어 다수성, 공통성, 전형성, 대표당사자의 타당성 등을 제대로 갖추지 못하였다고 항변할 수 있다. 그러나 대표당사자소송의 대표당사자 또는 소송대리인의 타당성에 대한 항변은 대표당사자나 소송대리인을 타당한 자로 교체하면 하자가 치유되어 버리기 때문에 공격의 실익이 없다.

특히 제4유형, 즉 연방규칙 제23조(b)(3) 유형의 대표당사자소송에서 개인적 쟁점이 단체 공통의 쟁점에 우선한다며 대표당사자소송의 적격성을 다툴 경우에는 경우에 따라 단순히 대표당사자를 헐뜯는 것으로 법원이 오인하게 되면 불이익이 올 수도 있으므로 조심하여야 한다. 그런데 대표당사자의 타당성 내지 적격성에 대한 피고의 항변은 고객이 거의 없는 변호사를 원고 소송대리인으로 선임토록 하거나 또는 대표당사자로서 봉사할 수 있는 최적의 변호사로 대표당사자를 교체하게 되어 오히려 피고에게 불리할 수도 있으므로 조심하여야 한다.

그러나 만일 대표당사자에 대한 항변이 성공하게 되고, 다른 대표당사자를 내세우지 못할 경우에는 실질적으로 모든 소송이 종결되는 효과를 거둘 수도 있다.

(2) 관할이송신청

피고 또는 소송대리인은, 원고가 자신에게 유리한 주법원에 대표당사자소송을 제기한 경우, 대표당사자소송공정화법이나 보충적 관할권 및 기타 증거 등에 의해 피고에게 유리한 연방법원이나 다른 주법원으로의 이송신청 여부를 결정하게 된다 이때 소송대리인은 법적 쟁점이 특정 장소와 관련이 있을 때 그 장소를 관할하는 법원에 대한 이송신청 여부도 함께 검토하게 될 것이다.

(3) 사전증거조사에 대한 항변

피고는 이론적으로 볼 때 사전증거조사에 대해서도 항변할 수 있고, 사전증거조사에 대한 항변에 앞서 대표당사자소송 자체에 대해서도 항변할 수 있다.

하지만 만일 변론과정에서 대표당사자소송의 적격성에 대한 초기의 항변을 법원이 받아들이지 않게 되면, 피고가 사전증거조사 이후 대표당사자소송의 적격성을 다툴 경우 법원이 부정적 입장을 취하게 될 것이므로 신중할 필요가 있다. 반대로 사건 초기단계에서 단체의 증명을 부정할 수 있다면 이후에 들어가게 될 시간과 비용을 절약할 수 있다.

(4) 대표당사자소송에 대한 본안 전 항변

피고 또는 소송대리인은 소송의 개시단계에서 대표당사자소송 요건에 대한 흠결이 있음을 주장하여 대표당사자소송이 법원에 의해 인정되어서는 안 된다는 본안 전 항변을 할 수도 있다. 즉 피고 또는 소송대리인은 본안 전 항변을 할 것인지 아니면 본안에 대한 승소가능성이 있다고 판단하여 차라리 본안에서 이를 다툴 것인지 여부를 결정하여야 한다. 왜냐하면 대표당사자소송이 각하된 경우 그 판결의 효력은 해당 대표당사자소송의 대표당사자들만을 구속할 뿐이어서 다른 대표당사자가 나서서 다른 이유를 근거로 또 다시 대표당사자소송을 제기할 수 있는바, 그런 경우까지 고려하여 본안 전 항변을 하지 않고 아예 본안판결을 받아 두는 것이 보다 유리할 때도 있기 때문이다. 그렇지만 일반적으로 대표당사자소송이 허용되면 이는 피고에게 엄청나게 불리한 결과를 가져올 것이라는 잠재적 불안감이 생기게 되고, 만일 결과가 나쁘게 되면 피고 기업은 파산에 이를 수도 있기 때문에 어느 방법을 취할 것인가에 대해서는 신중할 필요가 있다.

만일 대표당사자소송을 각하시키게 되면 이러한 각하 사유는 후소를 제기하는 당사자를 구속하지는 않지만 그 후소에서 유리한 증거자료로 원용할 수 있게 된다. 만일 소를 각하시키지 못하였다고 하더라도 피고 역시 구속당하지 않으므로 새로운 반대증거를 제기하는 방법으로 후소인 대표당사자소송의 인정을 방해하는 소송행위를 할 수 있다.

원고들이 승소할 수 있는 손해배상청구권을 제대로 주장하지 못하거나 구성원 모두에게 인정될 판결을 받아내는데 실패할 수도 있기 때문에, 피고 소송대리인은 소송의 초기단계에서 위와 같은 원고의 허점을 찾아내어 주장함으로써, 법원으로 하여금 연방규칙 제12조(b)(6)에 근거하여 원고의 대표당사자소송이 각하하도록 해야 할 것이다.

피고는 연방규칙 제12조(f)에 근거하여 원고의 대표당사자소송에 대하여 오히려 반격을 가할 수도 있다. 왜냐하면 동 조항이 법원으로 하여금 불충분한 방어 또는 장황하거나, 성숙하지 않았거나, 주제를 벗어났거나, 수치를 유발하는 문제 등이 있을 경우 소송을 제지할 수 있다고 하고 있으므로 원고에게 이런 사유가 있는 경우에 피고가 이를 이용할 수 있기 때문이다.

나. 본안 항변

피고 또는 소송대리인은 소송요건의 흠결이 없다는 이유로 단체의 인증이 이루어지면, 본안에 대하여 다투게 되며, 판결 또는 화해나 조정 등 다양한 해결방법을 모색하게 된다.

제6절 사전증거조사(Discovery)

제1장 의 의

대표당사자소송을 제기하기에 앞서 원고는 피고가 보유하고 있는 증거를 공개하도록 요구할 수 있고, 이렇게 공개된 증거를 열람하거나 조사하는 방법을 통해 수집된 증거를 법원에 제출할 수 있다. 즉 사전증거조사가 보장된다. 사전증거조사제도는 우리나라에 없는 영미법상의 특별한 증거조사방법이라고 할 것이다. 이러한 사전증거조사는 무기평등의 원칙이라는 소송목적을 달성하는 수단이 되고 있다.

사전증거조사는 두 단계, 즉 단체를 확인하는 본안 전 절차에서도 보장이 되고, 단체 확인 후 본안절차에서도 보장이 되고 있다.

제2장 단체 확인 단계에서의 사전증거조사

Ⅰ. 서 론

대표당사자소송에서 단체의 적격성이 인정되어야만 대표당사자소송이 가능하게 된다. 만일 원고가 법원으로부터 대표당사자소송의 단체성을 확인받지 못하면, 대표당사자소송을 제기할 수 없기 때문에, 그 대표당사자는 피해액이 크지 않는 자신의 청구를 개인 소송을 통해 구제받기 어렵기 때문에 소송을 포기해야 하는 상황에 내몰릴 수도 있다.

반대로 만일 원고의 대표당사자소송을 피고가 단체인증 단계에서 저지하지 못하면, 본안에서 패소할 경우 어쩌면 파산에 이를 정도의 엄청난 경제적 부담을 안게 될지도 모른다. 단체의 인증은 결국 양 당사자가 수집해서 제출하는 증거에 의해서 결정된다고 하겠다. 그런데 증거가 대부분 피고 기업에 편중되어 있는 경우가 일반적이기 때문에 대표당사자소송을 제기하는 원고로서는 피고가 보유한 증거방법으로부터 증거자료를 확보할 수밖에 없고, 그러한 확보수단방법이 사전증거조사제도라 할 수 있다. 사전증거조사제도야말로 대표당사자소송에서 단체인증에 결정적 역할을 하게 된다.

Ⅱ. 단체인증과 사전증거조사

1. 피고의 동의 또는 직권에 의한 사전증거조사 생략

피고로서는 증거가 사전에 공개될 경우 소송과정에서 불리한 지위에 놓이게 된다. 이러한 점을 우려하여 피고가 사전증거조사를 하지 않는 조건으로 단체인증을 동의할 수 있는가 여부이다. 단체인증에 대한 권한은 제1심법원에 있고, 그 결정을 하는 데는 넓은 재량권을 가지고 있다. 복잡한 소송을 위한 지침서(4차)는 손해배상청구가 명백한 사실관계에 근거하고 있어 사실로 인정될 수 있거나 오직 법적 쟁점만이 문제되는 대표당사자소송이라면 구태여 사전증거조사가 필요하지 않다고 하였다. 반면 동 지침서는 확인에 필요한 어떠한 사실관계에 대해 반론이 제기되거나 상대방 소송대리인이 공격이나 방어와 관련된 증거를 통해 불가피하게 개인적 쟁점을 부각시켜 주장할 경우에는 사전증거조사절차를 밟아야 한다고 밝히고 있다.

일부 법원은 대표당사자소송에서의 단체가 연방규칙 제23조(a)와 제23조(b)가 정한 기준에 적합하면 단체인증을 할 수 있다면서 이미 다른 증거 등에 의해 그러한 적합성이 판명되었다면 불필요하게 사전증거조사를 할 필요가 없다는 입장을 취하고 있다.[109] 법원은 이런 경우에 사전증거조사 대신 상황에 대한 당사자들의 의견교환 방법을 취하기도 한다. 법원으로서는 사전증거조사를 통해 연방규칙 제23조(a)와 제23조(b)가 정한 기준의 충족 여부를 판단할 수도 있고, 사전증거조사 없이 단체인증을 할 수도 있다는 것이다.

반면에 더 많은 시간을 원고에게 보장하더라도 원고에게 별로 도움이 되지 않을만한 합리적인 이유가 있을 경우에는 사전증거조사를 허락하지 않고 대표당사자소송의 단체 적격성을 부정할 수도 있다는 입장을 취하고 있다. 제1심법원이 결정한 단체인증에 의한 불필요한 오해를 없애기 위해서이다. 그런데 항소법원은, 제1심법원이 정당한 이유 없이 원고의 사전증거조사신청을 거부한 채 단체인증을 거절한 것은 상당한 재량권 남용에 해당한다고 판시하였다. 반면에 항소법원은 사전증거조사 없이 대표당사자소송의 단체를 인증한 경우에 대하여는 그 결정의 타당성을 인정하였다. 예를 들어 개인적 상해를 입은 원고가 전국에 걸쳐 있는 수백만 명의 구성원들이 각각 다른 원인으로 상해를 입은 사실을 주장하며 대표당사자소송을 제기해 왔다면, 법원으로서는 개별 쟁점들, 즉 적용할 법을 선택하는 문제, 원고의 특별한 진료상의 쟁점, 인과관계에 대한 쟁점 등을 모두 포함하여 판단하여도 단체 전체의 공통성이 인정되지 않는다면 그 소장상의 청구만을 근거로 단체인증을 부정할 수도 있다.

한편 법원은 소장상의 기재만으로 연방규칙 제23조의 요건이 갖추어졌음이 명

---

109) Pilgrim b. Universal Health Card, LLc, 660 F.3d 943, 949 (6th, Cir. 2011); Schumacher v. State Automobile Mut. Ins. Co., 47 F.Supp.3d 618 (S.D.Ohio Sep 18, 2014).

백하면 사전증거조사 없이 단체인증을 할 수 있다. 예를 들어 300대 주요기업이 공동피고인 대표당사자소송에서 피고들이 원고인 대표당사자 및 소송대리인의 적격성을 명백하게 다투지 않거나, 구성원 개인이 그러한 기망행위를 신뢰한 것에 대해서 다투지 않는다면 피고들의 사업소개서에 기재된 허위사실만으로도 공통성 등의 요건을 인정하여 사전증거조사 없이 단체를 인증할 수도 있다고 하겠다. 이처럼 단체인증은 사실에 대립되는 개념으로서의 법률적 쟁점만이 문제가 되고, 특별한 법률이 그런 쟁점을 손해배상원인으로 한 대표당사자소송을 금지하고 있는 경우에도 사전증거조사 없이 단체인증 또는 불인증이 가능하다고 하겠다.

그렇지만 실무는 사전증거조사절차 없이 단체인증 하는 것을 꺼려하는 것이 일반적이다. 불필요한 오해를 받지 않기 위해서라 하겠다.

흔하지는 않지만 소송당사자들은 공식적인 사전증거조사 대신 다른 간단한 방법을 모색하기도 한다. 예를 들어 사전증거조사를 통해서도 증명이 어렵다고 판단될 경우에는 전문가의 의견서를 제출한다든지 다른 유력한 물적 증거물들을 제출하는 방법 등을 이용하는 방식이다.

2. 조건부 인증 또는 인증 유예

2003년도 개정 이전의 연방규칙 제23조(c)(1)은 조건부 단체 확인이 가능하다고 규정하고 있었을 뿐만 아니라 필요하다면 본안에 대한 판결이 있기 전까지는 원래의 결정을 변경할 수 있다고 규정하고 있었다. 하지만 대부분의 법원은 위 조문에도 불구하고 연방규칙 제23조(a)와 제23조(b)의 요건을 명백하게 충족하지 아니한 대표당사자소송에 대해서는 조건부 단체인증을 하지 않았다. 즉 실무상 조건부 단체인증을 꺼려하였던 것이다. 이는 나중에 조건이 성취되지 않을 경우 본안에 대해 무의미한 소송절차를 진행한 셈이 되기 때문이다. 이러한 실무상의 관행을 받아들여 2003년에 연방규칙 제23조 개정 시 제4유형의 대표당사자소송에 대한 단체인증에 대하여 "조건부 확인"이라는 내용을 삭제하였다. 그 결과 대표당사자로서의 요건을 명백하게 갖추지 않은 경우, 이후에 이를 보충할 것을 조건으로 하는 조건부 인증이 허용되지 않게 되었다. 자문위원회 주석서도 위 개정 내용에 대하여 연방규칙 제23조의 요건을 갖추지 못한 대표당사자소송의 경우에는 그 요건이 갖추어질 때까지 단체인증을 해서는 안 된다는, 즉 거부해야 한다는 의미라고 해석하였다.

한편 법원은 대표당사자소송에 대한 변론진행 중 단체인증 여건이 성숙하지 않았다면 그러한 요건이 충족될 때까지 인증 결정을 연기할 수 있다. 즉 인증 또는 불인증하지 않고, 충족되지 않은 요건이 일정 시간 경과 후 갖추어질 가능성이 있다고 판단될 경우 그 요건이 갖추어질 때까지 인증 가부 결정을 연기할 수 있다는 것이다. 하지만 위와 같이 연방규칙이 개정된 후에도 법원은 일정한 경우에 필요성이 인정되면 조건부 인증을 할 수 있는 권한을 여전히 가지고 있다. 따라서 2003년도 개정규칙은 일단 내려진 단체인증 결정은 추후 수정될 수도 있다는 의미로 해석하는 것이 타당하고, 요건들이 불명료한 상태에서 본안에 대해 판결하는 것보다는 요건이 충족되어질 때까지 최종 결정이 내려지는 것을 차단하는 의미로 해석되는 것이 타당하다고 하겠다.

3. 단체 확인 전 사전증거조사의 유형

공탁제도는 단체성 확인 단계에서 상당히 유용성이 있다. 특히 피공탁자가 결정적 정보를 가진 원고의 구성원이나 피고인 경우 또는 공동피고인 경우에 더욱 그러하다. 그러나 일정한 경우에 법원은 사건 초기 단계에서 당사자로 하여금 단체인증을 얻기 위한 방법으로 심문이나 문서제출, 일정한 요구 등의 방법을 통해 사전증거조사를 밟도록 하거나, 정당한 이유를 증명하는 수단으로 공탁금을 납부하도록 하기도 한다.

사전증거조사에 부과된 제한은 소송의 복잡성, 추정되는 구성원의 규모 및 금전손해배상과 금지명령의 발동 및 부작위위법확인판결 중 어떤 성질의 구제를 원하는지 여부, 피해액과 그 범위 등이 어떠한지 등에 부분적으로 달려 있다. 단체인증을 위한 사전증거조사에 대한 제한은 판결을 언제 할 것인지 여부를 결정하는 데에도 영향을 미치게 된다. 예를 들어 사건이 새롭거나 검증되지 않은 이론이나 손해배상을 주장하는 것이라면 법원은 사전증거조사에 유연성을 발휘할 수 있을 것이다. 반대로 만일 공적 토지소유권 같이 정보가 축적되어 자료가 충분하거나 선행판결이 있거나 선행판결과 비슷한 유형의 쟁점을 가지고 진행되는 손해배상 청구사건 같은 경우에는 법원으로서는 사전증거조사 여부를 결정할 때 보다 엄격한 기준을 적용하려 할 것이다. 그러한 축적된 자료를 활용할 수 있기 때문이다.

Ⅲ. 단체인증을 위한 사전증거조사의 범위

앞서 살펴보았듯이 단체인증을 위한 사전증거조사에 대한 결정권은 제1심법원에 있다. 따라서 제1심법원은 단체인증을 위한 필요한 범위 내에서 연방규칙 제26조 및 제37조에 근거하여 결정할 수 있다. 위 두 조항은 사전증거조사뿐만 아니라 모든 민사소송절차에 적용되는 일반조항이라 하겠다. 사전증거조사를 결정할 때 법원이 일정한 제한을 가하지 않은 한 원고와 피고는 아무런 차별 없이 자기에게 유리한 증거를 사전증거조사를 통해 취득할 수 있다. 법원은 대표당사자 소송에서 주장되는 주요한 쟁점에 대한 증거가 필요할 경우 관련성이 인정되는 범위 내에서 언제든지 사전증거조사를 명할 수 있다.

한편 법원은 단체인증을 위한 사전증거조사에 대해 필요성이 인정되는 경우에는 일정한 범위에서 제한을 가할 수 있고, 그러한 제한은 논리적으로 관련성 있는 범위를 제한하는 효과를 가져 온다.

단체인증을 위한 사전증거조사를 통해 얻게 된 증거자료에 의해 법원은 다수성, 공통성, 전형성, 우월성 등 단체인증 요건의 충족 여부를 판단하게 된다. 법원은 이러한 사전증거조사가 단체인증을 위한 증거수집에 효과적일 수 있도록, 법원이 요구하는 사항을 별도로 명시하여 사전증거조사명령을 내릴 수도 있고, 사전증거조사의 복잡성, 분량 등을 고려하여 충분한 조사기간을 할애할 수도 있다.

단체인증에 필요한 증거수집을 위해 사전증거조사를 명하는 제1심법원으로서는, 사전증거조사를 통해 당사자들이 충분한 증거를 확보할 수 있도록 배려하여야 하며, 한편으로는 그러한 사전증거조사에 시간과 비용이 많이 들기 때문에 양 당사자에게 지나친 부담이 되는 것은 아닌지, 반드시 필요한지, 어느 일방에게 부당한 특혜를 주는 것은 아닌지 등등 다양한 요건을 종합적으로 검토하여야 한다. 법원은 또한 사전증거조사를 명할 때 대표당사자들이 사건의 배경을 조사하는 과정에서 필요하다면 일정한 관련 당사자들을 배제하거나 특별한 개인적 방어방법 등이 존재하는지, 제소된 사건과 유사한 사건에 대한 판례가 있는지, 비슷한 다른 소송이 제기되어 있는지, 연방규칙 제23조(b)(3)의 요건인 우월성의 존재를 주장하는 기업체의 경영진을 배제할 것인지, 공통의 쟁점이 있음에도 이를 부정하거나 거짓사실을 주장하면서 사실을 왜곡하는 전문가를 배제하거나, 사건에 대한 재판계획서를 제출하는 원고에 대해서도 사전증거조사를 명할 것인지 등등 모든 사항을 종합적으로 고려하여야 한다.

법원은 필요하다고 인정될 경우 소요되는 비용의 규모, 소송절차의 지연이나 복잡성 등 여러 요인들을 종합적으로 검토하여 사전증거조사의 범위를 일정한 범위로 제한할 수도 있다.

첫째, 법원으로서는 사전증거조사를 결정할 때 증거방법과의 지리적 관계와 증거조사에 필요한 시간적 제약에 대하여는 반드시 검토하여야 한다. 예를 들어 원고들이 거주하는 지역에 유독물질이 유출된 경우 조사자의 중독 피해를 예방하기 위하여 그 지역에 대한 사전증거조사를 제한하거나, 증거방법이 외국에 소재하고 있어 사실상 증거조사가 곤란할 경우 일정한 제한을 가할 수 있다고 하겠다. 또한 법원은 관련 정보를 찾기 위한 조사활동시간을 제한할 수도 있다. 둘째, 사전증거조사에 반대하는 당사자의 규모를 고려하여야 한다. 반대하는 당사자의 수와 관련하여 당사자의 수를 제한하거나, 대상이 된 사람들의 비율을 제한하거나, 단체 구성원 중에서 무작위로 대상자를 추첨하는 등의 방법으로 일정한 제한을 가할 수 있다. 이때 법원은 고용차별사건 같은 경우에서 원고들을 차별대우한 직접 감독자에 대한 원고들의 사전증거조사를 제한하는 것처럼 증거방법을 특정하여 이를 분리하여 사전증거조사를 제한할 수도 있다. 셋째, 단체가 제기한 소송의 본질을 고려하여야 하는바, 이는 법원이 단체를 인증하고 그 폭의 크기 등을 정하기 위하여 일정한 범위 내로 사전증거조사를 제한할 수도 있고, 단체의 범위가 부당하게 넓어질 수 있는 경우에도 일정한 범위로 이를 제한할 수 있다. 예를 들어 원고가 전국적 구성원에 대한 대표당사자소송을 제기해 온 경우 특정 주 또는 인근 몇 개 주의 구성원으로 그 범위를 제한하여 사전증거조사를 명할 수도 있다. 넷째, 사전증거조사에 들어가는 비용문제를 고려하여야 하는데, 원고들이 직접 비용을 부담하기로 한 경우 그 원고들의 재정상황, 소송대리인이 비용을 부담하기로 한 경우 그 소송대리인의 재정상황 등을 면밀히 검토할 필요가 있다. 실무상 원고들의 재정이 보장된 경우 법원은 사전증거조사를 보다 용이하게 허용하는 경향을 보이는데, 실재로는 대표당사자보다 소송대리인의 재정능력을 더 중시하고 있다. 주로 펀드관련사건에서 문제가 되고 있다. 한편 법원은 단체인증 전 사전증거조사를 결정할 경우에는 소송대리인과 당사자 사이에 조건부 변호사 수임료 또는 다른 합의사항이 있는지 등도 함께 검토하여야 하며, 소송대리인의 적격성이 인정되거나 연방규칙 제23조의 다른 요건들을 갖추었다고 판단될 경우에는 법원으로서는 사전증거조사를 허용하여야 한다. 다섯째, 완전한 증거조사가 이루어질 수 있도록 증거조사기간을 특정하거나 공탁금의 금액을 적절히 정하거나, 질문사항을 제한하거나, 문서제출을 요구하는 등 단체인증에 필요한 사전증거조사에 만전을 기할 수 있도록 하여야 한다.

Ⅳ. 부재구성원과 사전증거조사

1. 인적사항 파악을 위한 사전증거조사

현명당사자가 파악하지 못한 부재구성원을 오히려 피고가 알고 있는 경우가 있을 수 있다. 예를 들어 인종차별로 인한 부당해고의 경우 해고된 근로자 명단을 피고가 보유하고 있는 경우이다. 이처럼 원고는 구성원 및 청구원인 등의 자료가 피고의 지배하에 있을 경우에는 이러한 부재구성원 파악이나 아직 발견되지 않는 청구원인사실 등을 알아내기 위하여 사전증거조사방법을 활용할 수 있다.

특히 제4유형, 즉 연방규칙 제23조(b)(3) 유형의 대표당사자소송에서는 구성원에게 통지할 의무가 있기 때문에 이러한 통지를 위해서는 구성원의 인적사항을 알아야 할 필요가 있다. 앞서의 예에서 고용주인 피고가 일정 기간 동안 해고된 근로자들의 인적사항을 알고 있을 것이므로 연방규칙 제23조(c)(2)(B)가 제4유형의 대표당사자소송에 대해 단체의 구성원에게 최선의 통지를 도모할 의무를 법원에게 부여하고 있기 때문에 법원으로서는 합리적인 노력을 다 하여 구성원의 인적사항을 확인하여 대표당사자소송이 진행 중인 사실을 통지하여야 한다.

연방대법원은, 대표당사자소송을 재판하는 법원은 일정한 경우에 원고가 구성원들의 인적사항을 수집하여 통지할 수 있도록 피고가 구성원 파악에 협조하도록 명할 수 있다고 하였다.[110] 이에 대하여 피고들은 단체인증 단계에서 구성원들의 인적사항까지 구체적으로 알 필요는 없으며, 단지 몇 명 정도인지만 알고 있으면 다수성 요건의 충족 여부를 판단할 수 있다며 그런 목적을 위한 사전증거조사는 허용되지 않아야 한다고 항변하기도 하는데, 이때 법원은 모든 상황을 종합적으로 고려하여 단체인증단계에서 구성원들의 인적사항만을 확인할 목적의 사전증거조사를 불허하기도 한다. 나아가 이러한 인적사항 확인을 위한 사전증거조사가 새로운 고객 명단을 확보하려는 불순한 의도가 소송대리인에게 있다고 의심되는

110) Oppenheimer Fund, Inc. v. Sanders, 437 U.S. 340 (1978); LightGuard Systems, Inc. v. Spot Devices, Inc., 281 F.R.D. 593 (D.Nev. Mar 09, 2012).

경우에도 역시 사전증거조사를 불허하기도 한다.

한편 법원은 단체인증 단계에서 피고들에게 잠재적 구성원들의 인적사항이 알려지는 것도 원하지 않는다. 왜냐하면 잠재적 구성원들의 인적사항이 피고에게 알려질 경우 피고가 그들을 괴롭히거나 그들의 소송을 방해하려 할 수도 있기 때문이다. 그런 이유로 법원은 종종 그러한 용도로 사용될 수 있는 사전증거조사의 범위를 제한하거나 불허하기도 한다. 그리고 일부 법원은, 피고에게 잠재적 구성원의 인적사항이 알려지면 피고들이 그들에게 접근하여 소송 밖에서 그들의 손해배상청구에 대한 합의를 시도할지도 모른다고 우려하고 있다. 이에 대해 피고들은 연방규칙 제23조에 의해 잠재적 구성원들의 인적사항을 아는 것은 정당한 재판행위라고 주장하지만, 법원은 일반적으로 법원에 알려지지 않은 구성원들의 인적사항을 피고들이 아는 것은 대표당사자소송의 다수성, 공통성, 전형성, 적절성 등의 요건에 반드시 연관되는 것은 아니라며 피고의 주장을 배척하기도 한다.

반면에 일부 법원은 특히 제4유형의 대표당사자소송처럼 통지를 받아야 할 당사자 및 그렇게 파악된 당사자의 인적사항에 대한 사용용도를 제한하는 보호명령에 따르겠다고 할 경우에는 그러한 사전증거조사를 용이하게 인정하고 있다.

2. 부재구성원 관리를 위한 사전증거조사

부재구성원들을 관리할 목적의 사전증거조사가 허용될 수 있는가를 둘러싸고 견해가 대립되어 있다. 보통 이러한 목적의 사전증거조사에 다툼은 보통 단체인증 이후 유리한 증거조사단계에서 발생하는 경우가 대부분이지만, 경우에 따라서는 단체인증 이전 단계에서 발생하기도 한다. 물론 그러한 사전증거조사가 단체인증 이전에도 유용한 경우도 있지만, 법원은 일반적으로 그러한 목적의 사전증거조사를 쉽게 허용하지 않고 있다. 법원은 수동적으로 남겨진 부재구성원들의 이익과 그들에 대한 정보를 습득하여 이를 이용해 단체의 인증을 불가능하게 하려는 피고의 이익을 비교하여 허용 여부를 결정하게 된다.

따라서 법원으로서는 부재구성원들의 이익에 반하여 이러한 목적의 사전증거조사의 범위를 정하고자 할 경우에는 보통 피고가 대표당사자소송 재판에 필요한 증거를 명확하게 사전제시하거나, 그러한 목적의 사전증거조사가 법원이 요구하는 엄격한 요건을 충족하였거나, 그러한 사전증거조사가 신뢰할 만하고 무리하게 제기된 것이 아니라고 판단되거나, 얻어진 정보가 대표당사자에게 별로 유익하지 않다고 판단되는 경우에는 그러한 사전증거조사를 허가할 수 있다.

일부 법원은 문서의 제출이나 진술서 등을 공탁금납부보다 더 선호한다. 왜냐하면 그러한 문서 등이 훨씬 더 자발적이기 때문이다.

현명당사자들은 부재구성원들에 대해 법원이 단체 확인 이전에 사전증거증사를 허용하도록 영향을 미치기도 한다. 예를 들어 일부 법원은 부재구성원들이 손해배상금이 적거나 별반 구제수단을 가지고 있지 못한 개인이 아니라 조직된 단체이거나 기업인 경우에는 단체인증 이전에도 사전증거조사를 허용하는 경향이 높다. 일부 법원은 부재구성원 중 일부를 표본으로 추출하여 그들에게 초점을 맞춰 그들에게만 사전증거조사를 실시하는 방법을 선호하기도 한다.

V. 전문가 사전증거조사

재판, 특히 공해소송이나 의료소송 등을 진행하다 보면 통상적인 사전증거조사를 통해서는 증거발견이 어려운 경우가 발생할 수가 있다. 이럴 경우 전문가의 전문적 의견을 청취함으로써 사전증거조사를 대체하거나, 그런 목적의 사전증거조사가 허용될 수 있느냐 여부이다. 이에 대해 연방대법원은 Daubert 판결[111]을 통해 제1심법원이 과학적 전문가들의 실험결과를 통해 상관성과 신뢰성을 보장하였다면 이러한 방법은 유효하다고 밝혔다. 나아가 연방대법원은 Daubert 판결을 원용하여 우리나라의 금호타이어 사건에 대하여 과학적 전문가들의 실험을 거쳤을 뿐만 아니라 기술적이거나 전문화된 지식을 갖춘 또 다른 전문가의 실험을 거쳤다면 이를 신뢰해도 된다고 판시하였다.[112]

Daubert 판결과 금호 타이어 판결은 모두 단체인증단계에서부터 원피고가 첨예하게 대립하였던 사건으로 공개변론이 진행되었다. 그러나 재판의 흐름은 단체증명 단계에서 전문가에 의한 철저한 분석을 요구한 Daubert 판결이 우세하게 작용하였다. 이에 관한 대표적 판결인 American Honda 판결[113]에서 제7연방항소법원은 전문가의 보고서나 증언이 대표당사자소송에서 결정적 영향을 미친다면, 지방법원으로서는 단체인증을 결정하기 앞서 제출된 전문가의 자질에 대한

---

111) Daubert v. Merrill Dow Pharmaceuticals, Inc., 509 U.S. 579 (1993); Walker v. WTM, Inc., 2010 WL 4038730.

112) Kum-ho Tire Co. v. Carmichael, 526 U.S. 137 (1999); State v. Hernandez, 707 N.W.2d 449, 2005 ND 21Ⅳ.

113) American Honda Motor Co., Inc, v. Allen, 600 F.3d 813(7th Cir. 2010).

항변이나 단체 증명을 동의하기 위하여 이전에 제출된 보고서 등을 참작하여 판단하여야 한다고 판시하였다.

반면에 일부 법원은 American Honda 판결의 취지를 따르지 않았다. 특히 지방법원이 Daubert 사건에 대해 대규모 변론을 열었던 것과 달리, 제8연방항소법원은 Zurn Pex 판결[114]을 통해 지방법원이 제한된 쟁점에 대해 집중심리하였다면 충분한 심리가 이루어졌다고 판시하였다. 일부 지방법원이 American Honda 판결을 통해 연방대법원이 취한 방법을 그대로 따를 수 없다고 선언하기에 이르자, 연방대법원은 혼란을 막기 위하여 그러한 견해를 수용할 수 있다고 밝히기도 하였다.[115]

제3장 본안에 대한 사전증거조사

Ⅰ. 의 의

본안에 대한 사전증거조사는 일반적으로 충분한 단체인증을 위한 사전증거조사 결과 단체에 대한 인증이 이루어지거나, 단체에 대한 증명이 어느 정도 이루어진 이후에 이루어지고 있다. 우리 소송법체계로 보면 단체의 인증 단계는 소송요건 중 당사자의 특정, 당사자능력, 당사자적격 심사 단계에 해당되기 때문이다. 따라서 소송요건이 충족된 이후 본안에 대한 심리가 이루어지는 것처럼, 본안에 대한 사전증거조사 역시 단체에 대한 인증이 이루어진 이후에 이루어지는 것이 통상적이다.

그런데 본안에 대한 사전증거조사를 허용함에 있어, 법원은 일반적으로 부재구성원의 이익에 반하는 본안에 대한 사전증거조사를 제한하고 있다. 왜냐하면 부재구성원의 역할이 현명당사자 특히 대표당사자의 역할과는 많이 다르기 때문이다. 다시 말해 대표당사자는 문서 제출, 각종 심문, 증언 등의 방법으로 상당한 사전증거조사절차를 밟을 수 있음에 반하여, 부재구성원은 변론절차에 참가하지 않아 재판절차에서 그 역할이 소극적일 수밖에 없다. 그럼에도 불구하고 제1심법

114) Zurn Pex Plubing Products Liablity Litigation, 644 F.3d 604 (8th, Cir. 2011); George v. Uponor Corp., 988 F.Supp.2d 1056 (D.Minn. Dec 23, 2013).

115) Behrend v. Compast Corp, 655 F.3d 182 (3d Cir. 2011); Franco v. Connecticut General Life Ins. Co., 289 F.R.D. 12 I .

원은 부재구성원에 대한 사전증거조사가 필요하다고 인정되는 경우, 즉 부재구성원에 대한 사전증거조사가 재판의 쟁점에 관련성이 있고 부재구성원을 단순히 괴롭히기 위한 것이 아니라고 인정되는 경우에는 부재구성원에 대한 사전증거조사를 허용할 수도 있다. 실재로 많은 법원들이 부재구성원의 의사에 반하여 그들을 상대로 한 본안에 관한 사전증거조사를 명하고 있다.

하지만 법원이 단체인증단계에서 살펴본 바와 같이 부재구성원에게 부담을 주는 사전증거조사인 경우에는 상당한 제한을 가하고 있다. 복잡한 소송을 위한 지침서(4차)는 그러한 제한의 유형으로 부재구성원을 일부 표본 단체로 제한하거나, 심문사항을 일정 한도로 제한하여 진술서로 제출하도록 하는 등의 방법을 통해 부재구성원에게 부담이 적게 가는 방법을 취하도록 하고 있다. 이 경우에도 법원은 신빙성이 적은 증언보다는 관련 문서 등이 있으면 그러한 문서 등을 더 선호하는 경향을 보이고 있다.

Ⅱ. 단체인증 전 본안에 대한 사전증거조사

변론절차를 진행하면서, 단체에 대한 인증이 이루어지기 전에, 본안의 쟁점을 증명하기 위한 목적의 사전증거조사가 허용되느냐 여부이다. 연방법원은, 이에 대해 단체인증 과정에서 연방규칙 제23조의 요건에 대한 엄격한 심사가 이루어져야 한다는 점을 고려하여, 신중히 검토하였다. 그런데 동일한 증거가 단체인증단계는 물론이고 본안에 대해서도 공동으로 이용될 수가 있다. 다시 말해 연방규칙 제23조의 요건 증명을 위한 증거와 본안을 위한 증거를 명확하게 구분하는 것이 사실상 불가능할 정도로 상호 연관성이 있다. 예를 들어 대표당사자가 다른 구성원들의 청구의 쟁점, 즉 본안 내용을 알지 않으면 소송요건인 공통성 여부를 판단할 수 없게 되고 마는 경우가 그러하다.

연방대법원이 Dukes 판결[116]을 통해 밝혔듯이, 하급심법원은 사전증거조사를 통해 원고들이 자신들의 청구의 타당성을 실질적으로 증명할 수 있는 증거수집이 가능하며, 한편 그러한 사전증거조사를 통해 연방규칙 제23조의 요건 충족 여부를 판단하는 증거를 확보하게 된다는 사실을 잘 알고 있다.[117] 그렇지만 법원은,

116) Wal-mart Stores, Inc. v. Dukes, 131 S. Ct. 2541 (2011); Haddock v. Nationwide Financial Services, Inc., 293 F.R.D. 272, 56 Employee Benefits Cas. 2189 (D.Conn. Sep 06, 2013).

117) Szabo v. Bridgeport Machs., Inc., 249 F.3d 672 (7th Cir 2001); Williams v. Blagojevich,

단체인증과 본안 판단에 동시에 사용될 수 있는 증거에 대한 사전증거조사를 결정할 때 신중을 기하고 있다. 연방대법원은, 이러한 단계적 사전증거조사에 대해 피고가 단체인증을 촉진할 뿐만 아니라 본안에 대한 사전증거조사의 필요성을 줄여 준다고 주장하고, 원고가 단체인증과 본안의 증거는 불가분적으로 연결되어 있으므로 이러한 단계적 사전증거조사를 허용하여야 한다고 주장하는데 대하여, 모두 타당하다고 밝히고 있다.[118] 하지만 단체인증을 위한 사전증거조사와 본안을 위한 사전증거조사는 엄밀하게 보면 다르기 때문에, 단체인증 전 본안을 위한 사전증거조사를 미리 허용할 경우에는 비용의 일부를 원고와 피고가 공동으로 부담하는 타협방안을 모색하기도 한다.

법원은 재판을 진행하다 보면 단체인증에 대한 쟁점과 본안에 대한 쟁점이 다르거나 같다는 점을 명확하게 파악하게 된다. 하지만 법원이 이를 알았더라도 단체인증 전 본안에 대한 사전증거조사를 허용하지 않아야 한다는 것은 아니다. 실재로 법원은 단체인증 전에도 소송과 관련된 모든 증거를 사전공개토록 하고 있다. 즉 본안을 위한 사전증거조사가 단체인증 전에도 가능하다는 것이다. 하지만 법원이 단체인증을 위한 쟁점과 본안에 대한 쟁점이 다르다는 사실, 즉 상관성이 없다는 사실을 명확하게 알았다면 그 경우에는 두 단계의 사전증거조사를 분리하여 실행하고 있는 것이 실무상의 업무처리 방식이다.

일부 법원은 단체인증 전에 본안에 대한 사전증거조사를 하는 것을 비용낭비로 보기도 한다. 단체성에 대한 확인이 이루어지지 않았다는 것은 그 사건에 대한 본안절차가 진행되지 못한다거나, 쟁점이 아주 축소되어 진행된다는 것을 의미한다. 복잡한 소송을 위한 지침서(4차)는 단체인증 이전이라면 본안에 대한 사전증거조사 결정에 신중할 것을 권하고 있다. 위 지침서는 단체가 추후 인증되어 본안소송으로 이행될 개연성이 높다고 잠정적으로 판단되었다면, 법원으로서는 단체인증 전이라도 사전증거조사를 할 수도 있다고 하고 있다. 반면에 단체인증이 이루어지지 않았음에도 단체인증과 상관없는 본안의 쟁점에 대한 사전증거조사를 결정하게 되면, 경우에 따라서는 본안에 대한 증거조사 때문에 절차인 단체인증 결정이 지연될 수도 있고, 지나치게 비용이 과다하게 지출되는 소송불경제 문제가 발생할 것을 위 지침서는 우려하고 있다.

원칙적으로는 단체인증을 위한 사전증거조사가 본안을 위한 사전증거조사에 선

2006 WL 3332844 (N.D.Ill. Nov 13, 2006).

118) Rail Freight Surchage Antitrust Litigation, 258 F.R.D. 67 (D.D.C.2009).

행되는 것이 바람직하다. 하지만 증거의 혼합적 이용 때문에 단체인증을 위한 사전증거조사와 본안을 위한 사전증거조사를 분리할 것인지 여부는 여전히 제1심법원의 재량사항이라 하겠다. 이에 대해 자문위원회 주석서는, 앞서 살펴본 2003년도 개정규칙에 대해, 단체인증을 위한 사전증거조사와 본안을 위한 사전증거조사를 인위적으로 강제분리하는 것은 오히려 낭비를 유발할 뿐으로 단체인증을 위한 사전증거조사결정을 통해 피고로 하여금 본안에 대한 증거를 자발적으로 공개하도록 촉구하는 것이 오히려 바람직하다는 결론을 내리고 있다.

최근 들어 특정 사건의 원고 또는 피고는 비슷한 다른 사건에 대한 법원의 태도를 유추하여 자신의 대표당사자소송에 대한 법원의 단체인증을 위한 사전증거조사에 활용하고 있다. 특히 증권사기사건 같은 경우 특정 대표당사자소송에서의 피해배상금의 액수를 참조하여 다른 증권사기사건에서 이를 기초 삼아 피해배상금을 결정하는 도구로 사용하기도 한다. 이러한 경향을 반드시 나쁘다고 할 것은 아니고, 오히려 대표당사자소송을 취급하는 법원으로서도 피고의 적극적인 분쟁해결을 촉구하는 수단으로 사용할 수 있어 긍정적 효과를 유발하기도 한다.

이러한 현상은 피고에게 많은 사전 정보를 제공하게 되어 대표당사자소송을 제기한 원고의 협상력을 약화시키는 경향이 있기 때문에, 일반적으로 피고는 단체인증 단계에서 사전증거조사를 오히려 선호하는 반면에 원고는 이를 반대하는 역현상이 나타나기도 한다. 경우에 따라서는 이와 반대로 원고가 적극적으로 단체인증을 위한 사전증거조사를 원하고 피고가 반대하는 현상이 나타나기도 한다.

Ⅲ. 부재구성원들의 손해배상청구

단체인증단계의 사전증거조사가 허용되더라도 피고는 단체가 인증될 경우 대표당사자소송에서 부담하게 될 채무에 대한 심리적 압박을 받게 된다. 그런데 본안에 대한 사전증거조사가 개시되면 피고의 압박감은 더욱 커질 수밖에 없다. 특히 단체인증이 있게 되면 구성원들은 단체의 구성원으로서의 자격을 인정받게 될 뿐만 아니라 개별적 손해배상청구권에 대해서도 인정을 받게 된다.

따라서 사건이 이 단계에 이르면 피고들은 현명당사자들로부터 본안에 대한 사전증거조사에 응할 것을 강요받게 된다. 이 시점에 이르면 부재구성원도 더 이상 단순한 부재구성원의 지위에 머물지 않고 손해배상금을 배당받을 지위를 갖게 된다.

Ⅳ. 사전증거조사의 보류

본안에 대한 사전증거조사는 본안에 대한 원고의 청구를 인정하기 위한 사전단계라고 할 수 있다. 따라서 만일 피고가 원고의 청구가 이유 없다는 명백한 증거를 제출하였다면 본안 판단을 위한 사전증거조사가 불필요한 절차가 되고 마는 경우도 있을 수 있다.

즉 피고가 본안에 대한 사전증거조사의 필요성을 배제할 만한 가치의 본안에 관한 명백한 증거를 제출하였고 법원이 그러한 주장의 타당성을 인정한 경우에는 사전증거조사에 대한 결정을 보류하게 된다. 다만 이 경우에도 법원이 보류 결정을 내리기 전까지는 그러한 반대증거 등이 제출되었더라도 일시적인 사전증거조사절차를 계속할 수 있다.

Ⅴ. 사전증거조사 불응 시 불이익

부재구성원들이, 특히 법원에 의해 사전증거조사명령이 내려졌음에도 불구하고, 사전증거조사에 불응하게 되면 그들에게는 일정한 제재가 가해질 수 있다. 제7연방항소법원은 사전증거조사에 불응한 부재구성원들은 그들의 청구가 배제되는 것을 포함하여 연방규칙에 의한 제재에 복종해야 하는 불이익을 받게 된다고 하였다.[119]

그렇지만 일부 법원은 부재당사자는 당사자로서 소송행위를 한 바가 없기 때문에 연방규칙 제37조에 의해 어떠한 제재도 받지 않는다고 하였다.

---

119) Brennan v. Midwestern United Life Ins. Co., 450 F.2d 999 (7th Cir. 1971); International Seafoods of Alaska, Inc. v. Bissonette, 146 P.3d 561 (Alaska Sep 01, 2006).

제7절 단체인증

제1장 의 의

단체인증이라 함은, 대표당사자소송으로 제기된 원고 또는 피고의 당사자를 특정하고, 당사자능력 및 당사자적격을 인정하겠다는 법원의 결정을 말한다. 즉 대표당사자소송에서의 단체는 당해 소송을 위해 일시적으로 결합된 구성원들의 집합체이기 때문에 그러한 집합체에 소송의 주체가 될 수 있는 자격을 부여하여야 하는가 여부이다. 우리 민사소송법이 비법인사단에 대해서는 당사자능력을 인정하고 있지만, 조합에 대하여는 당사자능력을 인정하고 있지 않기 때문에, 우리 소송법체계에 비추어 보면 소송을 제기한 단체가 비법인사단과 조합 중 어디에 해당하는가를 판별하는 것이 단체인증 단계라고 할 것이다. 따라서 법원의 결정에 의해 단체가 인증되면 비로소 그 대표당사자소송은 당사자능력과 당사자적격을 갖추게 되어 당사자로서의 소송요건을 갖추게 된다고 하겠다.

따라서 단체인증은 대표당사자소송에서는 가장 중요한 첫 관문에 해당된다고 하겠다. 그런데 문제는 연방규칙이 단체인증에 관한 세부사항을 전혀 규정하고 있지 아니하다는 점이다. 따라서 실무상 많은 문제가 발생하고 있다. 이제는 판례를 통해 어느 정도 단체인증에 대한 절차 및 실체에 관한 문제가 정리되었다고 할 것이다.

제2장 단체인증 시기

단체의 인증은 당사자를 확정하는 문제이기 때문에 가능한 한 빠를수록 좋다. 이와 관련하여 2003년 개정 이전 연방규칙 제23조(c)(1)은 대표당사자소송으로 소송이 제기된 경우 법원은 그 개시에 앞서 가능한 한 빨리 인증결정을 내려야 한다고 규정하고 있었다. 그런데 2003년 개정 연방규칙, 즉 현행 연방규칙 제23조(c)(1)(A)는 법원으로 하여금 실행가능하다고 판단되면 그 즉시 대표당사자소송을 허용할 것인지 여부를 결정[120]으로서 결정하도록 규정하고 있다. 자문위원회 주석서는 2003년 이전의 기준은 신속한 소송절차를 제대로 반영하지 못하였을 뿐만 아니라 인증절차에 대한 지연을 막을 수 없었다며, 개정 현행 연방규칙이 타당하다고 밝히고 있다. 실재로 시간과 비용이 많이 드는 사전증거조사가 처음에는 그 필요성이 인정되어 결정했는데 막상 절차를 진행하다 보니 비용과 시간만 많이 들 뿐 별로 유익하지 않은 경우가 발생하기도 하는 것처럼 단체인증이 불필요한 절차진행으로 지체되는 경우가 자주 발생하였다. 이러한 점을 고려하여 자문위원회 주석서는 단체인증에 대한 결정을 부당하게 지연시켜서는 안 된다고 밝히고 있다.

개정된 연방규칙 제23조(c)(1)(A)도 대표당사자로서 소송을 제기하거나 제기당한 사람을 교체하는 것과 관련하여, 법원은 가능한 한 신속하게 대표당사자소송을 허용할 것인지 여부를 결정하여야 한다고 규정하고 있다. 연방항소법원은 단체인증 결정 시기는 제1심법원이 결정할 수 있는 재량권을 가지고 있다고 보았다. 일반적으로 대부분의 제1심법원들은 대표당사자소송이 제기된 후 30일 내지 90일 이내에 대표당사자소송을 허용할 것인지 여부를 결정하여야 한다는 자체규정을 가지고 있다. 대부분의 법원은 이러한 자체규정을 엄격하게 따르고 있기 때문에 무한정으로 대표당사자소송의 허용 여부에 대한 결정이 지체되도록 방치하지는 않는다. 일부 법원에서는 이러한 처리기한에 대해 상당한 이유가 있을 경우에는 그 기한을 연장하고 있다. 기한에 관한 위 규정은 일종의 훈시규정이라고 하겠다.

제1심법원이 단체인증 결정을 내리는데 어느 정도의 기간 내에 결정해야 하는가에 대한 명확한 기준은 없다. 대부분의 법원은 단체인증을 상대적으로 지체 없이 결정하고 있지만, 일부 법원은 많은 기간이 걸리기도 하고 경우에 따라서는 1년 이상 걸리는 경우도 있다. 단체인증 결정의 시기는 결국 사건의 중요한 쟁점의 다양성에 의해 영향을 받고 있다. 종전의 유사 판례를 검토하는 것도 소송의 구조와 당사자, 소송절차의 진행, 합의조정 여부 등을 결정하는데 많은 도움이

---

120) order를 우리 소송법체계에 맞춰 결정으로 번역하기로 한 것은 이미 밝힌 바 있다.

되고 있다. 나아가 단체인증을 거절하게 되면 구성원들이 개별소송을 수행하여야 함을 의미하기 때문에 수많은 유사한 소송이 제기될 가능성이 있다.

단체인증 시기는 한편으로 피고의 본안에 대한 소송태도에 영향을 미치기도 한다. 단체인증이 단시간 내에 이루어지면 피고가 적극적으로 소송에 임하게 되는 경우가 많다. 패소할 가능성이 높다고 보기 때문이다. 이 경우 단체인증에 대한 결정에 앞서 법원으로서는 소송의 방향을 결정하는 제안을 어떻게 처리할 것인지, 불특정 다수의 분쟁해결을 위한 최선의 방법은 무엇인지 등을 고민하게 된다. 일부 법원은 단체인증 전에도 소송의 방향을 결정하는 제안을 할 수 있으며, 그러한 제안이 있는 경우 단체인증 전이라도 그러한 제안에 대한 결정이 이루어질 수도 있다는 입장을 취하고 있다. 반면에 다른 일부 법원은 단체인증 전에 소송의 방향을 결정하는 결정을 내릴 수 없는 것은 아니지만, 만일 방향을 결정하는 제안이 단체인증 전에 해결되어 버리면 경우에 따라서는 상호 불일치로 인해 단체인증 후 소송절차를 무력하게 만드는 등 많은 문제점이 발생할 수도 있다고 우려한다. 단체인증에 앞서 본안에 대해 일정한 사항을 제안한 피고는 그 제안이 받아들여질 경우 그 제안의 효력은 현명당사자에게만 미칠 뿐이고, 부재당사자에 대해서는 그 효력이 미치지 못하는 불이익을 감수해야 한다.

제3장 단체인증을 위한 변론절차

Ⅰ. 쟁점의 제기

일반적으로 현명당사자는 대표당사자소송에서 단체의 인증을 받기 위해 유익한 자료, 즉 보고서, 신청서, 관련 증거 등이 첨부된 제안서를 법원에 제출하고 있다. 왜냐하면 원고에게는 연방규칙 제23조에 의해 대표당사자소송을 제기하는 것이 적절한지, 그리고 연방규칙 제23조의 요건사항을 충족하고 있는지 등에 대한 증명책임이 있기 때문이다.

한편 피고들도 단체인증이 부정될 수 있도록 자기들에게 유리한 증거자료를 제출하게 되는데, 대부분의 경우는 원고들이 증거를 제출한 이후에 피고 자신들에게 유리한 증거를 제출하지만, 먼저 원고의 증명을 탄핵하기 위해 원고들의 쟁점제기를 기다리지 않고 먼저 제출할 수도 있다.[121] 제9연방항소법원은 피고가 원고의 자료 제출과 상관없이 그 이전에라도 단체인증을 부정할 수 있는 의견서를 제출할 수 있다고 하였다. 이에 따라 피고는 원고의 단체인증에 의혹을 불러일으킬 수 있는 제안서나 단체인증을 거부할 수 있는 증거 등을 임의로 제출할 수 있다. 피고가 이런 의견서를 제출할 때는 주로 원고의 제안서를 각하해 달라거나 약식 판결을 해달라는 의견서도 함께 제출하게 된다.

결국 법원은 원고와 피고가 제출한 의견서 등을 검토하여 단체인증의 쟁점사항에 대한 증거수집을 위해 사전증거조사를 허용할 것인지 여부 등을 결정하게 된다.

Ⅱ. 청문회 개최

1. 청문회 필요성

연방규칙 제23조는 단체인증 결정과 관련하여 어떤 내용을 구체적으로 규정하고 있지 아니하다. 따라서 청문회를 개최할 것인지 여부는 법원의 자유재량에 의한 결정사항이라 할 것이다. 일부 법원은 원고들이 요구하지 않는 한 원고들을 위한 청문회를 개최하지 않을 수도 있다. 그렇지만 대부분의 경우 법원은 단체인증 결정 전에 일정한 형태의 청문회를 개최하고 있다. 특히 법원은 변론과정에서 당사자들이 사실관계에 대해 다투거나 그 밖의 이유 등으로 인하여 청문회의 필요성이 인정될 경우에는 청문회를 직권으로 개최하고 있다. 단체인증을 배척하려면 그 전에 청문회를 열어야 한다는 것이 판례의 입장이다. 청문회를 개최한 경우에도 소송당사자들에게 증거제출이 항시 보장되는 것은 아니다. 증거를 제출할 수 있는 청문회 여부는 사건별로 법원이 결정한다. 많은 경우에 구두 변론 또는 간단한 문서제출로 충분하며, 특히 쟁점이 되고 있는 사실관계가 명확할 때에는 더욱 그러하다. 반면에 사실관계가 복잡하거나 양 당사자가 끈질기게 다툴 경우에는 증거제출이 허용된 청문회가 필수적일 수도 있다.

2. 청문회절차와 증명책임

청문회에서, 단체인증을 원하는 당사자는 연방규칙 제23조의 모든 요건을 증

121) Vinole v. Countrywide Home Loans, Inc., 571 F.3d 935 (9th Cir. 2009); Campbell v. PricewaterhouseCoopers, LLP, 287 F.R.D. 615 (E.D.Cal. Nov 29, 2012).

명할 책임이 있다. 결론적으로 주장만으로는 이 책임을 다 한 것이 되지 않기 때문에 증거를 제출해야 하는 것이다. 즉 요건의 증명은 일정한 사실관계에 기초하고 있는 경우가 대부분이기 때문에 법원은 증명책임을 부담하는 당사자에게 연방규칙 제23조의 각 요건을 충족하였음을 나타내는 사실관계의 적절한 진술을 요구하고 있다.

일부 법원은 단체인증에 의문이 있으면 안 된다는 이유로 위와 같은 사실에 대한 진술뿐만 아니라 연방규칙 제23조의 요건들을 갖추었는지를 평가하기 위하여 더 많은 것을 요구하고 있다.

청문회절차와 관련하여 복잡한 소송을 위한 지침서(4차)는 청문회가 본안에 대한 간이절차일 필요는 없다고 설명하고 있다. 법원은 청문회를 진행함에 있어 증인 수를 제한하거나 다른 선례를 사전 검토하는 방법을 통해 청문회 성격을 규정하는 넓은 재량권을 가지고 있다. 사실관계에 대한 쟁점은 다툼이 없는 청구원인, 계약 내용, 제출할 것을 요구받아 답변하는 것들에 의해 간혹 간극이 좁혀지기도 한다.

3. 전문가 진술

이미 살펴본 바와 같이 법원들은 단체 인증 단계에서 필요한 경우에는 전문가 단체의 진술이나 자문 등을 참고로 하고 있다.

제4장 단체인증 결정

Ⅰ. 법원의 결정 의무

제1심법원이 대표당사자소송에 있어 단체인증을 하지 않으면 그 소송은 대표당사자소송으로서 진행될 수 없다. 다만 예외가 있다면, 원고가 소장에서 광범위하게 손해배상을 구하고 법원이 그러한 손해배상청구를 인정한다면, 설령 대표당사자소송에서 정형적인 의견서가 없더라도 대표당사자소송이 허용된다는 것이 판례의 입장이다. 그러나 이러한 판례의 입장에 대하여는 연방규칙 제23조에서 요구하는 대표당사자소송의 요건에 비추어 볼 때 의문스럽다는 비판이 가해지고 있다. 왜냐하면 위 판례가 있음에도 불구하고 실재로 모든 사건에서 원고가 소장에서 광범위한 손해배상청구를 하고 있지 않으면 대표당사자소송으로써 소송절차가 진행되는 것을 허용하지 않기 때문이다. 다시 말하자면 당사자가 대표당사자소송에서 광범위한 손해배상을 구하지 않으면 법원이 자발적으로 그 소송을 대표당사자소송으로 전환하여 재판해 주지는 않는다는 것이다. 일종의 당사자처분권의 존중이라 하겠다. 이처럼 법원은 소장에서 주장되지 않은 광범위한 구제를 허용하지 않는다고 하겠다.

따라서 법원으로서는 대표당사자소송이 제기된 경우 단체의 인증에 대한 가부의 결정을 반드시 내려야 한다. 인정하면 대표당사자소송으로 진행될 것이고, 인정하지 않으면 개별소송으로 취급하게 된다.

Ⅱ. 조건부 인증 여부

앞에서 살펴본 바와 같이 2003년 개정된, 즉 현행 연방규칙 제23조는 대표당사자소송으로서의 요건을 갖추지 못하면 단체의 인증을 거절하도록 하여 조건부 인증을 하지 못하도록 하였고, 자문위원회 주석서 역시 대표당사자소송의 요건이 충족될 때까지 단체의 인증 결정을 거절할 수 있다고 밝히고 있다. 그런데 제2연방항소법원은 2003년 위와 같이 조건부 인증 규정이 삭제되었음에도 불구하고, 그런 개정취지가 단체의 쟁점에 대한 화해의 경우까지 조건부 인증을 할 수 없음을 의미하는 것은 아니라고 판시하였다.[122] 즉 Denney 판결에서, 당사자는 청구원인에 대해 화해를 추구하면서 단체인증을 조건부로 인증해 달라고 요구하였는데, 위 법원은 본안에 대한 화해를 위한 단체인증의 경우는 물론이고 그 이외의 경우에도 연방규칙 제23조(a) 및 제23조(b)의 입법취지를 고려할 때 단체인증은 조건부 또는 무조건부로 할 수 있다고 판시하였다.

대부분의 법원은 개정된 연방규칙이 요구하고 있는 요건을 충족하지 못했을 때 단체의 인증 결정을 거절할 수 있다는 개정취지에 동감하면서도 대표당사자소송을 둘러싼 변화된 환경에 맞춰 필요성이 인정될 경우에는 연방규칙 제23조를 신축적으로 해석하여 조건부 인증을 할 수 있다는 입장을 취하고 있다. 특히 연방규칙 제23조(c)(1)(C)은 사건에 대한 최종적인 판결을 하기에 앞서 어떠한 변형이

---

122) Denney v. Deutsche Bank Sec., Inc., 443 F.3d 253 (2d Cir. 2006); Yoshioka v. Charles Schwab Corp., 2012 WL 5932817.

필요하다면 법원으로 하여금 단체인증에 대한 결정을 수정하거나 변경할 수 있도록 하고 있다. 자문위원회 주석서도 새로운 공지를 보장하거나 탈퇴권을 보장해 줄 수 있다면 절차 진행 중 단체의 정의는 수정될 수 있으며, 필요성이 인정되는 경우에는 법원은 인증 결정을 취소할 수 있다고 하고 있다.

따라서 단체인증 결정의 취소 또는 변경을 원하는 당사자는 새롭게 발견된 사실을 주장하거나 법의 개정으로 새로운 내용의 인증 결정이 내려져야 함을 증명하여야 한다. 그 경우에 법원은 당연히 기존에 내려진 인증 결정을 변경하여야 한다. 그러나 그러한 것이 인정되는 경우는 극히 예외적인 경우이므로 사실관계에서 명백한 반전이 있거나 법률이 개정되는 등의 명확한 원인이 있어야 한다.

Ⅲ. 하위단체 결정

연방규칙 제23조(c)(4)는 동 규칙 제23조의 요건과 관련하여 문제를 해결하기 위해 필요하다면 하위단체로 세분하여 대표당사자소송을 허용하고 있다. 하위단체를 허용할 것인지 여부는 오로지 제1심법원의 재량사항이다. 예를 들어 위험물질 노출로 인해 이미 육체적 상해가 발생한 구성원들의 하위단체와 노출되었으나 아직 육체적 상해가 발생하지 않은 구성원들의 하위단체를 분리하는 것처럼 일정한 사정에 의해 하위단체의 필요성이 인정되면 제1심법원이 이를 결정하게 된다.[123]

각각의 하위단체는 자체적으로 대표당사자소송으로 인정되기 위한 세 가지 기본요건 및 연방규칙 제23조(a)에 규정된 네 가지 기본요건을 모두 갖추어야 하고, 동 규칙 제23조(b)가 규정한 네 가지 유형 중 어느 하나의 대표당사자소송 유형에 맞아야 한다. 하위단체의 대표당사자는 하위단체로서 갖추어야 할 위와 같은 요건에 대한 증명책임이 있다.

이러한 하위단체는 주로 전체 단체에 대한 인증 결정 이후 발생하는 어려운 문제점을 해결하기 위해 사용되는 것이 일반적이지만, 경우에 따라서는 전체 단체의 확인 전에도 하위단체에 대한 인증 결정이 미리 이루어지기도 한다. 나아가 하위단체는 단체의 대표당사자와 구성원들 사이, 또는 구성원 상호 간에 관련된 사실상 또는 법률상 쟁점이 다르거나 대립하는 경우에 문제를 해결하기 위해 이용되기도 하고, 또는 특정한 단체 구성원들이 특별한 손해 또는 해결이론을 주장하는 경우에 이용되기도 한다. 복잡한 소송을 위한 지침서(4차)는 하위단체에 의

123) Oritiz v. Fibreboard, 527 U.S. 815 (1999); Juris v. Inamed Corp., 685 F.3d 1294, 23 Fla. L. Weekly Fed. C 1251 (11th Cir.(Ala.) Jul 06, 2012).

한 대표당사자소송은 가끔 적용해야 할 실체법이 여러 가지일 때 어느 법을 선택할 것인지와 같은 어려움을 해결하는데 유효하게 작동할 수 있다고 밝히고 있다.

경우에 따라서는 하위단체를 인증할 경우 그로 인해 오히려 소송이 전체적으로 복잡하게 되는 경우도 있을 수 있다. 예를 들어 하위단체가 여럿 있다 보면, 법원으로서는 감독권 행사나 소송지휘에 어려움을 겪게 되거나, 단체 상호 간, 대표당사자와 구성원들 간, 또는 구성원과 소송대리인 사이에 혼란과 대립이 야기될 수도 있다. 뿐만 아니라 하위단체가 많아지게 되면 그들이 모두 대표당사자소송으로서의 소송요건을 갖추었는지를 증명하는데 어려움이 따르기도 하고, 일부 하위단체에 소송요건의 흠결이 발견되면 전체적으로 소송이 지체되는 등의 문제가 발생하기도 한다.

Ⅳ. 단체별 쟁점 분리와 병합

1. 의 의

연방규칙 제23조(c)(4)는 적합성이 인정될 경우처럼 특별한 경우에는 그 특정쟁점만을 위한 대표당사자소송의 제기를 허용하고 있다. 즉 같은 대표당사자소송 내에서조차 쟁점별로 분리하여 대표당사자소송을 진행할 수 있도록 보장하고 있는 것이다. 그럴 경우 법원은 직권으로 또는 당사자의 신청에 의해 그 쟁점에 대한 부분적 단체의 인증 결정을 할 수도 있다. 일종의 변론의 분리라고 할 것이다. 법원은 소장의 내용을 검토한 후 어떤 사건을 대표당사자소송으로 취급하고, 어떤 사건을 구성원들의 개인적 소송으로 취급할 것인지를 분리하는 결정을 할 수도 있다. 법원은 소장을 검토하여 어떤 사건에 대하여는 당사자에게 소송탈퇴권이 보장되는 연방규칙 제23조(b)(3) 유형, 즉 제4유형의 대표당사자소송으로 취급할 것을 결정하거나, 어떤 사건에 대하여는 당사자에게 소송탈퇴권이 보장되지 않은 제1유형 내지 제3유형, 즉 연방규칙 제23조(b)(1) 유형 내지 제23조(b)(2) 유형의 대표당사자소송으로 취급할 것을 결정할 수도 있다.

법원은 손해배상청구소송을 대표당사자소송으로 인정하면서 그 변론절차를 통해 손해배상발생원인과 책임문제를 분리하여 심리할 수 있고, 일정 사건의 경우에는 피고의 책임과 관련하여 구성원들로 하여금 개인적으로 손해배상청구를 하도록 변론절차를 분리할 수도 있다. 이처럼 대표당사자소송을 분리 심리할 것인지 여부는 사건에 대한 사실관계와 법적 쟁점에 대한 심리를 마친 후 제1심법원이 자유재량으로 결정하게 된다.

물론 이와 같이 법원이 변론의 분리를 결정하기 위해서는 사건이 연방규칙 제23조의 요건을 충족하고 있어야 한다. 그런데 실재 운영과정에서 연방규칙 제23조(b)(3) 유형, 즉 제4유형의 대표당사자소송에서 소송요건인 공통의 쟁점이 우월적 지위를 가지고 있는가 라는 점을 판단하는 과정에서 많은 혼란이 야기되었다. 일부 법원은 부분 입증을 위한 유일한 쟁점에 대해 연방규칙 제23조의 요건을 모두 충족하고 있는지 여부를 결정하기 위해 조사를 실시하였다.[124] 제2연방항소법원은 연방규칙 제23조(c)(4)에 의해 증명된 특정 쟁점이 그 사건의 다른 쟁점들보다 모든 면에서 우월적 지위를 가지고 있어야 하는가에 대하여 동 조항은 그럴 필요까지는 없다고 해석하였다. 그러나 일부 법원은 부분 증명을 허용할 것인지를 결정함에 있어 소송의 모든 원인을 종합적으로 검증하여 연방규칙 제23조가 요구하는 요건을 충족하였는지 여부를 판단하여 결정하여야 한다고 하였다.[125] 그러면서 어떻게 처리할 것인지에 대한 규정이 명시적으로 없는 경우에는 대표당사자소송을 허용할 것인지 여부를 결정해야 하는 법원으로서는 우월성 요건까지 배제할 수 있는 어떠한 쟁점을 찾을 수도 있다고 하였다.

복잡한 소송을 위한 지침서(4차)는 이 문제에 대하여 명확히 거론하지 않으면서도, 연방규칙 제23조(c)(4)의 특별 쟁점 확인은, 그러한 확인을 통해 전체적으로 소송의 방향이 실질적으로 해결의 길로 나아가고 있고, 단체의 특정 쟁점 해결이 개인적 결정을 필요로 하는 수많은 쟁점을 남겨 놓을 경우에는 허용되어져야 하지만, 그러한 요건을 충족하는 경우는 많지 않을 것이라고 밝히고 있다.

변론을 분리하거나 특정 쟁점에 대한 부분 증명을 함에 있어, 제1심법원은 공통의 쟁점을 제일 먼저 심리하여야 하고, 이어서 개인별 특정 쟁점에 대하여 심리하여야 한다. 변론을 분리함에 있어 법원으로서는 수정헌법 제7조의 배심원에 의해 재판을 받을 권리를 침해하는 것은 아닌지 여부를 살펴보아야 한다.

제7연방항소법원은 연방규칙 제23조(c)(4)의 특정 쟁점과 관련하여 직접적인 언급을 하지 않으면서도, 재판의 분리와 관련하여 아주 중요한 판결을 하였다.[126] 즉 유해물질인 트리클로로에틸렌(TCE) 유출로 인한 환경오염사건에 관한

124) Nassau Cnty. Strip Search Cases, 461 F.3d 219 (2d Cir. 2006); Anderson Living Trust v. WPX Energy Production, LLC, 306 F.R.D. 312 (D.N.M. Mar 19, 2015).

125) Castano v. American Tabacco Co., 84 F.3d 734 (5th Cir.1996); Collins v. Anthem Health Plans, Inc., 266 Conn. 12, 836 A.2d 1124 (Conn. Sep 30, 2003).

126) Mejdrech v. Met-Coil Sys. Corp., 319 F.3d 910 (7th Cir. 200Ⅲ.); Presbyterian Church of

Mejdrech 판결에서, Posner 판사는 공통쟁점사항으로 첫째, 피고가 유해물질인 TCE 용액을 법에 위반하여 유출하였는지 여부, 둘째, 그렇게 유출된 TCE 용액이 원고 구성원들의 집 아래 토양과 지하수를 오염시켰는가 여부 등 두 가지를 쟁점으로 꼽았다. 그리하여 법원은 두 가지 쟁점에 대한 증명이 이루어진 후, 각각의 구성원들에게 각자 입은 피해사실과 범위를 증명하라고 요구하였다. 이처럼 구성원들의 개별적 피해에 대한 증명 전이라도 공통적 쟁점인 유해물질 유출 및 지하 침투가 인정되면 대표당사자소송은 허용된다는 것이다. 이는 마치 우리나라의 중간판결처럼 청구원인(손해배상책임의 인정)에 대한 중간판결과 배상금액에 대한 종국판결을 합해 하나의 완성된 종국판결로 취급하는 것과 같은 업무처리라고 하겠다.

2. 쟁점의 다양성

여러 개의 연방지방법원 또는 주법원과 연방법원에 여러 개의 대표당사자소송이 동시에 제기되는 것은 흔히 나타나는 현상이다. 이런 여러 개의 소송이 어떤 경우에는 소송대리인이 중복되는 경우도 있고, 서로 다른 변호사들에 의해 제기되는 경우도 있다. 다른 사건인데도 어떤 경우에는 소송의 범위와 대표당사자소송의 정의가 일치되는 경우도 있다. 그 외의 경우에는 본질적으로 서로 다른 대표당사자소송이라고 하겠다.

복잡한 소송을 위한 지침서(4차)는 다수의 대표당사자소송을 관할하게 된 법원은 다양한 선택권을 행사할 수 있다고 밝히고 있다. 즉 법원은 예심절차로서 연방법원판사가 재판할 수 있도록 사건을 연방법원으로 병합토록 하거나, 단체인증, 사전증거조사, 신청 등을 주법원과 연방법원의 판사들이 서로 협력하여 재판하도록 하거나, 주법원에서 사전에 단체를 인증 받은 구성원들을 배제하고 나머지 구성원들로 새로운 범위의 단체를 구성하거나, 이미 주법원에 의해 대표당사자소송이 인증된 경우라면 연방법원에 의한 단체인증을 생략한 채 주법원에서 계속 재판할 수 있도록 하거나, 연방법원사건을 다른 잠재적 대표당사자소송에 포함되어 있는 당사자들과 손해배상에 대한 청구를 연방법원의 다른 사건에 포함시켜 재판할 수 있도록 그 범위를 확장하는 등 여러 가지 방법을 선택할 수 있다는 것이다.

Sudan v. Talisman Energy, Inc., 226 F.R.D. 456.

판결이나 화해를 통해 다수 사건이 관련된 하나의 복합적 소송이 종결된다면, 그 기판력은 관련성이 있는 구성원이 겹치는 미결 상태의 다른 대표당사자소송에 미친다.

제5장 본안 청구의 적절성

그렇다면 단체인증 과정에서 본안 청구의 적절성도 함께 고려하여야 하는가 여부이다. 일반적으로 소송요건인 단체의 인증과 본안은 서로 분리되어 있다. 그렇지만 대표당사자소송의 특성은 단체의 인증을 위해 소송요건을 검토하다 보면 결국 본안에서 검토되어야 할 사항을 사전 심사하게 되는 경우가 상당히 많다. 양 요건이 서로 겹치는 면이 있기 때문이다.

연방규칙 제23조는 대표당사자소송의 요건을 규정하면서도 그 개별 요건들을 어떤 증거에 의해, 어떤 방식으로 충족여부를 판단해야 하는가에 대하여는 전혀 규정하고 있지 않다. 따라서 대부분의 법원은 대표당사자가 변론과정에서 주장한 자료 및 최소한의 증거를 통해 단체 여부를 결정할 수밖에 없다. 그러다 보니 법원들은 일반적으로 단체인증을 사실관계에 대한 쟁점을 근거로 결정할 수밖에 없는데, 어찌 보면 그러한 사실관계는 결국 본안청구에 연결될 수밖에 없게 된다.

이와 관련하여 제7연방항소법원은 2001년 Szabo 판결[127)]을 통해 변론과정에서 위와 같은 방법을 막연하게 이용하는 것은, Eisen 사건[128)]에 대한 연방대법원의 결정을 오해한 데에서 비롯되었다며, 그렇게 해서는 안 된다고 하였다. Eisen 판결에서, 하급심법원은 청문회 등을 마친 후 본안에서 원고의 승소가능성이 높다고 판단할 경우 구성원들에 대한 통지비용을 피고가 부담하도록 하는 결정을 내릴 수 있다고 하였다. 즉 하급심법원이 청문회와 배심원 평결을 거친 후 원고들의 주장이 본안에서 승소할 것으로 예상되었다면 수백만 명에 달하는 단체의 구성원들에 대한 통지비용의 90%를 패소할 것으로 예상되는 피고들이 부담하도록 지방법원이 명령을 내릴 수 있다는 것이었다. 그러나 연방대법원은 Eisen 판결을 통해 위와 같은 지방법원의 결정을 파기하면서, 연방규칙 제23조의 조문내용이나 입법취지를 고려해 볼 때 대표당사자소송의 허용 여부를 결정하기 위해 법원이 본안에 대한 사전 조사를 해도 좋다는 어떠한 근거를 찾아낼 수 없다고 하였다.

---

127) Szabo v. bridgeport Machines, Inc., 249 F.3d 672(7th Cir. 2011); Williams v. Blagojevich, 2006 WL 333284Ⅳ.

128) Eisen v. Carlisle & Jacqueline, 417 U.S. 156 (1974); Berthelot v. American Postal Workers Union, Local 185, 2011 WL 1086010.

그런데 많은 법원들이 위 Eisen 판결을 설령 단체인증에 필요한 사실관계와 본안에 대한 사실관계가 겹치는 경우를 포함하여 단체인증 과정에서 본안에 대한 것을 고려해서는 안 된다는 취지로 해석하였던 것이다. 그러나 제9연방항소법원의 Easterbrook 판사는 위 Szabo 판결을 통해, 위 연방대법원의 위 Eisen 판결이 사실심법원의 재량결정권을 금지한 것으로 보아서는 안 된다고 새롭게 해석하였다.

그런데 연방대법원은 General Telephone Co 판결[129)]을 통해 이 점에 대해 다른 관점에서 바라보았다. 즉 부재당사자들은 대표당사자소송을 통해 현명당사자들이 부재당사자들의 이익을 위해 함께 청구하고 변론절차를 진행하고 있다는 사실을 알게 되는 것이 어렵지 않기 때문에 법원으로서는 그들의 이익을 위해 단체인증에 필요한 자료를 직권으로 조사하는 것도 필요하다고 밝혔다. 즉 연방대법원은 대표당사자소송의 단체인증은 엄격한 증거조사 후 결정하면 된다는 입장이라는 것이다.

일부 법원은 1990년대 중반에 이르러 본안에 대한 변론과정에서 발견된 자료를 단체인증을 위한 엄격한 평가의 한 자료로 활용할 수 있다는 입장을 취함으로써, 종전 Eisen 판결의 엄격한 구조로부터 후퇴하였다.[130)] 다만 이 단계에서도 위 법원은 일반적으로 오직 단체인증을 위한 증거인지 여부만 살펴보았을 뿐, 그것들이 본안에서 쟁점을 해결할 수 있는 증거의 역할을 수행할 수 있는 것인가에 대해서는 고려하지 않았다. 즉 그 증거가 설령 본안에 관한 것이었다고 하더라도 단체인증의 목적으로도 사용할 수 있고, 그럴 경우에는 본안에 대한 심리를 동시에 하지 않으면 된다는 것이다.

그런데 제7연방항소법원은 위 Szabo 판결을 통해 증거에 대한 엄격한 검토뿐만 아니라 본안에 영향을 미치는 상충되는 증거의 해결도 함께 포섭해야 한다는 입장을 밝혔다. Szabo 사건은 Bridgeport Machines으로부터 결함 있는 기계장치를 샀다고 주장하는 전국에 산재된 구매자들이 구성원들이 되어 제기한 대표당사자소송이다. 원고들은 이 사건에서 소장을 통해 피고의 사기와 계약상의 보증내용 침해로 인해 자신들이 손해를 입었다며 그 배상을 청구하였다. 추정적 원고

129) General Telephone Co. v. Falcon, 457 U.S. 147 (1982); Garcia v. Veneman, 211 F.R.D. 15 (D.D.C. Dec 02, 2002).

130) Castano v. American Tobacco Co., 84 F.3d 734, 737, 744 (5th Cir. 1996); Collins v. Anthem Health Plans, Inc., 266 Conn. 12, 836 A.2d 1124 (Conn. Sep 30, 2003).

들은, Bridgeport회사의 배급업자들의 구두 항변을 포함하여, 자신들의 청구가 개인적 쟁점에 대한 소송이 아니라는, 즉 대표당사자소송임을 인정받기 위하여 Bridgeport회사가 인정 또는 승인한 모든 사기광고 등을 소장에서 함께 주장하였다. 추정적 원고들은 피고가 만든 기계장치가 사용처로 예정된 어떤 기계에도 맞지 않다고 주장하였다. 반면에 피고인 Bridgeport회사는 원고의 주장을 반박하면서, 그 장비는 그 기계가 제어하는 장치의 부품으로서 제대로 작동하고 있다고 주장하였다. 결국 다른 주장들과 함께 이러한 쟁점은 단체의 인증 단계와 본안 단계 모두에 공통적인 쟁점이 되었다.

제7연방항소법원의 Easterbrook 판사는 제1심지방법원이 이 분쟁을 해결하는 과정에서 잘못을 범하였다고 판시하였다. 즉 연방대법원의 Eisen판결이 지방법원으로 하여금 소장의 내용 이면에 숨겨져 있는 연방규칙 제23조의 요건들을 조사하지 못하도록 금지하고 있는 것이 아니라 관련된 사항들을 조사할 수 있도록 허용하고 있으므로, 지방법원으로서는 위 사건을 대표당사자소송으로 허용할 것인지 여부를 결정할 때 연방규칙 제23조의 요건을 갖추었는지 여부를 사실관계에 기반을 두고 법률적 조사를 하였어야 했다고 판시하였던 것이다.

그 이후 모든 연방항소법원들은 위 Szabo 판결의 취지에 따라 대표당사자소송을 판결하였다. 2008년경 제3연방항소법원은 Hydrogen Peroxide 판결[131]을 통해 Szabo 판결과 그 판결을 따른 다른 판례들의 판결취지를 반영하여 단체의 확인절차를 유형화하였다. 첫째, 단체 여부의 결정은 당사자가 제시하는 기준에 의해 결정할 것이 아니라 연방규칙 제23조의 요건을 갖추었는지에 대한 법원의 판단으로 결정되는 것이고, 동 조항을 지지하는 배심원의 결정은 우월한 증거에 의해 결정되어져야 하며, 둘째, 법원은 소송의 원인이 되는 쟁점들을 포함하여 단체인증의 증거들이 본안과 중복된다 하더라도 반드시 사실관계 및 법률관계에 기반하여 판단하여야 하며, 셋째, 법원에게는 대표당사자소송과 관련하여 모든 주장과 증거를 고려할 의무가 있기 때문에 당사자의 찬성 또는 반대를 불문하고 전문가의 의견까지 포함하여 관련 증거를 모두 검토하여야 한다는 것이다.

연방대법원은 Dukes 판결[132]을 통해 앞서의 두 판례 즉 Szabo 판결과

---

131) Hydrogen Peroxide Antitrust Litigation, 552 F.3d 305 (3d Cir. 2008); Jackson v. Unocal Corp., 262 P.3d 874, 175 Oil & Gas Rep. 313 (Colo. Oct 31, 2011).

132) Wal-Mart Stores, Inc. v. Dukes, 131 S. Ct. 2541(2011); Lillehagen v. Alorica, Inc., 2014 WL 2009031 (C.D.Cal. May 15, 2014) .

Hydrogen Peroxide 판결을 거론하며, 법원이 증거에 의한 결정을 내릴 때, Eisen 판결이 법원으로 하여금 엄격하게 증거를 조사하는 것을 배제하려 했던 것이 아님은 분명하므로 Eisen 판결을 잘못 해석한 Szabo 판결 이전의 판결은 모두 다 폐기하고, Szabo 판결의 취지를 가장 적합한 원칙으로 받아들인다고 판시하였다.

또한 연방대법원은 단체 여부를 결정하기 위해서는 일반적으로 원고가 소송을 통해 주장하는 모든 사실관계 및 법률관계로 인해 원고가 곤란에 처해 있다는 사실을 고려하여야 한다고 판시하였다. 그러면서도 연방대법원은 원고와 피고 사이의 증거에 대한 다툼을 해결하기 위하여 단체의 인증을 법원에 구하는 것인지 여부에 의하여 단체의 확인이 순수하게 결정되는 것은 아니라고 하였다. 왜냐하면 원고에게만 유일한 증거인 경우 그 증거는 다른 구성원의 쟁점과 무관하므로 단체의 공통성 요건을 충족하는 것이 아니라는 것이다.

한편 일부 판사들은 Szavo 판결 및 Hydrogen Peroxide 판결이 택한 접근방법을 지지하지 않았다. 심지어는 Hydrogen Peroxide 판결 이후, 같은 제3연방항소법원 내의 다른 판사가 위 판결과 다른 견해를 제시하기도 하였다.[133] Dukes 판결 이후 연방대법관 사이에서도 역시 서로 다른 견해가 주장되기도 하였다. Dukes 판결에서 다수견해에 찬성했던 Aldisert 연방대법관은 Hydrogen Peroxide 판결을 언급하며, 이 판결은 단체인증 단계에서 원고에게 아무런 증거제시를 요구하지 않았으며, 반면에 원고들은 오직 자신들이 제기한 사건이 연방규칙 제23조의 각 요건을 충족하는지에 대한 우월성만을 증명하였다면서, 그 결과 Eisen 판결에 더 많이 배치되거나 배심원들의 사실 확인에 우선하여 단체인증이 가능하도록 하였는바, 이는 수정헌법 제7조의 근간을 위협하게 된다고 비판하였다. 다수견해는 단체의 인증 단계에서 우리는 전문가 방식이 증명이론의 외양만 그럴듯하게 보이도록 결정하는 것을 평가할 뿐이라고 판시하였다. 이러한 다수견해에 대해 반대입장을 취한 Jordan 연방대법관은 Hydrogen Peroixde 판결에 대해 법원이 오직 전문가 방식이 그럴듯한지 여부를 결정하기 위해 필요할 뿐이라고 판시한 것에 대하여 동의할 수 없다며 반대견해를 표시하였다.

한편 Easterbrook 판사를 제외한 제7연방항소법원의 나머지 판사들은 단체의

133) Behrend v. Comcast Corp., 655 F.3d 182 (3d Cir.2011); Comcast Corp. v. Behrend, 133 S.Ct. 24, 183 L.Ed.2d 673, 80 USLW 3442, 80 USLW 3699, 80 USLW 3707, 81 USLW 3028 (U.S. Jun 25, 2012).

인증 단계에서 원고들이 독점금지 효과의 원인을 증명할 필요가 없으며, 독점금지 효과의 원인이 단체의 구성원 개인보다는 오히려 단체에 공통된다는 증거를 제출하면 제1심법원에서 그것들을 증거로 사용할 수 있다는 Behrend 판결을 인용하였다.[134] 마찬가지로 여러 지방법원에서는 단체의 인증을 위한 쟁점들에 대한 증거자료 활용과 관련하여 본안판결에 대한 쟁점들에 대하여도 역시 관심을 보이고 있다.

연방대법원은 제3연방항소법원의 Behrend 판결을 승인하면서,[135] 지방법원이 단체가 인정될 수 있는 증거를 제출하는지 여부, 전문가 자문을 거쳤는지 여부, 그 사건이 모든 구성원들의 기본적 손해배상에 영향을 주는 사건인지 여부 등을 고려함이 없이 단체를 인증하는 것은 허용되지 않는다고 밝혔다.

제6장 단체인증과 취소

Ⅰ. 단체인증 판결이유

대표당사자소송에서 단체를 인증할 것인지 여부가 제1심법원의 자유재량결정사항이라는 점은 이미 살펴보았다. 다만 제1심법원에서 재량권을 남용하였다고 판단되는 경우에는 상급법원에서 파기될 수 있다. 연방규칙 제23조는 자체적으로 단체를 인증하는 법원의 명령에 배심원들의 결정이나 결론을 요구하고 있지는 않다. 다만 법원은 연방규칙 제23조(b)(3) 유형, 즉 제4유형의 대표당사자소송에 대한 단체인증을 할 경우에는 그 우세함과 우월성이라는 요건이 충족된 근거를 제시하여야 한다. 그럼에도 불구하고 복잡한 소송을 위한 지침서(4차)가 요구하고 있는 것처럼, 법원은 연방규칙 제23조가 제시하고 있는 기준에 맞춰 사실관계에 대한 확인과 결론을 내려야 한다. 만일 그러한 절차를 위반한 경우에는 연방규칙 제23조에 의해 중간항소 후 전개되는 소송절차에서 수정되거나 파기될 수 있다. 제5연방항소법원은 단체를 인증함에 있어, 지방법원은 원고가 연방규칙 제

134) Messner v. Northshore Univ. Health System, 669 F.3d 802, 818 (7th Cir. 2012); Rock v. National Collegiate Athletic Ass'n, 2015 WL 32905Ⅱ.

135) Behrend v. Comcast Corp., 655 F.3d 182 (3d Cir.2011); Comcast Corp. v. Behrend, 133 S.Ct. 24, 183 L.Ed.2d 673, 80 USLW 3442, 80 USLW 3699, 80 USLW 3707, 81 USLW 3028 (U.S. Jun 25, 2012).

23조의 요건들을 어떻게 충분하고 특별하게 증명하였는지를 자세하게 판시하여야 한다고 밝혔다.[136] 한편 제3연방항소법원도 단체인증 명령 또는 첨부된 판결문에는 원고의 청구와 쟁점 및 피고의 주요 항변들에 대한 쟁점에 대하 명백하고 완전한 최종적 의견을 표시하여야 한다고 하였다.[137] 다시 말해 어떤 근거에 의해 대표당사자소송에 있어서 단체의 인증이 이루어졌는지 합리적 의심이 불가능할 정도로 명확하게 밝혀야 한다는 것이다.

Ⅱ. 단체인증 결정의 취소

대표당사자소송에서 단체에 대한 인증이 이루어진 후 본안에 대한 마지막 판결이 이루어지기 전에 법원이 그 인증을 취소할 수 있는가 여부이다. 단체인증 결정이 제1심법원의 재량권 내의 사항이듯, 인증 결정된 단체에 대한 취소 역시 제1심법원이 타당성을 인정할 경우에는 할 수 있다. 실재로 법원은 가끔 사전증거조사 과정 중 전혀 예상치 못했던 복잡한 내용들이 드러나거나 대표당사자소송으로 진행하는 것이 적합하지 않게 되거나, 대표당사자소송에서 대표당사자가 부적격하다고 밝혀지거나 소송대리인이 없게 된 경우에는 단체의 인증 결정을 취소하게 된다.

물론 이렇게 인증을 취소하게 되면 그 동안 들어간 당사자의 노력이나 비용이 무의미한 것이 되고 만다. 따라서 법원은 단체가 인증된 이후에 취소될 경우 피해가 크기 때문에 이를 막기 위해 단체인증 단계에서부터 그 타당성을 면밀하게 조사하여 단체인증 여부를 결정하고 있다.

---

136) Vizena v. Union Pacific R.R. Co., 360 F.3d 496, 503 (5Th Cir. 2004); Dale v. DaimlerChrysler Corp, 204 S.W.3d 151 (Mo.App. W.D. Jun 30, 2006).

137) Wachtel v. Gurdian Life Ins. Co. of Am., 453 F.3d 179, 184 (3d Cir.2006); Flood v. Dominguez, 2011 WL 238265 (N.D.Ind. Jan 21, 2011).

제8절 변론절차와 소송지휘권의 행사

제1장 의 의

연방규칙 제23조(d)는 대표당사자소송에 대한 법원의 소송지휘권에 대하여 규정하고 있다. 이와 관련하여 자문위원회 주석서는 동 규칙이 소송지휘를 위한 사항을 세부적으로 자세하게 규정하고 있는 것은 대표당사자소송이 공정하고 효율적으로 진행될 수 있도록 하기 위한 것이라고 설명하고 있다. 연방규칙 제23조(d)는 법원으로 하여금, 소송절차를 진행하면서 구체적인 명령, 예를 들어 단체의 구성원들에게 공지를 요구한다거나, 대표당사자 또는 소송에 참가하는 중재자들에게 일정한 조건을 부과한다거나, 대표당사자에 대하여 불필요한 진술을 취소하도록 변론서 변경을 요구한다거나, 비슷한 절차상의 문제들을 함께 진술하도록 하는 등의 소송지휘에 관한 일반적인 경우와 여러 명령을 복합적으로 병합할 수 있는 것 등에 대하여 규정하고 있다.

연방규칙 제23조(d)(1)은 다섯 가지 세분화된 소송지휘권에 대하여 규정하고 있다. 그런데 실재로 보면 법원은 연방규칙 제23조(d)에 의해 포괄적으로 필요한 소송지휘를 하면서 구체적인 세부 조항의 적용에 대하여는 언급을 생략하기도 한다.

제2장 개별 지휘권에 대한 검토

I. 연방규칙 제23조(d)(1)(A)에 대한 검토

연방규칙 제23조(d)(1)(A)는 당사자들이 주장 또는 증거 제출 과정에서 불필요한 반복이나 소송을 복잡하게 하는 경우 법원이 이를 제한하여 소송이 원활하게 진행될 수 있도록 소송절차의 방식이나 과정을 합리적으로 결정하거나 제한할 수 있도록 법원에 대해 소송지휘권을 부여하고 있다. 연방규칙 제23조(d)(1)(A)는 예심절차를 규율하는 연방규칙 제16조와 마찬가지로 일반조항에 해당하기 때문에 모든 소송절차에 공통적으로 적용된다고 하겠다.

법원은 유사한 사건이 다른 법원에 계속되어 있을 경우 그 판결의 결과를 참조하여 당해 사건을 재판하기 위하여 당해 재판의 변론기일을 추후지정할 수도 있다. 또한 법원은 다른 대체 해결방법이 있는지 대체방안을 찾기 위해 일시적으로 재판을 연기하기도 한다. 더해서 법원은 연방규칙 제23조의 목적인 소송절차의 단순화를 위해 연방규칙 제23조(d)(1)(A)에 따라 소송절차를 유지하면서 부적합한 소송참가인 등을 소송에서 제외시키기도 한다.

2003년 개정 전 연방규칙 제23조는 대표당사자는 단체를 위하여 주도적으로 소송수행임무를 맡는 대표소송대리인을 임명하는 것에 대하여 일정한 통제를 가할 수 있었다. 그런데 법원은 일정한 상황 하에서 연방규칙 제23조(d)(1)에 근거하여 대표변호사를 임명해 왔다. 그런데 개정된 연방규칙 제23조(g)는 대표당사자가 아닌 법원으로 하여금 대표당사자소송을 수행할 소송대리인을 임명하도록 규정하고 있다.

Ⅱ. 연방규칙 제23조(d)(1)(B)에 대한 검토

연방규칙 제23조(d)(1)(B)는 단체 구성원을 보호하고 공정한 소송수행을 위해 단체 구성원 전부 또는 일부에 대하여 적절한 통지를 발할 수 있도록 하면서 세 가지 세부사항을 규정하고 있다. 연방규칙 제23조(d)(1)(B)(ⅰ)는 법원으로 하여금 소송 단계별로 필요하다고 인정할 경우에는 언제든지 공지할 수 있는 권한을 행사할 수 있도록 규정하고 있다. 나아가 동 규칙 제23조(d)(1)(B)(ii)는 법원으로 하여금 판결의 영향을 받게 될 것으로 예상되는 일부 또는 전부의 구성원에 대하여 필요한 경우 적절한 통지를 발할 수 있도록 규정하고 있다. 그리고 동 규칙 제23조(d)(1)(B)(iii)은 단체의 구성원들이 대표가 적절하고 공정하게 재판을 진행하고 있는지 여부에 대해 의견을 표명할 수 있는 기회, 청구와 방어에 대한 의견을 개진할 수 있는 기회 등을 보장하고, 필요하다고 인정될 경우 소송에 참가할 수 있는 기회를 보장해 주기 위하여 구성원들에게 통지할 수 있는 권한을 법원에 부여하고 있다.

Ⅲ. 연방규칙 제23조(d)(1)(C)에 대한 검토

연방규칙 제23조(d)(1)(C)는 법원으로 하여금 소송의 대표당사자 또는 소송참가자에게 일정한 조건을 부과하는 명령을 발할 수 있다고 규정하고 있다. 자문위원회 주석서는 이러한 조건부 명령은 대표권을 강화하고, 소송참가자들이 적절하고 효과적인 소송행위를 수행할 수 있도록 하기 위해서 그들에게 일정한 조건을 부과하는 것이라고 밝히고 있다. 결국 대표당사자소송을 재판하는 법원으로서는 이 조항에 근거하여 법원의 명령에 따르지 않는 소송관련자들에게 사법적 제재를 가할 수 있게 된다.

일부 법원은 대표당사자소송을 유지하기 위하여 하나의 대표당사자소송을 다른 조건이 붙은 여러 개의 대표당사자소송으로 분할하도록 대표당사자들에게 소송지휘하였다. 이러한 법원의 권한은 하나의 단체를 여러 개의 하위단체로 나눌 수 있는 근거가 되고, 대표당사자소송의 단체인증 단계에서도 행사되어지기도 한다. 그러나 법원은 개인 소송을 대표당사자소송으로 통합하라고 요구할 수는 없다.

법원은 경우에 따라서 단체의 대표권을 강화하기 위하여 대표당사자소송을 그대로 유지하라는 조건을 부과하기도 한다. 예를 들어 대표당사자의 적합성에 대해 의문이 제기될 경우 법원은 그 대표당사자소송을 유지시키는 전제 하에 다른 구성원들의 개입을 명령하기도 한다. 같은 입장에서 소송대리인의 적합성에 대한 의문이 제기될 경우에도 법원은 소송대리인을 추가 임명하기도 하고, 해당 변호사를 소송대리인에서 해임하기도 한다.

법원은 연방규칙 제23조(d)(1)(C)에 근거하여, 대표당사자소송절차에서 소송참가인에게 일정한 조건을 부여하기도 한다. 예를 들어 조정이나 중재를 위한 최종기한을 설정하거나, 특정한 쟁점에 관련된 소송참가인이 있을 경우 그에 대하여 그 특정 쟁점에 대하여만 변론하도록 하는 등 변론참여의 정도를 일정 범위로 제한하기도 한다. 또한 법원은 소송대리인과 잠재적 구성원 사이에 일정한 정보교환 조건을 부과할 수도 있다.

Ⅳ. 연방규칙 제23조(d)(1)(D)에 대한 검토

연방규칙 제23조(d)(1)(D)는 법원으로 하여금 소송 중 대표당사자에게 부재구성원에 대한 대표권이 있는지 여부 등에 관하여 의혹이 제기되면 이러한 의혹을 제거할 수 있도록 변론을 수정하고 수정된 변론에 의해 재판이 진행되도록 소송지휘할 수 있도록 하고 있다. 이 조항은 연방규칙 제23조(c)(1)이 적용되어 단체인증을 부정하는 법원의 결정에도 함께 적용된다. 법원은, 대표당사자소송의 단체인증을 부정할 경우에도 소장으로부터 제기된 주장을 밝히도록 명령할 수도 있고, 원고의 개인적 권리 안에서만 소송을 진행토록 명령할 수도 있다. 법원은 또한 단체의 주장을 단체의 크기에 맞게 줄이도록 명령할 수도 있고, 하위단체로 분할하도록 요구할 수도 있다. 결국 법원은 대표당사자소송이 광범위하게 수행되는 것이 부적합하다고 판단될 경우에는 개별적 쟁점별로 재판을 분리하도록 명령할 수 있다.

Ⅴ. 연방규칙 제23조(d)(1)(E)에 대한 검토

연방규칙 제23조(d)(1)(E)는 유사한 절차적 문제들을 병합하여 함께 처리할 수 있도록 법원에게 일정한 소송지휘권을 부여하고 있다. 동 조항이 이처럼 법원에게 대표당사자소송의 진행을 유연하게 대처할 수 있도록 보장하고 있음에도 불구하고, 법원은 동 조항의 "유사한 절차"의 의미를 청구권을 행사하는 당사자의 자격을 변경하는 것 같은 의미로 해석되어서는 아니 된다고 보고 있다.

따라서 연방규칙 제23조(d)(1)(E)가 보장하는 법원의 권한은 동 규칙 제23조(d)(1)(A) 내지 제23조(d)(1)(D)의 권한 행사로도 충분하기 때문에 구태여 연방규칙 제23조(d)(1)(E)까지 갈 필요가 없다고 하겠다.

Ⅵ. 연방규칙 제23조(d)(2)

의회는 2007년에 연방규칙 제23조(d)(2)의 문장을 개정하였다. 내용이 개정 전 연방규칙과 달라진 것은 없지만, 조문 내용을 조금 더 쉽게 이해할 수 있도록 하였다. 즉 연방규칙 제23조(d)(2)는, 제23조(d)(1)에 의해 이미 발령된 명령을 경우에 따라 변경하거나 수정할 수 있고, 연방규칙 제16조에 의한 명령과 결합시킬 수 있다는 뜻을 보다 명확하게 하였다.

제3장 다양한 공판 쟁점들

대부분의 대표당사자소송은 판결 이전에 화해를 통해 해결되고 있다. 그러다 보니 최근 대표당사자소송이 많이 취급되고 있는 것에 비해 중요한 판례가 많지 않은 편이다.

대표당사자소송을 진행하는 법원에게는 소송절차와 관련하여 많은 재량권이 부여되어 있다. 따라서 대표당사자소송을 진행하면서 손해배상청구소송의 경우 책임의 원인과 손해액에 대한 심리를 분리하여 재판하는 것처럼 원인판결과 결과판결로 변론을 분리하거나, 앞서 살펴본 연방규칙 제23조(d)와 같은 법원의 명령을 통한 소송지휘권의 행사, 전문적 지식을 갖춘 전문가의 자문을 받는 등 다양한 방법을 동원하고 있다. 어떤 대표당사자소송의 경우는 법원의 재량권 행사와 관련하여 수정헌법 제7조의 배심원에 의한 재판을 받을 권리의 침해 문제가 쟁점화되기도 하고, 적법절차 규정을 준수하지 않았다는 항변이 제기되기도 한다.

최근 대표당사자소송에서 나타나는 주요 현상은 전문가의 견해나 통계 자료를 증거로 사용하는 방법을 통해 손해를 증명하는 방식이 받아들여지고 있다는 점이다. 법원은 원고들이 순차적으로 제출한 증거 이외에도 다양한 증명가능성을 인정하려 하고 있다. 일부 법원은 위와 같은 편리한 방식에 대해 적법절차를 위반하여 수집된 증거를 사용하는 것이라며 비판적 입장을 취하기도 한다. 반면에 다른 일부 법원은 복잡한 사건에 한해 일정한 경우 그러한 접근방법을 지지하기도 한다. 연방대법원은 Dukes 판결을 통해 정형화된 공식에 의한 재판이 관심을 받게 되었다고 밝히고 있다. 주로 불법행위 분야에서 이러한 쟁점이 빈번하게 발생하고 있다.

제4장 분쟁해결의 대체방안

대안적 해결방안인 조정이나 화해(Alternative Dispute Resolution, ADR) 등은 원래 소송 외에서 사적인 분쟁을 해결하는 방법이었다. 그런데 이러한 사적인 분쟁해결방법이 최근 들어 법원을 통해 실현됨으로써 각광을 받기에 이르렀는데, 그러한 대안적 분쟁해결 방법으로는 중재, 조정, 초기의 중립적 평가, 간이재판,

소규모재판, 협상과 같은 것들이 있다. 1998년에 제정된 "연방의 대체 분쟁 해결법"에 의해 연방지방법원은 파산절차를 포함한 민사소송절차에서 대안적 분쟁해결 방안을 모색할 권한을 갖게되었다. 많은 사람들이 대표당사자소송이나 다수당사자소송절차를 이용할 수밖에 없는 다른 유형의 다수당사자소송에서도 중재가 필요하다고 보았는데, Concepcion 판결을 통해 연방대법원은 장차 대표당사자소송에 대한 중재도 가능함을 판시하였다.[138)]

대표당사자소송 등 다수당사자소송을 피하기 위하여 기업은 다양한 형태로 분쟁 조정 조항을 계약서에 포함시키려고 노력하고 있다. 그럼으로서 재판이나 중재절차에서 대표당사자소송 제기를 사전에 차단하거나 분쟁의 조정을 요구할 수 있도록 하였다. 특히 소비자계약에서 중재조항은 흔히 계약내용의 일부로 삽입되고 있다.

계약서상의 중재조항은 연방법에 의해 지지되고 있다. 즉 연방중재법(The Federal Arbitration Act, FAA)은 중재에 대한 강력한 연방정책을 뒷받침하고 있다. 연방중재법 제2장에 의해 계약서상의 중재조항의 효력을 취소하기 위해서는 법이나 형평법 등에 일정한 근거가 있어야 하며, 그렇지 않으면 그러한 중재조항은 유효하기 때문에 취소할 수 없으며, 집행강제력이 있다고 하겠다. 대법원이 Concepcion 판결을 하기 이전에는 많은 지방법원은 광범위한 중재를 금지하고 있는 중재조항에 대해 당사자의 재판받을 권리를 지나치게 제한한다는 이유로 주법이 우선하여 적용될 수 있다는 입장을 유지해 왔다.[139)] 그렇지만 연방대법원은 위 Concepcion 판결을 통해 비양심적으로 중재조항을 무시한 채 주법이 적용되는 것을 인정할 수 없으며, 연방중재법의 유보조항(제2장 부분)은 주법에 우선하여 적용된다는 점을 분명히 하였다.

연방대법원은 Concepcion 판결 이전에도 이러한 쟁점에 대해 관심을 표명해 왔는데,[140)] 광범위한 중재에 관한 내용이 포함되어 있지 않거나 오히려 중재를 방해하는 내용으로 계약이 체결되어 있는 경우에도 중재조항을 어떻게 취급할 것인지에 대해 분석을 거듭해 왔다고 할 수 있다. 그런데 중재위원들은 중재조항에

138) AT & T Mobility, LLC v. Concepcion, 131 S. Ct. 1740 (2011); Simmons v. Morgan Stanley Smith Barney, LLC, 872 F.Supp.2d 1002 (S.D.Cal. May 24, 2012).

139) Discover Bank v. Superior Court, 113 P.3d 1100 (Cal. 2005); Dean v. Draughons Jr. College, Inc., 917 F.Supp.2d 751, 294 Ed.

140) Stolt-Nielsen S.A. v. AnimalFeeds International Corp., 130 S. Ct. 1758 (2010); Walter v. Mark Travel Corp., 2013 WL 527614Ⅲ.

근거하여 중재를 담당하는 중재위원에게 폭 넓은 중재권이 주어졌다고 보았으며, 그러한 중재를 의뢰한 당사자들은 중재위원의 결정에 복종하겠다는 보충적 동의를 하였음이 추정된다고 결정하였다. 그렇지만 연방대법원은 이러한 중재위원들의 추정 결정을 배척하면서, 만일 중재조항이 당사자들의 내심의 의사를 밝히고 있지 않다면, 즉 당사자들이 그렇게 하겠다고 동의하였음이 계약의 기본내용으로 표시되어 있지 않다면, 단체로서 한 중재에 복종하도록 규정한 연방중재법에 강제적으로 복종할 것은 아니라는 새로운 기준을 정립하였다.

연방대법원은 위 기준 설정 1년 후 Concepcion 판결을 하였는데, 그 사건의 쟁점은 Vincent와 Liza Concepcion이 공짜전화기를 제공받는 과정에서 판매세 30.22불이 잘못 청구되자 이를 돌려받는 대표당사자소송이 허용되느냐 여부였다. 원고들은 위 소송을 통해 1인당 판매세 30.22불을 반환받고자 대표당사자소송을 제기하였다. 그런데 계약서에는 피고에 의해 대표당사자소송 및 중재를 금지하는 조항이 삽입되어 있었다. 지방법원은, Discover Bank 판결의 취지에 따라, 캘리포니아 주법에 의하면 위와 같은 청구를 금지토록 한 강제중재조항은 반사회질서에 해당된다는 이유로 제1심법원은 피고의 소 각하신청을 거절하여 원고들의 청구를 인용하였고, 제9연방항소법원은 제1심판결을 그대로 유지하였다.

그런데 연방대법원은 중재를 못하도록 한 계약내용은 반사회질서행위에 해당된다면서 주법에 의해 대표당사자소송을 허용한 것은 연방중재법에 위반되었다는 이유로 제9연방항소법원의 위 판결을 파기하였다. 연방대법원은 연방중재법이 중재를 활성화하려는 국가의 정책을 구체화한 법으로 그 입법취지가 존중되어야 한다는 것이었다. 그 결과 연방대법원은 캘리포니아 주의 Discover Bank 규칙이 중재를 방해하는 것으로 보았다. 그러면서 중재는 대표당사자소송의 높은 이해관계를 해결하는 방법으로는 적합하지 않다는 입장을 밝히기도 하였다. 그러면서도 계약서상의 중재조항은 존중되어야 한다고 하였다.

한편 Concepcion 판결에서 반대의견을 낸 Breyer 연방대법관은 다수견해를 비판하면서, 대표당사자소송의 중요성을 강조하였다. 반대의견에 따르면 단체 중재가 이루어지지 않으면, 구성원들에 의해 제기된 것과 같은 소규모 소송이 계속해서 발생할 수밖에 없게 되어 소송경제에 반한다는 것이다.

그 후 소비자들이 신용회복조직법(the Credit Repair Organization Act, CROA)에 근거하여 Greenwood 사건[141]을 제기하면서 동법이 신용회복조직을 상대로 소송을 제기할 수 있는 권리를 보장하고 있는 것은 그러한 권리가 연방중재법의 규율 대상이 아니라는 것을 의미한다고 주장하였는데, 이에 대하여 피고가 계약서상 대표당사자소송을 포기하겠다는 내용의 중재조항이 들어 있음을 주장하면서 연방지방법원이 관할하는 대표당사자소송에 대해 강제중재를 요청하였다.

위 소송은 신용카드회사인 CompuCredit가 신용카드를 발급하면서 신용카드의 사용한도와 소비자의 신용불량상태를 회복할 수 있는 방법 등을 잘못 알려 준 것이 문제가 되어 제기된 소송이었다. 연방대법원은 다수견해로 신용회복조직법의 관련조항이 연방중재법상의 조정강제조항을 배제하는 것이 명확하지 않기 때문에 연방중재법에 의해 계약상의 중재조항은 유효하다고 볼 수밖에 없다는 입장을 취하면서 신용회복조직법의 적용을 배제하였다. 일부 소수견해는 연방중재법의 적용이 배제되는 것이 옳다는 입장을 표명하였다.

위 Concepcion 판결을 깊이 있게 해석한 제1연방항소법원은 만일 원고들이 개인적 소송으로 가져가는 것이 경제적이 아니라는 사실을 증명할 수만 있다면 대표당사자소송상의 중재를 금지하는 것은 타당하지 않다고 판시하였다.[142] 즉 개인소송에 비용이 많이 들게 된다면 대표당사자소송에서 중재를 통해 분쟁을 해결하는 것을 막을 이유가 없다는 것이다. 한편 제11연방항소법원은 그러한 논쟁은 위 Concepcion 판결 이후에는 불필요한 논쟁이라고 판시하기도 하였다.

일부 법원은 Concepcion 판결이 폭넓게 적용되는 것을 거부하였다. 제2연방항소법원은 대표당사자소송을 해결하는 여러 가지 유형은 잠재적으로 연방법상의 권리에 정당성을 부여하기 위해 요구되어지는 영역에서 발달한 것이라고 판시하였다.[143] 그러면서 만일 신용회복조직법상의 중재조항이 대표당사자소송에서의 중재에 적용되지 않게 되면, 이는 위 연방중재법상의 중재조항을 강제조항으로 이해하게 되는 것으로, 그렇게 될 경우 관련법령(신용회복조직법)에 의해 당사자에게 부여된 중재할 수 있는 권리를 박탈하는 것이 되어 부당하다고 하였다. 다시 말해 연방중재법상의 중재조항을 강제조항으로 보아서는 안 된다는 것이다.

Cruz 사건과 American Express 사건은, 전자가 플로리다 주법을 침해한 사실에 초점을 맞추고 있는데 반하여, 후자는 연방법상의 권리의 정당성과 관련하여 원고의 지위에 초점을 맞추고 있다는 점에서 서로 다르다. 그럼에도 불구하고 조정조항에 관한 문제는 점차 쟁점화되고 있는데 반해 관련법규는 미비한 실정이다.

---

141) CompuCredit Corp, v. Greenwood, 132 S. Ct. 665 (2012); alasanyan v. Nordstrom, Inc., 2012 WL 1944609.

142) Cruz v. Cingular Wireless, LLC, 648 F.3d 1205 (11th Cir. 2011).

143) Am. Express Merchants' Litg., 66 F.3d 204 (2d Cir. 2012).

결론적으로 Concepcion 판결은 대표당사자소송을 제기하는데 크게 영향을 미치고 있을 뿐만 아니라 손해배상청구를 중재로 처리할 수 있도록 광범위한 영향을 미치고 있다고 하겠다. Concepcion 판결에 의하면 중재조항을 계약내용에 포함시킨 기업들은 대표당사자소송을 포기시키는데 거의 실패하지 않게 될 것이다. 다시 말해 소액청구사건에서 재판이나 중재를 위한 대표당사자소송을 제기하지 못한다는 중재조항이 계약내용으로 삽입되어 있으면 이는 결국 소액피해자들이 재판을 통해 구제받을 수 있는 기회를 박탈하는 것이나 마찬가지 결과가 되고 만다. 이러한 유형의 중재조항은 소비자, 고용인 및 주주, 기타 이해관계자들의 이익에 심각한 영향을 미치게 될 것이다.

제9절 대표당사자소송에서의 특이한 제도

제1장 서 론

대표당사자소송은 통상의 공동소송과 달리 당사자의 의사와 상관없이 현명당사자와 부재당사자가 모두 판결의 구속력을 받게 되는 특별한 효과가 인정된다. 이로 인해 대표당사자소송이 진행 중인 사실을 전혀 알지 못한 상태의 부재당사자는 경우에 따라서는 예상하지 못한 불이익을 받게 될 경우조차 배제할 수 없다. 뿐만 아니라 다수 당사자가 관여되어 있는 관계로 현명당사자들도 상호 간에 의견의 불일치가 있을 수 있고, 내부 갈등이 있을 수 있다. 나아가 소송대리인이 다수인 경우에도 역시 마찬가지 문제가 발생할 수 있다.

이런 이유로 연방규칙 제23조는 대표당사자소송에 대해 다수 당사자 특히 부재당사자의 이익을 보호하기 위하여 통상의 소송에는 없는 특별한 제도를 두고 있다. 본 절에서는 대표당사자소송의 핵심 요소라 할 수 있는 단체 구성원들의 통지를 받을 권리,[144] 구성원들이 단체에서 탈퇴할 수 있는 권리, 구성원들이 대표

144) 이하 수통지권(受通知權)이라 한다.

당사자소송이 아닌 개인별 소송을 제기할 수 있는지, 나아가 구성원들이 다른 구성원들과 진행 중인 사건에 대해 의견교환, 즉 정보교류를 할 수 있는지 여부 등에 대하여 살펴보기로 한다.

이러한 내용들은 대표당사자소송에서 구성원들의 이해관계에 중대한 영향을 미치기 때문에 핵심 쟁점사항이 되고 있고, 판례 역시 이러한 쟁점들을 중심으로 축적되어 왔다. 특히 구성원의 수통지권과 탈퇴권은 부재구성원들과의 관계에서 적법절차의 보장이라는 측면에서 대단히 중요하고, 부재구성원들에 대한 판결의 기판력과 금반언의 원칙이 미치는지 여부 등을 둘러싸고 활발한 논의가 이루어지고 있다.

제2장 수통지권과 탈퇴권

Ⅰ. 수통지권

1. 제4유형의 대표당사자소송

연방규칙 제23(b)(1) 유형의 대표당사자소송과 동 규칙 제23조(b)(2) 유형의 대표당사자소송, 즉 제1유형 내지 제3유형의 대표당사자소송에서는 구성원에게 수통지권을 인정하고 있지 않다.

반면에 연방규칙 제23(b)(3) 유형, 즉 제4유형의 대표당사자소송에서는 구성원들의 수통지권을 인정하고 있다. 이러한 통지와 관련하여 연방규칙 제23조(c)(2)(B)는 법원으로 하여금 최선을 다해 인적사항을 확인한 구성원들에게 개별적으로 실현가능한 최상의 통지를 하도록 규정하고 있다. 이러한 통지를 통해 구성원들은 언제 어떻게 탈퇴권을 행사할 것인지를 결정하게 되고, 법원도 어떠한 구성원을 탈퇴토록 할 것인지를 결정할 수 있게 된다.

연방대법원은 Eisen 판결[145)]을 통해, 2003년 개정되기 전의 연방규칙 제23조(c)(2)에 근거하여 통지의무를 인정하였는데, 위 판결에 근거하여 2003년에 개정된 현행 연방규칙 제23조(c)(2)(B)는 제4유형의 대표당사자소송에 대한 통지에

145) Eisen v. Carlisle & Jacquelin, 417 U.S. 156 (1974); Berthelot v. American Postal Workers Union, Local 185, 2011 WL 1086010.

관하여 자세하게 규정하게 되었다.

Eisen 사건은 소량의 증권을 사고 판 수백만 명을 구성원으로 하는 대표당사자 소송에 대한 판결이었다. 그런데 이 사건에서 지방법원은 구성원들이 너무 많다 보니 합법적으로 인적사항이 확인된 모든 구성원에게 개별적 통지를 하기가 너무 어려웠기 때문에 대체적 방법을 모색하였다. 즉 전국적으로 발행되는 여러 개의 신문에 광고하는 방법으로 공개적으로 통지하는 한편, 뉴욕 증권거래소의 회원사인 기업, 인적사항이 확인된 약 2천 명의 구성원, 무작위로 뽑은 약 5천 명 정도의 부재구성원에게 개별적으로 통지하는 방법을 함께 병행하였다.

그렇지만 연방대법원은 연방규칙 제23(c)(2) 및 다른 적법절차에 관한 판례들에 비추어 그러한 접근방법을 인정할 수 없다며 원심판결을 파기하였다. 즉 연방대법원은 주소와 이름이 알려지거나 쉽게 알아낼 수 있는 약 225만 명의 구성원 모두에게 개별적으로 통지하여야 한다고 판시하였다. 연방대법원은 이러한 결정을 하면서 연방규칙 제23조(c)(2)를 근거로 제시하였고, 자문위원회 주석서도 같은 근거를 제시하였다. 즉 연방규칙 제23조(c)(2)의 통지조항은 임의규정이 아니라 적법절차를 보장하기 위한 강행규정이라는 것이다. 그러면서도 연방대법원은 225만 명이나 되는 많은 구성원에게 개별적 통지를 하는데 소요되는 비용이 너무 방대하다는 이유로 연방규칙 제23조(c)(2)의 입법취지나 조문내용에 비추어 볼 때 개별적 통지는 무리라는 주장도 받아들이지 않았다. 연방대법원은 직접 통지를 하는 대신 적절한 문서에 의한 공지가 통지에 대한 새로운 방안이 될 수도 있을 것이라는 당사자의 주장도 역시 배척하였다. 즉 연방규칙 제23조는 적절한 표시뿐만 아니라 통지 양자를 모두 요구한다고 본 것이다. 이에 따라 연방대법원은 합리적 노력에 의해 인적사항을 알게 된 모든 구성원에게 개별적 통지를 하여야 한다고 판시하였다.

하급심법원은 Eisen 판결의 취지에 따라, 연방규칙 제23조(b)(3) 유형, 즉 제4유형의 대표당사자소송에 대하여는 합리적 노력으로 파악된 구성원 모두에게 개별적 통지를 하고 있다. 만약 합리적 노력에도 불구하고 단체의 구성원들을 파악할 수 없는 경우에도 단체의 증명 결정은 가능하지만, 단체의 구성원 중 상당수의 인적사항이 파악되지 않았다면 이는 단체 증명이 부정되는 이유가 될 수도 있다. 다만 앞서의 주식매매처럼 증권거래소를 통해 인적사항이 파악될 수 있는 경우와 달리 익명으로 제품을 구입한 수백만 명의 구매자가 잠정적 구성원이 되는 대표당사자소송의 경우에 합리적으로 노력하더라도 구성원들의 인적사항을 알아낼 수 없어 개별적 통지가 불가능한 경우라면 예외적으로 대표당사자소송이 인정되는 경우도 있다. 실재 법원으로부터 개별적 통지명령이 발령되었을 때조차 보조적 수단으로 위와 같은 유형의 통지를 함께 하도록 하고 있다. 법원은 전기료나 전화료 등과 같은 청구가 문제가 될 경우에는 전기요금통지서나 전화요금통지서 같은 우편물에 동봉하는 방법으로 대표당사자소송에 대한 통지를 할 수 있다고 하였다.

2. 통지와 도달

가. 연방규칙 제23조(b)(3) 유형에 대한 통지

일반적으로 단체의 구성원에 대한 인적사항이 확인되면 제1종우편물로 통지하여야 한다. 때때로 법원은 대량우편물발송방법 또는 입주자에게 통지하는 방법을 이용하기도 한다. 많은 법원들은 선택된 통지방법이 제대로 실행이 되었다면 구성원들이 실재로 발송된 통지를 수령하였을 것으로 기대되는 경우라면 실재로 구성원들이 우편물을 수령하였는가는 문제가 되지 않는다는 입장을 보이고 있다. 일종의 발송주의를 택하고 있다고 하겠다. 법원은 때때로 우편물에 오타가 있거나 아파트 호수가 생략된 통지조차도 유효성을 인정하고 있다.

연방대법원은 Shutts 판결에서, 단체 구성원들이 통지를 받아야 한다그 하면서도, 만일 통지가 선의로 발송이 되었으나 구성원들이 받아보지 못한 경으에 통지의무를 이행한 것으로 볼 것인가에 대하여는 명확한 견해를 밝히지 않았다.[146] 최선의 노력을 다 하였으나 인적사항이 밝혀지지 않은 단체 구성원들을 위하여 통상적으로 신문이나 잡지 출판물을 통한 통지가 이루어지고 있다. 선택된 출판물들은 구성원들이 읽을 가능성이 높은 것이어야 한다. 예를 들어 단체의 구성원들이 회계사이거나 재정전문가인 경우에는 재정 관련 잡지와 같은 전문적 잡지를 이용할 수도 있고, 특정 지역 거주자들인 경우에는 그 지역에 널리 배포되는 신문이나 잡지 등을 이용하면 될 것이다. 뿐만 아니라 TV, 라디오, 인터넷, 구성원들이 고용된 곳에서 발행하는 잡지 등 다양한 방법이 통지의 방법으로 이용되기도 한다.

---

146) Phillips Petroleum Co. v. Shutts, 472 U.S. 797 (1985); Wallace B. Roderick Revocable Living Trust v. XTO Energy, Inc., 679 F.Supp.2d 1287.

나. 연방규칙 제23조(c)(2) 통지

연방규칙 제23조(c)(2)는 제1유형 내지 제3유형에 대한 통지방법과 제4유형에 대한 통지방법을 달리 정하고 있다. 제1유형 내지 제3유형의 대표당사자소송의 경우에는 통지가 의무는 아니지만 법원의 특별한 결정에 의해 통지가 이루어지기도 한다. 문제는 어느 경우이든 언제 어떻게 구성원들에게 통지할 것인지에 대하여 구체적으로 법에 규정된 바가 없기 때문에 제1심법원이 재량으로 통지방법을 결정하고 있는 실정이다. 다만 그러한 통지는 판결 이전에 구성원들에게 통지되어야 하고, 특히 구성원들이 통지를 받은 후 소송에 참여할 것인지 아니면 탈퇴할 것인지 여부를 결정할 시간적 여유를 두고 통지되어야 한다.

한편 복잡한 소송을 위한 지침서(4차)가 지적하고 있는 바와 같이, 만일 이전에 단체의 구성원이었던 자를 배제하라는 확인명령이 법원으로부터 있게 되면, 그 자는 그 대표당사자소송을 통해 자신의 권리를 보호받고자 하였는데 강제로 배제되는 것이기 때문에 그들에게 필요한 정보가 포함되어 있어야 한다.

합리적인 이유가 있을 경우에는 통지를 보류할 수도 있다. 위 지침서는 화해성립이 예상되는 경우처럼 통지를 연기할 경우 유리한 화해조항이 추가되거나 단체인증이나 조정이나 중재를 위한 하위단체로의 분리 등이 필요한 경우에도 일단 통지를 보류할 수 있다고 밝히고 있다. 그 후 관련사실이 확정되면 그 후에 일괄통지하면 될 것이다.

3. 통지할 내용과 방식

가. 통지방식

연방규칙 제23조(c)(2)는 제1유형 내지 제4유형의 대표당사자소송에서의 통지에 대하여 규정하고 있다. 특히 수통지권이 보장된 제4유형, 즉 연방규칙 제23조(b)(3) 유형의 대표당사자소송의 경우 통지는 간결하고 자세하며, 쉽게 이해될 수 있는 표현방식을 쓰도록 하고 있다.

통지는 단체 구성원에게 발송되기 전에 법원의 검토와 승인을 위해 법원에 제출되어야 한다. 경우에 따라서는 드물지만 법원이 스스로 통지 초안을 작성하기도 한다. 구성원들이 사용하는 언어가 각기 다를 경우를 고려하여 경우에 따라서는 단체 구성원들이 쉽게 이해할 수 있도록 여러 가지 언어로 작성되어야 하는 경우도 있다.

나. 통지내용

연방규칙 제23조(c)(2)는 통지해야 할 내용으로 소송의 본질, 즉 어느 유형의 대표당사자소송이 제기되었는지, 인증된 단체에 대한 정의, 청구의 원인, 소송상 쟁점사항, 항변사항을 기재하여야 한다. 나아가 통지받은 구성원이 원한다면 소송대리인을 통해 변론에 출석할 수 있음과, 그 소송에서 탈퇴하기를 원할 경우 탈퇴할 수 있음과 탈퇴의 시기 및 방식 등을 알려 주어야 하고, 연방규칙 제23조(c)(3)에 따라 단체에 대한 판결이 유리하든지 불리하든지 불문하고 판결의 효력이 구성원에게 미치게 된다는 사실을 통지하여야 한다. 통지를 통해 제공된 정보에 기초하여 통지받은 자들이 그 소송에서 탈퇴할 것인지 여부를 결정할 수 있는 정보가 통지내용으로 제공되어야 한다.

복잡한 소송을 위한 지침서(4차)는 통지내용으로 당사자, 대표당사자, 소송대리인 등에 대한 정보가 포함되어 있어야 하고, 당사자들의 법적 지위와 배상범위 또한 구체적으로 명시되어 있어야 하고, 탈퇴하지 않고 소송에 잔류하게 될 경우에 받게 될 이익 또는 손해에 대한 설명이 포함되어 있어야 한다고 밝히고 있다. 뿐만 아니라 통지는 공명정대하게 작성되어야 하고, 통지받은 자가 대표당사자소송에 참가할 경우 실망할 것이라거나 이익이 될 것이라거나 하는 등의 내용을 포함시켜서는 안 된다.

4. 통지 비용의 부담

통상적인 경우 연방규칙 제23조(c)(2)에 의한 통지는 원고가 집행해야 하고, 통지비용도 원고가 부담하여야 한다. 경우에 따라서는 도덕적으로 문제가 되지 않는다면 소송대리인이 통지 비용을 선불로 지급할 책임이 있는 경우도 있고, 그 경우 소송대리인은 대표당사자에게 선불한 비용을 상환청구하지 못한다.

그런데 연방규칙 제23조(d)가 대표당사자소송을 공정하게 진행하기 위해 필요하다고 인정될 경우에는 법원으로 하여금 일정한 명령을 발할 수 있도록 규정하고 있기 때문에 통지 비용 역시 법원이 필요하다고 인정할 경우 피고로 하여금 부담하도록 명할 수도 있다. 즉 원고가 단체 구성원들의 인적사항을 확인하는 일이라든지 통지를 발송하는 등의 일을 언제나 해야 하는 것은 아니라는 것이다.

법원은 위 조항에 근거하여 피고들이 통지업무를 수행하는 것이 원고들이 수행하는 것보다 비용이 적게 들거나 어려움이 적을 때에는 피고로 하여금 그 일을 수행하도록 결정할 수 있고, 이런 경우에는 원고가 통지 책임을 면하게 된다. 예를 들어 전기요금의 과다납부로 인해 전기소비자들이 대표당사자소송을 제기한 경우 피고인 전기회사가 매월 전기요금납부고지서발부를 하고 있기 때문에 그 고지서에 통지를 첨부하여 하게 되면 추가비용 없이 통지를 할 수도 있으므로, 그럴 경우 법원은 피고로 하여금 통지 의무를 대신 이행하도록 명할 수 있는 것이다. 그러면서 필요하다면 통지 의무가 면제되는 원고에게 통지비용의 일부를 분담하도록 명할 수도 있다.

연방대법원은 Sanders 판결[147]에서 통지의 발송으로 인하여 발생한 비용에 대한 분담 문제를 다루면서, 원고들이 단체를 인증 받고자 할 경우 단체인증이 이루어지기 전에 단체의 크기를 재조정할 필요성이 있으면 그러한 의견서를 제출하여야 한다고 판시하면서, 원고가 그러한 의견서를 제출하자 피고가 이에 대하여 반대한 사안에서 법원은 원고들의 축소 청구를 배척하면서 최초의 구성원들에 대한 통지비용부담을 피고에게 부담하도록 하였다. 즉 피고의 반대로 구성원 축소가 이루어지지 않았기 때문에 축소되지 아니한 구성원들에 대한 통지비용을 피고가 부담하라는 것이었다. 그러나 연방대법원은 통지비용은 원고가 부담하는 것이 옳다며 위 지방법원의 판결을 파기하였다.

이처럼 연방대법원은, 지방법원이 통지비용을 피고가 부담하도록 결정할 경우, 특히 피고의 재산에 비추어 볼 때 아주 적은 비용이라고 하더라도 그러한 결정이 언제나 당연한 것은 아니라는 입장을 취하고 있다. 즉 비용부담은 당사자 중 누구에게 경제적 능력이 있는가에 의하여 결정할 것이 아니라 비용을 누가 부담하는 것이 옳은가라는 측면에서 결정해야 한다는 것이다. 그러면서 연방대법원은 원고에게 정보를 은닉하려는 어떠한 고의도 없고, 피고들이 컴퓨터에 자료를 보관하고 있다면 그러한 정보를 원고가 피고로부터 취득하여 원고가 통지하는 것은 이중의 일이 되기 때문에 그러한 경우에는 피고가 비용을 부담하여 통지하는 것이 타당하다고 보았다. 연방대법원은 또한 Eisen 판결[148]을 통해, 당사자 중 누가 통지 비용을 부담할 것인지를 결정하기 위하여 지방법원이 본안절차에서 미리

147) Oppenheimer Fund, Inc. v. Sanders, 437 U.S. 340 (1978); LightGuard Systems, Inc. v. Spot Devices, Inc., 281 F.R.D. 593 (D.Nev. Mar 09, 2012).

148) Eisen v. Carlisle & Jacquelin, 417 U.S. 156 (1974); Berthelot v. American Postal Workers Union, Local 185, 2011 WL 1086010.

예비청문회를 개최할 필요는 없다고 하였다.

그런데 앞서의 Oppenheimer 판결에 따르면, 하급심법원은 일반적으로 통지비용의 부담을 원고에게 지우고 있다. 예외적으로, 피고가 일반 업무처리과정에서 통지도 함께 수행할 수 있거나, 피고가 통지 업무를 수행하더라도 피고의 부담이 실질적으로 늘어나지 않은 경우에는 예외적으로 피고에게 비용을 부담지우기도 한다. 앞서 살펴본 전기회사의 월별고지서 납부방식을 이용하는 경우이다. 그리고 원고가 경제적 능력이 없거나 혹은 피고가 부정한 행위에 연관되어 있을 경우, 예를 들자면 피고가 의도적으로 정상적인 기록들이 유지되지 못하도록 방해하는 경우에 통지 비용의 부담자를 변경하기도 한다. 물론 원고가 초기에 통지비용을 부담했다고 하더라도 나중에 본안소송에서 승소하게 되면 당연히 그 비용을 피고로부터 회수할 수 있다.

연방대법원은 위 Oppenheimer 판결 이후 통지 비용 부담문제를 직접 다루고 있지 않지만, 여러 판사들은 누가 통지 비용을 부담할 것인가를 결정하는 것에 대해 피고의 재산으로부터 지출토록 할 경우 적법절차라는 관점에서 이를 고려하고 있다.[149] Kennedy 대법관을 비롯한 몇 명의 대법관들은 이송신청을 위한 영장청구를 기각하면서, 본안소송에 대한 고려 없이 단순히 피고의 재력만을 고려하여 피고에게 적잖은 통지비용을 부담토록 결정하는 것은 적법절차를 위반한 심각한 문제를 불러일으킨다고 하였다. Kennedy 대법관이 피고에게 통지비용을 부담토록 결정할 경우 본안의 승패 가능성을 고려해야 한다고 판시한 점은 앞서의 Eisen 판결과 상당히 상충된다고 하겠다.

5. 통지의 목적

가. 원 칙

통지의 원칙적 목적은 대표당사자소송에 대한 정보를 구성원들에게 제공함으로써 동일한 대표당사자소송을 통해 얻어진 결과에 이해가 침해될 수 있다고 판단한 구성원으로 하여금 그 판결의 효력을 배제할 수 있도록, 즉 탈퇴권을 실질적으로 행사할 수 있는 기회를 보장하기 위함에 있다. 그렇지만 통지는 이러한 기본적 원칙 이외에도 다양한 용도로 이용되기도 한다.

---

149) DTD Enterprises Inc. v. Wells, 130 S. Ct. 7, 7-8 (2009).

나. 특별한 통지

연방규칙 제23조(d)(1)(B)는 단체 구성원을 보호하고 공정한 소송을 수행하기 위하여 구성원 전부 또는 일부에게 일정한 내용을 통지할 수 있도록 규정하고 있다. 즉 소송의 단계별 절차, 제시된 판결의 규모, 당사자들의 대표당사자의 소송수행에 대한 의견 제시 기회 보장, 소송에 참가하여 청구 및 항변할 수 있는 기회를 포함한 기타 소송절차에 참가할 수 있는 기회가 있음을 통지하도록 하고 있는 것이다.

위 조항을 근거로 제1유형 내지 제3유형, 즉 연방규칙 제23조(b)(1) 유형 및 제23조(b)(2) 유형의 대표당사자소송의 구성원들에게 통지를 할 수 있게 된다. 뿐만 아니라 위 조항은 위 통지 이외에도 다른 많은 목적을 위한 통지의 근거가 되기도 한다. 복잡한 소송을 위한 지침서(4차)는 연방규칙 제23조(d)(1)(B) 조항에 근거한 통지는 이전에 대표당사자소송이 인증 받지 못하였는지 여부, 이전에 인증된 대표당사자소송의 구성원의 범위 등을 확인하기 위한 목적으로도 활용될 수 있다고 밝히고 있다.

즉 제4유형의 대표당사자소송의 경우에는 연방규칙 제23조(b)(3)을 직접 근거로 삼아 통지가 이루어지지만, 연방규칙 제23조(d)(1)(B)는 통지에 관한 일반조항의 기능을 수행하는 것으로 보아 제1유형 내지 제3유형의 대표당사자소송 및 법원의 소송지휘권 행사에 의해 결정된 통지의 경우에 대한 근거규정이 되고 있다고 하겠다. 예를 들어 이전의 통지가 잘못된 경우 이를 보충하거나 수정 또는 변경하기 위한 목적의 통지에도 근거조항으로 작용한다는 것이다. 이 경우 잘못된 종전 통지에 대한 비용은 대표당사자가 감수해야 한다고 위 지침서는 밝히고 있다.

다. 부재구성원에 대한 화해 등을 위한 통지

연방규칙 제23조(e)(1)은 법원으로 하여금 대표당사자소송에서의 구성원들이 제안된 화해나 소 취하, 타협안 등에 의해 구속을 받게 될 경우에는 적당한 방법으로 모든 구성원에게 이를 통지하도록 규정하고 있다. 연방규칙 제23조(c)(2)(B) 조항은 연방규칙 제23조(b)(3) 유형, 즉 제4유형의 대표당사자소송에서 확인된 구성원들에게 통지할 것을 규정하고 있는데, 연방규칙 제23조(e)(1)은 통지에 관한 일반조항으로 보아야 하기 때문에 법원이 필요하다고 인정한 경우에는 모든 경우에 대하여, 즉 제1유형 내지 제4유형의 대표당사자소송 전부에 대하여 법원의 명령으로 결정된 특별사항에 대한 통지를 할 수 있다.

연방규칙 제23조(e)(1)에 근거한 통지는 단체의 확인과 동시에 화해, 소 각하, 타협안 등이 제시되는 경우는 물론이고, 단체에 대한 인증이 이루어진 후에 위와 같은 제시가 있는 경우에도 역시 통지가 필요하다고 하겠다. 그런데 연방규칙 제23조(e)(1)은 통지의 내용이나 방법에 대하여 구체적으로 명시하고 있지 않기 때문에, 법원이 자유재량의 범위 내에서 통지의 내용 및 방식을 정하고 있다.

그렇지만 기본적으로 화해조항을 통지하는 경우에는 그 동안의 경험으로 일정한 내용이 정형화되어 있다. 복잡한 소송을 위한 매뉴얼(4차)도 통지할 내용으로 단체의 정의, 구성원과 하위 구성원, 소송비용의 부담자, 청문회에 관한 정보(개최 일자, 장소), 화해금액의 분배, 대표당사자에 대한 특별한 보상, 구성원 대표에게 주어지는 이익, 구성원에게 주워지는 선택권, 소송기간, 제안에 대한 객관적 검토 방법, 제안에 대한 추가적 정보를 얻는 방법 등을 언급하고 있다.

연방규칙 제23조는 화해와 관련하여 구성원 개인에 대한 통지에 대해 규정하고 있지 않지만, 자문위원회 주석서는 2003년에 개정된 연방규칙 제23조와 관련하여 제4유형의 대표당사자소송의 구성원들에 대한 통지 규정인 연방규칙 제23조(c)(1)(B)에 의해 화해의 경우에도 적절한 방법으로 구성원 개인에게 통지할 필요가 있다고 밝히고 있다. 이러한 개인적인 통지는 구성원이 합의가 아닌 판결을 통해 구제받기 원할 경우 소송을 제기할 수 있는 기회를 보장해 주거나 연방규칙 제23조(e)(5)에 의한 부동의 구성원들에게 탈퇴할 수 있다는 명령을 법원이 내리도록 하는데 도움이 되고 있다.

따라서 화해안에 대한 통지를 계획하는 제안자는 구성원 개인에게 통지가 필요한지 여부를 결정하여야 한다. 미국법률협회는 손해배상청구금액이 적은데도 많은 비용을 들여 개인적인 통지를 하는 것은 경제적으로 타당하지 않다는 입장을 취하고 있다.[150)]

그런데 피고가 단체의 인증 전에 인적사항이 밝혀진 원고들과 화해, 소 각하, 타협을 하려 할 경우 연방규칙 제23조(e) 조항을 적용될 수 있는가 여부인데, 이에 대하여 법원은 견해가 나누어져 있다. 일부 법원은 연방규칙 제23조에 의해 대표당사자소송이 제기된 순간부터 그 소송은 판결은 물론이고 화해, 소 각하, 타협 등을 포함한 다양한 해결방법을 모색하는 대표당사자소송으로 취급하는 것

150) Principles of the Law of Aggregate Litigation § Ⅲ.04(b) at 20Ⅳ.

이 타당하다고 하고 있다. 일부 법원은 인적사항이 밝혀진 원고들과의 사이에서 단체의 인증 전 화해, 소 각하, 타협에 필요한 통지를 할 경우에는 잠재적인 단체의 구성원에게도 함께 통지가 이루어져야 한다는 입장을 취하고 있다. 반면에 다른 일부 법원은 화해 등을 하는 당사자들 사이에 공모의 증거가 없거나 추정적 구성원들에게 편파적일 위험이 없는 경우라면 단체인증 전 화해, 소 각하, 타협의 경우에는 연방규칙 제23(e)(1)의 통지는 불필요하다는 입장을 취하고 있다.

2003년도 개정안은 이러한 쟁점을 오직 구성원 대표당사자만이 화해, 소 각하, 타협안에 구속을 받을 경우에만 통지가 필요하지 않은 것으로 해결을 보았다. 미국법률협회(ALI)는 이러한 쟁점에 대해 2003년도 개정 내용을 해결방안으로 채택하였고, 인적사항이 알려진 구성원들과의 사이에서 단체인증 전 화해, 소 각하, 타협하는 경우에는 법원의 승인을 받도록 하였다.[151]

6. 단체인증 취소의 통지

단체가 인증되어 단체의 구성원들에게 통지가 이루어진 후 만일 그 단체의 인증이 취소되었다면, 구성원들에게 단체인증 취소 결과를 통지해야 하는지 여부이다. 제7연방항소법원은 이 경우에도 취소통지가 필요하다고 하였다.[152] 대표당사자소송을 제기하는 것은 다른 구성원들도 출소기한 내 소를 제기한 것으로 인정되기 때문에, 단체의 인증이 취소되면 그 때부터 정지되었던 출소기한이 다시 진행되게 된다.

만일 단체의 구성원들이 단체인증이 각하되었다는 통지를 받지 못한다면, 그 구성원들은 자신들이 개별적으로 소송을 제기해야 한다는 사실을 알지 못하게 되어 다시 진행된 출소기한을 지키지 못하는 불이익을 받게 될 수도 있다. 그런데도 만일 단체인증을 취소한 법원의 결정이 편파적이지 않았다면 그러한 통지를 할 필요가 없다는 것이 법원의 입장이다. 즉 구성원들이 다른 경로를 통해 단체인증이 취소되었다는 사실을 알게 되었다면 그것으로 충분하다는 것이다. 이에 대해서는 법원이 통지하지 아니한 잘못에 대한 책임을 지지 않기 위해 스스로 정당성을 부여한 것으로 부당하다는 비판이 따르고 있다. 제7연방항소법원에 의해 위 Culver

151) Principles of the Law of Aggregate Litigation § Ⅲ.02(b) at 19Ⅲ.

152) Culver v. City of Milwaukee, 277 F.3d 908 (7th Cir. 2002); Daniels v. Bursey, 430 F.3d 424, 63 Fed.R.Serv.3d 647.

판결 이후에는 최초의 단체인증이 널리 알려져 있지 않는 사건인 경우라면 그러한 통지가 단체인증단계에서 요구되지 않는 강제적 대표당사자소송에서는 단체확인이 취소되더라도 역시 통지할 필요가 없다는 것이 판례의 입장이다.[153)]

Ⅱ. 탈퇴권

1. 의 의

탈퇴권이라 함은 대표당사자소송이 제기된 경우 구성원들이 판결의 결과에 구속받지 않기 때문에 판결의 효력을 배제하기 위하여 당해 대표당사자소송에서 탈퇴하는 권리를 말한다. 제4유형의 대표당사자소송에서는 구성원에게 이러한 탈퇴권이 권리로 보장되어 있는데 반하여, 제1유형 내지 제3유형의 경우어는 법원이 필요하다고 인정한 특별한 경우에 별도의 명령에 의해 탈퇴권을 보장하기도 한다. 따라서 제1유형 내지 제3유형의 경우에는 법원의 별도 명령이 없는 한 탈퇴권이 없기 때문에 구성원들은 판결결과에 복종할 수밖에 없다.

2. 탈퇴권의 유형

가. 제4유형의 대표당사자소송

연방규칙 제23조(b)(3) 유형, 즉 제4유형의 대표당사자소송의 구성원에게는 탈퇴권이 보장되어 있고, 연방규칙 제23조(c)(2)(B)(v)는 이에 대하여 규정하고 있다. 탈퇴를 원하는 구성원은 통지 자체가 형식적인 면과 실질적인 면에서 필요한 요건을 충족하였는지 여부와 상관없이 탈퇴할 수 있다.

탈퇴권을 행사하는 것은 구성원들이 개별 소송을 통해 자신의 권리를 보호받겠다는 것을 의미하고, 탈퇴권을 행사하지 않는 것은 적어도 법원의 판결에 동의하겠다는 것을 의미한다고 하겠다. 대부분의 법원들은 구성원이 탈퇴권을 행사할 수 있는 기간으로 30일 내지 60일 정도를 보장하고 있다. 구성원들의 탈퇴신청서는 법원의 소송기록에 편철된다. 단체 구성원이 아주 많거나 탈퇴절차가 법원에 행정적 부담이 되는 경우, 예를 들어 탈퇴신청서 접수 및 보관에 많은 시간과 비용이 소요될 경우 같은 특별한 경우에는 다른 절차를 밟을 수도 있다. 대부분

---

153) Clarke v. Ford Motor Co., 228 F.R.D. 631 (E.D. Wis. 2005).

의 법원들은 탈퇴신청서를 제출할 기한을 경과한 탈퇴신청서는 소송기록화하지 않겠다는 결정을 내리고 있다.

나. 제1유형 내지 제3유형의 대표당사자소송

제1유형 내지 제3유형의 대표당사자소송에 있어서 당사자에게는 수통지권도 없고, 탈퇴권도 없는 것이 원칙이다. 그러나 필요성이 인정될 경우에는 법원이 별도의 명령으로 수통지권과 탈퇴권을 보장하기도 한다. 따라서 연방규칙 제23조(c)(2)(B)가 제4유형의 대표당사자소송에서의 통지와 탈퇴에 대하여 엄격하게 규정하고 있는 것과 달리, 제1유형 내지 제3유형의 대표당사자소송에 대하여는 연방규칙 제23조(c)(2)(A)가 다르게 규정하고 있다. 즉 동 조항은 법원의 특별한 결정에 의해 통지를 명하는 경우에 대비하여 통지에 대하여 규정하고 있지만, 탈퇴권에 대하여는 규정하고 있지 아니하다.

법원은 제1유형 내지 제3유형의 대표당사자소송에 대하여는 통지가 없어도 적법절차에 어긋나지 않는다는 입장을 취하고 있다. 위 세 가지 유형의 대표당사자소송은 일반적으로 구성원 상호 간에 이해관계가 상반되지 않고, 연방규칙 제23조(a)(4)가 위 유형의 대표당사자소송에 대해 대표권의 공정한 행사가 이루어질 것을 규정하고 있어서 모든 구성원에게 통지하지 않는 것은 결국 모든 구성원에게 공평하기 때문에 이러한 불통지를 불공평하다고 보지 않는다. 반면에 법원이 제3유형, 즉 연방규칙 제23조(b)(2) 유형의 대표당사자소송에서 금지명령과 부작위위법확인판결과 함께 일정한 금액의 개인별 손해배상판결을 할 경우에는 그들의 손해배상액 분배를 둘러싸고 구성원들 사이에 이해관계가 대립할 수 있기 때문에 그 경우에는 구성원들에게 통지할 필요가 있게 되고, 법원은 통지의무를 부과하는 명령을 내려야 한다. 그 경우에는 그러한 손해배상청구에 동의하지 않은 구성원들에게는 역시 탈퇴권이 보장되어 있다.

그런데 연방대법원은 이 점에 대하여 명확한 입장을 밝히지 않고 있다. 그렇지만 연방대법원은 Dukes 판결을 통해 금지명령이나 부작위위법확인판결에 비해 구성원들의 금전청구가 우월적 청구가 아닌 경우에는 그들의 금전청구를 보장하기 위해 통지받을 권리와 탈퇴권을 보장할 필요는 없다면서, 체불임금청구 같은 금전청구가 고용차별정책의 위법확인을 구하면서 병합 제기된 제3유형, 즉 연방규칙 제23조(b)(2) 유형의 대표당사자소송에 대하여 구성원에게 수통지권과 탈퇴권을 보장할 합리적 이유가 없다고 하였다.

2003년 연방규칙 제23조가 개정되기 이전에 법원은 필요성이 인정될 경우 제1유형 내지 제3유형의 대표당사자소송에 대해 통지할 것을 명령하기도 하였는데, 그 경우에 법원은 통지의 근거로 연방규칙 제23조(d)(1)(B)(i)을 삼았다. 즉 동조항이 대표당사자소송의 구성원들을 보호하기 위하여, 필요성이 인정되면 소송의 모든 단계에서 구성원 모두 또는 일부에게 적절한 통지를 공정하게 할 수 있다고 규정하고 있었기 때문이다. 그렇지만 연방규칙 제23조(d)(1)(B)(i)에 근거한 통지는 의무사항이 아닌 법원의 자유재량의 문제였다. 이런 자유재량에 의한 통지는 단체 구성원들 사이의 이해관계가 상충되는지 여부 및 이해관계를 명확히 밝히는 등의 긍정적인 면이 있고, 인적사항이 밝혀지지 않은 구성원들에게 대표당사자나 소송대리인이 적절하게 소송을 수행하고 있는지 여부에 대한 점검의 기회를 제공하기도 한다. 구성원들에 대한 통지 명령이 연방규칙 제23조(d)(1)(B)(i)에 의해 발령될 경우 법원은 오직 공적 발간물에 의해 통지하도록 하고 있다. 법원은 연방규칙 제23조(d)(1)(B)(i)에 의한 통지비용의 부담자를 원고 또는 피고 중에 선택하여 결정할 수도 있고, 함께 부담하도록 할 수도 있다.

그런데 2003년에 연방규칙 제23조를 개정하여 제1유형 내지 제3유형의 대표당사자소송에 대하여 통지를 명령할 수 있는 재량권을 법원에게 부여하였다. 연방규칙 제23조(c)(2)(A)는 제1유형 내지 제3유형의 대표당사자소송의 경우 단체가 인증된 이후 필요성이 인정되면 일정한 통지를 명할 수 있다고 규정하고 있다. 자문위원회 주석서는 위 개정조항에 대해 제1유형 내지 제3유형의 대표당사자소송에 대한 통지를 명령할 경우에는 신중을 기해야 한다고 밝히고 있다.

자문위원회 주석서는, 일반적으로 제1유형 내지 제3유형의 대표당사자소송에 대한 통지는 상대적으로 덜 중요하다고 밝히고 있다. 왜냐하면 위 유형의 대표당사자소송에서는 구성원에게 탈퇴권이 보장되어 있지 않는데 통지비용에 대한 부담은 너무 크기 때문에 손해배상이 전제되지 않은 대표당사자소송을 무력하게 만들 우려가 있다는 것이다. 위 주석서는 위 세 가지 유형의 대표당사자소송에서 통지를 명할 경우 법원으로서는 재량을 가지고 유연하게 여러 가지 통지방법을 강구할 수 있다고 하였다. 즉 많은 구성원들이 방문할 것으로 예상되는 장소에 간단한 안내문을 부착하거나, 보다 더 상세한 정보를 알고 싶은 구성원들에게 이를 알 수 있는 방법 등을 게시하는 것과 같은 비전형적인 간단한 방법으로도 충분하다는 것이다.

제1유형 내지 제3유형의 대표당사자소송에서는 당사자에게 탈퇴권이 보장되어 있지 않기 때문에 이를 강제적 대표당사자소송 또는 의무적 대표당사자소송이라고 부르기도 한다.[154)]

그런데 문제는 제1유형 내지 제3유형의 대표당사자소송에서 청구의 주요부분이 금전손해배상청구일 때 제4유형의 대표당사자소송에서처럼 구성원의 수통지권과 탈퇴권이 보장되어야 하지 않느냐라는 의문이다. 이에 대해 연방대법원은 Shutts 판결[155)]을 통해 금전배상청구가 소송의 전부 또는 지배적 쟁점일 경우에는 수통지권과 탈퇴권은 보장되어야 한다고 하였다. 그러면서도 위 판결에서 제1유형 내지 제3유형의 대표당사자소송을 명시하지 않았기 때문에 여전히 연방규칙 제23조(b)(1) 유형 및 제23조(b)(2) 유형, 즉 제1유형 내지 제3유형의 대표당사자소송에 금전청구가 포함되어 있을 경우에 그 경우에도 수통지권과 소송탈퇴권이 보장되느냐 여부에 대해서는 명시적으로 밝히고 있지 않다.

그런데 제9연방항소법원은, Shutts 판결 이후에도 연방규칙 제23조(b)(1) 유형과 제23조(b)(2) 유형의 대표당사자소송에서 반독점금지법상의 화해를 하는 과정에서, 소송탈퇴 등이 보장되지 않은 강제적 대표당사자소송절차에서 금전배상청구에 대한 화해가 성립하였다고 하더라도 구성원들이 개별적으로 자신들의 손해에 대해 소송하는 것을 금할 수는 없다고 판시하였다.[156)] 즉 탈퇴권은 없지만 금전배상청구에 대한 화해조항의 구속력은 배제된다는 것이다.

그런데 대부분의 법원은 강제적 대표당사자소송에서는 화해성립 이전에 구성원에게 수통지권과 탈퇴권을 보장해 주는 것이 적법절차에 부합하다는 입장을 취하고 있다. 연방대법원은 그러한 소송에서 사건이송신청을 할 수 있다고 인정하면서도 구체적 사건에서 이송신청영장을 기각하였다. 연방대법원은 위 결정에 대해 다시 재검토할 기회를 가졌지만 역시 경솔하게 승인하였다는 이유로 다시 기각하고 말았다.[157)]

---

154) mandatory(non-opt-out) class action은 필수적 대표당사자소송, 의무적 대표당사자소송, 강제적 대표당사자소송 등 다양하게 번역될 수 있으나, 이하에서는 강제적 대표당사자소송이라 칭하기로 한다.

155) Phillips Petroleum Co. v. Shutts, 472 U.S. 797 (1985); Juris v. Inamed Corp., 685 F.3d 1294, 23 Fla. L. Weekly Fed. C 1251 (11th Cir.(Ala.) Jul 06, 2012).

156) Brown v. Ticor Title Ins. Co., 982 F.2d 386 (9th Cir. 1992); Schermer v. State Farm Fire and Cas. Co., 721 N.W.2d 307 (Minn. Sep 14, 2006).

157) Adams v. Robertson, 520 U.S. 83 (1997).

그런데 같은 쟁점이 Fibreboard Corp 사건의 항소심절차에서 재검토되었는데, 연방대법원은 원고가 탈퇴할 기회를 갖지 못한 것은 적법절차에 어긋났다고 판시하면서, 대표당사자소송에서의 화해가 연방규칙 제23조(b)(1)을 위반하여 부당하다는 입장을 유지하였다.[158] 그런데 연방대법원은 Dukes 판결에서도 이 쟁점에 대해 명쾌한 결론을 내리지 못하였고, 결국 이 쟁점은 연방대법원에서 해결되지 않은 문제로 남겨져 있고, 하급심법원이 합리적 판단에 따라 결정하고 있는 실정이다.

이처럼 제1유형 내지 제3유형, 즉 연방규칙 제23조(b)(1) 유형과 제23조(b)(2) 유형의 대표당사자소송에서 당사자에게 통지받을 권리와 탈퇴권을 보장할 것인가에 대한 연방대법원의 명쾌한 결론이 내려져 있지 않은 상태에서 하급심법원들은 위 두 유형의 대표당사자소송절차를 진행하면서 연방규칙 제23조(d)(2)에 근거하여 자신들의 재량권의 범위 내에서 또는 연방규칙 제23조(d)(1)에 근거하여 적법절차에 의한 적당한 명령을 발함으로써 구성원들에게 탈퇴권을 인정하고 있다. 연방규칙 제23조(d)(2)는 법원이 소송지휘권을 행사함에 있어 필요한 절차를 밟아 일정한 명령을 내릴 수 있도록 재량권을 부여하고 있는데, 이러한 소송지휘권을 행사하여 위 유형의 대표당사자소송에 대하여도 구성원에게 수통지권과 탈퇴권을 인정하는 명령을 내릴 수도 있다는 것이다. 한편 일부 법원은 금전청구가 수반되지 않은 강제적 대표당사자소송이나 금전손해배상청구가 포함되어 탈퇴권이 보장된 대표당사자소송의 병합청구를 허용하면서, 이를 통해 수통지권과 탈퇴권을 모두 인정하기도 한다.

한편 다른 법원은 금전배상청구가 포함되어 있는 경우에도 그 금전청구가 본질적인 것이 아니거나 구성원들의 개별적 환경에 영향을 받지 않은 경우에는 강제적 대표당사자소송을 인정하기도 한다.

---

158) Ortiz v. Fibreboard Corp., 527 U.S. 815 (1999); Juris v. Inamed Corp., 685 F.3d 1294, 23 Fla. L. Weekly Fed. C 1251 (11th Cir.(Ala.) Jul 06, 2012).

제3장 구성원들의 의견교환

Ⅰ. 소 제기 전 의견교환의 자유

대표당사자소송을 제기하기 위해서는 구성원 상호 간에 대표당사자소송을 제기할 것인가에 대한 사전 의사결정 단계를 거치게 된다. 물론 1인의 대표당사자가 소송을 제기하는 경우도 배제할 수 없지만, 일반적으로 현명당사자가 다수이기 때문에 내부적으로 의견교환이 이루어지게 되어 있다. 이와 관련하여 법원으로서는, 대표당사자소송이 제기되기 전에 잠재적 구성원 사이의 접촉이나 의견교환 등을 규제할 아무런 권한이 없다. 대표당사자소송이 제기되기 전에는 오직 직업적인 행위와 관련하여 구성원들과 접촉하는 변호사를 규율할 수 있을 뿐이다.

한편 복잡한 소송을 위한 지침서(4차)는 대표당사자소송이 제기된 후 단체인증이 있기 전까지는 장차 소송대리인이 될 변호사와 잠재적 구성원 사이에서는 전형적인 위임관계가 생기기 전이지만, 잠재적 구성원을 대신한 변호사의 소송행위는 전체로서 단체에게 최고로 이익이 되는 방법을 택하여야 하기 때문에 구성원들과의 접촉할 경우에도 그러한 소송행위가 남용되지 않도록 법원이 개입하는 것은 당연하다고 밝히고 있다. 한편 이 단계에서 원고의 소송대리인은 잠재적 구성원들에게 정보를 제공하거나 질문에 답변하거나 필요한 정보를 얻는 과정에서 보수를 받아서는 안 된다.

Ⅱ. 소 제기 후 잠재적 구성원들의 의견교환

1. 의견교환의 필요성

원고들과 피고들, 그리고 그들의 소송대리인은 소송이 제기된 이후 잠재적 구성원들과 접촉할 이해관계가 있다. 그러나 그러한 접촉은 단체인증 결정이 있기 전까지만 허용될 뿐이다. 원고들과 소송대리인은 소송사건에 존재하는 잠재적 구성원들에 대한 정보를 얻거나, 대표당사자와 비슷한 상황에 처해 있는 잠재적 구성원들로부터 사실관계를 추가 확보하거나, 대표당사자를 추가로 모집하거나, 제소된 소송절차가 제대로 유지될 수 있도록 재정적 기부를 얻기 위하여 상호접촉하기를 원하고 있다. 피고들과 그들의 소송대리인 역시 단체 확인을 각하 또는 기각시키기 위하여 필요한 정보, 즉 구성원 내부의 부정적 사실이나 구성원 사이의 이해관계의 대립 등에 대한 정보를 얻기 위해 구성원들과 접촉할 필요성이 있다. 뿐만 아니라 인적사항이 확인된 구성원들과 개별적 화해를 시도하거나 그들의 소송탈퇴를 권하여 대표당사자의 단체 확인이 각하되도록 하기 위해서라도 구성원들과 접촉할 필요성이 있다.

따라서 언제, 어떠한 내용으로 잠재적인 구성원들과의 접촉을 허용할 것인지는 대단히 중요한 문제라 하지 않을 수 없으며, 특히 대표되지 않은 수많은 구성원들과 접촉을 시도할 경우 그러한 접촉이 구성원을 기망하거나 회유하는 등 접촉이 부정적으로 남용될 수도 있기 때문에 더욱 중요한 문제가 되고 있는 것이다.

2. Gulf Oil 판결과 의견교환의 규제

연방규칙 제23조(d)(1)(C)는 법원에게 대표당사자나 소송참가자에게 일정한 조건을 부과하는 소송지휘권을 보장하고 있다. 또한 연방규칙 제23조(d)(1)(E)는 유사한 절차상의 문제를 처리함에 있어 법원에게 소송지휘권을 인정하고 있다. 따라서 법원은 위 두 조항에 근거하여 잠재적 구성원에 대한 접촉을 규제하고 있다. 첫째, 그러한 접촉이 사회질서에 위반하여 잠재적 구성원들을 협박하거나 회유하는 것은 아닌지, 둘째, 정상적인 당사자가 아닌 자들로부터 소송비용 등에 대한 부적절한 기부 회유를 받는 것은 아닌지, 셋째, 대표당사자나 소송대리인이 소송에 대한 당사자의 지위, 소송의 목적이나 쟁점 등을 오도하거나 잘못된 정보를 제공하는 것은 아닌지, 넷째, 구성원들로 하여금 부당하게 소송에서 탈퇴할 것을 권하는 것은 아닌지 등을 살펴, 이러한 행위를 할 경우 일정한 규제를 가하고 있다.

Gulf Oil 판결[159]이 있기 전까지, 법원은 위와 같은 점들을 염려하여 소송대리인과 부재구성원들과의 접촉을 금지하거나 제한하여 왔다.

연방대법원은 Gulf Oil 판결을 통해, 법원의 사전 승인 없이 대표당사자나 소송대리인이 잠재적인 구성원이나 인적사항이 밝혀진 구성원들과 접촉하는 것을

159) Gulf Oil Co. v. Bernard, 452 U.S. 89 (1981); ALEJANDRA AVILA, CHARGING PARTY, AND UNITED STATES OF AMERICA, COMPLAINANTS v. SELECT TEMPORARIES, INC., D/B/A SELECT PERSONNEL SERVICES, RESPONDENT, 2002 WL 175238 II.

금하는 보호명령을 내린 지방법원의 판결을 부당하다며 파기하였다. 왜냐하면 지방법원이 그러한 보호명령을 내리면서 그 이유를 전혀 밝히지도 않고 근거가 될 만한 사실관계도 전혀 밝히고 있지 않았기 때문이다.

연방대법원은, 지방법원의 제한명령이 표현의 자유를 제한하지 못하도록 한 수정헌법 제1조를 위반하였는지 여부에 대하여는 명백히 밝히지 않았지만, 그러한 보호명령은 연방규칙 제23조(d) 조항을 위반한 것으로 지방법원이 재량권을 남용하였다고 보았다. 그러면서도 연방대법원은 제1심법원이 당사자와 소송대리인의 변론행위를 적절하게 규제하기 위해 일정한 명령을 내리는 것은 법원의 자유재량권의 행사로 허용되며, 그러한 자유재량권의 행사에는 제한이 있을 수 없다고 판시하였다. 나아가 연방대법원은, 당사자들의 권리에 비추어 구성원 상호 간의 의견교환에 잠재적으로 개입하거나 의견교환을 제한하고자 할 경우에는 기록과 특별한 사실관계에 기초하여 명백하게 그 필요성이 인정될 때에 한하여 제한명령이 내려지는 것이 타당하다고 밝혔다. 그리고 당사자들의 접촉을 제한하는 것은 적으면 적을수록 좋고, 제한하더라도 구체적 상황을 고려하여 최소한에 그치는 게 좋다는 입장을 밝혔다.

연방대법원은 Gulf Oil 사건에서, 지방법원의 의견교환에 대한 제한명령이 여러 가지 문제를 일으켰지만 그 중에서도 특히 소장을 통해 드러난 잠재적 구성원들로부터 원고들의 소송대리인이 소송과 관련된 정보를 제때 얻어내지 못하게 되었음을 알게 되었으며, 비록 연방대법원이 연방규칙 제23조에 근거하여 위 견해를 유지하였지만, 지방법원의 제한명령이 심각한 표현의 자유를 제한하고 있어 문제라고 지적하였다.

3. Gulf Oil 판결 이후

가. 법원의 태도 변화

Gulf Oil 판결에 근거하여 대부분의 지방법원은 위 판결과 배치되는 당사자와 소송대리인의 잠재적 구성원과의 접촉을 금지하는 지방법원의 관련법규를 폐기하였다. 그런데 몇몇 법원은 위와 같은 제한명령과 관련하여 Gulf Oil 사건이 연방대법원에 계류되기 이전부터 그러한 제한은 표현의 자유를 전면적으로 제한하는 것으로 비헌법적이라며 제한해서는 안 된다는 입장을 유지해 왔다.

복잡한 소송을 위한 지침서(4차)는 Gulf Oil 판결에 동의하며, 대부분의 판사들은 소송진행 중 심각한 위법행위가 발견되지 않는 한 대표당사자 및 소송대리인들이 잠재적 구성원과의 접촉을 제한하는 결정을 내리는 것을 망설이게 된다고 밝히고 있다.

나. 피고 소송대리인의 Gulf Oil 판결 원용

일부 법원은 위 Gulf Oil 판결에 대해 대표당사자소송에서 단체를 효과적으로 대표하려는 원고들의 소송대리인의 지위를 보다 강화시켜 주기 위해 원고 소송대리인의 의견교환을 보호하겠다는 판결일 뿐 피고 소송대리인의 의견교환권을 보호하기 위한 판결로 보지 않음으로써, 원고 소송대리인의 의견교환과 피고 소송대리인의 의견교환에는 차이가 있다고 보고 있다. 더 나아가 피고 소송대리인들의 의견교환이 원고 소송대리인처럼 강하게 보호되지 않은 이유는 그들이 방어를 위한 정보를 얻기 위해 구성원들과 부당한 접촉을 시도하거나 사전증거조사를 통해 충분히 만족한 결과를 얻을 수 있으므로 구태여 의견교환, 즉 개별적 접촉을 보장할 필요가 없기 때문이라고 보기도 한다.

그런데 일부 법원에서는 잠재적 구성원들과의 모든 접촉의 효과를 평가하기 위하여 소위 Gulf Oil 균형시험이라는 방법을 사용하고 있다. 소위 Gulf Oil 균형시험이라는 것은 의견교환을 위한 접촉이 원고와 피고 중 누구에 의해서 주도적으로 이루어지고 있는지, 대표당사자소송에 있어서 잠재적 구성원들의 소송참가를 방해하거나 잘못 인도하려는 시도가 있는지 여부 등을 균형시험의 평가기준으로 활용하고 있다. Gulf Oil 판결 이후 일부 법원에서는 단체에 대한 인증이 이루어지기 전에 피고들이 잠재적 구성원들과 합의를 유도하기 위해 접촉하려는 시도를 제한하였다.

그러나 대부분의 법원은 피고들이 잠재적 구성원들에게 거짓되거나 오도된 정보를 제공하거나, 잠재적 구성원들을 소송에서 탈퇴시키기 위해 그들에게 영향을 미치거나 탈퇴시도를 도모하지 않는 한 피고들이 잠재적 구성원들과 화해를 위해 접촉하는 것을 허용하고 있다.

물론 복잡한 소송을 위한 지침서(4차)는 소송대리인이 반사회질서행위를 통해 잠재적 구성원들과 접촉하는 것을 금하는 것은 인적사항이 밝혀진 구성원과의 접촉에서도 동일하게 적용된다고 밝히고 있다.

4. 의견교환의 정정

만약 법원이 변호사에 의한 접촉이 사실을 오도하거나 부적절하다고 판단할 경우에는, 법원은 연방규칙 제23조(d)(1).에 의해 그 쟁점을 올바르게 고치거나 명백하게 밝히는 통지를 할 권한을 가지고 있다.

Ⅲ. 단체인증 후 의견교환

소송대리인은 자기에게 사건을 의뢰한 당사자를 대리함에 있어 자기가 맡은 사건에 관하여 상대방과 접촉하여서는 아니 될 의무를 부담하며, 부재당사자에 대해서도 마찬가지이다. 이러한 법조윤리는 단체인증 결정 이후에 인적사항이 밝혀지지 않은 구성원들과의 접촉이 과연 허용될 수 있는가에 대해서도 마찬가지인가를 두고 논의가 되고 있다. 대부분의 법원은 단체의 인증과 관련하여 모든 구성원들과 원고 소송대리인 사이에서도 고객과 변호사 사이의 신의성실의 원칙이 지켜져야 한다고 보고 있다. 따라서 일단 단체인증 결정이 내려진 이후에는 원고와 피고 사이에 대립당사자구도가 성립되었으므로, 피고의 소송대리인은 원고 소송대리인의 동의하에서만 원고 단체의 구성원과의 접촉이 허용된다. 이러한 원칙은 단체인증 결정 후 단체의 구성원들이 탈퇴를 결정하는데 부당한 영향을 미치지 못하도록 하게 하기 위하여 구성원들이 탈퇴권을 행사할 수 있는 기간 내에서도 마찬가지로 적용된다.

왜냐하면 종종 피고와 원고 단체 구성원 사이에서는 단체인증 결정 이후에도 일정한 업무관계, 예를 들어 여전히 고용관계에 있다거나 계열사 관계 등이 계속 유지될 수도 있기 때문에 법원으로서는 피고들과 원고 단체 구성원 사이에 일상적인 사업 활동에 관한 접촉을 허용하고 있다. 그렇지만 이 경우에도 피고와 원고 단체 구성원 사이에 현재 진행 중에 있는 재판에 대해 논의하는 것은 금지된다.

제10절 광역관할권

제1장 의 의

광역관할권(Multiple-Jurisdiction)160)이라 함은 하나의 대표당사자소송의 구성원이 여러 주에 산재되어 있다 보니 여러 주법원이나 연방법원이 모두 관할권을 가지게 되는 것을 말한다. 이처럼 대표당사자소송은 여러 개의 주 또는 연방 등 전국에 관할권이 겹쳐 있을 경우 이를 하나의 법원에서 하나의 절차를 통해 구성원이 수백만 명에 이를 수도 있는 사건을 하나의 판결로 해결하기 위해 이용되고 있다. 이러한 대규모 대표당사자소송은 소규모 대표당사자소송이 관할법원마다 연속해서 제기되는 것보다 당사자들과 법원 모두에게 효율적인 해결방법이다. 뿐만 아니라 광역관할권이 적용되는 전국 규모의 대표당사자소송은 관할에 따라 잠재적으로 상호 모순된 판결이 나오는 것을 사전에 차단하여 판결의 모순·저촉을 방지하여 전국적으로 적용될 수 있는 하나의 사법적 기준을 마련하는 장점이 있다. 그렇지만 법원들은 광역관할권에 의해 대표당사자소송을 진행할 경우 소송절차가 복잡해지거나 절차지연 및 소송비용의 증가 등의 문제와 함께 주별 문화적 또는 관습적 차이 등을 전혀 도외시할 수도 없기 때문에 연방규칙 제23조 및 적법절차 조항의 적용과 관련하여 어려움이 많다는 이유로 그러한 통일된 판결의 도출에 신중한 입장을 취하고 있다.

최근에 와서는 대부분의 광역관할권 대표당사자소송은 대표당사자소송공정화법에 근거하여 연방법원이 관할하고 있다. 그럼에도 불구하고 대표당사자소송의 상당수는 주법원에 제기되고 있는 실정이다. 이하에서는 왜 대표당사자나 소송대리

160) Multiple-Jurisdiction은 대표당사자소송의 구성원이 여러 개의 주에 분산되어 거주하다 보니 이들을 단체로 하는 대표당사자소송 역시 구성원에 따라 여러 개의 주 또는 연방에 동시다발적으로 관할권이 인정되는 경우에 관할권의 충돌 문제를 해결하기 위한 것으로, 다중관할권, 광역관할권 등 여러 가지로 해석될 수 있으나 이하에서는 광역관할권이라고 한다.

인이 연방대법원 관할 대신 주법원에 소송을 제기하는지 그 이유를 살펴보고, 이 경우 주법원이 어떻게 소송을 진행하는지 등에 대하여 살펴보고자 한다.

제2장 광역관할 대표당사자소송

Ⅰ. 광역관할 확인 기준

제1심법원은 특정 대표당사자소송에 대하여 그 소송이 광역관할 대표당사자소송인지 주법원관할 대표당사자소송인지 여부를 재량권 범위 내에서 결정할 수 있다. 제1심법원은 재량권 행사에 따른 관할권의 결정이 단체인증 결정이든 불인증 결정이든 그 결정의 영향이 대단히 크다는 사실을 잘 알고 있다. 광역관할 대표당사자소송을 허용한다는 것은 단 하나의 판결로 수백만 명의 구성원을 구속하는 판결을 하게 되는 것을 의미한다. 반면에 광역관할 대표당사자소송을 부정하게 되면 잠재적으로 수백만 명의 구성원들에 대한 효과적인 구제를 방치하게 되어 그들이 개별 소송을 제기하는 등 또 다른 문제를 유발할 수 있다는 점도 명심해야 한다.

피고로서는 광역관할 대표당사자소송이 인정되느냐 여부는 기업의 사활이 걸린 문제가 될 수도 있기 때문에 그러한 소송은 결코 바람직하지 않다는 항변을 강하게 하게 된다. 연방대법원은 Yamasaki 판결[161]을 통해 제1심법원은 광역관할 대표당사자소송의 허용 여부를 판단함에 있어서 그러한 광역관할이 진정으로 필요한 것인지 여부를 신중히 검토할 필요가 있다고 판시하였다.

따라서 제1심법원은 광역관할 대표당사자소송을 허락할 때는 연방규칙 제23조(a) 및 제23조(b)의 요건, 즉 대표당사자소송으로서의 요건인 다수성, 공통성, 전형성, 대표당사자의 타당성 등의 요건을 충족하였는지 여부를 신중히 검토하여 증명이 확실히 된 경우에 한하여 허용해야 한다. 광역관할 대표당사자소송 여부 결정에 가장 중요하게 고려되어야 할 한 가지는 바로 실재로 원고들의 청구가 광역관할이 인정될 만큼 그 분포가 넓게 퍼져 있느냐 여부이다. 제5연방항소법원은

161) Califano v. Yamasaki, 442 U.S. 682 (1979); Lugo v. Schweiker, 776 F.2d 1143, 54 USLW 2300, 11 Soc.Sec.Rep.Serv. 242, Unempl.Ins.Rep. (CCH) P 16,404 (3rd Cir.(Pa.) Nov 13, 1985),

Blue Bird Body 판결[162]을 통해 원고들이 자신들의 광역관할 대표당사자소송을 증명하기 위해 제출한 증거만으로는 피고의 반독점금지법 위반의 공도행위로 인한 피해가 전국적이라거나 단 하나의 공모행위로 인해 전국적 피해가 발생했다고 보기 어렵다는 이유로 제1심법원이 인정한 광역관할 대표당사자소송의 인용 결정을 파기하였다.

광역관할 대표당사자소송의 허용 여부는 그러한 결정을 통해 이미 진행 중에 있는 다른 대표당사자소송을 포기시킬 수 있는가 여부를 추가적으로 검토하여 결정하여야 한다. 이러한 광역관할 대표당사자소송을 결정함에 있어 그 결정으로 전국에 걸쳐 있는 소규모 대표당사자소송을 모두 포섭하는 것이 아니라고 할지라도 법원으로서는 이렇게 거대한 하나의 대표당사자소송이 그 청구를 둘러싼 모든 분쟁에 우월적 해결방법으로 기능할 것인지 여부를 판단한 후 결정하여야 한다. 법원은 하나의 주에서 제한적으로 진행될 수 있는 대표당사자소송 같은 경우에는 광역관할 대표당사자소송의 허락을 불허하기도 한다.

제6연방항소법원은 음경 이식과 관련하여 전국적인 구성원을 전제로 손해배상청구를 제기한 대표당사자소송을 인용한 제1심판결을 이전에 제기된 다른 소송에서 더 진전된 단계의 판결이 있었다는 이유로 파기하면서,[163] 원고들에게 위 다른 판결에 근거해 곧바로 강제집행을 허용하였다. 그러면서 위 법원은 늦게 제기된 광역관할 대표당사자소송에서 단체를 인증하게 되면 이미 제기된 사건의 처리에 혼란을 가져올 뿐만 아니라 중복 재판으로 인한 사법비용의 낭비를 가져올 것이 분명하고, 이러한 점은 항소심절차에서도 시정이 될 수 없다고 판시하였다. 물론 많은 법원들은 동일한 쟁점을 중심으로 더 많은 제한이 가해진 대표당사자소송이 이미 다른 법원에 제기된 상태에서도 광역관할 대표당사자소송을 확인해주기도 하고 있다.

---

162) State of Alabama v. Blue Bird Body Co., 573 F.2d 309 (5th CIR. 1978); Domestic Air Transp. Antitrust Litigation, 137 F.R.D. 677, 1991-2 Trade Cases P 69,518 (N.D.Ga. Aug 07, 1991).

163) American Medical Systems, Inc., 75 F.3d 1069 (6th Cir. 1996).

Ⅱ. 광역관할 재판절차

1. 의 의

연방규칙 제23조(b)(3)(D)는 대표당사자소송을 취급함에 있어 소송과정에서 발생할 수 있는 문제점 등을 종합적으로 검토하여 대표당사자소송의 허용여부를 결정하도록 규정하고 있다. 특히 광역관할 대표당사자소송은 첫째, 하나의 광역소송절차에서 다른 주에 거주하는 구성원들을 어떻게 하나의 적법절차 안으로 포섭하여 재판을 수행할 것인지, 둘째, 제소된 단체의 광역성에 비추어 어느 주법을 선택하여 쟁점에 적용할 것인지를 고려해야 하는 어려움이 있다.

2. 적법절차의 제약

구성원이 전국 또는 여러 개 주에 걸쳐 있는 광역관할 대표당사자소송은 단체를 어떻게 정의하는가에 따라 그 사건이 발생한 주에 거주하는 부재구성원들의 청구를 포함할 수도 있고, 포함하지 않을 수도 있다. 대표당사자소송의 피고가 개인인 경우 그들이 광역관할법원과 멀리 떨어진 주에 거주하고 있다면 멀리 떨어진 관할법원에서 재판을 받기가 사실상 어렵기 때문에, 그러한 개인 피고들이 관할권이 있는 법원과 최소한도의 관련성이 있지 않은 한 그들을 광역관할권 있는 법원의 판결에 구속시키는 것은 적법절차에 비추어 타당하지 않다고 하겠다.[164] 대표당사자소송의 부재구성원이 개인인 경우는 그들이 최소한의 관련성에 복종할 필요는 없지만, 그들에게도 관할을 선택할 수 있는 권리가 있기 때문에 그들이 광역관할 대표당사자소송에 필수적으로 참가해야 할 의무가 있는 것은 아니다. 인적사항이 밝혀지지 않은 부재구성원들도 광역관할 대표당사자소송이 성립한 곳과 관련성이 없다면 인적사항이 밝혀진 구성원들과 마찬가지로 그 판결에 구속받을 필요가 없다.

천연가스를 생산하는 Phillips Petroleum은 수천 명의 로얄티를 지급해 달라는 대표당사자소송을 연방규칙 제23조와 유사한 Kansas 주법에 근거하여 주법원에 제기하였는데, 구성원들은 미국 전역에 걸쳐 있었을 뿐만 아니라 몇몇은 외국에 거주하고 있었고, 생산된 천연가스를 리스한 자들도 여러 주에 걸쳐 거주하고 있

---

164) International Shoe co., v. Washington, 326 U.S. 310 (1945); Shuler v. Shuler, 2002 JTS 115, 157 D.P.R. 707, 2002TSPR109.

었다. 그런데 리스한 자들의 1%에도 못 미치는 소수의 구성원만이 Kansas 주에 거주하고 있었고, 수천 명의 구성원들이 탈퇴권을 행사하였고, 천 명이 넘는 구성원들이 통지 미달로 구성원에서 배제된 상태였다. 그런데 제1심법원은 피고와 원고를 둘러싼 이러한 모든 정황을 확인한 후, 단체의 구성원들이 그들의 주에서 비슷한 손해배상을 받을 수 있을 것인지 여부를 고려함이 없이, 광역관할 대표당사자소송을 인정하여 Kansas의 실체법을 적용하여 손해액을 계산하였다.

즉 Kansas 주 제1심법원은 특별히 강요된 정황이 없다면 관할권이 있는 주법을 적용하여 모든 손해를 계산하는 것이 타당하다고 본 것이다. 또한 제1심법원은 구성원들이 단체에서 탈퇴하지 않았을 뿐만 아니라 Kansas 주법의 적용에 찬성하였음을 지적하면서 법원이 적용할 실체법을 결정하는 것은 정당하다고 판시하였다. 그러나 피고는 구성원들의 거주 주가 아닌 Kansas 주법으로 손해를 계산하고 단체를 인증한 것은 부당하다며 항소하였다. 피고는 구성원의 대부분이 Kansas 주로부터 멀리 떨어진 곳에 거주하고 있고, 관할 주와 최소한의 관련성도 없으며, 구성원들이 판결을 통해 얻게 되는 이익에 만족하지 못할 경우에는 동일한 청구를 가지고 다시 소송을 제기할 수 있는 자유가 있음을 주장하며 원심판결이 부당하다고 주장하였다. 연방대법원은 피고의 이송신청을 받아들이면서, 첫째, 단체에 포함될 최소한의 관련성도 없는 비거주자들을 원고 단체의 구성원으로 포함시키는 것이 적법절차에 부합한지, 둘째, 보다 더 적절한 적용법규를 어떻게 취사선택해야 하는지에 대한 분석 없이 막연하게 관할 법원 소재지 주의 실체법을 적용하는 것이 과연 적법절차에 부합하다고 할 것인지를 심리할 필요가 있다고 지적하였다.[165)]

연방대법원은 Shutts 판결을 통해, 위 첫 번째 쟁점과 관련하여 광역관할 대표당사자소송에서 다른 주에 거주하고 있는 부재구성원들은 관할법원 주의 구성원들과 동일한 절차적 보장을 받는다고 볼 수 없으므로 적법절차가 지켜졌다고 보기 어렵다고 판시하였다. 또한 연방대법원은 부재구성원들은 민사소송절차의 피고에게 전형적으로 부과되는 부담에 지배당할 필요도 없다고 판시하였다.

따라서 부재구성원은 별도로 변호사를 선임할 필요도 없고, 반소를 제기하거나 교차청구를 위한 제소의무도 없으며, 소송비용에 대한 부담도 거의 지지 않는다. 다시 말해 연방대법원은 부재구성원들에 대해 소송절차에서 아무 것도 할 필요가

165) Phillips Petroleum co., v. Shutts, 472 U.S. 797 (1985); Juris v. Inamed Corp., 685 F.3d 1294, 23 Fla. L. Weekly Fed. C 1251 (11th Cir.(Ala.) Jul 06, 2012).

없다고 보았던 것이다. 연방대법원은 관할 주법원은 부재구성원들의 청구에 대한 관할권을 행사할 수 있고, 심지어 그들이 피고에 대한 개인적 관할권을 주장할 수 있는 최소한의 관련성이 없는 경우에도 관할권을 행사할 수 있다고 하였다. 그렇지만 연방대법원은, 그렇게 관할권을 행사하려면 어떤 절차적 적법절차를 보장할 수 있는 방안이 여전히 마련되어야 한다는 입장을 취하였다. 즉 구성원들이 그 판결에 구속되기 위해서는 특별히 대표당사자소송에 대한 통지를 받아야 되는데, 이때 소송 진행 중인 사실을 소송대리인을 통해 알게 되거나 개인적으로 우연히 알게 되어도 무방하지만, 통지는 받아야 한다는 것이다. 이처럼 통지를 반드시 받아야 하는 이유는 대표당사자소송에서 탈퇴하거나 또는 가입하기 위하여, 그리고 법원으로부터 배제 통지를 받기 위해서라도 필요하다는 것이다. 인적사항이 밝혀진 원고들은 적법절차상 단체 전체의 이익을 위해 소송을 수행해야 할 의무가 있다고 하겠다.

그러나 연방대법원은 만약 인적사항이 밝혀진 구성원들이 명시적으로 탈퇴하겠다고 하지 않는다면, 적법절차상 단체에 포함되는 것과 관련하여 단체에 참가하겠다는 뜻을 명확하게 할 필요가 있다고 하였다. 그렇지만 연방대법원은 금전배상과 관련 없는 대표당사자소송에도 이러한 원칙이 적용될 것인지에 대하여는 명시적으로 밝히고 있지 않는 것으로 보인다.

연방대법원은 위 두 번째 쟁점에 대하여, 제1심법원이 전국적인 사건에조차 Kansas 주법을 획일적으로 적용할 경우 첫째, 구성원 대부분이 Kansas 주와 아무런 관련이 없고, 둘째, 적용되는 Kansas 주법이 다른 주법과 서로 충돌하지 않는다면 모르겠지만 실질적으로 다르다면 적법절차상 허용될 수 없다고 판시하였다.

그런데 적용할 법이 서로 상충되는 경우에도 관할법원 소재지가 계약과 관련하여 중대한 관련성이 있거나 쟁점사항과 관련성이 있다면 그 실체법이 독단적이거나 근본적으로 불공정하지 않는 한 관할법원의 실체법이 적용될 수 있다고 판시하였다. 그러면서 연방대법원은 위 Shutts 판결을 통해, 소송에서 문제가 되고 있는 계약관계에 대해 다른 주법이 관할지인 Kansas 주법과 상이하고, Kansas 주 거주 구성원이 다른 주 구성원에 비해 상대적으로 적다면 Kansas 주가 이 사건과 이해관계가 별로 없는데도 불구하고 Kansas 주법을 모든 청구에 적용하는 것은 명백하게 독단적일 뿐만 아니라 불공정하여 헌법이 보장하는 적법절차의 한계를 위반하였다고 판시하였다. 더군다나 Kansas 주법의 적용을 찬성한 구성원이 상대적으로 적은 것도 영향을 미친다고 판시하였다.

그렇지만 위 Shutts 판결이 광역관할 대표당사자소송에서 한 주의 법이 적용되는 것을 완전히 금지하는 것은 아니라는 점에 주의할 필요가 있다. 광역관할 대표당사자소송에서 어떤 특별한 법을 적용할 것인가의 문제는 그 법원이 위치한 주에서 어느 법을 선택하느냐의 문제라고 하겠다. 위 Shutts 판결이 시사하는 바는 어느 주법을 선택해서 재판해도 좋지만, 선택된 주법을 적용하는 것이 독단적이거나 불공정해서는 안 된다는 점이라 하겠다.

3. 적용할 법의 선택

Shutts 판결로 인해 연방규칙 제23조(b)(3) 유형, 즉 제4유형의 대표당사자소송에서 광역관할권을 행사하는 법원은 모든 구성원에게 적용될 법으로 한 주의 법을 독단적으로 선택하는 방식으로는 대표당사자소송의 적용법조의 문제를 해결하지 못하게 되었다. 앞에서 살펴본 바와 같이 다양한 유형의 대표당사자소송을 재판해야 하는 연방법원은 그 사건이 주법원에서 관할하였다면 적용될 주의 법을 선택하여 재판하여야 한다. 예를 들어 전국에 걸친 불법행위로 인한 손해배상청구소송이 제기될 경우에는 경우에 따라서는 컬럼비아 특별구를 포함하여 50개 주의 법을 구성원의 해당 주에 따라 각각 적용하여야 하는 문제가 발생할 수도 있다. 이렇게 하여야 하는 것은 연방법원에서 재판하든 주법원에서 재판하든 마찬가지이다.

대부분의 법원은 적용할 법률을 선택하는 것이 광역관할 대표당사자소송에서 가장 중요한 문제라는 점을 인식하게 되었다. 연방대법원도 적용할 법률을 선택하는 문제가 단체의 인증보다 더 중요한 문제일 수도 있다고 판시하였다.[166] 제5연방항소법원도 광역관할 대표당사자소송에서 여러 주의 주법을 구성원마다 따로따로 적용해야 하는 문제는 대표당사자소송의 공통적 쟁점을 무력하게 만들거나 우월성 요건을 무력하게 만들어 버릴 수도 있음을 인정하였다.[167]

제7연방항소법원도 1980년대 초 HIV(인체면역결핍바이러스)/AIDS(후천성면역결

166) Amchem Products, Inc. v. Windsor, 521 U.S. 591 (1997); Placid Oil Co., 753 F.3d 151, 71 Collier Bankr.Cas.2d 1657, 59 Bankr.Ct.Dec. 149, Bankr. L. Rep. P 82,643 (5th Cir.(Tex.) May 27, 2014).

167) Castano v. American Tobacco co., 84 F.3d 734 (5th Cir. 1996); Warnock v. State Farm Mut. Auto. Ins. Co., 2011 WL 111347V.

핍증)가 질병으로 발견되기 전에 오염된 혈액을 수혈받음으로서 HIV에 감염된 혈우병환자들이 여러 의료기업들을 상대로 업무상과실책임을 묻겠다며 전국적 규모의 대표당사자소송을 제기한 Rhone-Poulenc 사건[168]에서 위 Amchem Products 판결과 비슷한 입장을 표명하였다.

원고들은 피고들이 당시까지 B형 간염의 전염위험성은 알려져 있었기 때문에 그러한 위험성이 전파되지 않도록 보다 더 주의를 기울였더라면 덩달아 AIDS 감염도 동시에 예방할 수 있었을 것이라며 그러하지 못한 책임이 피고들에게 있다고 주장하였다. 단체를 인증하는 과정에서 지방법원은 한 사람에게 과실의 잘못이 인정된다면 그 법은 모든 구성원에게 적용된다는 입장을 취함으로써 공동피고들에게 동일한 법률을 적용함으로써 적용할 법률의 선택이라는 문제, 즉 여러 개의 법률을 적용해야 하는 문제를 회피하려 하였다. 그러나 제7연방항소법원은 업무상과실책임에 대한 쟁점이 AIDS라는 새로운 질병이라고 하더라도 적용해야 할 법이 여러 주에 걸쳐 내용도 다르고 해석에서도 미묘한 차이가 있다는 점을 무시할 수 없다는 이유로 지방법원이 시도한 그러한 방법은 타당하지 않다며 원심판결을 파기하였다.

한편 제7항소법원은 Firestone사와 Ford사로부터 자동차를 구입한 전국에 걸친 잠재적 구성원들이 자동차의 타이어 부품에 하자가 있다는 이유로 Firestone사와 Ford사의 경영진들을 상대로 제기한 대표당사자소송에 대하여 관할 지방법원이 Tennessee 주법과 Michigan 주법을 적용한 것은 잘못되었다고 판시하였다.[169] 법원은 피해가 발생한 지역의 주법이 구성원들에 대해 적용되어야 한다는 입장을 취하고 있다. 문제는 컬럼비아 특별구를 포함하여 50개 주의 법률이 모두 다르기 때문에 대표당사자소송에 적용될 수많은 법률로 인하여 하나의 소송절차로 대표당사자소송을 관리하는 것이 어렵다는 점이다.

제6연방항소법원은 최근 50개 주의 법률을 적용하였다는 이유로 원고들에게 어떠한 사전증거조사를 허락함이 없이 피고의 신청을 받아들여 단체인증을 거부한 지방법원의 결정을 타당하다고 인정하였다.[170]

---

168) Rhone-Poulence Inc., 51 F.3d 1293 (7th Cir. 1995); Houseman v. U.S. Aviation Underwriters, 171 F.3d 1117, 43 Fed.R.Serv.3d 523 (7th Cir.(Wis.) Mar 29, 1999).

169) Bridgestone/Firestone, Inc., 288 F.3d 1012 (7th Cir. 2002); Muehlbauer v. General Motors Corp., 431 F.Supp.2d 847 (N.D.Ill. May 15, 2006).

170) Pilgrim v. Universal Health Card, LLC, 660 F.3d 943 (6th Cir. 2011); Schumacher v. State Automobile Mut. Ins. Co., 47 F.Supp.3d 618 (S.D.Ohio Sep 18, 2014).

반면에 일부 법원은 적용해야 할 주법이 다양한 것과 무관하게 전국적인 광역관할 대표당사자소송을 인정하였다.[171] 예를 들어 제3연방항소법원은 적용해야 할 법률이 각기 다름에도 불구하고 원고들이 그러한 법이 정한 네 가지 유형의 대표당사자소송으로 구별될 수 있다면 광역관할 대표당사자소송을 인정할 수 있다고 하였다. 제3연방항소법원은 보험회사를 상대로 사기보험가입을 유도한 것에 대한 책임을 물어 대표당사자소송을 제기한 후 화해를 통해 분쟁을 해결하고자 한 광역관할 대표당사자소송에 대해 적용 법률의 선택이 극복될 수 없는 장애물이라고 볼 수 없다면서 광역관할 대표당사자소송을 인정하였다. 더 좋은 사례로는 Wyoming 연방지방법원이 잠재적으로 수많은 주의 과실 및 제조물책임법이 있음에도 불구하고 제약회사를 상대로 제기된 광역관할 대표당사자소송을 확인한 경우라 하겠다.[172] 위 법원은 적용할 법률의 선택 문제가 대표당사자소송을 필연적으로 관리할 수 없게 만드는 것은 아니며, 과실 및 엄격한 책임에 관한 여러 주의 법들을 살펴보면 그 법들은 대부분 거의 같은 내용을 규정하고 있으므로 실재로 적용하는데 별 문제될 것이 없다고 하였다. 더 나아가 일부 법원은 위 Firestone 판결과 달리 단체의 구성원이 다른 주에 거주하고 있는 경우에도 피고의 사업상 주된 사무소가 있는 주의 법을 일괄 적용하는 것도 무방하다고 판결하기도 하였다.

한 가지 중요한 문제는 대표당사자소송공정화법이 Shutts 판결에 영향을 주었는가 여부이다. Shutts 판결은 구성원이 전국에 걸쳐 있는 대표당사자스송에 대하여 주법원이 관할권을 행사할 수 있다고 하고 있지만, 대부분의 광역관할 대표당사자소송은 대표당사자소송공정화법에 의해 연방법원으로 이송되었다. Shutts 판결은 주법원에서 전국적인 대표당사자소송이나 광역관할 대표당사자소송을 재판할 수 있다고 하였지만, 대표당사자소송공정화법에 의해 현재는 모두 연방법원에서 재판하고 있는 추세에 있다고 하겠다.

그러나 대표당사자소송공정화법은 적법절차 또는 Shutts 판결에 의하 제기된 적용 법률 선택의 문제를 규정하고 있지 않다. 단지 재판절차를 어느 법원에서 관할할 것인가라는 절차를 규정하고 있을 뿐이기 때문이다. 따라서 여전히 적용

171) School Asbestos Litigation, 789 F.2d 996 (3d Cir. 1986); Bouder v. Prudential Financial, Inc., 2013 WL 246848.

172) Copley Pharm., Inc., 161 F.R.D. 456 (D. Wyo. 1995); City of St. Petersburg v. Total Containment, Inc., 265 F.R.D. 630 (S.D.Fla. Feb 10, 2010).

할 법의 선택문제는 남아 있기 때문에, 연방대법원은 주법원과 마찬가지로 적용할 주법의 선택이 일방적이거나 불공정해서는 안 된다는 입장을 유지하고 있다. 대표당사자소송공정화법 제정 전에는 연방법원은 자기가 속한 주법원이 당사자가 되기도 하는 다양한 사건에서조차 종래의 Klaxon Co 판결[173]에 의해 확립된 대로 관할법원이 소재하는 주의 적용법 선택 규정에 의해 적용할 법을 선택해 왔었다. 대표당사자소송공정화법 이후에도 연방법원들은 이러한 접근방식에 의해 적용할 법을 선택하고 있다.

제3장 주법원 관할 대표당사자소송

Ⅰ. 주법원 관할의 중요성

대표당사자소송공정화법이 제정된 이후 대부분의 광역관할 대표당사자소송은 주로 연방법원에서 관할하고 있다. 그렇지만 Shutts 판결에서 보다시피 상당히 많은 대표당사자소송이 주법원에서 재판이 진행되고 있는 것이 현실이다. 그 이유는 첫째, 많은 연방항소법원들이 최근 들어 여러 종류의 대표당사자소송에 대해 제한을 가하고 있고, 원고들로서는 주법원이 훨씬 소송을 수행하는데 편리한 점이 많기 때문이다. 대부분의 당사자들은 주법원이 연방법원보다 훨씬 더 대표당사자소송에 관대하다고 믿는 경향이 있다. 왜냐하면 대부분의 주법원 판사들은 선출직이기 때문에 정치적으로 민감한 사건들에 대한 재판을 담당함으로써 유명해지기를 바란다고 보기 때문이다. 둘째, 대표당사자소송공정화법이 제정된 이후에도 주법률만이 적용되는 쟁점사항에 대해서는 주법원에 대표당사자소송을 제기할 수 있기 때문이다. 다시 말해 주법원 역시 대표당사자소송의 중요한 재판적으로서의 역할을 담당하고 있기 때문에, 대표당사자소송공정화법이 제정되어 연방관할이 인정된다고 하여 주법원이 관할에서 완전히 배제되는 것은 아니라 하겠다.

---

173) Klaxon Co. v. Stentor Electric Maunfacturing Co., 313 U.S. 487 (1941); Harley v. Health Center of Coconut Creek, Inc., 469 F.Supp.2d 1212, 20 Fla. L. Weekly Fed. D 373 (S.D.Fla. Dec 21, 2006).

Ⅱ. 대표당사자제도 도입 여부

1. 서 설

대표당사자소송공정화법이 제정된 이후에도 주법원이 관할하는 대표당사자소송에 대한 중요성은 점차 높아지고 있기 때문에 주법원과 연방법원이 관할하는 대표당사자소송의 주요 차이점을 살펴보는 것은 대단히 중요하다. 그런데 모든 주의 대표당사자소송 관련법이 통일되어 있는 것은 아니지만, 대표당사자소송제도를 도입한 주는 대부분 연방규칙 제23조를 기초로 하여 유사한 내용의 입법을 하였다. 따라서 모든 주의 관련법이 다 다르게 되어 있어 이를 모두 살펴보는 것은 불가능하지만, 기본적인 차이가 어느 정도 있는지 등은 간략하게 검토할 필요가 있다.

1966년에 연방규칙 제23조가 제정된 이후 대부분의 주는 이 규칙을 채택하고 있다. 즉 3분의 2가 넘는 주들이 위 연방규칙을 근거로 주에서 적용할 법률을 제정한 것이다. 연방대법원의 대표당사자소송에 관한 판례 및 이론들을 일반적으로 따르고 있다. 그렇지만 일부 주에서는 연방규칙 제23조를 채택하고 있지 않거나 연방법원의 관련 판례를 따르지 않고 있다. 특히 연방법원의 대표당사자소송을 제한하는 판례에 대해서는 주법원이 잘 따르지 않는 경향을 보인다. 다시 말해 많은 주법원들은 대표당사자소송이 가능하다고 판단되면 가능한 한 그러한 대표당사자소송을 허용해야 한다는 입장을 취함으로써, 자율적 판단 권한을 행사하려고 한다는 것이다.

2. 연방규칙 제23조를 채택한 주

연방규칙 제23조를 채택하여 주의 소송규칙을 제정한 주에서도 연방규칙 제23조(b)(1) 유형과 제23조(b)(2) 유형의 대표당사자소송은 채택하지 않고, 오직 연방규칙 제23조(b)(3) 유형의 대표당사자소송만을 채택한 경우도 있다. 즉 연방규칙상의 제1유형 내지 제3유형을 채택하지 않고 제4유형만을 채택하는 경우처럼 주마다 연방규칙의 계수 형태가 다르다고 하겠다. 뿐만 아니라 주에 따라서는 대표당사자소송의 판결의 효력이 다른 해결방법보다 우위성을 갖도록 여러 특례규정을 두고 있는 경우도 있다. Michigan 주의 대표당사자소송에 관한 규칙은 첫째, 대표당사자소송 구성원들의 개인적 손해배상청구가 개별적 소송에서 보장되는 손해액에 비해 충분한지 여부, 둘째, 구성원들이 개별적으로 보상받는 금액이 대표당사자소송을 정당화할 만큼 충분히 많은지 여부 등을 지방법원이 연방규칙 제23조(b)(3) 조항을 충분히 고려해야 한다고 규정하고 있다. 캘리포니아 주의 대표당사자소송에 관한 규칙은 연방규칙 제23조에 비해 훨씬 간단하게 되어 있는데, 연방규칙 제23조(a) 및 제23조(b)에서 규정한 대표당사자소송의 소송요건과 비슷하게 필요한 소송요건을 규정하고 있다.

3. 연방규칙 제23조를 채택하지 않은 주

연방규칙 제23조가 1966년에 제정되어 시행된 지 반세기가 다 되어 가지만 아직까지 일부 주에서는 위 규칙을 채택하지 않고 있다. 연방규칙을 채택하지 않은 Mississippi 주와 Virginia 주는 대표당사자소송에 대한 주법을 가지고 있지 아니하다. Virginia 주법원은 대표당사자소송에 대해 제1심법원의 법관에게 상당한 재량권을 허여하고 있다. Mississippi 주는 대표당사자소송을 인정하지 않고 있기 때문에 그에 관한 규칙이나 판례도 존재하지 아니 한다.

한편 North Carolina 주는 1966년의 연방규칙 제23조를 채택하지 않고, 그 이전인 1938년에 제정된 연방규칙 제23조를 기본으로 하여 자체적인 대표당사자소송에 관한 법률을 제정하여 운용하고 있다. 그러나 North Carolina 규칙은 진정대표당사자소송, 복합대표당사자소송, 부진정대표당사자소송 등으로 특별히 구별하고 있지 아니하다. 역시 연방규칙 제23조를 채택하지 않은 Nebraska 주 및 Wisconsin 주는 대표당사자소송절차를 규율할 직접적인 법규를 가지고 있지 않은데, 이 두 주는 그들의 대표당사자소송절차에 대해 1849년 이후 민사소송절차를 단순화하기 위하여 뉴욕 주에서 처음 제정한 Field Code를 적용하고 있다. 그런데 Field Code에 의한 재판과 연방규칙 제23조에 의한 대표당사자소송에 대한 재판에는 약간의 차이가 있다. Field Code는 연방규칙 제23조(b)(1) 유형, 제23조(b)(2) 유형, 제23조(b)(3) 유형, 즉 네 가지 유형의 대표당사자소송에 부합하는 요건을 갖출 것을 요구하는 것이 아니라 구성원들이 이익공동체인지 여부를 고려대상으로 삼고 있다. 그런데 이러한 소송요건을 문자 그대로 해석하게 되면, 예를 들어 구성원들이 각자 같은 피고와 별개의 계약서를 작성한 것과 관련하여 계약관련소송을 대표당사자소송으로 제기하고자 할 때 방해를 받게 된다. 일부 주법원은 Field Code를 대표당사자소송에 적용하면서도 동법이 요구하는 소송요건은 실재로는 연방규칙 제23조가 요구하는 소송요건과 유사하다는 입장을 취하고 있다.

Ⅲ. 수통지권 및 탈퇴권에 관한 주법

연방규칙 제23조(b)(3) 유형, 즉 제4유형의 대표당사자소송을 비롯하여 필요하다고 인정될 경우 나머지 유형의 대표당사자소송에서도 구성원들의 통지받을 권리 및 탈퇴권과 관련하여 대부분의 주는 합리적인 방법으로 인적사항을 확인할 수 있는 추정적 단체의 구성원들에게 통지하여 탈퇴를 결정할 수 있도록 하여야 한다고 규정하고 있다. 특히 연방규칙 제23조(b)(3) 유형의 대표당사자소송에서는 반드시 통지해야 한다는 입장이다. 그러나 몇몇 주는 제4유형의 대표당사자소송이 아닌 한 단체의 구성원들에게 구태여 통지를 할 필요가 없다는 입장을 취하면서, 통지 여부는 제1심법원이 재량으로 결정할 사항으로 보고 있다. 이러한 입장을 취하고 있는 주법원들은 연방대법원이 Eisen 판결[174]을 통해 밝힌 바와 같이 제4유형의 대표당사자소송에 있어 가장 좋은 방법의 통지는 연방규칙 제23조에 의해 하면 되는 것이지 구태여 연방적법절차에 의할 필요는 없다고 보고 있다. 즉 연방대법원이 Shutts 판결을 통해 요구하는 적법절차에 의한 통지는 오직 관할법원이 속한 주 이외의 지역에 거주하는 구성원들에게만 적용될 뿐이라는 것이다.

탈퇴권과 관련하여 대부분의 주는 연방규칙 제23조에 의해 처리하고 있으며, 특히 연방규칙 제23조에 의해 탈퇴권이 보장된 대표당사자소송 및 탈퇴권이 보장되지 않은 강제적 대표당사자소송 모두에 탈퇴권을 보장하고 있다. 그런데 일부 주는 특정한 유형의 대표당사자소송에서는 구성원들이 반드시 참가해야 한다고 강제하고 있기도 하다. 이러한 강제조항이 있음에도 불구하고 만일 구성원이 단체에 참가하겠다는 명백한 의사를 표시하지 않으면 그 구성원은 대표당사자소송의 판결에 구속되지 않으며 그 대표당사자소송과 무관한 관계가 된다.

---

174) Eisen v. Carlisle & Jacquelin, 417 U.S. 156 (1974); Berthelot v. American Postal Workers Union, Local 185, 2011 WL 1086010.

제11절 판결 이외의 해결방법

제1장 연방규칙 제23조에 의한 화해

Ⅰ. 의 의

화해는 권리자와 의무자가 서로 자신의 권리를 일부씩 양보하여 분쟁을 해결하는 것을 말한다. 일반적으로 대표당사자소송이 아닌 소송의 경우에 당사자 상호간의 화해는 법원의 승인을 필요로 하지 않는다. 그렇지만 대표당사자소송에서 대표당사자의 화해는 다른 구성원의 이익을 침해할 수도 있기 때문에 일정한 제한이 가해지고 있다. 연방규칙 제23조(e)는 대표당사자소송에서 청구, 쟁점, 항변에 대하여 법원의 승인을 얻으면 화해, 소 취하, 타협 등을 할 수 있다고 규정하는 한편 연방규칙 제23(e)(1) 내지 제23조(e)(5)는 화해 등의 절차에 대하여 자세하게 규정하고 있다.

Ⅱ. 화해절차

1. 이해관계인의 복잡한 구성

대표당사자소송은 당사자가 많기 때문에 화해의 성립이 통상의 소송에 비하여 훨씬 어렵고 복잡하다. 특히 대표당사자, 원고소송대리인, 인적사항이 밝혀지지 않은 수많은 구성원들, 피고, 피고소송대리인, 제안된 화해조항을 반대하는 구성원, 피고를 대신하여 손해배상책임을 지는 보험회사들, 화해절차를 진행하는 법원 등 수많은 이해관계인이 복잡하게 얽혀 있다. 그러다 보니 화해 과정에서 의견의 일치가 쉽게 이루어지지 않아 화해가 결렬되기도 하고, 화해를 용이하게 하기 위하여 상호 공모하거나 어느 한쪽에 치우친 화해조항을 도출해 내려고 시도하기도 하는 등 어려움이 많다.

2. 단체인증 전 화해

가. 현명당사자들과의 화해

대표당사자소송이 제기되면, 피고는 단체가 인증되기 이전에도 인적사항이 밝혀진 구성원들과의 화해를 시도한다. 이 경우에 법원의 통제를 받아야 하느냐 여부이다. 2003년 연방규칙 제23조 개정 전에는 단체인증 전의 화해를 금지하고 있었다. 왜냐하면 피고가 원고 및 원고 소송대리인에게 지나치게 유리한 해결책을 제시하여 화해를 함으로써 대표당사자소송이 진행되지 못하도록 조장하거나 부재당사자에게 예상외의 피해가 발생할 수 있는 위험성이 있기 때문이다. 다시 말해 인적사항이 밝혀진 당사자들이 자신의 유리한 지위를 악용하여 자신들에게 유리한 화해조항을 얻어내려 하였기 때문이다. 그리하여 일부 법원은 법원의 승인을 받지 않고서 오직 대표당사자의 의견만으로 화해나 절차 진행이 더 이상 진행되지 못하도록 제한하였다. 다시 말해 비상식적으로 큰 금액의 화해를 하여 현명당사자들이 폭리를 취하거나 그 결과 대표당사자소송을 제기하지 않도록 하여 부재구성원의 권리보호가 불가능하게 하거나 하는 방식을 허용하지 않았던 것이다.

반면에 일부 법원은 단체성이 인증된 대표당사자소송에서 화해는 법원의 승인을 받으면 가능하다는 입장을 취하였다. 왜냐하면 인적사항이 밝혀진 당사자는 그 화해조항에 구속되기 때문에 법원의 승인을 요하지만, 인적사항이 밝혀지지 않은 구성원은 그 화해조항에 구속되지 않으므로 법원의 승인을 통한 보호가 필요하지 않기 때문이었다.

그런데 2003년 개정된 현행 연방규칙 제23조는 위 입장 중 후자의 입장을 취하였다. 즉 연방규칙 제23조(e)에서 단체가 인증된 이후 화해, 소 취하, 타협 등을 할 경우에 법원의 승인을 받으면 가능하다고 하고 있다. 자문위원회 주석서는 대표당사자가 자신의 개인적 청구에 대한 화해만을 목적으로 대표당사자소송제도를 이용하려 할 경우 그러한 화해를 승인해서는 안 된다고 밝히고 있다.

복잡한 소송을 위한 지침서(4차)는, 연방규칙 제23조(e)(1)이 단체인증 후에 승인할 수 있다고 규정되어 있음에도 불구하고, 단체인증 전이라도 자발적 소 취하가 대표당사자소송제도의 남용으로 인정될 경우에는 직권으로 법원이 그 상황에 대하여 조사할 수 있다고 하고 있다. 예를 들어 대표당사자소송을 제기하지 않는다는 조건으로 정상적인 체불임금보다 과다한 금액으로 체불임금에 대한 화해를 하였다면, 그런 경우에 의문이 있을 경우 법원이 직권조사할 수 있다는 것이다. 통합소송법(the Law of Aggregate Litigation)상의 청구금액 합산 원칙인 미국법률협회의 제원칙(The ALI's Principles)은 2003년 개정안을 비판하면서, 그 경우에도 법원의 승인이 필요하다는 입장을 밝혔다.

3. 화해에 대한 개별 통지 여부

2003년에 개정된 연방규칙 제23조는 단체 확인 후에 화해할 경우 법원의 승인이 필요하며, 구성원들에 대한 통지가 필요하다고 규정하고 있다. 즉 연방규칙 제23조(e)(1)은 제안된 화해, 자발적 소 취하, 타협 등의 결과에 구속을 받게 될 구성원들에게 그러한 내용을 통지하도록 규정하고 있다. 물론 인적사항이 밝혀지지 않은 구성원에게는 통지할 수 있는 방법이 없기 때문에 인적사항이 밝혀진 구성원들과 상대방 사이에 이루어진 화해에 인적사항이 밝혀지지 않은 구성원들은 그 화해조항에 구속되지 않는다. 한편 자문위원회 주석서는 화해가 오직 대표당사자 개인만을 구속하는 내용으로 이루어지는 경우라면 다른 구성원을 구속하지 않으므로 그들에게 통지할 필요는 없다고 하고 있다.

그러나 복잡한 소송을 위한 지침서(4차)는, 예를 들어 대표당사자소송을 제기하지 않는다는 조건으로 비정상적인 거액의 합의금을 받는 경우처럼 대표당사자소송을 남용하는 것으로 판단될 경우에는 추정적 구성원에게 통지할 필요가 있다고 밝히고 있다. 결국 다른 구성원에게 구속력이 확장되는 화해조항이 성립하는 경우에는 그 구성원에게 통지하여야 한다고 하겠다.

4. 화해를 위한 단체인증

1980년대와 1990년대에 제기된 대표당사자소송은 대부분 판결보다는 화해를 이끌어내는 수단으로 많이 이용되었다. 그러다 보니 판결이 아닌 화해로 종결되는 대표당사자소송이라면 단체인증 요건을 완화하거나 절차를 간이하게 할 수도 있지 않느냐라는 논의가 활발하게 일어났다. 이러한 논쟁은 결국 Amchem

Products 사건을 통해 연방대법원으로까지 옮겨가게 되었다.[175)]

Amchem 사건은 현재와 장래의 석면피해와 관련하여 화해를 위해 세계 각국에 산재해 있는 피해 구성원들을 위한 단체의 인증이 합법적으로 가능하느냐 여부였다. 화해 과정에서 피고들은 만일 자신들이 화해에 참여하지 아니한 부재구성원의 장래 청구로부터 보호받지 못한다면 화해에 응할 수 없다고 주장하였다. 그리하여 아직 소송을 제기하지 않은 장래의 피해자들에 의한 석면피해청구에 대해서는 더 이상 소송을 제기하지 않는다는 행정처분 등이 내려질 필요가 있다고 주장하였다.

수천 명의 석면피해를 원인으로 한 대표당사자소송에서 소송대리인은 현재의 피해자는 물론이고, 장래 예상되는 손해배상청구권자들의 이익을 대변하기 위하여서도 노력하였다. 이에 반대하는 사람들은 현재 진행 중인 사건과 장래 청구될 사건 사이에서 이해관계가 충돌한다고 불평하면서 대표당사자소송에서의 인적사항이 밝혀진 당사자들과 소송대리인에 대하여 항변하였다. 그러나 지방법원은 그러한 경우에도 화해가 공정하게 성립하였다면 이를 승인할 수 있고, 화해 목적의 단체인증도 가능하다고 판시하였다.

그러한 화해에 반대하는 구성원들은 아직 소송을 제기하지 않은 석면노출피해자들은 연방규칙 제23조에 비추어 적절한 인증을 받지 못하였다고 주장하며 항소하였다. 이 문제를 심리한 항소법원은 연방규칙 제23조(b)(3) 유형, 즉 제4유형의 대표당사자소송이 화해만을 목적으로 대표당사자소송을 제기하면서 단체인증을 구할 경우에는 본안판결을 전제로 하는 단체인증보다 그 인증 요건이 완화되는 것이 타당하다고 판시하였다. 즉 사건이 판결로 진행되지 않고 화해로 진행될 경우, 연방규칙 제23조(a) 유형과 제23(b) 유형의 대표당사자소송의 소송요건인 우월성, 관리가능성, 우선성, 공통성 같은 요건들은 상관이 없다는 것이다. 제3연방항소법원은 화해가 이루어지는 경우에는 연방규칙 제23조를 적용할 필요가 없으며, 장차 소송을 제기하여 단체 확인을 받게 될 구성원들도 연방규칙 제23(a)와 제23조(b)(3)가 규정한 필수적 요건사항을 충족할 필요가 없다고 하였다.

연방대법원도 제3연방항소법원과 약간의 견해 차이가 없었던 것은 아니지만 같은 결론을 확정하였다. 가장 중요한 것은 연방대법원이 단체인증의 한 측면으로 화해의 관련성을 인정하였다는 점이다. 화해만을 목적으로 한 대표당사자소송에

---

175) Amchem Products Inc., v. Windsor, 521 U.S. 591 (1997); Juris v. Inamed Corp., 685 F.3d 1294, 23 Fla. L. Weekly Fed. C 1251 (11th Cir.(Ala.) Jul 06, 2012).

대해, 지방법원은 더 이상 재판이 없을 것이라는 제안서가 제출되어 있다면, 만일 재판으로 진행할 경우 주장되었을, 골치 아픈 문제들을 구태여 조사할 필요가 없다고 판시하였다. 상호 양보를 바탕으로 화해가 성립되었기 때문이다. 즉 연방규칙 제23조의 소송요건은 불필요한 대표당사자소송을 예방하여 부재구성원들을 보호하기 위해 제정된 것이므로, 화해 과정에서는 너무 고도의 신중한 주의를 기울이지 않아도 된다는 것이다. 연방대법원은, 연방규칙 제23조(e)의 요건들은 재판과정에서 단체에 대한 공정한 결정과 통지를 위해 필요한 것이므로, 화해과정에서는 연방규칙 제23조(a)와 제23조(b)의 요건은 불필요하다고 판시하였다. 즉 연방대법원은 연방규칙 제23조(e)의 요건들은 연방규칙 제23조의 다른 요건들에 추가하여 요구되는 것일 뿐, 통상적인 단체인증에 대한 조사를 대체하는 것은 아니라고 보았다. 연방대법원은 연방규칙 제23조의 기준을 적용하여, 연방규칙 제23조의 요건들은 합의만을 목적으로 제기된 대표당사자소송에는 너무 엄격하게 적용될 필요가 없다는 지방법원의 판결을 인용하였다.

그런데 연방대법원은 그 후 Ortiz[176] 판결을 통해, 연방규칙 제23조(b)(1)(B), 즉 제2유형의 대표당사자소송에서 제안된 한정된 기금을 바탕으로 한 화해에 대한 제1심법원의 승인을 파기하면서, 지방법원은 연방규칙 제23조(a)와 제23조(b)의 요건사실, 즉 대표당사자소송에 필요한 요건사실에 대한 신중한 주의를 기울여야 한다고 재강조하였다. 연방대법원은 연방규칙 제23조(e)가 적용되는 대표당사자소송에서도 화해에 필요한 공정성은 연방규칙 제23조(a)와 제23조(b)의 소송요건을 면제시켜 주는 것은 아니라고 하였다.

Amchem 판결과 Ortiz 판결은 모두 화해와 관련된 대표당사자소송인데, 석면피해라는 특이하고 어려운 문제들을 취급하고 있다. 그럼에도 불구하고 두 판결의 판시내용은 지방법원에서 화해를 위한 다른 대표당사자소송의 처리 기준이 되고 있다. 수많은 법원들이 Amchem 판결에 기초하여 전국적인 대표당사자소송의 화해를 기각하기도 하였다.[177]

또한 많은 사건의 경우, 특히 대량불법행위와 관련된 사건에서 대표당사자소송의 공정성을 담보하고 있는 연방규칙 제23조(e)를 적용하지 않고, 대표당사자소송이 아닌 다른 방법을 이용한 화해가 이루어지고 있다. 반면에 Amchem 판결에도 불구하고 수많은 대표당사자소송상의 화해가 법원에 의해 승인되기도 한다.[178]

176) Ortiz v. Fibreboard Corp. 527 U.S. 815 (1999); Juris v. Inamed Corp., 685 F.3d 1294, 23 Fla. L. Weekly Fed. C 1251 (11th Cir.(Ala.) Jul 06, 2012).

177) Grand Theft Video Game Consumer Litig., 251 F.R.D. 139, 158 (S.D.N.Y. 2008).

5. 단체인증과 동시에 화해 가능 여부

보통 단체인증 후 화해가 이루어지는 것이 보통이지만, Amchem 사건처럼 추정적 대표당사자소송에서 단체인증과 화해의 제안이 동시에 성립하기도 한다. 복잡한 소송을 위한 지침서(4차)는 화해만을 위한 단체인증은 특히 사건의 초기단계에서 간혹 더 중요하고 의미 있는 분쟁해결방안이 되기도 한다고 밝히고 있다.

일부 법원은 대표당사자소소송 제기 후 단체인증 후 화해가 성립하는 경우보다 단체인증과 동시에 화해가 성립하게 되는 경우에 화해를 승인함에 있어 더 신중을 기해야 한다는 입장을 취하고 있다.

6. 화해를 위한 단체불인증과 후소의 제기

Amchem 판결은, 관리가능성과는 별도로, 단체인증에 필요한 소송요건을 규정한 연방규칙 제23조(b)(3)은 판결에 의한 대표당사자소송뿐만 아니라 화해에 의한 대표당사자소송에도 적용된다고 판시하였다. 즉 두 경우 모두에 적용된다는 것이다. 대표당사자들이 자신이 제기한 대표당사자소송이 화해에 적합하다면서 화해를 신청하였다고 가정해 보자.

제7항소법원은 Carnegie 판결을 통해[179] 대표당사자소송에서 화해를 위해 단체인증을 구했다가 기각당하였다면 그 당사자는 이후에 금반언 원칙상 판결을 통한 대표당사자소송을 구하는 소송을 제기할 수 없다고 판시하였다. 이러한 Carnegi 판결의 견해는 일부 전문가들에 의해 재판상의 금반언 원칙을 잘못 적용한 사례라는 비판을 받고 있다.

미국법률협회의 입장에 의하면,[180] 화해를 위해 제기된 전국적 대표당사자소송이 승인되지 않는다면, 화해 과정상 행한 진술이나 내용은 그러한 주장을 한 당사자에게는 불리하게 작용한다.

---

178) Sullivan v. DB Investments, Inc., 667 F.3d 273 (3d Cir, 2011); Grandalski v. Quest Diagnostics Inc., 767 F.3d 175, 89 Fed.R.Serv.3d 1185 (3rd Cir.(N.J.) Sep 11, 2014).

179) Carnegie v. Household International, Inc., 376 F.3d 656 (7th Cir. 2004); Cohen v. Blockbuster Entertainment, Inc., 376 Ill.App.3d 588, 878 N.E.2d 132, 315 Ill.Dec. 906 (Ill.App. 1 Dist. Sep 26, 2007).

180) Principles of the Law of Aggregate Litigation Ⅲ.06(d).

Ⅲ. 화해조항에 대한 승인절차

1. 의 의

연방규칙 제23조(e)(2)는 법원으로 하여금 합의내용이 공정하고, 상당하며 적절한지 여부를 확인한 후 허가하도록 규정하고 있다. 즉 대표당사자소송에서 당사자 사이에서 화해가 성립하더라도 법원이 이를 심사하여 승인하여야만 화해의 효력이 발생한다는 것이다. 그런데 위 조항은 화해조항에 대한 공정한 심사방법이나 절차 등에 대하여는 전혀 규정하고 있지 아니하다. 한편 자문위원회 주석서는 단순히 Prudential Insurance[181] 판결을 언급하면서 복잡한 소송을 위한 지침서(4차)를 참조하라고만 언급하고 있어 문제이다.

다만 그 동안의 관련 판례들을 검토해 보면, 첫째, 청구와 가능한 방어의 본질, 둘째, 제안된 화해조항이 공정하고 정직하게 협의되었는지 여부, 셋째, 중요한 사실상 및 법률상 쟁점이 존재하는지 여부 및 그러한 쟁점들이 의문을 제기한 소송에서 궁극적 결과물이 되는지 여부, 넷째, 화해를 통한 즉각적인 피해회복의 가치가 시간이 오래 걸리고 비용이 많이 드는 소송을 통한 장래의 구제 가능성보다 유리한 해결방법인지 여부, 다섯째, 당사자들이 화해가 공정하고 합리적이라고 믿는지 여부, 여섯째, 피고들의 재정적 지불능력 여부, 일곱째, 단체의 구성원들에 의한 이의제기의 건수 및 객관적 이익의 크기, 여덟째, 확정된 손해배상액의 위험성, 아홉째, 소송이 계속될 경우 얼마나 사건이 더 복잡해지고, 더 많은 기간이 소요되며, 비용이 추가되는지 등의 문제, 열째, 소송절차의 단계 등 수많은 요인들을 종합적으로 검토하여 허가 여부를 결정하면 된다고 하겠다.

이러한 판단방법을 적용하여 타당하다고 인정되면 법원으로서는 당사자들이 화해하도록 강력히 권고할 필요가 있다고 하겠다. 이러한 점과 관련하여 화해의 공정성 심사를 위한 간소화기준으로 통합소송법의 제원칙 및 Wal-Mart Stores 판결[182]을 참조할 필요가 있을 것이다. 제7연방항소법원은 대표당사자소송상의 화해가 심리미진상태에서 부당하게 이루어졌다는 이유로 원심이 승인한 화해조항을 파기하고 환송하였다.[183]

---

181) Prudential Insurance Co. America Sales Practices Litigation Agent Actions, 148 F.3d 283, 316-24 (3d Cir. 1998); Demmick v. Cellco Partnership, 2010 WL 3636216.

182) Wal-Mart stores, Inc. v. VISA U.S.A., Inc., 396 F. 3d 96 (2d Cir. 2005).

183) Reynolds v. Beneficial National Bank, 288 F.3d 277 (7th Cir. 2002); Swift v. Direct

항소법원은, 화해금액이 적정액에 훨씬 미치지 못하다고 판단될 경우 제1심법원은 대표당사자소송을 속행할 경우 기대되는 이익을 정량화하여 비교할 수 있도록 더 많은 노력을 기울여야 한다고 판시하였다. 이 경우 화해금액의 적정성은 피해액의 범위를 계산한 후 현재 가치와 장래 가치 등을 비교하여 적정성 여부를 판단하면 될 것이다.

2. 진술서의 제출

연방규칙 제23조(e)(3)은, 화해나 소 취하 허가를 받고자 하는 단체는 화해나 소 취하와 관련된 일체의 내용이 기재된 진술서를 법원에 제출하도록 규정하고 있다. 이는 법원으로 하여금 화해절차와 내용을 명확하게 판단할 수 있도록 하기 위해서이다. 자문위원회 주석서는 법원은 연방규칙 제23조(e)(1)에 의해 자신이 승인해야 하는 화해에 관한 내용의 공개를 당사자에게 요구할 수 있다고 하였다. 뿐만 아니라 법원이 실질적인 화해조항이나 과정상의 요약된 내용을 요구하고 있지만,위 조항이 화해를 반대하는 당사자들에 의해 사전증거조사의 핑계가 되어서는 안 된다고 하였다.

위 조항은 다른 구성원들의 이익과 단체의 이익이 상호 고려되어야 함을 의미한다고 하겠다.

3. 화해 내용과 법원의 수정

화해의 내용은 당사자가 합의에 의해 결정하기 때문에 원칙적으로 제한이 없다. 다만 화해조항의 공정성 확보를 위해 법원이 세심한 감독을 할 뿐이다. 특히 법원의 감독이 강조되는 부분은 현물지급을 내용으로 하는 화해의 경우이다. 현실적으로 대표당사자소송에서 피고가 원고에게 현금을 지급하는 대신 현물을 지급하는 경우가 점차 늘어나고 있다. 이러한 현물지급방법은 종종 단체의 구성원이 피고의 제품을 재구입할 경우 교환권으로 사용할 수 있는 할인 교환권을 지급하는, 소위 쿠폰화해방식이 많이 이용되고 있다.

법원은 대표당사자소송에서의 화해조항으로 항공 여행권 구입, 비디오 게임, 부엌 가전제품 구입, 자동차 구입, 그리고 심지어 미국 변호사시험 강의 수강 등의 할인을 해 주는 방법 등을 인정하였다. 일부 법원과 법률 전문가들은 이러한

Buy, Inc., 2013 WL 577063Ⅲ.

화해를 인정하게 되면 잘못한 피고를 처벌하는 것이 아니라 피고의 기업을 홍보해 주거나 장차 판매를 늘려주게 되어 오히려 피고를 도와주는 것이 되어 부당하다는 견해를 밝히고 있다. 그 결과 일부 법원에서는 다른 법원이 인정하고 있는 위와 같은 화해를 허용할 수 없다고 기각하기도 한다. 일부 법원은 이러한 소위 쿠폰화해방식에서 추가적으로 현금을 일부 지급하도록 하거나, 쿠폰 지급 비율을 낮추도록 하는 방법을 병행하고 있다. 더욱이 대표당사자소송공정화법은 쿠폰화해에 대한 일정한 제한을 가하고 있다.

법원은 화해가 성립하도록 권고할 수는 있지만, 연방규칙 제23조(e)에 의한 화해에 반대하는 이들의 요구나 화해를 주도한 이들의 요구에 따라 제안된 화해조항을 수정할 권한은 없다. 다시 말해 법원으로서는 당사자들이 동의하지 않는 화해조항을 받아들이라고 강제할 수 없다는 것이다.

따라서 법원으로서는 첫째, 제시된 화해조항을 그대로 승인하거나 또는 기각하거나, 둘째, 다른 화해가 이루어질 때까지 재판을 연기하거나 또는 속행하거나 중 하나를 선택할 수 있을 뿐이다.[184] 화해를 협상하는 당사자들은 승인을 받기 위해 화해조항을 법원에 제출하기 전까지는 그 내용을 자유롭게 수정할 수 있다. 그러나 화해조항이 법원에 제출되고 구성원들에게 통지가 이루어진 이후에는 그 원래의 화해조항을 그대로 찬성하여야 하며, 반대하는 부재구성원들의 권리를 침해할 우려가 있기 때문에 본질적 내용을 수정할 수는 없다. 법원은 이 단계에서 화해조항에 대한 수정을 허용할 것인가에 대하여 견해가 나뉘어져 있지만, 단순히 기계적인 수정, 예를 들어 오타나 계산 착오 등의 경우는 몰라도 본질적인 내용의 화해조항 수정은 허용되지 않는다고 하겠다.

4. 청문절차

화해와 관련하여 화해조항에 반대하는 당사자가 있는 경우에는 청문절차를 열어야 한다. 그렇다면 화해조항에 대해 반대하는 당사자가 없는 경우에도 청문회를 열어야 하느냐 이다. 2003년에 개정된 연방규칙 제23조(e)(1)는, 직접 증인신문절차를 밟을 필요는 없더라도 단체의 구성원들을 구속하는 내용의 화해를 승인받고자 할 경우에는 승인 전에 청문회를 열어야 한다고 규정하고 있다.

184) Evans v. Jeff D., 475 U.S. 717 (1986); Williams v. Commissioner of Social Sec., 549 F.Supp.2d 613, 132 Soc.Sec.Rep.Serv. 1 (D.N.J. May 05, 2008).

5. 승인 전 화해조항 통지

연방규칙 제23조(e)(1)은 법원으로 하여금 화해조항에 구속받는 모든 구성원들에게 적당한 방법으로 통지할 것을 지시하도록 규정하고 있다. 그런데 연방규칙 제23조(e)(2)는 통지하라고 하면서도 어떠한 내용과 방법으로 통지할 것인지에 대해서는 명확하게 규정하고 있지 아니하다. 따라서 통지에 대해서는 법원에게 상당한 재량권이 주어져 있기 때문에 적법절차에 의하기만 하면 된다고 하겠다.

연방대법원은 Mullane 판결[185)]을 통해, 통지는 계속 중인 소송사건에 이해관계가 있는 모든 당사자에게 당시의 모든 상황을 고려하여 합리적으로 산정된 내용을 통지하여야 비로소 적법절차의 요건을 충족하였다고 볼 수 있다고 판시하였다. 한편 그 소송이 대표당사자소송이 아닌 경우라고 하더라도, 그러한 적법절차의 기준이 개정된 연방규칙 제23조에 포함되어 있다고 보아야 한다는 것이다. 연방규칙 제23조는 단체 소송의 본질과 통지의 목적에 따라 다양한 공지 요건을 규정하고 있다. 예를 들면 보통의 통지에 대하여는 연방규칙 제23조(c)(2)(A)가 제1유형 내지 제3유형의 대표당사자소송에 대하여, 연방규칙 제23조(d)(1)(B)가 소송지휘에 의해 명령이 내려진 통지에 대하여 각각 융통성 있게 규정하고 있음에도 불구하고, 제4유형의 대표당사자소송과 관련된 통지에 대하여는 연방규칙 제23조(c)(2)(B)가 더 엄격하게 규정하고 있다.

Eisen 판결[186)]은 인적사항이 밝혀진 구성원에게는 1종 우편물로, 인적사항이 밝혀지지 않은 구성원에게는 공공 출판물에 의해 통지하였다면 연방규칙 제23조의 통지 요건과 적법절차를 지킨 것으로 보아야 한다고 하였다. 이러한 통지방법은 보다 더 엄격한 통지 요건을 규정한 연방규칙 제23조(c)(2)를 따른 것이므로, 이보다 낮은 수준의 통지를 규정한 연방규칙 제23조(e)의 통지요건은 당연히 지켰다고 보아야 한다는 것이다. 그렇다면 연방규칙 제23조(c)(2)의 요건을 갖추지 못한 통지의 경우 통지 요건이 완화되어 있는 연방규칙 제23조(e)의 통지 요건을 언제 충족하였다고 볼 수 있느냐 여부이다. 그러한 판단은 대부분 제1심법원의 재량에 맡겨져 있기 때문에, 명확한 답은 나올 수가 없다.

일부 법원은 통지서가 모든 구성원에게 반드시 도착해야 하는 것은 아니므로

185) Mullane v. Central Hanover Bank & Trust Co., 339 U.S. 306 (1950); Quantum Resources Management, L.L.C. v. Pirate Lake Oil Corp., 112 So.3d 209, 2012-147Ⅱ.

186) Eisen v. Carlisle & Jacquelin, 417 U.S. 156 (1974); Green v. Department of Commerce, 618 F.2d 836, 199 U.S.App.D.C. 352 (D.C.Cir. Feb 26, 1980).

간단한 출판물이나 게시물에 의한 통지에 대하여 통지의 요건을 갖추었다고 보았다. 반면에 일부 다른 법원은 더욱 엄격한 통지방법을 요구하면서, 합리적으로 노력하면 인적사항을 알 수 있는 모든 구성원들에게 통지가 도달할 수 있도록 보다 더 많은 노력을 기울여야 한다는 입장을 취하고 있다. 자문위원회 주석서는 2003년에 개정된 내용에 맞추어 일정한 여건 하에서 화해조항을 알리는 개별적인 통지는 연방규칙 제23조(b)(3) 유형, 즉 제4유형의 대표당사자소송의 단체인증에 대한 통지처럼 연방규칙 제23조(c)(2)(B)가 규정한 통지방식에 의한 통지를 하여야 한다고 하고 있다. 즉 위 주석서는 만일 단체의 구성원이 소를 제기하여야 한다며 소송절차를 밟을 것을 요구하는 내용이나, 연방규칙 제23조(e)(4)에 의해 화해조항을 거부하며 탈퇴할 수 있는 기회를 보장하겠다는 내용 등이 개별통지의 내용으로 포함되어 있다면 그러한 통지는 적합한 통지로 인정될 수 있다고 하였다. 물론 제4유형의 대표당사자소송이 연방규칙 제23조(b)(3)에 의해 단체가 인증됨과 동시에 화해조항이 승인되는 경우라면 그때는 연방규칙 제23조(c)(2)(B)의 통지 요건을 충족해야 한다. 연방규칙 제23조(e)가 통지에 반드시 포함되어야 할 정보를 구체적으로 명시하고 있지는 않지만, 공정성 보장과 청문절차 등에 관한 정보와 합의내용 등은 반드시 통지에 포함되어 있어야만 적합한 통지라고 할 것이다.

6. 화해조항에 대한 이의

연방규칙 제23조(e)(5)는 단체의 모든 구성원은 연방규칙 제23조(e)에 따라 제시된 화해조항에 반대하며 이의를 제기할 수 있다고 규정하고 있다. 이러한 이의제기는 단체에 유리하게 합의안을 수정토록 하거나, 법원으로 하여금 합의안의 승인을 거절토록 하는 효과를 유발한다. 그런데 복잡한 소송을 위한 지침서(4차)가 지적하고 있는 바와 같이, 당사자 및 소송대리인이 자신들에게 유리한 결과를 도출해낼 사적 의도로 이러한 이의제기를 하는 경우가 있을 수 있다. 예를 들어 이의하는 구성원이 자신에게 특별 배상을 많이 해 달라며 아무런 근거 없는 이의를 제기하는 경우이다. 문제는 이러한 부당한 사적 욕심에 의한 이의제기로 인해 화해절차가 상당 시간 지연되는 부작용이 발생할 수 있다는 점이다. 이의를 제기한 자들은 지방법원으로부터 사전증거조사를 허락받음으로써 이의제기에 필요한 정보에의 접근이 보장된다. 드물기는 하지만 이러한 사전증거조사에 의해 화해를 위한 협상과정에서의 소송대리인의 진술 등도 수집될 수 있다. 2003년에 개정된 연방규칙 제23조(e)(5)는 연방규칙 제23조(e)에 따른 화해조항에 대해 구성원들이 반대하면 승인을 취소할 수도 있다고 규정하고 있다. 일단 이의를 제기하였으면 그 이의는 법원의 허가를 받아야만 철회할 수 있다. 자문위원회 주석서는 만일 이의를 제기했던 구성원들이 이의를 정식으로 취소하면 사법적 재심사를 해야 하며, 반대자들이 반대를 다른 조건 없이 단순하게 포기하였는지 여부에 대하여 관련 상황을 면밀히 조사하여야 한다고 밝히고 있다. 첫 번째 판결을 전제로 대표당사자소송에 참가하지 아니하였던 구성원들이 청문회에서 화해조항에 반대할 경우 그들이 항소할 수 있는지에 대하여는 법원의 견해가 나뉘어졌다.

Devlin 사건은 대표당사자로 지명되지 않은 Devlin이라는 구성원이 중간에 소송참가하면서 항소하자 항소심이 그러한 자는 항소인 자격이 없다며 기각한 사건이었다.[187] 즉 제4연방항소법원은 공정성 심리를 근거로 화해조항에 반대한 Delvin에 대하여 지명된 대표당사자가 아니므로 화해조항에 대한 이의를 제기할 수 없다면서 화해조항을 승인하였으나, 연방대법원은 지명된 대표당사자에게만 항소권이 보장된 것이 아니라는 이유로 위 항소심판결을 파기하였다. 즉 연방대법원은 대표당사자로 지명되지 않은 구성원도 그 합의안에 구속되기 때문에 소송절차에서 당사자로 보아야 한다는 것이었다. 그 결과 지방법원에서 시기에 맞는 방식으로 판결에 대한 이의를 제기하기만 하면, 그들이 제1심재판에 참가하지 않았더라도 항소심에서 이의를 제기할 수 있는 당사자적격이 인정된다고 하겠다. Devlin 판결에서 해결되지 않은 쟁점은 강제적 대표당사자소송에서만 위와 같은 견해가 적용되는가 여부이다. 왜냐하면 Devlin 사건은 강제적 대표당사자소송이었기 때문이다. 일부 법원은 Devlin은 탈퇴권이 보장되지 않은 대표당사자소송의 구성원이었기 때문에 위와 같이 항소권이 보장되지만, 그렇지 않은 유형의 대표당사자소송의 경우에는 구성원들이 단체에서 탈퇴할 수 있으므로 그러한 구성원에게까지 항소권을 인정할 필요가 없다는 입장을 취하고 있다. 그러나 다른 법원은 Devlin 판결을 그렇게 제한적으로 해석할 필요가 없으므로 위 두 유형의 경우 모두 항소권을 인정하는 것이 타당하다는 입장을 취하기도 한다.

---

187) Devlin v. Scardelltti, 536 U.S. 1 (2002); Day v. Persels & Associates, LLC, 729 F.3d 1309, 24 Fla. L. Weekly Fed. C 629 (11th Cir.(Fla.) Sep 10, 2013).

Ⅳ. 화해조항 불복과 제2차 탈퇴

제4유형의 대표당사자소송에서 판결로 갈 경우라면 탈퇴하지 않겠다고 결정하고 잔류하고 있었는데 뜻밖에 화해가 성립한 경우 그 화해조항에 부동의하면서 재차 탈퇴할 수 있는가 여부이다. 2003년 개정 시 추가된 연방규칙 제23조(e)(4)는, 연방규칙 제23조(b)(3)에 의해 이미 단체인증이 이루어진 제4유형의 대표당사자소송에서 만일 단체인증의 첫 번째 단계에서 탈퇴할 수 있었으나 탈퇴하지 않은 구성원도 화해단계에서 화해조항에 동의하지 않을 경우 탈퇴할 수 있다고 하여 화해단계에서의 탈퇴를 인정하고 있다. 즉 연방규칙 제23조(e)(4)는 제23조(b)(3)에 의해 사전에 단체로 인증된 통지를 받고서도 탈퇴기간 내에 탈퇴신청하지 아니한 구성원들에게 화해단계에서 다시 한 번 탈퇴신청기회를 주지 아니한 경우 화해조항에 대한 승인을 거절할 수 있다고 하여, 두 번째 단계에서 탈퇴하여 화해조항에 구속되지 않도록 하고 있다. 제2차 탈퇴 기회가 없게 되면, 단체의 구성원들은 화해조항에 찬성하여 사건을 종결하거나 이의를 제기하여 소송절차로 이행할 수밖에 없게 되는데, 탈퇴를 통해 개인별로 별소를 제기할 수 있는 기회를 보장하게 되었다. 그리하여 법원은 연방규칙 제23조가 2003년 개정된 후 구성원들에게 다시 한 번 탈퇴할 수 있는 기회를 보장하는 조건부 화해조항에 대한 승인이라는 재량권을 갖게 되었다. 이러한 예외적 탈퇴권은 연방규칙 제23조(b)(3) 유형, 즉 제4유형의 대표당사자소송에서만 허용된다. 그 동안 상대적으로 소수의 법원만이 제2차 탈퇴권을 인정하였는데, 제2연방항소법원은 두 번째 탈퇴권을 허가하지 않으려면 위 규정의 기준을 신중하게 적용하여 종합적으로 판단하여야 한다고 판시하였다.[188)]

제2장 대표당사자소송공정화법에 의한 화해

Ⅰ. 의 의

대표당사자소송공정화법은 대표당사자소송에 관한 다양한 화해에 관하여 규정

188) Deny v. Deutshe Bank AG, 443 F.3d 253 (2d Cir, 2006); Yoshioka v. Charles Schwab Corp., 2012 WL 5932817, 110 A.F.T.R.2d 2012-6816.

하고 있다. 위 법을 제정하면서 의회가 가장 우려 했던 점은 법원, 특히 주법원이 원고들의 소송대리인에게는 많은 보상을 해주면서도 단체 구성원에게는 의미 있는 손해배상이 이루어지지 않는 화해조항을 승인하지 않을까 하는 우려였다. 이러한 문제를 해결하기 위하여 의회는 소위 쿠폰화해, 순손실합의, 특정 지역의 구성원들에게만 유리한 합의, 연방과 주 공무원들에 대한 적절한 통지 등에 관하여 규정하고 있다.

대표당사자소송공정화법상은 화해와 관련하여 여러 가지 제한을 가하고 있다. 대표당사자소송공정화법은 오로지 연방법원이 관할하는 대표당사자소송에만 적용되기 때문에 화해도 역시 연방법원 사건으로 제한된다. 그 결과 화해를 의도하는 당사자들은 연방법원 관할사건인데도 이를 주법원에 제기하여 화해를 시도함으로써 대표당사자소송공정화법의 적용을 피하고 있다. 만일 양쪽이 모두 동의한다면, 쿠폰의 액면가치에 기초하여 소송대리인의 수임료를 결정하는 쿠폰화해에 대하여도 주법원에 제소하여 화해를 도모할 수 있다. 이미 양쪽이 모두 동의하였기 때문에 그 사건이 연방법원으로 이송되지 않게 되어 대표당사자소송공정화법상의 화해규정이 적용되지 않게 된다(28 U.S.C. §1711b).[189] 아마도 당사자들은 그러한 속사정이 있는 사건에 대해 대표당사자소송이라는 용어를 사용하지 않음으로써 법원의 관심을 돌리려 하고 있다. 그 결과 연방법원에 계속되어 있는 대표당사자소송은 주법원에서 성립한 화해결정에 반하므로 기판력에 저촉된다는 이유로 각하될 것이다. 이런 우회적 편법을 쓰리라는 점을 의회도 미처 예상하지 못했을 것으로 추측된다. 실재적으로 화해가 유리하다고 판단하는 피고들이 특정 사건에 대한 연방법원관할을 주장하지 않는 대신 대표당사자소송공정화법의 화해 제한 규정이 배제된 화해를 도모하고 있어, 그런 사건들이 주법원 사건으로 정착되어 가고 있는 실정이다.

Ⅱ. 화해방법

1. 쿠폰화해

대표당사자소송공정화법은 소위 쿠폰화해와 관련하여 소송대리인에 대한 수임료를 규제하고 있다. 화해내용이 쿠폰을 지급하기로 한 경우 소송대리인이 수임

189) United States Code(미연방법령집)는 연방법률을 분야별로 세분하여 법령번호를 부여하고 있다.

료로 받게 될 쿠폰의 비율은 구성원들이 쿠폰으로 구매할 수 있는 가치에 기초하여 산출되어야 한다(28 U.S.C. §1712(a)). 왜냐하면 쿠폰으로 화해금이 지급될 경우 구성원은 적은 금액의 쿠폰을 받게 되어 실질적 구매력이 없는데도 소송대리인에게는 큰 금액의 쿠폰이 돌아가게 되어 구매력을 갖게 되기 때문에 이를 제한하기 위해서라 하겠다. 예를 들어 가격이 3만 불인 차의 구매에서 비롯된 피해합의금으로 5백 불의 쿠폰이 지급된다면, 소비자인 구성원으로서는 그 쿠폰을 이용하여 다시 3만 불의 차를 구매한다는 것이 용이하지 아니하다. 소비자인 구성원은 문제가 된 자동차회사의 다른 차량 구입을 망설이게 될 것이고, 거액의 물건 가격에 비해 쿠폰의 금액이 너무 적어 효용가치가 적고, 그 쿠폰으로 다른 물건을 살 수도 없어 효용가치가 낮다고 하겠다. 대표당사자소송공정화법 이전에는 대표당사자소송에서의 소송대리인은 변호사비용으로서 기금의 일정비율을 배상받아 쿠폰의 액면 가치를 그대로 활용할 수 있었다.

그런데 관련 법령이 "쿠폰"의 의미를 명확하게 정의하고 있지 않기 때문에 쿠폰을 둘러싸고 많은 문제가 발생하였다. 예를 들어 현물지급배상방법으로 무료테이프나 DVD 같은 것을 지급할 수 있는지 여부 등이 불명확하다. 뿐만 아니라 대표당사자소송공정화법은 쿠폰의 지급시기를 합의 시, 상환기간 종료 시, 어떤 중간 시점 중 어느 시기에 지급하여야 할 것인지 또는 쿠폰의 실제 가치를 어떻게 평가할 것인지 등에 대하여 전혀 규정하고 있지 아니하다. 아마 의회는 법원이 이러한 결정을 할 때 전문가들의 의견을 참작하여 결정하면 된다고 보았던 듯싶다. 대표당사자소송공정화법은 쿠폰을 이용한 재구매 시 구성원들에게 어느 정도의 실질적 가치가 있게 될 것인지를 결정하는 과정에서 능력 있는 전문가들의 의견을 들어 정보를 얻을 수 있도록 허용하고 있다(28 U.S.C. 제§1712(d)).

대표당사자소송공정화법상의 쿠폰화해에 대한 기본원칙은 비쿠폰화해에는 적용되지 않는다. 통상적인 화해의 경우는 원고 구성원들에게 지급할 기금을 피고들이 조성하여 정산한 후 남은 금액이 있으면 피고가 이를 다시 회수하게 된다. 예를 들어 어떠한 자동차부품에 하자가 있어 한 개당 100불씩의 손해배상을 하기로 하는 화해가 성립하였는데, 팔린 부품이 10만개라고 가정하여 1천만 불의 기금을 조성하여 실재 구매자에게 100불씩을 지급한 후 일정기간 경과 후에도 그 기금이 남게 되면 이를 피고가 다시 반환받게 된다. 만일 피해액수가 아주 적은 경우라면 대부분의 구성원들은 그 손해배상금을 받아가지 않을 수도 있다. 왜냐하면 그 돈을 받으러 가는 동안에 더 많은 비용이 소비되어 오히려 손해가 될 수도 있기 때문이다.

한편 변호사 수임료가 실제 지급된 금액이 아니라 지급될 것으로 전제된 총액을 기준으로 하여 일정 비율이 적용되어 결정된다면, 이는 쿠폰의 실질적 가치가 아니라 액면가치를 기준으로 수임료를 결정하는 것과 아주 유사하게 된다. 대부분의 법원은 구성원들이 청구하고 남은 금액이 피고에게 반환되는 것을 알고 있으면서도 소송대리인의 수임료는 기금의 총액을 기준으로 하여 결정하고 있다. 그렇게 될 경우 변호사가 더 많은 수임료를 받아가는 결과가 된다. 대표당사자소송공정화법이 의도하는 바는 그러한 수임료 지급방법과 다르다고 보이지만, 이를 명문으로 금지하고 있지 않기 때문에 실재로는 그런 방법이 이용되고 있다.

2. 순손실합의

법원은 단체의 구성원들이 받게 되는 비금전적 이익이 금전적 손실보다 실질적으로 크다는 것이 기록을 통해 밝혀진 경우에 한하여 순손실합의를 승인할 수도 있다(28 U.S.C. §1713). 의회는 단체의 구성원들이 대표당사자소송의 합의금에서 소송대리인의 비용을 공제하고 나면 순손실이 발생하여 구성원들이 고통을 받더라도 그 사안이 특별하거나 고도의 공익성이 있는 경우에는 순손실도 허용되어야 한다며 위 조항을 통과시켰다(28 U.S.C. §1713). 그렇지만 실재로 손손실합의가 이루어지는 경우는 별로 없다. 대표당사자소송공정화법이 제정되기 전 연방규칙 제23조(e)(2)는 법원이 필요하다면 화해조항 승인 여부를 결정하기 위해 화해가 공정하고, 합리적이며, 적절하게 이루어졌는지를 조사하기 위해 자료제출을 요구할 수 있다고 하였다.

3. 지역별 다른 내용의 화해

법원은 구성원들이 관할법원과 위치가 가깝다는 이유만으로 그들이 다른 구성원들보다 더 많은 배상금을 받을 수 있도록 하는 내용의 화해조항을 승인해서는 안 된다(28 U.S.C. §1714). 이러한 선례가 없었음에도 불구하고 의회가 이 조항을 명문화한 입법취지는 분명하지 않다. 하지만 법원은 그 이전부터 연방규칙 제23조(e)(2)에 의해 대표당사자소송절차에서의 화해가 공정하고, 합리적이며, 적절하게 이루어졌는지를 심사하여 문제가 있으면 화해조항을 승인하지 않았다.

Ⅲ. 공무원에 대한 통지

화해조항안이 법원에 제출된 후 10일 이내에 그 제안된 화해조항에 참가하고자 하는 각 피고들은 단체의 구성원들이 거주하는 주의 담당공무원과 담당 연방공무원에게 제안된 화해조항안에 관한 통지를 송달하여야 한다(28 U.S.C. §1715(b)). 그 통지에는 청구원인, 통지, 화해조항, 당사자의 인적사항, 만일 인적사항을 정확히 알 수 없다면 그 주에 거주하는 대략적인 구성원의 수, 소송대리인의 적절한 동의와 법원의 의견 등이 포함되어야 한다(28 U.S.C. §1715(b)(1), (8)). 이러한 통지의 목적은 이해관계가 있는 공무원으로 하여금 제안된 화해조항에 대한 공정성을 검토할 수 있도록 하기 위해서이다. 통지를 받게 되는 관련공무원으로는 법무부장관이 되는 경우가 많지만, 다른 공무원이 되는 경우도 있다. 대표당사자소송공정화법은 만일 소송에서 쟁점이 되는 문제의 일부 또는 전부에 대해 관리감독권을 가지고 있는 공무원, 즉 피고를 규제하거나 감독할 책임이 있는 주정부의 공무원 또는 주 내에서 사업하는 피고에 대한 허가권이나 통제권을 행사할 수 있는 공무원에게 통지할 것을 요구하고 있다(28 U.S.C. §1715(a)(2)). 해당되는 공무원이 많을수록 피고의 소송대리인은 어려움에 처하게 된다. 이러한 통지 요건을 위반한 경우에는 엄격한 처벌이 내려진다. 이를 위반한 경우, 그러한 화해에 응할 것인지 아니면 거부할 것인지에 대해 구성원들은 선택권을 갖게 된다(28 U.S.C. §1715(e)(1)).

법률전문가들은 공무원에 대한 통지와 관련하여 피고의 소송대리인들이 공무원들을 회유하여 공무원들이 자신들의 권한을 부당하게 행사하여 통지 내용에 우호적 결론을 내리도록 영향력을 행사할 수도 있으므로 유의해야 한다고 주장하기도 하였다. 이러한 통지 조항이 제정된 지 얼마 되지 않았기 때문에 합의안에 대한 승인과정에 어떠한 영향을 미칠지 아직은 판단하기에 이른바, 앞으로 어떻게 처리될 것인지는 두고 볼 일이다. 해당 공무원은 이러한 자료들을 신중히 조사하고 남은 문제를 해결하기 위한 합의절차에 참여하여야 할 것이다.

제9절 쟁점별 대표당사자소송 검토

제1장 대량불법행위

Ⅰ. 서 론

대표당사자소송은 특히 대량불법행위를 둘러싸고 그동안 수많은 논란이 있어왔다. 특히 이러한 논쟁은 1966년의 자문위원회 주석서를 정할 때 대두되었다. 즉 수많은 사람에게 대량상해를 가져오는 대량사고는 일반적으로 대표당사자소송으로 적합하지 않다. 왜냐하면 손해의 발생뿐만 아니라 책임과 항변 같은 중요한 쟁점들이 현존하고 있고, 여러 가지 다른 방법으로 개인들에게 영향을 미치고 있기 때문이다. 이러한 상황에서 대량불법행위소송이 형식적으로 대표당사자소송이라는 이름으로 소송이 제기되더라도 실재로는 여러 개의 분리된 소송으로 나누어질 수밖에 없다.

자문위원회 주석서는 초기에 많은 법원이 대량불법행위사건에 대한 단체인증거부 근거가 되었다. 그러나 많은 법원들은 위 자문위원회 염려에도 불구하고 대량불법행위사건에 대한 대표당사자소송을 인정하기 시작하였다. 그런데 최근 들어 법원들은 다시 대량불법행위사건을 대표당사자소송으로 취급할 것인지에 대해 회의적 시각을 갖게 되었다. 그동안 법원이 대량불법행위사건을 어떻게 다루어왔는지 간단히 살펴보고, 최근 법원들이 어떠한 입장을 취하고 있는지 등에 대하여도 살펴보기로 한다.

무엇보다도 대량불법행위를 어떻게 정의할 것인가는 대단히 중요하다. 광의의 뜻은 다수의 당사자가 관련된 불법행위로 인한 손해배상청구소송을 말한다. 그렇지만 대량불법행위란 일반적으로, 첫째, 비행기 추락이나 선박 침몰과 같은 하나의 사건으로 수많은 사람들이 사망하거나 상해를 입은 것과 같은 대형사고, 둘째, 가슴보형물이나 의약품 피해 같은 결함 있는 제조물로 빚어진 광범위한 사람들의 상해사고 같은 경우를 일컫는다고 하겠다. 이러한 청구사건은 연방법보다는 주법을 위반한 경우에 많이 나타나고 있다. 이러한 대량불법행위는 재산적 피해 내지는 다른 경제적 피해를 광범위하게 발생시키는 특징이 있다. 복잡한 소송을 위한 지침서(4차)는 호텔화재사고, 구조물의 붕괴, 여객기의 추락이나 선박의 침몰, 위험한 화학물질의 배출이나 폭발물의 폭발 또는 기름유출과 같은 단일의 대량불법행위를 적시하고 있다(Ⅱ.1). 그 외에도 석면, 여성의 자궁 내 피임장치, 젤 유방 보형물, 다이어트 의약품 같은 위험한 물질의 사용 또는 노출로 인한 확산형 대형불법행위에 대하여도 적시하고 있다. 어떤 경우에는 피해자가 노출된 사실 및 노출로 인한 상해로 인해 고통을 겪기도 하고, 어떤 피해자는 노출은 되었으나 아직 피해가 구체적으로 발생하지 않아 잠재적 위험상태에 놓여 있는 경우도 있다. 후자의 경우를 보통 장래의 청구인이라고 부른다. 위 지침서가 지적하고 있듯이 단일사건과 대형불법행위를 구별하는 한계는 명확하지 않다. 왜냐하면 단일사건이라고 하더라도 공장 배기가스 누출, 유해물질 배출과 같은 지역 관련성이 강한 경우에는 잠재적 노출 영향이 포함될 수도 있고, 흡연과 같이 개인적 변수에 의해 영향을 받을 수도 있기 때문이다. 그럼에도 불구하고 어느 정도는 일반화가 가능하다. 대체적으로 대량사고에 대한 자문위원회 주석서의 정의에도 불구하고, 법원들은 분산된 대량불법행위보다는 단일의 대량불법행위로 인한 대표당사자소송에 대한 단체인증을 쉽게 허용하는 경향을 보이고 있다.

Ⅱ. 구체적 검토

1. 1960년대와 1970년대 판례

1960년대와 1970년대 대부분의 법원은 자문위원회 주석서에 근거하여 대량불법행위소송을 대표당사자소송으로 인정하지 않으려는 태도를 보여 왔다. 하지만 1970년대 후반에 들어와 수많은 연방지방법원이 대량불법행위에 대해 대표당사자소송을 허락하기 시작하였다. 그렇지만 항소법원은 여전히 위 주석서에 의해 항소심에서 이를 번복하였다. 그런데 제1심법원의 단체인증 및 항소심에서의 파기와 관련하여 대표적인 두 사건이 있었다. 그 중 하나가 Kansas 시의 하이야트 리젠시에 설치된 두 빌딩을 잇는 고가도로가 붕괴되는 바람에 114명이 사망한 사건이고(1982년에 단체인증이 되었다가 파기), 다른 하나가 여성의 자궁 내 피임기구 설치 사건(1981년에 단체인증이 되었다가 1982년에 파기)이다. 양 사건 모두 피해를 주장하는 전국적 규모의 대표당사자소송이었으나, 결국 항소심에서 단체인증이 거부되었다.

2. 1980년대 중반 판례

1980년대 중반에 들어와 석면피해소송 및 고엽제피해소송 같은 공적 관심이 고조된 대표당사자소송이 폭발적으로 증가함에 따라 연방법원이 대표당사자소송을 인정하는 추세로 태도가 바뀌게 되었다. 가장 대표적인 사건은 Jenkins 사건이라 할 것이다.[190] 제5연방항소법원은 위 사건에서 석면으로부터 피해를 입은 수많은 피해자들이 관련된 수백 개의 대표당사자소송을 연방규칙 제23조(b)(3), 즉 제4유형의 대표당사자소송으로 인정하였다. 지방법원은 대량불법행위로 인한 대표당사자소송에서 연방규칙 제23조(b)(3)에 의해 단체를 인증하는 과정에서 석면의 위험성을 합리적으로 알릴 수 없는 상태에서 석면이 시장에 출시되었다는 공통의 사실관계는 어떠한 개인적 쟁점에 우선하는 공통성이 인정된다는 이유로 단체를 인증하였다. 결과적으로 해당 지방법원은 연방규칙 제23조(b)(3)에 의해 당시 계속 중이던 약 900여 건의 개별 소송을 대표당사자소송으로 병합하였다. 즉 제5연방항소법원은 위 소송에서 대표당사자소송에서의 우월성과 적합성의 요건을 충족하였다고 보았던 것이다. 제5연방항소법원은 대표당사자소송을 허용하는 것이 수백 번 같은 내용의 재판을 반복하는 것보다 우월적 지위에 있다고 보았고, 같은 증인들과 쟁점에 대한 재판을 수없이 반복하는 것보다 낫다면서 대표당사자소송을 허용하였던 것이다. 1980년대 중반 대표당사자소송에 관한 중요한 항소심판결 중에는 학교 교실의 석면피해와 고엽제피해사건이 있다.[191] 학교 교실의 석면피해와 관련하여 제3연방항소법원은 연방규칙 제23조(b)(3)에 따라 학교 건물에서 석면을 제거하고 시험비용의 회복을 구하는 대표당사자소송을 학군별로 인정하였다. 그러면서 연방항소법원은 대량불법행위에 대한 피해구제를 대표당사자소송으로 인정하는 것이 대세가 되었다고 밝혔다.

---

190) Jenkins V. Raymark Industries, 782 F.2d 468 (5th CIR, 1986); Norwood v. Raytheon Co., 237 F.R.D. 581 (W.D.Tex. Sep 11, 2006).

191) School Asbetos ltig., 789 F.2d 996 (3d Cir.1986).

한편 제2연방항소법원도월남전 고엽제피해와 관련하여[192] 퇴역군인들과 그들의 가족이 고엽제에 노출됨으로써 발생한 피해구제에는 대표당사자소송이 적합하다고 판시하였다. 그 후에도 항소법원들은 극독물의 배출, 약품의 부작용, 의료장비의 결함 등으로 인하여 발생한 불특정 다수의 피해에 대한 구제방법으로 대표당사자소송을 인정하였다.[193] 특히 여성의 자궁 내 피임기구 시술과 관련하여 1982년에 대표당사자소송을 거부했던 연방법원은 1989년에 Dalkon 판결을 통해 대표당사자소송을 인정하였다. 이처럼 대량불법행위로 인한 피해구제소송을 대표당사자소송으로 인정하면서 특히 고엽제피해, 석면피해, 피임기구시술로 인한 피해 등이 구제받는 획기적인 변화가 일어나게 되었다.

3. 최근 판례

대량불법행위에 대한 대표당사자소송과 관련하여 대표당사자소송에서 패소하게 되면 피해 보상으로 인해 파산에 이를 수도 있다는 위험에 직면하게 된 피고들이 화해를 강요당하는 것은 문제라는 비판이 제기되고 있다.

이러한 비판은 1990년대 연방항소법원에서 이루어진 몇 가지 판례 이후 힘을 얻고 있다. 예를 들어 Rhone-Poulenc 판결[194]의 경우에 지방법원은 오염된 혈액응고제를 잘못 투여함으로 인하여 혈우병환자가 에이즈에 감염된 것에 대해 전국적 구성원으로 된 대표당사자소송을 통해 손해배상을 청구할 수 있다고 인정하였으나, 제7연방항소법원은 지방법원의 판결에 대한 직무집행영장을 발행하여 그 효력을 정지시킨 후 결국 대표당사자소송을 부정하였다. 즉 법원은 피고가 판결을 통해 전국적 규모의 잠재적 피해자들에 대해 거액을 보상하게 될 것을 두려워하여 화해를 사실상 강요당하는 것은 부당하다는 것이었다. 재판과정에서 어느 법을 적용할 것인가라는 법 선택의 어려움에 노출되었고, 배심원에 의한 재판을 받게 되어 있는 수정헌법 제7조를 위반하였는가를 놓고 제1심법원들의 견해가 나뉘어졌다. 연방항소법원은 Jenkins 사건을 석면에 특수한 사법적 위기를 포함하고 있는 것으로 보았다. 또 하나 중요한 판결인 Castano[195] 판결은 피고에 의

---

192) 89 F.2d at 1009. 두 번째 순회인, Agent Orange

193) A.H. Robins Co., 880 F.2d 709 (4th Cir.1989); Pender v. Bank of America Corp., 269 F.R.D. 589 (W.D.N.C. Aug 25, 2010).

194) Rhone-Poulenc Rorer inc., 51 F.3d 1293 (7th Cir. 1995); Houseman v. U.S. Aviation Underwriters, 171 F.3d 1117, 43 Fed.R.Serv.3d 523 (7th Cir.(Wis.) Mar 29, 1999).

해 생산되고 판매된 담배를 구입하고 흡연한 미국 내 거주하는 니코틴에 중독된 모든 사람들 및 그들과 관련 있는 재산, 배우자, 자녀, 친척 등을 구성원으로 하는 연방규칙 제23조(b)(3) 유형, 즉 제4유형의 대표당사자소송에 대하여 지방법원은 이를 인용하였다. 구성원으로는 1943년 이래의 흡연자들이 포함되었다. 그렇지만 제5연방항소법원은 개인들의 흡연 의존 여부 및 법 선택의 문제는 다른 것들과 마찬가지로 공통의 쟁점보다 개인성이 우월하기 때문에 대표당사자소송이 허용되지 않는다며 위 제1심법원의 판결을 뒤집었다. 제5연방항소법원은 대표당사자소송에서의 화해 압박과 배심원 재판을 규정한 수정헌법 제7조에 위반된다는 이유를 파기이유로 내세우며, Rhone-Poulenc 판결이 우려하는 바에 대해 동조하였다. 그런데 연방대법원은 1990년대 후반에 들어와 두 가지 중요한 대량불법행위에 대한 대표당사자소송을 인정하였다. 두 사건 모두 석면에 노출된 대량피해사건이었다.

첫 번째 판결은 Amechem 판결[196]로, 연방대법원은 피고들 중 하나 또는 그 이상의 피고에 의해 생산된 석면에 직업적으로 노출된 모든 사람들 및 아직 피고들을 상대로 석면피해를 주장하며 소송을 제기하지 않는 위 원고들의 부모와 자녀 및 기타 친척 등을 구성원으로 하는 대표당사자소송이 연방규칙 제23조(b)(3)에 근거하여 제기되었으나, 이를 인용하지 아니하였다. 연방대법원은 피고들이 여럿이다 보니 제품에 포함된 석면의 양이 서로 다르고, 원고들이 석면에 노출된 시간이 서로 다르고, 노출 기간도 서로 다르며, 노출 방법도 서로 다른 구성원들이 석면에 노출되었다는 것만으로는 위 적용조항의 우월성 요건을 충족하지 못하였다고 보았다. 또한 증상이 전혀 없는 구성원에서부터 다양한 석면 피해의 증상을 보이고 있는 구성원까지 그 증상이 서로 다르고, 나아가 법 선택의 문제와 현재와 장래의 피해 사이에 충돌이 있어 우월성 요건을 충족하였다고 보기 어렵다는 것이다.

연방대법원은 그로부터 2년 후 Fibreboard 판결[197]을 통해, 자산규모 약 2억3천5백만 불 규모의 석면제조회사인 Fibreboard사가 제조한 석면에 노출되어 피해

195) Castano v. Am. Tobacco Co., 84 F.3d 734 (5th Cir. 1996); Collins v. Anthem Health Plans, Inc., 266 Conn. 12, 836 A.2d 1124 (Conn. Sep 30, 2003).

196) Amchem Products, Inc. v. Windor, 521 U.S. 591 (1997); Juris v. Inamed Corp., 685 F.3d 1294, 23 Fla. L. Weekly Fed. C 1251 (11th Cir.(Ala.) Jul 06, 2012).

197) Oritz v. Fibreboard Corp., 527 U.S. 815 (1999); Professional Firefighters Ass'n of Omaha, Local 385 v. Zalewski, 678 F.3d 640, 193 L.R.R.M. (BNA) 2198, 82 Fed.R.Serv.3d 600 (8th Cir.(Neb.) May 07, 2012).

를 입었다며 제기한 강제적 대표당사자소송에 대하여 연방규칙 제23조(b)(1)(b)에 의한 제1유형의 대표당사자소송을 인정하였다. Fibreboard사는 석면피해에 대해 보험회사에 수십억 불의 피해보상보험을 가입하고 있었다. 당시 Fibreboard는 보험회사와 대략 15억 불의 화해기금을 조성하기로 화해하였는데, 이러한 화해기금은 다양한 불법행위이론을 주장하며 자신들의 권리를 주장하는 석면피해당사자들의 강제적 대표당사자소송의 청구액에 못 미치는 제한된 기금이었다. 그리하여 Amchem 사건의 경우와 달리 Ortiz 사건의 경우에는 강제적 대표당사자소송으로 진행된 덕분에 보험회사가 제공한 제한된 기금으로 피해자들이 보상을 받게 됨으로써 Fibreboard사는 회사 재산에 큰 피해를 입지 않고 피해를 배상할 수 있게 되었다. 연방대법원은 대표당사자소송이 연방규칙 제23조(b)(1)(B)에 의해 제2유형의 대표당사자소송으로 확인되는 것이 적절하지 않다고 판단하였다. 이처럼 연방대법원은 대형불법행위화해사건에서 제한된 기금으로 보상되는 대표당사자소송은 연방규칙 제23조(b)(1)(B)에 의해 제2유형의 단체로 확인되는 것이 적합하지 않다고 보면서도, 실질적이고 잠재적인 대형불법행위를 해결하기 위한 의도로 추진되는 기금과 재판계획에 관하여 연방규칙 제23조(b)(1)(B)가 적용되는 것은 문제라고 판시하였다.

4. 판례에 대한 검토

Rhone-Poulenc 판결, Castano 판결, Amchem 판결, Ortiz 판결 같은 판결들을 집합적 대량불법행위의 이상으로 보는 것은 옳지 않다. 대형불법행위를 원인으로 한 대표당사자소송 및 위와 유사한 기능을 하는 대표당사자소송은 성공적이었고, 앞으로도 계속 발생할 것으로 예상된다. 첫째, 연방법원은 대량불법행위를 원인으로 한 대표당사자소송에 대해 부정적이지 않다. 예를 들어 제약회사를 상대로 하는 손해배상청구소송에서 연방법원은 전국적 규모의 대표당사자소송을 허가하였고, 화해로 소송이 종결된 사례도 있다.[198] 둘째, 원고들은 일반적으로 연방법원보다는 주법원에서 더 많이 대표당사소송이 인정된다는 점을 알게 되었다. 물론 대표당사자소송공정화법으로 인해 원고들이 본질적이고 광역관할이 문제되는 대표당사자소송을 주법원에 제기하는 것이 더 어려워진 것은 사실이다. 셋째,

198) Copley Pharm, Inc, 161 F.R.D. 456 (D. Wyo. 1995); City of St. Petersburg v. Total Containment, Inc., 265 F.R.D. 630 (S.D.Fla. Feb 10, 2010).

대량불법행위에 관한 대표당사자소송을 해결하기 위한 이론적 근거가 주법원과 연방법원에서 발전되어 왔다. 그러한 이론 중의 하나가 독성물질에 노출된 원고들이 아직 신체적 증상이 나타나지 않았다고 하더라도 피고의 비용으로 병원에서 정기적인 건강검진을 받도록 조치하는, 소위 의료검진제도라고 하겠다. 원고들의 이러한 의료검진요구는 광범위한 대표당사자소송이 제기되면서 복합적으로 연계되어 함께 주장되었다. 추가하여 원고들은 이러한 복합적 연계주장 이외에도 개별적 손해배상청구는 통계적 자료에 의해 증명되면 충분하다고 주장하였다. 그런데 이러한 주장은 연방대법원의 Dukes 판결[199)]에 비추어 볼 때 계속 유지되기는 어려워 보인다. 더 나아가 원고들은 대량불법행위로 인한 손해배상에 대하여 대표당사자소송이 아닌 소송방법과 합의를 통해 해결하려는 경향을 보이고 있다.

Ⅲ. 기타 문제

1. 구체적 피해 발생 전 상태

대량불법행위와 관련된 대표당사자소송에서 문제가 되는 점은 피해물질에 노출이 되었으나 증상이 아직 나타나지 않는 자들도 장래의 청구인의 자격에서 대표당사자소송이 허용된다는 점이다. 석면피해의 경우 및 배출된 유해물질에 노출되어 피해를 입었다며 제기한 대표당사자소송을 일부 법원이 인정하고 있다. 그러면서 법원들은 그들의 증상이 아직 나타나고 있지는 않지만 유해물질 노출로 인해 세포 단계에서 피해를 입었을 수 있음을 인정근거로 제시하였다.

반면에 다른 법원들은 신체적 피해가 아닌 노출만으로는 대표당사자소송을 인정할 수 없다는 입장을 취하고 있다. 즉 노출만으로는 연방규칙 제23조의 필요요건을 충족하지 못하였다는 것이다. 법원들은 위험에 대한 노출의 정도와 기간, 그리고 그 결과로 생긴 피해 가능성과 같은 개별적 문제들이 전체적 문제보다 훨씬 더 비중이 크다는 등의 이유를 근거로 삼았다. 또 일부 법원은 노출되었을 뿐 구체적 피해가 발생하지 않은 자들은 그들 자신이 노출되었다는 사실 자체를 인식하지 못하고 있는 경우도 있고, 그 소송에서 탈퇴할 것인지 여부를 결정할 수 있는 정보가 부족한 상태에 있기 쉬운데, 그러한 자들에게까지 모두 통지를 해야

199) Wal-Mart Stores, Inc. v. Dukes, 131 S. Ct. 2541 (2011); Lillehagen v. Alorica, Inc., 2014 WL 2009031.

한다는 것은 사실상 어렵다는 이유를 내세우기도 하였다.[200] 연방대법원은 위험물질에 노출만 되었을 뿐 실제적 피해를 입지 않은 구성원들이 제기한 소송에 대해 의문을 제기하면서도 이에 대한 어떠한 결정을 내리지는 않았다.

2. 사건의 성숙성

또 다른 중요한 문제는 대량불법행위에 있어서 사건의 성숙성 여부이다. 최근 몇 년 간 법원의 태도를 살펴보면, 여건이 성숙하지 못한 미성숙사건에 대한 대표당사자소송에 대해서는 허가를 하지 않았기 때문에 개별 소송이 몇 건 있을 뿐이다. 복잡한 소송을 위한 지침서(4차)는 법원으로 하여금 집합적 청구 또는 사건 - 특히 재판으로 진행될 경우에는 더욱 더 - 의 경우에는 우선 소송의 본질을 명확히 파악한 후 소송에서의 쟁점이 사전심리절차상의 합산 또는 병합에 타당한지 여부를 면밀히 살펴보아야 한다고 하고 있다.

제5연방항소법원은 전국에 산재한 니코틴에 중독된 흡연가들의 담배손해배상사건인 Castano 판결을 통해 대량불법행위에 있어서의 성숙성과 미성숙성에 대한 견해를 밝혔다. 위 항소법원은 담배의 니코틴 중독을 쟁점으로 한 소송이 예전에 없었기 때문에 지방법원이 연방규칙 제23조(b)(3) 유형, 즉 제4유형의 대표당사자소송의 우월성 및 우선성 요건을 참조할 수 있는 선행 판례도 없다고 밝혔다. 그런데 일부 다른 법원은 대량불법행위에서의 성숙성을 단체의 확인을 결정하는 요건으로 고려할 것은 아니라고 하였다.

3. 범위 증명

대량불법행위소송이나 다른 유형의 대표당사자소송에서 중요한 쟁점이 되는 것 중의 하나가 구성원들의 피해를 원고들의 피해 추정의 증거로 사용할 수 있느냐 여부이다. 법원의 견해는 나누어져 있다. 연방대법원은 Dukes 판결을 통해, Dukes 사건이 대량불법행위에 대한 것은 아니었지만, 다른 구성원들의 증명을 원고에 대한 증명으로 원용하는 것에 대하여 심각한 의문을 제기하였다.

---

200) Ortiz v. Fibreboard, 527 U.S. 8154 (1999); Professional Firefighters Ass'n of Omaha, Local 385 v. Zalewski, 678 F.3d 640, 193 L.R.R.M. (BNA) 2198, 82 Fed.R.Serv.3d 600 (8th Cir.(Neb.) May 07, 2012).

제5연방항소법원은 Fibreboard Corp 판결[201]을 통해, 수천 개의 석면피해소송에서 이러한 다른 구성원의 증거를 원고의 증명을 인정하는 추정의 근거로 사용하는 것을 거부하였다. 지방법원에 의해 제시된 재판계획에 따라 원고들과 피고들은 각각 15명의 대표적인 원고들을 뽑아서, 그들의 개인적 청구를 열 한 개의 단체 대표당사자들의 청구와 함께 소송을 진행하였다. 법원의 당초 계획은 41개의 사건에 전문가들의 증언을 합하여 얻어진 자료에 의해 배심원으로 하여금 남아 있는 2,990명의 구성원들에 대한 피해 총액을 결정토록 하려는 것이었다. 그렇지만 제5연방항소법원은 이러한 제1심법원의 재판계획을 취소하면서, 위와 같은 방법으로 증거를 종합하는 것은 적법절차와 수정헌법 제7조를 침해할 우려가 있다고 판시하였다. 원고들은 통계적 방법에 의해 대표성과 공통성의 요건을 갖추게 되면 배심원들에게 관련피해액을 판단하는 정보를 제공하는데 충분하다고 주장하였으나, 위 항소법원은 이러한 원고들의 주장을 받아들이지 않았다. 또한 위 법원은, 이러한 문제해결방법이야말로 실질적인 문제 해결의 유일한 방법이고 이러한 사건을 재판하기에 많은 어려움을 가지고 있는 법원 및 당사자들로서는 사법적 혁신 내지 창조적 해결방법이라고 원고들이 주장하였으나, 이 역시 받아들이지 않았다. 그러면서 법원은 이러한 주장은 나름 의미가 없는 것은 아니지만, 오히려 의회나 주입법부에서 입법론으로 주장되면 좋은 내용이라고 판시하였다. 법원은 각 원고들이 손해배상의 원인 및 손해액을 증명할 필요가 없다고 주장하는 것은 Texas 주의 실체법을 변경하는 것으로 위법하여 허용될 수 없다고 하였다.[202] 제5연방항소법원은, 같은 지방법원이 다시 한 번 단체 구성원의 표본을 사용하는 방법으로 광범위한 구성원들의 손해액을 결정한 것에 대하여, Fibreboard 판결의 취지를 따라 원심판결을 파기하였다.[203]

Cimino 사건을 취급한 항소법원은 각 원고들의 청구와 관련하여 지방법원의 재판계획이 수정헌법 제7조가 보장한 배심원에 의한 재판을 받을 권리를 위반하였다고 보았다. 위 연방항소법원은 Fibreboard 판결을 원용하며 주법을 위반하였음을 다시 한 번 강조하였다.

---

201) Fiberboard Corp., 893 F.2d 706 (5th Cir. 1990).

202) Erie Railroad Co. v. Tompkins, 30Ⅳ. U.S. 64 (1938); Hogan v. Novartis Pharmaceuticals Corp., 2011 WL 1336566.

203) Cimino v. Raymark Indus., 151 F.3d 297 (TEH Cir. 1998); Scottsdale Memorial Health Systems, Inc. v. Maricopa County, 224 Ariz. 125, 228 P.3d 117, 579 Ariz. Adv. Rep. 9 (Ariz.App. Div. 1 Mar 30, 2010).

이와 대조적으로 제9연방항소법원은 Hilao 판결[204]을 통해 종합적 자료에 기초하여 구성원 모두에 대한 배상금액을 결정할 수 있다고 하였다. 이 사건은 필리핀의 Ferdinand Marcos 정권 하의 피해자들이 외국인불법행위배상법(the Alien Tort Claims Act)에 근거하여 제기한 대표당사자소송이었다. 원고들은 사건의 피해자들과 그들의 친척들이 필리핀 군부 또는 불법무장단체에 의해 고문당하거나 처형당하였으며, 또는 실종되었다고 주장하였다. 이 사건은 단체가 인증되어 대표당사자소송으로 진행되었다. 지방법원은 대략 130개 정도의 사건을 무작위로 뽑아 재판한 결과를 통계자료로 삼아 피해자 9천명에 대한 손해액을 결정하였다. 감정인들은 고문, 처형, 실종 등 각 사건의 유형별로 평균적인 보상금을 결정한 후 그 범주에 속하는 구성원들의 수에 위 금액을 곱하여 전체 금액을 결정하였다.

그러나 제9연방항소법원은, 피고들이 적법절차가 보장되지 않았으며 단체 전체의 손해액을 계산하는 방법이 옳지 않다고 항변하였으나, 이러한 피고들의 주장을 배척하고 원심판결을 그대로 유지하였다. 위 연방법원은 이러한 접근방법은 흔한 것은 아니지만 일만 명 가까운 피해자들의 손해를 계산하는데 소요되는 시간과 사법적 자원을 고려할 때 그러한 방법 이외에 다른 방법을 사용하는 것이 사실상 불가능하기 때문에 그러한 계산법은 정당성을 가진다고 판시하였다. 그리고 많은 구성원들이 동일한 상처를 입었다는 것이 이러한 판결 결과를 만들어내었고, 결코 낭비적이라고 볼 것은 아니라고 하였다. Cimino 판결과 Fibreboard 판결과는 달리 Hilao 판결은 연방법인 외국인 불법행위법에 따랐기 때문에 Erie 판결에서와 같은 문제가 발생하지 않았다. 이러한 차이점이 있음에도 불구하고, 제9연방항소법원의 기본적 접근방식은 제5연방항소법원의 입장과 차이가 있다고 하겠다.

제9연방항소법원은 고용차별을 이유로 제기된 대표당사자소송에서 피고들이 구성원 개인별로 손해를 증명하여야지 구성원 전원의 손해를 집약적 증명방법으로 추정하는 것은 재판계획이 불확실하여 부당하다고 항소하였으나, 이를 배척하면서 Hilao 판결을 원용하였다. 그러나 연방대법원은 만장일치로 Dukes 판결을 통해 제9연방항소법원의 판결을 파기하였다. 연방대법원은 파기이유로, 연방항소법

204) Hilao v. Estate of Marcos, 103 F.3d 767 (9th Cir, 1996); Scottsdale Memorial Health Systems, Inc. v. Maricopa County, 224 Ariz. 125, 228 P.3d 117, 579 Ariz. Adv. Rep. 9 (Ariz.App. Div. 1 Mar 30, 2010).

원이 개별화된 판결을 공식에 의한 재판으로 대체할 수 있다고 믿은 것은 착각이며, 대표당사자소송에서의 구성원들의 책임을 표본화하게 되면 성차별과 체불임금에 대한 책임이 관리자를 감독할 책임이 있는 자가 누구인가에 따라 다르게 결정되게 되어 부당하며, 유효하다고 결정되어지는 일정비율이 모든 구성원에게 일률적으로 적용된다는 것 또한 부당하며, 이렇게 하여 파생된 추정적 유효한 구성원들의 수에 평균 체불임금을 곱하여 모든 구성원들의 손해를 계산하는 것은 부당하다는 등의 이유를 내세웠다. 그리하여 연방대법원은 위 연방항소법원이 채택한 새로운 계산방법을 인정할 수 없고, 피고인 Wal-Mart가 개인별 청구에 법적인 방어권을 행사할 자격이 없게 되어 부당하므로 대표당사자소송 단체를 인정할 수 없다고 판시하였다.

공식에 의한 일괄계산방법을 인정할 수 없다는 연방대법원의 Dukes 판결로 인해 원고들이 유사한 사건에 대한 대량불법행위에 대한 대표당사자소송을 제기하는 것이 어렵게 되었다.

제2장 고용차별

Ⅰ. 의 의

고용차별을 이유로 한 대표당사자소송도 많이 제기되고 있다. 대표당사자소송 중 많은 사건이 고용차별을 이유로 한 경우라고 하겠다. 예를 들어 아프리카계 미국인이 인력감축과 관련하여 인종이 다르다는 이유로 자신보다 능력이 떨어지는 백인 노동자의 고용은 유지하면서, 자신을 해고한 것은 고용차별이라며 대표당사자소송을 제기하는 경우이다. 그러면서 자신과 같은 처지인 아프리카계 미국인들이 차별의 희생자라고 주장할 경우, 연방규칙 제23조의 요건을 충족하게 되면 인종차별을 원인으로 하여 아프리카 미국인 전체를 구성원으로 하는 대표당사자소송을 제기할 수 있게 된다.

1964년에 제정된 시민의 권리에 관한 법률(Title Ⅶ of the Civil Rights Act of 1964, 42 U.S.C. §1981)[205]은 인종, 피부색, 종교, 성별 및 출신국으로 인하여 차별받지 않을 권리가 있음을 규정하였고, 1981년에 개정된 위 법은 다인종을 원인으

205) 이하 공민권법이라 한다.

로 한 인종차별에 대해서 규정하고 있다. 한편 장애인차별금지법(the Americans With Disabilities Act, ADA, 42 U.S.C. §12101)은 장애인이라는 이유로 차별당할 경우를 규율하고 있다. 한편 1967년에 제정된 고용 시 연령차별금지법(the Age Discrimination in Employment Act of 1967, ADEA)에 근거해 연령차별을 이유로 하여서는 연방규칙 제23조의 대표당사자소송에 해당되지 않지만(29 U.S.C. §§621-634), 별도의 법률에 따라 공동소송으로 소를 제기할 수는 있다.

이하에서는 연방규칙 제23조와 고용 시 연령차별금지법상의 공동소송에 대하여 살펴보기로 한다. 연방대법원은 Dukes 판결을 통해 이 법과 관련하여 많은 내용을 언급하고 있다. 이 법에 의한 소송을 제기하고자 할 경우에는 위 판례의 입장에 대한 면밀한 검토가 필요하다고 하겠다.

Ⅱ. 연방규칙 제23조의 경우

1. 연방규칙 제23조 적용 대상인 차별

연방대법원이 1977년에 Rodriguez 판결[206]을 선고하기 전까지는 많은 하급심 법원들은 대표당사자소송의 요건은 공민권법에 의해 인정하면 된다는 유연한 입장을 취하면서 연방규칙 제23조의 요건을 지나치게 엄격하게 적용할 필요는 없다는 입장이었다. Rodriguez 판결도 이러한 입장을 지지하였다. 인종적 또는 혈통적 차별을 주장하는 소송은 그들 인종이 가지고 있는 본질적 계급과 관련하여 잘못된 생각을 광범위하게 가질 수도 있기 때문에 연방규칙 제23조의 요건 인정에 세심한 주의가 필요하다는 것이다. 그로부터 5년 뒤 연방대법원은 Falcon 판결[207]을 통해, 공민권법상의 대표당사자소송이 다른 대표당사자소송과 마찬가지로 제1심법원의 철저한 심리 끝에 단체인증이 이루어졌다면 연방규칙 제23조의 필요조건이 충족되었다고 보아야 한다고 하였다. 연방대법원은 Dukes 판결을 통해 철저한 심리를 다시 한 번 강조하였다. Rodriguez 판결, Falcon 판결 및 Dukes 판결에 비추어 볼 때 법원들은 공민권법 관련 대표당사자소송에 대해서도 다른 대표당사자소송과 마찬가지로 연방규칙 제23조의 요건을 충족하고 있는지

---

206) East Texas Motor Freight System, Inc. v. Rodriguez, 431 U.S. 395 (1977); E.E.O.C. v. Roadway Exp., Inc., 261 F.3d 634, 86 Fair Empl.Prac.Cas. (BNA) 833, 80 Empl. Prac. Dec. P 40,684, 2001 Fed.App. 0280P (6th Cir.(Ohio) Aug 23, 2001).

207) General Telephone Co of Southwest v. Falcon, 457 U.S. 147 (1982); Garcia v. Veneman, 211 F.R.D. 15 (D.D.C. Dec 02, 2002).

를 엄격하게 심리할 필요가 있다.

Rodriguez 판결과 Falcon 판결을 통해 알아야 할 것은 연승식(across-the-board) 차별소송에 대한, 특별한 유형의 차별로 인해 관련된 모든 사람들이 소송의 당사자가 되는, 그런 유형의 차별소송에 대한 연방대법원의 확고한 입장이다. 예를 들어 이러한 연승식 차별소송으로 승진에서 여성이라는 이유로 차별을 당하였다며 대표당사자소송을 제기하는 여성은 성별로 인한 고용기회 및 해고에서의 차별, 보수면에서의 차별 등을 함께 주장하며 모든 여성을 대표하려 한다는 것이다. 연방규칙 제23조가 규정한 전형적 요건을 충족하였는가를 검토할 때 연방대법원은 Falcon 사건의 경우 연승식 차별을 이유로 한 대표당사자소송에서 그 요건이 충족되었다고 할 것인가에 대해 의문을 제기하였다.

Falcon 사건에서 원고는 자신이 멕시코계 미국인이라는 이유로 피고에 의해 승진에서 차별을 받았다고 주장하면서 멕시코계 미국인이기 때문에 고용되지 않았다고 주장하는 멕시코계 미국인들을 대표하여 대표당사자소송을 제기하였다. 제1심법원과 항소법원의 입장과 달리 연방대법원은 그러한 경우 원고가 대표당사자소송을 제기할 수 없다고 판시하였다. 그러면서 연방대법원은 멕시코계 미국인을 고용한 피고를 상대로 제기한 원고의 소송은 다른 대표당사자소송의 전형적 형태가 아니라며 제1심법원의 추정이 잘못되었다고 판시하였다. 연방대법원의 견해에 따르게 되면, 만일 특정한 차별대우를 주장하면 그것으로 연승식 공격을 인정받기에 충분하고, 모든 공민권법 위반사건은 잠재적으로 회사에 대한 광범위한 대표당사자소송이 된다고 하겠다. 그러면서 연방대법원은 공민권법 어디에서도 그러한 광범위한 대표당사자소송을 인정하려는 의회의 입법취지를 발견할 수 없다고 하였다. 그러면서도 연방대법원은 고용주가 일반적인 차별정책을 집행하였고, 만일 그러한 차별정책에 의해 고용과 승진에서 차별이 실행되었다는 명백한 증거가 있다면 취업신청과 채용에 관한 대표당사자소송을 정당화할 수 있다고 하였다. 한편 연방대법원은 그러한 예로 입사지원자들과 재직 중인 종업원들에 대해 편견을 가진 채 평가하는 방법을 사용한다거나 평가절차에 대해 완전히 주관적 방법만을 사용하는 경우 등을 들었다.

Falcon 판결의 취지에 따라 많은 법원들이 연승식 대표당사자소송에 대한 확인을 거부하였다. 이러한 경향은 연방대법원이 Dukes 판결에서 공통성 요건에 대해 보다 엄격한 입장을 취한 것에 비추어볼 때 앞으로 계속될 것으로 보인다.

2. 차별취급배상청구와 차별영향의 구별

차별취급으로 인한 손해배상청구와 차별영향으로 인한 손해배상청구는 고용관련법에 의하면 중대한 차이가 있다. 예전에는 원고는 고용주의 입장에서 차별동기나 차별의도를 증명해야 했다. 그러나 현재는 고용주의 동기와 상관없이 고용주의 고용행위로 인해 보호단체에서 차별영향이 나타나고 있다는 현상만을 보여주면 된다. 그러한 예로 아프리카계 미국인들을 의도적으로 차별하기 위해 고안된 것은 아닌데도 적성검사 결과 그들이 더 좋은 직장에서 배제되는 불균형이 나타나게 되면 차별을 인정할 수 있다는 것이다. 그 결과 법원으로서는 그러한 차별영향이 모든 종업원들에게 객관적 기준을 적용할 때 나타나는 현상이 분명하기 때문에 그들이 제기하는 대표당사자소송에 대한 요건심사를 완화하여 자유로운 증명으로 충분하다고 보고 있다. 반면에 제4연방항소법원은 이러한 관행적 행태의 차별취급은 모든 단체를 취급함에 있어 전체 단체에 대하여 차별의도를 가지고 있을 때 인정되어야 하지 단순히 비우호적인 것만으로는 해당되지 않는다고 보아야 한다고 판시하였다.[208] 그러한 주관적 편견에 사로잡힌 고용행위는 참으로 크고 어려운 문제를 안고 있다고 하겠다.

3. 연방규칙 제23조(b) 요건

대부분의 고용 관련 대표당사자소송은 어찌 되었든 연방규칙 제23조(b)(2)나 제23조(b)(3)의 요건, 즉 제3유형이나 제4유형의 대표당사자소송으로 단체가 인증되거나 거절되었다. 앞에서 살펴본 바와 같이 연방규칙 제23조(b)(2)의 유형, 즉 제2유형의 대표당사자소송은 시민적 권리 사건에 관한 소송에 이용되었고, 그러한 사건에 관한 수많은 소송이 동 조항에 따라 금지명령에 의한 구제(injunctive relief)를 받았다. 역사적으로 살펴볼 때 Dukes 사건이나 그 이전에는 형평법상의 구제가 이루어지는 것이 타당하다고 판단될 경우에는 손해가 발견되지 않은 경우에도 대표당사자소송의 허용된다는 입장을 대부분의 법원이 취하고 있었다. 그런데 Dukes 판결은 금전배상이 포함된 대표당사자소송에 대하여는

---

208) Stastny v. Southern Bell Tel. & Tel. Co., 628 F.2d 267, 274 (4th Cir. 1980); Nelson v. Wal-Mart Stores, Inc., 2009 WL 330307, 105 Fair Empl.Prac.Cas. (BNA) 643 (E.D.Ark. Jan 13, 2009).

원고들이 연방규칙 제23조(b)(2) 유형, 즉 제3유형의 대표당사자소송을 제기하지 못한다고 밝혔다.

연방규칙 제23조(b)(3) 유형, 즉 제4유형의 대표당사자소송은 주로 금전적 손해배상을 구하는 고용관련 구제수단으로 이용되어 왔다. 일부 법원은 연방규칙 제23(b)(3) 유형의 고용관련 대표당사자소송에 대해 자유로운 증명을 인정하여 왔지만, 또 다른 법원들은 보다 엄격한 증명을 요구하였다. 이러한 단체를 인증하는 법원들은 종종 만연된 차별행위가 있었다는 주장을 인정하여 왔다. 단체인증을 부정하는 법원들은 실재로 고용주들이 구성원 각자를 차별하였는지 여부 또는 실적 부진이나 장기결정이나 부정행위 같은 합법적이고 비차별적인 이유 때문에 개별 구성원들을 불공평하게 대우했는지 여부와 같은 개별적 차별의 존재 등을 검토하여야 한다고 강조하였다. Dukes 판결은 고용과 관련하여 이러한 개별적 항변의 중요성을 강조하였다.

4. 관행적 차별

일부 법원들은 관행적 차별을 주장하는 사건들을 많이 인정하였다. 법원들은 이러한 사건을 두 단계, 즉 책임과 구제라는 두 단계로 나누고, 피고가 그러한 관행적 차별에 관여하였는지 여부에 의해 단체인증 여부를 결정하였다. 이러한 관행적 차별이 밝혀지면 금지명령에 의한 구제를 허용하게 되고, 개별 종업원들이 차별의 희생자라는 추정이 가능하게 된다. 이러한 접근방법을 취한 법원들은 첫 단계에서는 종업원들이 개인적인 차별을 받았음을 증명할 필요는 없다는 입장을 취하였다. 그 결과 종업원들 사이의 불균형은 문제가 되지 않게 되었다. 따라서 이들 법원은 관행적 차별에 대한 재판을 함에 있어 개별 종업원에게만 해당되는 특별한 쟁점에 대한 판단 없이도 전체 종업원의 공통적 쟁점에 대해 판결할 수 있게 됨으로써 상당한 성취를 얻을 수 있게 되었다. 그러나 다른 법원들은 관행적 차별이 주장되었다는 것만으로 차별을 이유로 한 대표당사자소송을 확인해주지는 않았다. 일부 법원들은 관행적 차별 주장을 통해 차별의 존재가 추정된다 하더라도 2단계인 구제단계에서는 그 종업원 개인이 관행적 차별의 피해자인지 여부를 다시 판단하여야 하므로 단체인증을 관행적 차별의 주장만으로 인정할 수는 없다는 것이다. Dukes 판결의 입장에서 살펴보면, 관행적 차별이 있다고 주장된 대표당사자소송에서 개별 종업원들이 연방규칙 제23조에 의한 단체인증을 결정하기 위해서는 개별 구성원들에 대한 차별 여부를 무시할 수 없게 되었다고 하겠다.

5. 관행적 차별의 부재와 개별적 후소

연방대법원은 Cooper 판결[209]을 통해 고용차별을 이유로 한 대표당사자소송에서 관행적 차별이 존재한다는 사실이 발견되지 않았을 때 종업원들이 나중에 개인적 차별소송을 제기할 수 있는가에 대하여 만장일치로 가능하다고 판시하였다. 연방대법원은 위와 같은 소송에서 회사에 광범위하게 퍼져있는 차별정책이나 한 두 사람에게 가해지는 끊임없는 차별이 있을 수도 있기 때문에 대표당사자소송에서 단체인증이 부정되더라도 그 차별받은 종업원 개인은 별도로 후소를 제기할 수 있다고 보았다. 결론적으로 광범위한 대표당사자소송이 거절되었다고 하여 단체의 구성원들이 유효한 개별 소송을 제기하지 못하는 것은 아니라고 하겠다. 따라서 종업원들은 Cooper 판결에 따라 개별적으로 차별당하였다며 후소를 제기할 수 있다.

6. 수정헌법 제7조를 둘러싼 쟁점

1991년의 공민권법에 따라 배심재판제도가 Title VII Case에 적용되게 되었다. 차별을 이유로 한 소송은 그 이전까지는 비배심심리재판(bench trial)이었다. 결과적으로 수정헌법 제7조의 잠재적 쟁점들은 그러한 사건을 재판하는데 관련이 있다. 예를 들어 공통성 요건을 충족하였는가 여부가 첫 번째 배심원들에 의해 결정된 후 개인별 쟁점들이 두 번째 다른 배심원들에 의해 결정되는 것과 같이 두 단계로 분리된 고용차별을 원인으로 한 대표당사자소송에 대한 인증은, 적어도 어떤 법원에서는, 배심원에 의한 재판을 받을 권리를 규정한 수정헌법 제7조를 해석한 최근 판례법에 비추어 볼 때 훨씬 더 어려운 문제가 되었다고 하겠다.

---

209) Cooper v. Federal Reserve Bank of Richmond 467 U.S. 867 (1984); Dragon v. Vanguard Industries, Inc., 282 Kan. 349, 144 P.3d 1279 (Kan. Oct 27, 2006).

제3장 특별법상의 공동소송

Ⅰ. 연령차별

1. 의 의

고용 시 연령차별금지법은 고용을 함에 있어 40세를 초과한 사람에 대한 고용차별을 금지하고 있다. 연령차별금지법 조항에 의하면, 원고들로 하여금 자신들이 고의적으로 연령차별을 받았다는 사실을 증명하도록 되어 있다.[210] 앞서 살펴본 바와 같이 연령차별금지법 하에서는 연령차별과 관련된 소송은 연방규칙 제23조의 규율 대상이 아니다. 반면에 이러한 소송들은 노동특별법절차에 의해 규율되고 있다. 한편 연방규칙 제23조에 의한 문제해결방법과 연령차별금지법에 의한 문제해결방식에는 상당한 차이가 있다.

첫째, 연령차별금지법이 적용되는 공동소송절차에서 유일한 조사대상은 연령차별을 당했다고 주장하는 개인들이 상호 간에 비슷한 상황에 놓여 있느냐 여부이다. 당사자들이 유사한 상황에 놓여 있는지 여부에 대한 조사는 개인들이 차별적인 결정, 정책 또는 계획에 의해 차별 대상이 되었는지 여부에 의해 결정된다. 일부 법원은 연방규칙 제23조의 기준들을 연령차별금지법 적용 사건에 대해서도 그대로 적용하였으나, 대부분의 법원은 그러하지 아니하였다. 적용을 배제하는 경우에는 연방규칙 제23조의 요건인 다양성, 공통성, 전형성, 타당성과 같은 요건은 더 이상 필요하지 않게 된다. 따라서 원고들은 위 요건들을 증명할 필요가 없다.

둘째, 연방규칙 제23조가 적용되는 대표당사자소송은 탈퇴권이 인정되는 대표당사자소송이거나, 탈퇴권이 인정되지 않은 강제적 대표당사자소송 중 어느 하나의 유형에 속한 경우에 탈퇴하지 않으면 부재구성원도 판결에 구속된다. 그러나 연령차별금지법 관련소송에서는 당사자로 소송참가해야만 기판력이 생기게 된다. 따라서 가입동의서를 제출하여 소송에 적극적으로 참가하지 않는 한 그 자는 공동소송의 당사자가 아니다. 대표당사자소송은 대표당사자에 의해 시작되면 부재

---

210) Gross v. FBL Fin. Serus., Inc., 557 U.S. 167 (2009); Brazill v. California Northstate College of Pharmacy, LLC, 904 F.Supp.2d 1047, 292 Ed. Law Rep. 193 (E.D.Cal. Oct 24, 2012).

당사자까지 모두 잠재적 당사자가 되지만, 연령차별금지법 유형의 공동소송은 실재로 개인들이 명시적으로 소송에 참가하여야만 당사자가 된다.

셋째, 연령차별금지법 유형의 공동소송에 참가한 원고들은 연방규칙 제23조 유형의 대표당사자소송에서 부재구성원들과 달리 완전한 당사자의 지위를 가진다. 따라서 연령차별금지법 유형의 소송에서 원고들은 각자가 자기 청구에 대한 당사자로서의 지위를 갖는다. 법원으로서는 재판을 구성하는데 상당한 재량권을 가진다.

예를 들면 법원으로서는 첫 번째 단계의 재판에서 가능한 한 많은 자들을 소송에 참여시킨다거나, 그리하여 종업원들에 대해 차별적 관행이 있었음을 책임 단계에서 종합적으로 판결하거나 개별적으로 판결한 후, 연이어 두 번째 단계의 재판에서 그러한 관행적 차별로 인해 원고들이 개별적으로 입은 피해가 얼마인지를 산출하는 2단계심리재판 방식이 이용되고 있다. 한편 연령차별금지법 공동소송이 재판으로 가는 경우는 별로 없기 때문에 연령차별금지법 공동소송에 대한 판례는 그리 많지 않다.

2. 통 지

연방규칙 제23조의 통지에 관한 규정은 연령차별금지법 사건의 경우에는 적용되지 않기 때문에 연령차별금지법 사건을 재판함에 있어 법원들은 통지를 어떻게 해야 하는가 하는 문제에 직면하게 되었다. 연방규칙 제23조와 연령차별금지법상의 통지는 그 목적에 있어서 서로 다르게 규정되어 있다. 즉 연방규칙 제23조의 대표당사자소송에서는 구성원들이 탈퇴하지 않으면 판결의 구속을 받게 되는 추정적 구성원에게 통지할 의무가 부여되어 있다. 그렇지만 연령차별금지법 사건에서는 이와 달리 참가하겠다고 명시적으로 말하지 않는 한 소송의 당사자가 되지 않을 사람들에게만 통지가 보내진다.

연방대법원은 Sperling 판결[211]을 통해 연령차별금지법 소송이 제기된 경우 공동소송의 추정적 구성원들에게 통지할 것인지 여부를 결정할 권한은 지방법원에 있다고 판시하였다. 또한 연방대법원은 연령차별금지법 소송이 제기된 경우 잠재적 원고들에게 공동소송에 참가할 것을 조언하거나, 참가할 경우 언제까지 참가

211) Hoffmann-La Roche Inc. v. Sperling, 493 U.S. 165 (1989); McCabe v. Snyder, 75 Cal.App.4th 337, 75 Cal.App.4th 1314A, 89 Cal.Rptr.2d 315, 99 Cal. Daily Op. Serv. 8083, 1999 Daily Journal D.A.R. 10,251 (Cal.App. 3 Dist. Sep 29, 1999) (NO. CIV. C028944), as modified (Oct 21, 1999).

신청서를 내야 하는지와 같은 제출마감일 등을 결정하는 권한은 지방법원에 있다고 판시하였다. 따라서 지방법원들도 일단 연령차별금지법 소송이 제기된 경우 하나의 절차에서 효과적이고 적절한 방법으로 사건이 해결될 수 있도록 상당한 재량권이 주어져 있으므로 추가로 참가하는 당사자들에 대하여도 면밀한 주의를 기울일 책임이 있다고 하겠다. 연방대법원은 참가하지 않겠다고 명시적으로 밝히지 않은 사람들에게 통지를 보내는 것을 허락해 달라는 당사자의 신청을 불허한 지방법원의 결정은 부당하다고 판시하였다.

3. 인 증

앞에서 살펴본 바와 같이 지방법원은 어떤 사건에서 사전증거조사절차 없이 단체를 인증하거나 불인정할 수 있는 재량권을 가지고 있다. 일부 법원은 위와 같은 입장을 취하고 있고, 일부 법원은 제한된 사전증거조사절차를 거치기도 하고, 또 다른 법원들은 본안절차에 준하는 충분한 증거제출요구 절차를 거치기도 한다. 다시 말해 연방규칙 제23조의 대표당사자소송은 특정 사실관계에 의존하고 있다고 하겠다.

반면에 연령차별금지법 사건들은 좀 더 예측 가능한 방식, 즉 두 단계의 접근방식을 취하는 경향이 있다. 첫 번째 단계에서 법원은 잠재적 원고들에 대해 통지할 것인지 여부를 결정한다. 법원은 요건심사를 완화하여 연령차별금지법 공동소송에 대해 조건부 증명을 인정하는 경향을 보이고 있다. 그때 법원은 같은 상황에 놓여 있는 사람들에게 증거제출요구 기간을 통지하거나, 참가할 경우 소송참가 마감일이 언제임을 통지하기도 한다. 법원은 증거제출요구를 결정할 경우 단체에 대한 결정이 계속 유지될 수 있도록 보다 엄격한 기준에 의해 결정하고 있다. 지방법원은 두 번째 단계에서 구성원들이 동일한 상황에 처해 있지 않음이 밝혀진 경우에는 공동소송을 취소하기도 한다.[212] 두 번째 단계에서 소송이 취소되는 경우는 원고들이 나이, 직장 내의 지위, 작업 위치 등에서 서로 다르고, 다른 시간대에 다른 감독자에 의해 여러 다른 이유로 차별당해 고통당했다고 하여 서로 간에 공통성이 없는 경우이다.

그렇다고 하여 모든 사건이 두 번째 단계에서 취소되는 것은 아니다. 제10연방

212) Mooney v. Aramco Serus. Co., 54 F.3d 1207 (5th Cir. 1995); Vogt v. Texas Instruments, Inc., 2006 WL 4660134 (N.D.Tex. Sep 19, 2006).

항소법원은 두 번째 단계에서 지방법원이 오류를 범해 ADEA 공동소송을 취소한 것은 잘못되었다고 판시하기도 하였다.[213] 이 법원은 개인적 쟁점들이 두 번째 단계에서 존재할 수도 있지만, 첫 번째 단계에서 공통의 쟁점과 공통의 항변이 있을 수도 있다고 보았다. 공통의 관행적 차별 쟁점으로 인하여, 참가하는 원고들은 29 U.S.C. §216(b)의 입법취지에 따라 비슷한 상황에 처하게 되었다.

제4장 증권사기

Ⅰ. 의 의

증권사기로 인한 대표당사자소송의 가장 기본적인 유형은 기업들이 허위공시를 하거나 의도적인 공시누락 등으로 인하여 투자자들이 경제적 손실을 입게 된 경우에 투자자들이 제기하는 경우라고 하겠다. 예를 들어 어떤 제약회사가 신약을 개발한 후 그 신약이 치명적 부작용이 있음에도 불구하고 이를 감춘 채 치료에 효과가 있다고 홍보하여 이를 믿고 투자한 투자자들이 나중에 그 부작용이 밝혀져 주식가격이 폭락하여 피해를 입게 되는 경우이다. 진실이 공개됨으로써 보유주식가격이 하락하여 손해를 입은 주주들은 손해배상소송제기를 원한다. 그러나 이 경우에도 주주 개인이 입은 손실이 너무 적어 독립적인 소송을 수행하는 것이 어려울 수도 있고, 주주 개인들이 회사를 상대로 증권사기임을 증명하는 것은 소송기술상 결코 쉬운 일이 아니다. 이런 이유로 증권사기사건이야말로 대표당사자소송에 가장 적합하다는 주장이 있어 왔다. 그러나 이러한 의미는 모든 증권사기가 대표당사자소송에 적합하다는 것을 의미하지는 않는다. 경우에 따라 특정한 사건에서는 증권사기를 원인으로 한 대표당사자소송이 비효율적이거나 불공정한 사례도 있을 수 있다.

이하에서는 증권사기를 둘러싼 대표당사자소송절차에 대해 살펴보기로 한다. 주로 증권거래법(the Securities Exchange Act of 1934, 10(b) U.S.C. §78(a)) 및 증권거래수임료규칙(the Securities and Exchange Commission Rule 10b-5)을 중심으로 살펴보기로 한다.

---

213) Thiessen v, General Electric Capital Corp., 267 F.3d 1095 (10th cir, 2001); Apsley v. Boeing Co., 2007 WL 3231526 (D.Kan. Oct 30, 2007).

Ⅱ. 증권거래수임료규칙(제10(b)-5 소송요건)

1. 서 설

증권사기를 원인으로 하여 손해배상을 구하는 대부분의 대표당사자소송은 증권거래법 제10조(b)와 증권거래수임료규칙 제10b-5에 의해 제기되고 있고, 연방규칙 제23조(b)(3) 유형, 즉 제4유형의 대표당사자소송으로 진행되고 있다. 증권거래수임료규칙 제10b-5는 어떤 사람이 재정과 관련하여 중요사실을 허위공시하거나 진실에 반하여 진술하지 않음으로서 존재하는 사실을 존재하지 않은 것처럼 허위로 가장하여 투자자들을 오도한 경우를 불법이라고 정의하고 있다. 증권거래법 제10조(b)와 증권거래수임료규칙 제10b-5에 의해 소송을 제기하고자 하는 원고는 피고가 재정사실에 대하여 허위진술이나 누락하였다는 사실을 주장하고 증명하여야 한다.

2. 신뢰 요건

대표당사자소송의 필요성에 대한 가장 많은 연구가 이루어진 증권법 관련 사건에서 가장 중요한 쟁점은 투자자의 신뢰 요건이라고 하겠다. 앞에서 살펴본 바와 같이 증권사기를 원인으로 한 대표당사자소송을 제기하기 위해서는 증권거래법 제10조(b)와 증권거래수임료규칙 제 10b-5에 규정된 신뢰 요건을 갖추어야 한다. 반면에 다른 증권관련법령에서는 이러한 신뢰를 요건으로 하고 있지 아니하다. 증권사기사건에서 허위공시 또는 공시누락에 대한 투자자들의 개별적 신뢰여부는 대표당사자소송에서 단체의 인증에 반드시 필요한 요건이라 하겠다. 투자자들의 신뢰의 문제는 각 구성원에게 개별적인 문제이기 때문에 법원으로서는 이러한 개인적 쟁점들이 대표당사자소송에서의 공통성 쟁점에 우선한다고 보아 종종 대표당사자소송의 단체를 인정하지 않는 근거로 삼기도 한다. 즉 신뢰의 문제가 특정 구성원에게만 해당되는 것으로 증명된 경우에는 대표당사자소송을 제기할 이유가 없다는 것이다. 이러한 개인적 신뢰 문제는 피고의 허위공시나 공시누락 등이 투자자들이 주식 매매를 결정하게 되는 원인으로 작용하여야 하는 인과관계가 인정되어야 한다.

법원은 개인의 신뢰 관계를 확인할 수 있는 세 가지 잠재적 방법, 즉 첫째, 소위 주식시장에서의 사기이론(the fraud-on-the-market theory), 둘째, 소위 공시누락에 대한 신뢰 추정(The Affiliated Ute Presumption), 셋째, 소위 시장에서 창조된 사기이론(the fraud-created-the-market theory)을 정립하였다. 특정 사건이 이러한 범주 중 어느 하나에 해당될 경우, 대표당사자소송에서의 확인을 방해하는 주요한 장애물이 제거된다는 것이다. 그렇지 않으면 단체의 구성원들은 개별적 신뢰로 인한 투자였음을 증명하여야 하고, 그러한 신뢰 요건이 증명되지 않으면 법원은 대표당사자소송으로서의 단체인증인을 거부하게 된다.

3. 이론에 대한 검토

가. 주식시장에서의 사기이론(the fraud-on-the-market theory)

소위 주식시장에서의 사기이론은 기업이 재정상태에 대한 정보를 정직하게 공개하지 않을 경우 주식 가격에 대한 인위적 조작이 이루어질 수 있다는 이론이다. 예를 들어 앞에서 살펴본 제약회사 사례의 경우 회사에서 신약의 부작용을 공시하지 않고 있는 동안에 형성된 그 회사의 주식은 인위적으로 상향평가되어 있으며, 정보가 공개되는 순간 주식가격은 하락하게 되고, 그렇게 하락된 가격이 그 회사의 정당한 평가금액이라는 것이다.

이러한 주식시장에서의 사기이론은 연방대법원의 Basic 판결[214]로 채택되었다. 즉 투자자 Basic은, 피고 회사가 합병 논의 중에 있음에도 불구하고 합병절차에 참여하고 있지 않다고 허위사실을 공시함으로써 자신이 보유하고 있던 주식을 낮은 가격으로 처분케 하여 다른 회사로 하여금 그 주식을 인수하도록 함으로써 나중에 주식가격이 상승함에 따라 그 차액 상당의 손해를 보았다며 증권거래수임료규칙 제10b-5에 근거하여 대표당사자소송을 제기하면서 위 이론을 주장하였다. 연방대법원은 원고의 위와 같은 주장에 대하여 각 구성원들이 진행 중인 대표당사자소송에서 개인별 신뢰 요건의 충족을 요구하는 것은 그 구성원들로 하여금 대표당사자소송을 제기하지 못하도록 방해하는 것으로 부당하다고 하였다. 즉 신뢰 요건 충족 여부를 심사함이 없이 위 이론에 의해 증권사기사건을 대표당사자소송으로 인정하였던 것이다. 연방대법원은 주식시장에서의 사기 주장은 개인별 신뢰의 판단을 생략하는 수단으로 이용될 수 있다고 보았다. 연방대법원의 판례

214) Basic Inc. v. Levinson, 485 U.S. 224 (1988); Ballan v. Upjohn Co., 814 F.Supp. 1375, 61 USLW 2500, Fed. Sec. L. Rep. P 97,319 (W.D.Mich. Dec 30, 1992).

취지에 의하면, 회사의 허위공시나 공시누락으로 인하여 고평가 또는 저평가된 가격으로 주식을 처분할 경우에는 그 가격에 대한 개인별 신뢰를 추정할 수 있게 된다. 그러나 이러한 추정도 일정한 다른 요건을 함께 갖추었을 경우에 인정된다고 하겠다.

그러한 특정한 요건 중 가장 중요한 것으로는 주식시장이 효율적이어야 한다는 것이다. 뉴욕증권거래소처럼 다량의 주식이 거래되는 주식시장이라면 그러한 자격을 충분히 갖추었다고 볼 수 있다. 낮은 가격으로만 팔리거나 주요증권거래소에서 거래되지 않는 주식만 거래되는 증권거래소에서의 주식매매인 경우에는 일반적으로 그러한 자격이 주어지지 않을 수도 있다. Basic 사건의 경우 하급심법원은 뉴욕증권거래소에서 주식이 거래되었다면 효율적인 시장에서 거래된 것으로 추정된다고 하였고, 연방대법원은 이를 그대로 인정하였다.

그러나 Basic 판결의 경우에도 효율적으로 거래되는 주식으로부터 야기되는 신뢰의 추정에 대하여는 반론의 제기가 가능하다. 연방대법원이 지적하고 있는 바와 같이 허위공시와 원고에 의해 제시된 가격이나 공정한 시장가격으로 구매하겠다는 결정 사이의 연결을 차단하는 어떠한 요인이 있다면 신뢰의 추정을 번복하는 반증이 가능하다고 하였다. 그러한 추정 차단 방법으로는 첫째, 자신들의 계정으로 특정한 증권을 사고 파는 거래상인 시장 조성자(the market maker)가 허위공시사실을 알고 있는 경우(위 예에서 합병 계획을 알고 있는 경우), 둘째, 사기거래 시점에 합병 논의 사실이 공개되어 투자자가 알게 되는 소위 시장에서의 진실(truth-on-the-market) 상황이 전개된 경우, 셋째, 회사가 합병 논의 중인 사실과 관련하여 허위공시한 것을 알았거나 믿었음에도 불구하고 합병과 상관없는 다른 원인으로 증권을 거래한 경우 등을 들 수 있을 것이다. 그런 경우라면 주식을 거래한 사람이 허위공시를 신뢰하였다고 볼 수 없을 것이다.

법원은 주식이 효율적인 시장에서 거래되었는지 여부를 평가함에 있어 여러 가지 다양한 요소를 참조하고 있다. 그러한 평가요소로는 주간 평균 거래량, 주식거래에 대한 투자분석가 수, 그 회사의 시가 총액, 주요 언론사들의 주식동향 뉴스와 주가에 미친 영향 사이의 상관관계 등이 고려될 수 있을 것이다. 법원으로서는 효율적 시장에서 주식거래가 이루어졌는지 여부를 평가하기 위해서는 단순히 주장에 의존할 것이 아니라 관할권 분쟁해결이나 예비적 금지명령을 얻어내기 위해 필요한 것과 유사한 증거기준을 적용하여 세심한 증거분석을 하여야 한다.[215]

연방대법원이 Basic 판결을 통해 수립한 한 가지 원칙은 1934년의 증권거래법에 근거하여 배상계획이론(the scheme liability theory), 즉 투자자들이 제3자를 상대로 소송사기를 이유로 소송을 제기할 수 있다는 위 이론이 유효한지 여부에 관한 것이었다.[216] 투자자들은 1934년의 증권거래법 제10조(b) 및 증권거래수임료규칙 제10b-5에 근거하여 투자자들이 투자의 근거로 삼고 있는 재무제표를 더욱 과장되게 부풀려 보도한 케이블 텔레비전 운영자 및 판매업체들을 상대로 대표당사자소송을 제기하였다. 연방대법원은 판매회사와 고객들은 공개할 의무를 지지 않는다고 보았다. 또한 피고들도 자신들의 기망행위를 공개적으로 한 바가 없기 때문에 투자자들이 피고들의 그러한 기망행위를 신뢰하였다고 볼 수 없다고 하였다. 공개적인 공시가 없음에도 불구하고 원고들은 피고들의 행위가 자신들이 판단을 오도하여 투자케 하였고, Basic 판결의 신뢰의 추정을 유발하였다고 주장하였다. 연방대법원은 원고들의 그러한 주장을 배척하면서, 잘못된 재무제표를 단독으로 보도한 케이블방송사는 아무런 책임이 없다고 판결하였다.

나. 소위 공시누락에 대한 신뢰 추정(The Affiliated Ute Presumption)

원고가 증권사기사건에서 개별적으로 신뢰의 증명을 하지 않아도 되는 두 번째 방법은 피고가 진실에 반하여 중요한 사실관계를 명백하게 허위진술함으로써 중요한 사실관계에 대한 공시를 잘못하였다고 원고가 주장하는 경우이다. 중요한 공시사항을 누락시킨 경우에도 개별적 신뢰에 대한 증명책임이 면제된다. 이 원칙은 연방대법원의 Affiliated Ute Citizens 판결[217]로 수립되었다. 연방대법원은, 허위공시에 신뢰를 보인 것과는 반대로 공시를 누락한 경우 투자자들이 그러한 누락을 신뢰하였다는 것을 증명한다는 것은 사실상 불가능에 가깝기 때문에 개인별 자료에 근거하여 신뢰에 대한 증명책임의 예외를 인정할 수밖에 없다는 것이다.

공시의 누락만을 주장하면서 증권사기를 원인으로 하여 대표당사자소송을 제기

---

215) Unger v. Amedisys, Inc., 401 F.3d 316 (5th Cir. 2005).

216) Stoneridge Investment Partners LLC v. Scientific-Atlanta Inc., 552 U.S. 148 (2008); S.E.C. v. Bolla, 550 F.Supp.2d 54, Fed. Sec. L. Rep. P 94,718, 70 Fed.R.Serv.3d 704 (D.D.C. May 06, 2008).

217) Affiliated Ute Citizens v. United States, 406 U.S. 128 (1972); State v. Marsh & McLennan Companies, Inc., 353 Or. 1, 292 P.3d 525, Blue Sky L. Rep. P 75,015 (Or. Dec 13, 2012).

한 경우 명백하게 소위 the Affliate Ute Presumption(공시누락에 대한 신뢰 추정)원칙에 의해 증명책임의 예외가 인정되지만, 심리한 결과 허위공시와 공시누락이 함께 포함되어 있는 경우 위 원칙을 그대로 적용하여도 되는가 여부인데, 이에 대하여는 법원의 견해가 나누어져 있다. 일부 법원은 증권거래수임료규칙 제10b-5를 근거로 제기된 사건 중에서 오직 공시누락의 경우에만 위 원칙을 적용할 수 있다는 입장을 취하고 있는 반면, 다른 법원은 허위공시와 공시누락 모두 해당되는 경우에도 공시누락이 주를 이룰 때는 위 원칙을 적용하여 개인별 신뢰에 대한 증명책임이 면제된다는 입장을 취하고 있다.

다. 소위 기망적 시장창조이론(Fraud-Created-the-Market Theory)

소위 기망적 시장창조이론(Fraud-Created-the-Market Theory)이라고 알려진 신뢰 증명 예외는 주식시장에서 팔 수 없는 것으로 알려진 증권을 시장에 내다 팔기 위해 피고가 음모를 꾸며 시장을 창조하였다고 원고가 주장하는 경우에 원고가 개인별 신뢰에 대한 증명책임을 지지 않는다는 이론을 말한다.

이러한 기망적 시장창조이론(fraud-created-the-market)은 이러한 사기가 만연되어 있어서 개방되고 발전된 주식시장에서는 증권을 전혀 거래할 수 없는 경우에만 아주 좁게 적용되고 있다. 이러한 이론은, 예를 들어 회사 자체가 사기의 일부분이 되고 회사의 가치가 전혀 없거나, 신설된 회사의 경우 회사가 증권사기 계획의 일부가 되어 아무런 가치가 없는 창업회사에서 발행한 주식을 위한 재무제표가 제공된 경우 등에 적용되는 이론이다. 이러한 이론을 주장하여 증명책임의 예외를 인정받고자 하는 원고는 기본적으로 위 회사의 사업이 아무런 가치가 없음을 증명하여야 한다. 단순히 나쁜 거래라고만 주장하면서 주식을 매입하는 것으로는 충분하지 않다. 한편 일부 법원은 소외 기망적 시장창조이론(fraud-created-the-market)의 적용을 배척하였다.[218)]

4. 제로 가격 변동률

일부 법원은 사기라고 주장된 허위공시가 주식 가격에 변동을 주지 못한 경우에는 법적인 문제로서 중요하지 않다고 판시하였다.[219)] 반면에 일부법원은 그러

218) Malack v. BDO Seidman , LLP, 617 F.3d 743, 756 (3d Cir. 2010).
219) Oran v. Stafford, 226 F.3d 275 (3d Cir. 2000); S.E.C. v. Conaway, 698 F.Supp.2d 771,

한 견해를 배척하며, 중요하다고 판시하기도 하였다.220) 즉 허위공시에도 불구하고 주식가격이 변동되지 않았다면 투자자에게 특별한 손해가 없다는 것이다.

5. 허위공시 또는 공시누락의 성숙도

Basic 판결은 증권거래수임료규칙 제10b-5의 중요한 요건은 광범위한 소송에서 주장되어질 수 있는 기준을 제공받아 평가하여야 한다고 밝히고 있다. 연방대법원은 증권거래수임료규칙 제10b-5 사건에서 허위공시되거나 공시누락된 정보는 누락된 정보가 공개되었을 경우 그 정보에 다른 유용한 정보를 종합하여 합리적인 투자자라면 투자방향을 바꿀 수 있을 정도의 정보여야 한다고 밝히고 있다. 이러한 조사는 객관적으로 이루어지면 되기 때문에 각 구성원들을 분리하여 조사할 필요는 없다.

법원들은 허위공시나 공시누락이 법적 문제로서 중요하지 않다고 주장할 경우 이를 평가하기 위한 광범위한 기초자료로 여러 가지 원칙들을 발전시켜 왔다. 예를 들면, 소위 허풍이라고 알려져 있는, 지나치게 긍정적이고 낙관적인 공시가 이루어진 경우 그러한 공시가 애매모호하기 때문에 합리적인 투자자라면 결코 그러한 허풍을 믿지 않을 것으로 인정되는 경우에는 이를 신뢰하였다고 하더라도 보호해 주지 않는다. 또 다른 예로는 소위 주의 표시 원칙(bespeaks caution doctrine)으로 구두나 서면에 의한 의견교환을 수반하는 경고성 공시가 포함되어 있는 경우이다. 그러한 경고가 수반된 공시는 공시누락이나 허위공시가 법적 문제로서 중요하지 않음을 주장할 수 있게 만든다. 예를 들면 미래에 대한 장밋빛 청사진을 제공하면서도 미래가 불확실하다거나 특정 기간의 수입이 낮을 가능성이 있다는 등의 경고성 공시가 함께 행해졌다면 그러한 장밋빛 청사진을 믿은 투자자의 신뢰를 인정해 줄 수 없다는 것이다.

연방대법원은 Basic 판결에 기초하여, 부정적 사건 보고서의 중요성을 결정하는데 명료화 시험(bright-light test) 방법의 사용을 배척하였다.221) 위 Matrixx Initiatives 판결에서 문제가 되었던 점은, 제약회사인 피고가 감기약을 복용하면

Fed. Sec. L. Rep. P 95,580 (E.D.Mich. Jan 20, 2010).

220) Trust Fund v. American W. Holding Corp., 320 F.3d 920 (9th Cir. 2003); Glenbrook Capital Ltd. Partnership v. Kuo, 2009 WL 839289, Fed. Sec. L. Rep. P 95,109 (N.D.Cal. Mar 30, 2009).

221) Matrixx Initiatives, Inc. v. Siracusano, 133 S. Ct. 1309 (2011).

냄새를 맡지 못하게 될지도 모른다는 사실을 공시하지 않음으로써 투자자들을 오도하였음을 이유로 원고가 증권거래법 제10조(b) 및 증권거래수임료규칙 제10b-5에 의해 증권사기 대표당사자소송을 제기하면서 손해배상을 청구할 수 있는지 여부였다. 피고 Matrixx는 보고서가 부작용이 발생한 중요한 통계적 수치를 공시하지 않았을 뿐이기 때문에 원고가 이를 두고 중요한 허위공시라고 주장할 수 없다고 항변하였다. 이에 대해 연방법원은 감기약으로 인해 발생하는 건강 부작용을 보여주는 중요한 통계자료를 제약회사가 공시하지 않은 것은 대표당사자소송을 제기한 투자자로 하여금 그러한 자료를 중요시하지 않게 한다고 볼 수 없다고 하였다. 결국 쟁점은 명확한 사실관계에 있다고 하겠는데, 연방대법원은 보고서가 중요한 통계자료를 제공하고 있지 않았다면 합리적 투자자로서는 그러한 부작용에 관한 보고서를 검토하여 투자를 판단할 것인데 보고서에서의 부작용 통계 누락은 투자에 인과관계가 있다고 판시하였다.

연방대법원은 증권사기와 관련하여 소위 주식시장에서의 사기이론(Fraud-on-the-Market)에 근거하여 원고들이 단체인증을 얻기 전에 그 중요성을 증명해야 하는가에 대해 견해가 나누어져 있던 연방항소법원의 갈등을 해결하였다.[222)]

6. 인과관계

연방대법원은 증권사기를 주장하는 투자자는 고의적인 사기로 인해 실재로 손실이 발생했다는 주장을 증명해야 한다고 하였다.[223)] 다시 말해 투자자가 단순히 주식가격이 상향평가되었다고 주장하는 것만으로는 충분하지 않다는 것이다.

이와 관련하여 연방대법원은 논리적 문제로 주식거래가 발생한 순간 원고는 손해가 없기 때문에 고통을 받을 일이 없고, 높은 가격에 산 투자자는 그 가격대의 가치인 주식을 소유하게 된다고 밝혔다. 높은 가격의 주식 매입과 그 이후의 경제적 손실 사이에도 논리적으로 볼 때 상당한 인과관계가 없다는 것이다. 주식은 나중에 매도할 것을 전제로 매수하게 된다. 관련사실이 누출되기 전에 구매자가 그 주식을 팔게 되면 그러한 허위공시는 주식 매매와 관련하여 아무런 손실을 야기하지 않는다. 주식 매수자가 허위사실이 시장에서 허위로 밝혀진 이후에 매

222) Plans and Funds v. Amgen, 660 F.3d 1170 (9th Cir. 2011).
223) Dura Pharm., Inc v. Broudo, 544 U.S. 336 (2005); Ong ex rel. Ong v. Sears, Roebuck & Co., 459 F.Supp.2d 729 (N.D.Ill. Oct 18, 2006).

도한다는 것은 이후 매도과정에서 손실을 입게 된다는 것을 의미한다. 그러나 이런 결과는 필연적인 것은 아니다. 주식 매수자는 그 후에 더 낮은 가격으로 주식을 전매할 수도 있는데, 그러한 낮은 가격은 앞서의 허위공시 때문만이 아니라 변화된 경제 환경, 변화된 투자자의 기대심리, 새로운 산업, 또는 기업고유의 특수한 사실관계, 거래 조건, 다른 사정들이 개별적 또는 복합적으로 영향을 미쳐 책정된 시장가격일 수도 있다. 다른 요소들도 마찬가지이기 때문에 구매와 판매 사이의 간격이 길면 길수록 그러한 경향은 더욱 크게 되고, 다른 요소들이 그 손해의 더욱 큰 원인이 되기도 한다.

손실원인에 관한 문제는 원고가 대표당사자소송의 조건으로 손실원인을 증명해야 하느냐 여부이다. 제5연방항소법원의 판결을 뒤집으면서, 만장일치로 손실 원인에 대한 증명은 단체 확인 단계에서는 필요하지 않다고 판시하였다.[224] 법원은 자립 증명은 단체인증의 한 요소로 추론해 손실 인과 관계가 없다고 했다. 연방대법원은 신뢰에 대한 증명은 대표당사자소송의 단체인증 단계에서 필요한 요건이지만, 손실의 원인은 그렇지 않다고 판시하였다. Basic 판결의 취지에 따르면 믿을만한 신뢰의 전제가 자주 충족된다는 것이다. 연방대법원의 입장에 의하면, 이후에 발생하는 손실은 허위공시 때문이라기보다는 다른 요인에 의해 발생하는 경우가 많다는 사실은 소위 주식시장에서의 사기이론(Fraud-on-the-Market)에 비쳐볼 때도 투자자가 첫 번째의 허위공시를 믿었는지 여부와는 별 상관이 없다고 한다.

Ⅲ. 국제증권시장

연방대법원은 Morrison 판결[225]을 통해, 1934년에 제정된 증권거래법(The Securities Exchange Act of 1934)을 국제 간 증권거래에 적용할 수 있느냐에 대해 입장을 밝혔다. 위 사건은 외국인 민간투자자가 National Australia Bank를 상대로 하여 추정적 대표당사자소송을 제기하면서, 외국인거래에서 증권사기가 있었다고 주장한 사건이었다. 이에 대해 제2연방항소법원은, 의회의 명확한

224) Erica P. John Fund, Inc. v. Halliburton Col., 131 S. Ct. 2179 (2011); Funeral Consumers Alliance, Inc. v. Service Corp. Intern., 695 F.3d 330, 2012-2 Trade Cases P 78,048, 83 Fed.R.Serv.3d 890 (5th Cir.(Tex.) Sep 13, 2012).

225) Morrison v. National Australia Bank Ltd., 130 S. Ct. 2869 (2010); U.S. S.E.C. v. Chicago Convention Center, LLC, 961 F.Supp.2d 905, Fed. Sec. L. Rep. P 97,594 (N.D.Ill. Aug 06, 2013).

의도를 알지 못한 상태에서, 소위 F-cubed 사건(외국 증권거래소에서 외국인 원고가 외국인 발행인을 상대로 하여 미국증권법에 의해 미국법원에 제기한 소송)을 해결하기 위하여 미국법령의 영토외 적용을 인정할 것인가를 결정하기 위하여 "행위와 효과 실험(conduct-and-effects)"이라는 공식을 확립하였다. 이러한 실험은 거의 40년 간 다른 연방항소법원에 의해 채택되어 왔다. 그러나 연방대법원은 미국의 증권거래법의 영토외 적용을 부정하였다. 연방대법원은 만장일치로 증권거래법의 반사기 조항은 외국 증권거래소에서 거래된 증권과 관련된 부정한 행위를 원인으로 하여 외국인 피고에게 외국인 원고가 소송을 제기하는 경우에 적용되는 사적 권리가 아니라고 판시하였다.

Ⅳ. 관련법 개정

1. 사적증권소송개혁법(1995)[226]

증권관련 대표당사자소송은 수많은 증권사기 관련 법률에 의해 쉽게 인정이 되어 왔다. 이에 대해 비판적 견해를 가진 이들은 수많은 소송이 별다른 이익이 없는 데도 진행되어 왔고, 당사자가 대규모인 판결은 별로 중요하지 않은 사건인데도 불구하고 기업으로 하여금 엄청난 규모의 금액으로 화해할 것을 강요하게 되어 기업과 주주들에게 많은 피해를 주고 있다고 비판하였다. 비판자들은 원고 소송대리인들이 그러한 소송으로 인해 받게 되는 수임료도 너무 거액이라고 비판하였다. 반면에 이러한 소송을 지지하는 이들은 이러한 소송을 통해 기업의 부당한 행위에 대한 유효한 통제기능을 수행하고 부정한 행위에 의해 피해를 입은 주주들에게 손해를 보상해 주는 등의 순기능이 있다고 옹호한다.

이러한 소송에 비판적 입장을 취한 사람들은 의회가 증권사기소송에 관하여 관심을 갖도록 설득하였다. 대규모 공청회를 거친 후 의회는 1995년에 사적증권소송개혁법을 제정하였다. 위 개혁법은 연방증권사기소송을 규율하기 위하여 연방규칙 제23조의 요건에 더하여 새로운 요건들을 추가하였는바, 증권관련 대표당사자소송을 위해서는 위 요건을 반드시 충족하여야 한다.

위 사적증권소송개혁법에는, 첫째, 대표당사자소송의 대표당사자가 되고자 하는 자는 자신이 소장을 읽었음과 소장제출을 승인하였음을 확인하여야 하고, 소

226) Private Securities Litigation Reform Act of 1995

송대리인의 지시 또는 소송참가를 위한 목적으로 쟁점이 되고 있는 주식을 한 주도 구입한 바 없으며, 대표당사자로서 기꺼이 봉사할 것과, 재판에서 증인이 될 것과, 공탁금을 납부할 수 있음을 선서한 확인서를 제출하여야 한다. 원고가 선서한 확인서에는 단체 소송 중 원고의 증권거래에 관한 모든 내용이 진술되어 있어야 하고, 원고가 지난 3년 동안 연방증권관련소송을 진행한 사실이 있는지를 밝혀야 한다. 또한 원고는 법원으로부터 승인된 것, 예를 들어 원고가 소송에 전념함으로써 입게 되는 급여 상당의 손해금 이외에는 추가로 어떠한 대가도 받지 않겠음을 약속하여야 한다.

둘째, 사적증권소송개혁법은, 원고의 소송대리인으로 하여금 증권사기 대표당사자소송이 제기된 후 20일 이내에 넓은 보급망을 가지고 있는 신문을 통해 잠재적 당사자들의 소송을 자문하고, 손해배상청구가 제기된 사실, 잠재적인 구성원들의 주식 매입 관련 기간 등을 공지하여야 한다. 이러한 공고에는 공고 후 60일 이내에 소송을 진행하는 원고 대표당사자로서 관할법원을 옮길지도 모른다는 사실이 포함되어 있어야 한다. 그때 법원은 해당 원고가 구성원 또는 원고 단체의 구성원으로 삼고자 하는 자들의 이익을 위하여 최선의 대표권행사를 할 수 있을 것인가에 대하여 심사한 후 그 적합성이 인정될 때 대표당사자로 선임하여야 한다. 또한 법원은 대표당사자를 선출함에 있어 대표당사자소송을 통해 가장 큰 경제적 이해관계를 가지고 있는 개인이나 단체를 적합한 원고로 선출될 수 있도록 반론이 가능한 추정의 근거들을 적용하여야 한다. 일부 법원은 집중적으로 봉사할 수 있도록 관련이 없는 투자자 단체를 소송수행자로 선정하기도 하지만 일부 다른 법원은 그러한 접근방법을 거부하기도 한다. 위 사적증권소송개혁법에서 원고소송수행자로 선임된 개인은 소송대리인을 선임하고 법원으로부터 승인을 얻어야 한다.

셋째, 법원은 원고들에게 실질적으로 지급될 손해액과 미리 계산된 이자의 합계액에서 합리적인 일정 비율을 초과하는 변호사 수임료를 지급해서는 아니 된다. 넷째, 증권사기소송에서 법원은 어느 당사자나 소송대리인이 연방규칙 제11조(b)를 위반하였는지 여부에 관하여 소장의 결론부분에서 밝혀야 한다. 왜냐하면 동 조항이 법원에 제출되는 문서에 서명하는 소송대리인에게 해당 소송이 현존하는 법과 신의성실의 원칙에 부합하다는 사실에 대해 확인해야 할 책임을 부여하고 있기 때문이다. 만일 소송대리인이 연방규칙 제11조를 위반하였다면, 법원으로서는 소송대리인의 수임료와 소송비용을 결정할 때 이를 참작하여야 한다. 다섯째, 초기에 화해를 강요할 목적으로 고의로 부담이 되는 사전증거조사의 이용을 차단하기 위하여, 사적증권소송개혁법은 어떠한 각하신청서가 제출된 경우에는 자동적으로 사전증거조사를 정지하도록 하고 있다. 다만 증거보전을 위하거나 당사자에게 부당한 불이익이 가는 것을 막기 위해서는 그 경우에도 예외적으로 사전증거조사가 허용된다. 여섯째, 사적증권소송개혁법은 대표당사자소송에서의 화해는 일반적으로 선의로 여겨지거나, 그 선의가 어느 당사자에게 직접적이고 본질적인 해가 되는 것으로 여겨지는 경우를 제외하고는 인정되어서는 안 된다고 하고 있다. 나아가 구성원에게 배포되어 있는 화해안이 제출된 경우에는, 법원이 요구하는 요건 이외에도, 구성원들에게 배당되도록 제안된 화해금액에 대한 내용으로 개인에게 배당되는 금액과 모든 구성원에 대한 총액, 즉 당사자들이 손해배상받을 것을 동의한다면 그 사건에서 나오게 될 잠재적인 금액이나 반대로 동의하지 않을 경우 그 쟁점에 관한 각 당사자들의 주장 등이 화해 내용에 포함되어 있어야 한다. 또한 변호사의 소송수임료 및 그 소송수임료에 대한 변호사의 의견, 변호사의 성명, 그러한 문제에 대해 대표소송대리인으로서 답변할 자격이 있는지 등에 관한 계약 내용 등이 포함되어야 한다. 일곱째, 사적증권소송개혁법은 동법 제15조가 적용되는 증권사기사건에 대해 피고의 심리상태에 대하여 높은 수준의 변론 기준을 강제하고 있다. 연방대법원은 Tellabs 판결[227]을 통해, 변론 중 주장되는 사실로 피고의 심리상태, 즉 고의성에 대한 강한 추론이 가능하려면, 단순히 그러한 주장이 합리적이라거나 허용될 만한 수준이라는 것보다는 훨씬 더 높아야 하고, 기대치에 비추어 보아도 훨씬 높은 수준의 설득력이 있거나, 압도적이거나, 강력해야 한다고 판시하였다.

2. 개정미국연방제선거법

사적증권소송개혁법이 제정된 몇 년 후 증권사기 관련소송이 급격하게 증가하였다. 수많은 소송이 연방법원보다는 주법원의 관할 하에 진행되었는데, 이는 위법이 제정된 이후 대부분의 경우 연방법원보다 주법원이 증권사기 관련 소송에

---

227) Tellabs, Inc. v. Maker Issues & Rights, Ltd., 551 U.S. 308 (2007); Plumbers and Pipefitters Local Union No. 630 Pension-Annuity Trust Fund v. Allscripts-Misys Healthcare Solutions, Inc., 778 F.Supp.2d 858 (N.D.Ill. Mar 08, 2011).

대해 대표당사자소송을 폭넓게 인정하였기 때문이다. 이렇게 주법원으로 사건이 이동되는 추세를 막기 위하여, 의회는 증권소송통일기준법(the Securities Litigation Uniform Standards Act of 1998, SLUSA)을 1998년에 제정하였다. 동법은 대부분의 증권사기 관련 소송에 대해 연방법원에 배타적 관할권을 인정하는 한편 연방법을 적용하도록 하였다.[228] 결과적으로 증권사기 관련 대표당사자소송은 사적증권소송개혁법과 연방규칙 제23조가 광범위하게 적용될 것이다.

제10절 항소심사

제1장 서 론

앞에서 살펴본 바와 같이 단체의 인증은 대표당사자소송에서 그 무엇보다 중요하다. 소송당사자는 단체가 인증되거나 인증되지 않으면 즉각적으로 항소할 수 있다. 즉각적으로 항소하지 않으면 단체인증이 된 피고는 화해에 응해야 할 것 같은 심리적 부담을 느끼게 되고, 단체인증이 거부된 대표당사자 및 다른 구성원들은 대표당사자소송을 포기하는 경향을 보인다. 단체인증 판결 후 소송을 속행하고자 하는 원고들과 피고들은 항소심에서 단체인증에 대한 재심사기간 동안 기다려야 하는 것에 대하여 상당한 비효율성을 느끼게 된다. 만약 단체인증이 되었을 때 피고가 즉각적으로 항소하지 아니하면, 항소법원이 그 제1심법원에서 단체가 타당하다는 것을 확인하기 전에 그 대표당사자소송이 제1심법원에서 그대로 재판절차가 진행된다는 것을 의미한다. 만약 항소법원이 제1심법원의 단체인증이 부적절하다고 판단하게 되면, 제1심법원에서 한 본안에 대한 재판이 쓸모없게 되고 만다. 마찬가지로 만일 제1심법원에서 단체인증이 거부되면, 당사자들은 단체

228) Merrill Lynch Pierce, Fenner & Smith Inc. v. Dabit, 547 U.S. 71 (2006); Madden v. Cowen & Co., 576 F.3d 957, 09 Cal. Daily Op. Serv. 10,074, 2009 Daily Journal D.A.R. 11,696 (9th Cir.(Cal.) Aug 07, 2009).

불인증 결정에 대한 항소법원에서의 재검토결정이 내려질 때까지 기다려야 한다. 이때 만약 항소법원이 제1심 결정을 뒤집고 단체를 인증하게 되면, 제1심법원이 그 동안 대표당사자소송 대신 개인들이 제기한 소송에 대해 심리한 것이 쓸모없게 된다. 이러한 문제점 때문에 소송당사자들은 단체인증결정에 대한 즉각적인 재검토가 필요하기 때문에 여러 가지 다양한 방법들을 시도하고 있다. 1998년에 연방규칙 제23조는 제1심법원이 단체인증을 거부하거나 승인한 판결에 대해 항소법원이 중간판결할 수 있도록 개정되었다. 우리 소송법체계로 보면 당사자적격이 없다고 소 각하한 판결에 대해 항소심에서 당사자적격을 인정하여 원심법원에서 재판하도록 파기환송하거나, 반대로 당사자적격이 인정된 제1심판결에 대해 항소심에서 당사자적격이 없다고 소 각하하는 것과 비슷한 구조라고 하겠다.

연방규칙 제23조(f)는 이러한 다양한 방법들을 규정하고 있는데, 상당한 재량이 주어지고 있지만 엄격한 기한의 제한이 가해지고 있다. 따라서 중간확인판결에 대한 중간항소를 고려하는 소송대리인은 여전히 이러한 다른 잠재적 해결방법을 모색하게 된다. 이러한 방법들은 결국 연방규칙 제23조(f)가 제정된 역사적 입법취지를 고려해야 한다. 한편 연방규칙 제23조(f)는 연방규칙 제23조에 근거한 대표당사자사송의 확인이나 거부에 관한 법원의 판결에만 적용되기 때문에 단체의 통지명령과 같은 다른 판결에 대한 중간항소를 위해서는 이러한 다른 매카니즘이 적용될 수 없다. 이하에서는 대표당사자소송의 내용을 둘러싸고 발생하는 항소심에서의 다양한 문제들에 대하여 살펴보기로 한다.

제2장 단체불인증 판결에 대한 항소

28 U.S.C. §1291에 의하면, 연방항소법원은 연방지방법원의 대표당사자소송에 관한 모든 재판에 대한 항소심관할권을 가진다. 연방대법원은[229] 단체를 인증 또는 불인증하는 제1심법원의 결정은 28 U.S.C. §1291에 비추어 볼 때 최종적인 재판이라고 볼 수 없다고 하였다. 일종의 소송요건에 대한 중간판결로 보겠다는 것이다. 그러면서 권리의 문제에서 볼 때 항소할 수 없다고 하였다. 즉 연방대법

229) Cooper & Lybrand v. Liversay, 437 U.S. 463 (1978); Baldridge v. SBC Communications, Inc., 404 F.3d 930, 150 Lab.Cas. P 34,970, 10 Wage & Hour Cas.2d (BNA) 737 (5th Cir.(Tex.) Mar 28, 2005).

원은 이미 과거에 있었던 두 가지의 중요한 예외판결을 근거로 단체인증을 둘러싼 법원의 결정에 대하여는 항소할 수 없다고 하였다.

첫째, Cooper & Lybrand 사건에서 항소인은 Cohen[230] 판결을 인용하면서 위와 같은 법원의 판결[231]은 담보제공명령과 유사하다며 항소할 수 있다고 주장하였다. 즉 그러한 법원의 명령이 최종적으로 분쟁에 대한 해결방법이 되고 있는지, 또는 그 대표당사자소송의 본안과 완전히 분리된 중요한 쟁점을 단체인증단계에서 해결할 수 있는지, 최종판결에 대한 항소로서 효과적인 재검토가 이루어질 수 있는지 여부 등을 심리하여 최종판결이 아닌 인증결정에 대해서는 재심사할 수 있어야 한다고 주장하였다. 이에 대해 연방대법원은, 단체인증결정의 경우 설령 단체인증이 있더라도 제1심법원에 의해 변경될 수도 있기 때문에 이러한 기준들이 충족되었다고 볼 수 없고, 단체인증을 둘러싼 쟁점은 본안의 쟁점과 얽혀 있는 경우가 대부분이고, 단체의 인증결정은 항소심의 최종판결에 의해 재검토될 수 있다고 하였다.

또한 항소인은 Cooper & Lybrand 판결에서 두 번째 항소이유로 몇몇 연방항소법원에서 적용되어 온 소위 종말을 알리는 사건(death knell)의 예외에 해당한다고 주장하였다. 즉 소위 종말을 알리는 사건에 관한 원칙은 대표당사자소송에서 부재구성원들의 잠재적 청구가 경제적으로 타당하지 않은 사건에서 단체의 인증을 거부할 때 더 이상 소송을 진행할 필요가 없게 되는 것을 말한다. 연방대법원은 Cooper & Lybrand 판결에서, 소위 종말을 알리는 사건(death knell)의 예외를 신뢰할 수 없다면서, 그러한 것은 의회에 남겨진 입법정책의 문제이고, 피고가 아닌 원고만의 항소를 부추기는 것으로 공정하지 않다고 판시하였다.

제3장 구성원 개인의 청구와 단체인증

연방항소법원들은 추정적 단체의 구성원들이 자신들의 개인적 청구를 포기할 경우 원고들이 단체의 불인정 판결을 직접 항소할 수 있는가에 대하여 견해가 나

230) Cohen v. Beneficial Industrial Loan Corp., 337 U.S. 541 (1949); Warfle ex rel. Guffey v. Secretary of Health and Human Services, 92 Fed.Cl. 361 (Fed.Cl. Feb 19, 2010).

231) order은 명령으로 해석될 수 있으나, 우리 민사소송법이 소송요건에 대한 재판도 판결로 하고 있으므로 판결이라고 번역하기로 한다.

누어져 있다. 이에 대해서는 아직 연방대법원의 판례가 없는 상태이다. 이에 대해 일부 항소법원은 항소인들이 구성원 개인들의 청구를 보호하게 되지 못하였다고 하여 단편적인 재심사가 불가능하게 되었다고 볼 이유는 없다고 하여, 항소가 가능하다는 입장을 취하였다. 그러나 다른 항소법원들은 단체인증 신청을 거부하는 명령은 구성원 개인들의 권리를 보호하지 못한 대표당사자의 청구 속에 이미 포함되어 있다고 하여, 항소가 불가능하다는 입장을 취하고 있다. 이렇게 잠재적으로 본안에 대한 개인들의 청구가 상실되었기 때문에, 법원들은 단체가 인증된 본안에 대한 재심사는 단편적인 재심사에 대한 정책을 본질적으로 손상시키지 않는다고 보았다.

제4장 단체불인증과 항소

28 U.S.C. §1292(a)(1)은, 지방법원이 내린 허가, 속행, 변경, 금지명령의 거절 또는 취소, 금지명령 거절의 거절 또는 취소의 취소에 관해 항소법원이 중간판결할 수 있는 관할권이 있다고 규정하고 있다. 그러나 연방대법원은 Gardner[232) 판결을 통해, 단체인증을 부정한 법원의 판결에 대해 관할법원의 재심사 범위를 좁게 해석하였다. 연방대법원은, 원고들의 소장이 단체 전체의 구제를 위해 적절하였음에도 불구하고 단체인증을 부정하는 법원의 판결이 내려질 경우 그것은 피해구제를 전적으로 포기하라는 것이라기보다는 단지 그 범위를 제한하는 것으로 보아야 한다는 입장을 취하였다. 따라서 그러한 판결에 대해서는 위 법률조항에 의해 항소할 것은 아니라 하겠다.

제5장 단체인증과 항소

28 U.S.C. §1292(b)는 단체의 인증이 이루어진 경우 원칙적으로 항소를 허용하지 않되, 첫째, 법원의 인증판결이 법률문제를 다루고 있거나, 둘째, 판결에 대한 다른 견해가 상당한 근거가 있거나, 셋째, 그 명령에 대해 즉각적으로 항소

232) Gardner v. Westinghouse Broadcasting Co., 437 U.S. 478 (1978); McLaughlin v. Mississippi Power Co., 376 F.3d 344 (5th Cir.(Miss.) Jun 28, 2004).

하는 것이 그 소송의 종국적인 해결에 실질적인 도움이 된다고 보이는 경우 지방법원으로 하여금 항소를 위한 재심사를 허용하고 있다. 지방법원은 단체인증판결이 이러한 요건을 충족하고 있는지를 서면으로 작성하여야 하고, 항소신청서는 그 인증결정이 내려진 후 10일 이내에 작성되어야 한다. 만약 지방법원이 항소를 위한 사건의 확인을 거절하게 되면, 항소법원은 중간판결을 위한 또 다른 법적 근거가 존재하지 아니하는 한 그 사건에 대해 심리할 수 없다. 비록 그 지방법원이 28 U.S.C. §1292(b)에 근거하여 항소를 위한 판결에 대해 확인한다 하더라도 항소법원은 사건 표기의 혼잡을 포함하여 어떠한 이유로든 항소심을 배제하기 위하여 재심사하지 않을 재량권을 가지고 있다. 위 조항에 의해 단체인증을 승인한 판결[233]도 있고, 담배회사의 단체를 인증한 지방법원의 판결을 재심사하여 파기한 경우[234]도 있다. 그러나 대부분의 지방법원과 항소법원은 위 항소 조항을 적용하여 단체인증판결에 대한 재확인을 꺼려 왔다.

제6장 인증판결에 대한 직무집행영장

종합영장법(The All Writs Act)과 28 U.S.C, §1651은 특별한 경우에 연방법원이 직무집행영장을 발부할 수 있도록 하고 있다. 항소법원은 직무집행영장을 발부하여 지방법원의 부당한 권한행사를 막거나 시정할 수 있는 개입권과 관할권을 가지고 있다. 이러한 직무집행영장은 지방법원의 사법권 행사로 인해 사법상의 권리가 명백하게 침해되거나 회복할 수 없는 피해가 발생할 우려가 있는 경우 등에만 예외적으로 정당성이 인정된다. 소송당사자는 지방법원이 단체인증을 부정하거나 승인할 때 항소법원에게 개입권의 행사를 청원해 왔다. 당사자들의 이러한 노력은 대부분 성공하지 못하지만, 직무집행영장은 경우에 따라 단체인증을 위해 종종 허가되기도 한다.

제7연방항소법원은 Rhone-Poulenc 사건에서, 직무집행영장을 승인하여 지방법원이 행한 에이즈 감염 혈우병 환자들의 원고 단체인증을 취소하였다.[235] 위

---

233) Castano v. Am. Tobacco Co., 162 F.R.D. 112 (E.F.La, 1995).

234) Castano v. Am. Tobacco Co., 84 F.3d 734 (5th Cir. 1996); Collins v. Anthem Health Plans, Inc., 266 Conn. 12, 836 A.2d 1124 (Conn. Sep 30, 2003).

235) Rhone-Poulenc Rorer,Inc 51 F.3d 1293(7th Cir. 1995); Houseman v. U.S. Aviation Underwriters, 171 F.3d 1117, 43 Fed.R.Serv.3d 523 (7th Cir.(Wis.) Mar 29, 1999).

연방항소법원은, 피고들이 자신들을 전국적 규모의 판결에 노출시키는 것보다는 단체의 구성원들과 화해를 강요당한다고 보았기 때문에 단체인증판결을 종국판결에 따라 재심사하지 않을 것이라는 이유를 내세웠다. 법원은 피고들이 그 전에 있었던 13번의 개인별 소송에서 12번 승소했기 때문에 압력에 의한 화해를 맺을 수밖에 없어 힘들어 한다는 것을 알았다. 직무집행영장은 지방법원의 단체인증결정에 의해 관심을 받게 된 수정헌법 제7조 및 선택법에 의해 보장된다고 하겠다. 또한 제6연방항소법원은 음경삽입술로 인해 피해를 입었다며 전국적 규모의 대표당사자소송을 제기해 온 American Medical Systems 사건[236]에서 직무집행영장을 발부하여 단체인증을 파기하였다. 연방항소법원은 지방법원이 변론과정에서 연방규칙 제23조의 요건을 충족하였는지 여부에 대한 철저한 분석을 하지 못하였다는 이유로 직무집행영장을 발부하였다. 위 법원은 여러 가지 유형의 인공보조물이 관련되고, 구성원들의 성기능부전의 종류가 모두 다르고, 적용해야 할 법을 선택하는 것이 복잡한 상황에서 지방법원이 대표의 적정성을 인정할 수 있는 공통의 사실관계를 찾지 못했다며 그 직무집행영장 발부의 불가피성을 강조하였다. Rhone-Poulenc 판결과 American Medical Systems 판결에도 불구하고, 대부분의 법원은 단체인증 판결의 내용을 고려하여 직무집행영장의 발부에 신중을 기하고 있다.

제7장 연방규칙 제23조(f)에 의한 항소

Ⅰ. 의 의

앞에서 살펴본 바와 같이 1998년에 연방규칙 제23조(f)가 추가되기 전에는, 잠재적인 항소를 다루는 다양한 방법 때문에 당사자들이 단체인증판결에 대한 즉각적인 항소를 하는 데 많은 어려움이 있었다. 그러다 보니 항소를 망설이게 되어 제1심판결이 실질적으로 최종판결이 되고 마는 경우가 많았다. 개별적 소송비용을 감당할 수 없는 원고들은 단체인증이 부정되는 판결에 대한 즉각적인 재심사를 받지 못해 사건이 속행되는 불이익을 받기도 하였다. 같은 이유로 단체인증판

236) American Medical Systems, Inc., 75 F.3d 1069 (6th Cir. 1996); Craft v. Vanderbilt University, 174 F.R.D. 396 (M.D.Tenn. Nov 19, 1996).

결이 내려지면, 피고는 광범위하게 효력이 미치는 인증결정을 번복시킨다는 것이 쉽지 않기 때문에 소송으로 계속 나아가는 것을 불리하게 생각하여 차라리 화해를 하는 것이 낫겠다는 심리적 강요를 받게 된다.

이러한 문제를 해결하기 위하여 1998년에 연방규칙 제23조(f)가 추가되었다. 이제는 법원 결정 후 14일 이내에 항소법원에 항소허가신청서가 접수되면, 이 규칙에 의해 항소법원은 대표당사자소송의 단체를 인증하거나 불인증한 결정에 대해 항소를 허가할 수 있다. 이러한 항소가 있더라도 지방법원의 판사나 항소법원이 별도의 중지절차를 밟지 않는 한 지방법원에서의 재판절차는 중지되지 않는다. 연방규칙 제23조(f)는 특별한 규제나 제한을 두고 있지는 않다. 자문위원회 주석서도 연방대법원이 사건이송신청에 대해 재량권을 가지고 있는 것처럼 항소법원도 항소를 허용할 것인지 여부를 판단하는데 재량권을 가지고 있다고 밝히고 있다. 동 주석서는 연방법원이 항소를 인정할 것인지는 단체인증 결정이 실질적으로 그 소송의 방향을 결정짓거나, 단체인증이 새롭거나 해결되지 않은 법적 분쟁을 야기하는 것으로 보이는지 여부에 따라 결정하면 된다고 밝히고 있다. 제7연방항소법원은 사건의 종결단계에서 효과적인 사건의 처리가 쉽지 않을 근본적인 어려움이나 가능성이 클 경우에는 연방규칙 제23조(f)의 적용이 보다 더 필요하게 된다고 하였다.[237] 동시에 제7연방항소법원은 연방규칙 제23조(f)가 어떻게 적용될 것인가를 결정하기 위해 적용 목록을 작성하는 것은 불필요하다고 보았다.

그 동안 연방규칙 제23조(f)에 근거하여 상당히 중요한 항소심판결이 내려졌다. 항소법원들은 연방규칙 제23조(f)에 의한 재심사 허가를 위한 기준을 마련하는데 상당히 고심하였다. 항소법원들이 내리는 이러한 결정들은 약간씩 차이가 있기 때문에 연방규칙 제23조(f)에 근거하여 항소하고자 하는 당사자들은 각 연방항소법원들이 적용하는 법률에 대한 검토를 세심하게 할 필요가 있다.

예를 들어 제11연방항소법원은 연방규칙 제23조(f)에 의한 항소를 인정할 것인가와 관련하여 다섯 가지 기준을 마련하였다. 첫째, 지방법원의 판결이 원고나 피고를 위한 소위 종말을 고하는 사건(death knell)의 원칙이 적용될 만큼 소송의 방향을 결정하게 되는지 여부, 둘째, 지방법원의 판결이 본질적인 결함을 가지고 있는지 여부, 셋째, 항소가 그 자체로 중요할 뿐만 아니라 특정 소송에 중요한 미해결의 법적 문제를 해결할 수 있을 것인지 여부, 넷째, 사전증거조사의

237) Blair v. Equifax Check Servs., Inc., 181 F.3d 832, 835 (7th Cir. 1999); Gordon v. Microsoft Corp., 645 N.W.2d 393, 2002-2 Trade Cases P 73,730 (Minn. Jun 13, 2002).

상태, 관련신청사건의 소송계속, 문제가 해결되지 않은 채 지연된 시간 등과 같은 소송의 본질적인 문제 또는 진행상황, 다섯째, 화해 가능성, 당사자 중 파산자 발생, 단체인증판결의 수정 등과 같은 장래 발생할지도 모르는 상황 등으로 인해 즉각적인 항소 재심사가 적정한지 여부 등을 종합적으로 고려하여야 한다는 것이다.[238)]

연방항소법원들 사이에 견해가 나누어져 있는 것은, 판결의 정확성을 얼마나 신뢰할 수 있는가 이다. 몇몇 연방항소법원은 연방규칙 제23조(f)에 의한 재심사는 명백하게 잘못된 판결을 시정하는데 필요하다고 보고 있다. 반면에 일부 다른 연방항소법원은 심각하게 잘못된 판결이라고 하더라도 그 소송에 조종을 울리는 경우가 아니거나 재심사가 그 재심사를 통하지 않고서는 중요한 대표당사자소송의 법적 쟁점을 해결할 수 없는 경우가 아니라면 연방규칙 제23조(f) 적용대상으로 삼아서는 안 된다는 입장을 취하고 있다. 제9연방항소법원은 Chamberlan[239)] 판결을 통해 연방규칙 제23조(f)에 대해 명확한 기준을 제시하였다.

그런데 의회는 연방규칙 제23조(f)의 조문 내용이 이해하기 어렵게 불명확하게 표현된 것을 2007년 개정하여 그 의미를 명확하게 하였다. 즉 동 조항은 "항소법원은 지방법원이 대표당사자소송의 인증 또는 불인증을 결정한 후 14일 이내에 항소허가신청서를 항소법원에 제출한 경우에는 항소를 허가할 수 있다. 지방법원 또는 항소법원의 판사가 별도의 명령을 내리지 않는 한 지방법원에서의 절차는 정지되지 아니한다."라고 하여, 항소법원에 단체인증 또는 불인증 결정에 대한 심사권한이 있으며, 그러한 심사가 가능하려면 불복하는 당사자들이 인증 또는 불인증 결정 후 14일 이내에 항소허가신청서를 항소법원의 서기에게 접수시켜야 한다고 명확히 명시하였다. 나아가 지방법원 또는 항소법원의 판사가 별도의 명령을 내리지 않으면 지방법원에서의 본안에 대한 절차진행이 정지되지 않음을 명백히 하였다.

Ⅱ. 적용범위

연방규칙 제23조(f)는 단체를 인증 또는 불인증한 지방법원의 결정에 대해서만

238) Prado-Steiman v. Bush, 221 F.3d 1266, 1274-76 (11th Cir.2000); Gordon v. Microsoft Corp., 645 N.W.2d 393, 2002-2 Trade Cases P 73,730 (Minn. Jun 13, 2002).

239) Chamberlan v. Ford Motor Co., 402 F.3d 952 (9th Cir.2005).

적용된다. 자문위원회 주석서도 이 점을 분명히 하고 있다. 즉 연방규칙 제23조에 규정되어 있는 다른 명령에는 제23조(f)가 적용되지 않는다는 것이다. 따라서 단체 공지의 내용이나 범위에 관계되는 명령, 구성원 상호 간의 의견교환을 제한하는 명령, 사전증거조사를 금지하거나 허가하는 명령 같은 것들은 그것들이 단체 확인을 승인하거나 거절하는 명령과 어떻게든 연관이 되어 있지 않다면 연방규칙 제23조(f)의 재심사대상이 되지 않는다고 하겠다. 게다가 한 법원은 공정근로기준법(근로기준법, the Fair Labor Standard Act) 28 U.S.C. §216(b)가 적용되는 단체소송에는 연방규칙 제23조(f)가 적용되지 않는다고 하였다.[240]

Ⅲ. 지방법원의 심사

28 U.S.C. §1292(b)의 재심사와 달리, 연방규칙 제23조(f)에 의한 재심사에는 지방법원의 승인이 필요하지 않다. 그럼에도 불구하고 자문위원회 주석서는 지방법원으로서는 항소를 허용할 것인지를 결정하는데 참고가 될 수 있는 자료에 대해 설득력 있는 조언을 할 수 있다고 밝히고 있다. 또한 주석서는 이러한 지방법원의 조언은 단체인증이 불확실한 경우에 특별히 참고가 되며, 설령 그 단체인증이 확정적인 경우에도 단체인증에 대한 항소심이 그 쟁점에 초점을 맞춰 심리하도록 하거나, 결과가 기대에 미치지 못한 당사자들이 연방규칙 제23조(f)의 재심사를 무리하게 찾지 않도록 설득하는데 도움을 준다고 밝히고 있다.

Ⅳ. 제소와 응소 시기

연방규칙 제23조(f)는 단체인증판결이 발효한 후 14일 이내에 재심사를 위한 항소신청서를 제출하여야 한다고 규정하고 있다. 그런데 동 규칙은 이에 대해 언제까지 응소해야 하는가에 대하여서는 규정하고 있지 않다. 그렇지만 항소절차에 관한 연방규칙(Federal Rule of Appellate Procedure) 제5조는 항소장이 접수된 후 10일 이내에 반대청원으로 어떠한 내용의 답변서라도 제출할 수 있다고 규정하고 있다. 지방법원의 단체인증판결에 대한 재심사신청서가 그 결정일로부터 14일 이내에 제출되면, 지방법원이 재심사에 대한 신청서를 심사할 때까지는 연방규칙 제23조(f)의 기간은 진행하지 않는다.

---

240) Baldridge v. SBC Commc'nc, Inc., 404 F.3d 930 (5h Cir. 2005).

V. 피고대표당사자소송 청원

연방규칙 제23조(f)가 원고가 대표당사사소송인 경우에만 적용되는 것은 아니다. 법원들은 위 조항을 피고들이 대표당사자소송인 경우에도 적용하였다.[241] 제1연방항소법원은 피고가 대표당사자소송인 경우에, 첫째, 원고들의 청구가 피고들의 모든 단체에 책임을 물을 만한 가치가 있을 경우에 단체 불인정이 소송을 처분하는 것이 되어 버리거나, 둘째, 중간항소가 사건의 효과적인 종결을 위한 재심사를 회피하게 하는 등 중요하고 해결되지 못한 법적 쟁점을 명확하게 할 수 있다거나, 셋째, 중간항소가 특별한 상황을 설명할 수 있거나 명백한 불공정함을 시정할 수 있는 바람직한 해결방법이 되는 경우 중 어느 하나에 해당되면, 연방규칙 제23조(f)를 적용할 수 있다고 하였다.

제8장 항소 목적의 소송참가

제1심법원이 단체를 불인증하였더라도, 나중에 개별적 구성원들이 제기한 소송에서 우호적으로 결론이 나게 되면 그들은 단체불인증 결정에 대해 항소할 이익이 없다. 이미 개별적으로 소송의 목적을 달성하였기 때문이다. 그렇다면 이러한 상황 하에서 단체의 추정적 구성원들이 오직 단체의 불인정에 대해 항소하기 위하여 연방규칙 제24조에 의해 소송참가할 수 있느냐 여부이다. 이에 대해 연방대법원은 United Airlines 판결[242]을 통해 소송참가인들이 최종 결정 후 지체 없이 소송참가를 하지 않았다고 하더라도 현명당사자들을 위해 소송참가가 이루어졌다고 보아야 한다면서 구성원들이 소송에 참가한 후 항소하는 것을 인정하였다. 연방대법원은 현명당사자들이 더 이상 단체의 이익을 보호할 수 없다는 것이 확인된 후 즉시 부재구성원들이 소송에 참가할 수 있다고 하였다. 한편 단체인증결정 이후 또는 사건이 판결로 진행된 후에 부재구성원이나 탈퇴하였던 구성원들이 간이재판절차에서 피고의 신청을 허용한 명령과 같이 피고에게 유리한 최종 결정에 대해 항소할 수 있느냐 여부이다. 이에 대해 제7연방항소법원은 Delvin 판결[243]

---

241) Tilley v. TJX Cos.,Inc 345 F.3d 34 (1st Cir. 2003).

242) United Airlines, Inc. v. McDonald, 432 U.S. 385 (1997); Rubin v. Islamic Republic of Iran, 270 F.R.D. 7 (D.D.C. Sep 08, 2010) .

243) Brand Name prescription Drugs Antitrust Litigation, 115 F.3d 456 (7th Cir. 1997); Litvak v. Scylla Properties, LLC, 946 So.2d 1165, 32 Fla. L. Weekly D55 (Fla.App. 1 Dist. Dec 21, 2006).

을 통해, 이런 상황에서 소송에서 탈퇴한 구성원이나 부재당사자들은 지방법원 소송절차에 소송참가하지 않은 이상 항소할 수 없다고 판시하였다. 연방대법원도 지방법원 단계에서 단체 화해에 즉시 반대하지 않은 지명되지 않은 구성원들은 그 화해조항을 다툴 목적만으로 항소하면서 소송참가할 수 없다고 하였다.[244] 일부 법원은 Delvin 판결의 견해는 오직 강제적 대표당사자소송에서만 적용될 뿐이라고 그 적용범위를 제한하였다. 그런데 위 Delvin 판결이 화해 이외의 사건에서도 판례법으로 기능할 것인지는 아직 명확하지 않다.

제9장 재심사 기준

항소법원이 지방법원의 단체인증 또는 불인증 결정에 대하여 재심사를 할 때 어떤 기준에 의해 하여야 하는가 여부이다. 단체인증판결이 재량기준을 일탈한 경우에 재심사가 이루어지는 것은 당연하다. 하지만 연방규칙 제23조에 따라 단체인증기준을 적용할 때 법적 문제가 쟁점이 되고 있다. 이런 문제는 연방 개별 법률이 특별한 종류의 사건을 대표당사자소송으로 취급하는 것을 금지하고 있거나 우월성 요건이 연방규칙 제23조(b)(2)에 의해 요구된다고 하는 것과 같은 쟁점을 포함하고 있다. 이러한 상황에서 재심사에 대한 기준은 새롭게 마련되어져야 할 것이다.

제11절 변호사 비용

제1장 연방규칙 제23조(h)

2003년에 개정된 연방규칙 제23조(h)는 인증된 대표당사자소송에서 소송대리인에게 합리적인 수임료 및 당사자가 동의하거나 법에 의해 인정된 비조세비용을

244) Devlin v. Scardelletti, 536 U.S. 1 (2002); Day v. Persels & Associates, LLC, 729 F.3d 1309, 24 Fla. L. Weekly Fed. C 629 (11th Cir.(Fla.) Sep 10, 2013).

인정할 수 있다고 규정하고 있다. 연방규칙 제23조(h)(1)는 변호사비용에 대해 법원에 신청서를 제출하여야 한다고 규정하고 있고, 제23조(h)(2)는 단체의 구성원이나 지급의무가 있는 당사자는 그러한 신청에 반대의견을 제출할 수 있다고 규정하고 있다. 그리고 연방규칙 제23조(h)(3)은 반대가 있으면 요청이 없더라도 법원은 청문회를 개최할 수 있고, 사실관계 및 법률관계를 검토하여 변호사 수임료에 대한 결정을 내려야 한다. 연방규칙 제23조(h)(4)는 법원으로 하여금 치안판사나 사법보좌관 등에게 수임료의 액수에 관하여 자문을 구할 수 있도록 허용하고 있다. 연방규칙 제23(h)(4)는 변호사 수임료에 대한 구체적 내용을 규정하고 있지는 않지만, 자문위원회 주석서에서 상당한 고려를 하도록 하고 있다.

제2장 수임료 결정 방법

I. 의 의

미국규칙(the American Rule)에 의하면, 각 당사자는 자신의 재판비용과 변호사 비용을 부담하게 되어 있다. 우리 민사소송법이 패소자부담주의를 취하고 있는 것과 다르다. 그런데 대표당사자소송에서는 소송대리인과 대표당사자 사이에서 수임료 합의가 있더라도 약정금액을 구체적으로 특정하지 않은 채 조건부로 하는 등 유연하게 약정되는 경우가 많기 때문에 위와 같은 원칙과 어떻게 조화를 도모하느냐가 논란이 되고 있다. 부재구성원은 소송대리인과 수임료에 대한 약정을 사실상 하지 못하기 때문에 소송비용과 변호사 비용에 대한 계약상의 책임을 지지는 않는다. 일부 법원에서는 현명당사자와 부재당사자 사이의 이러한 불일치를 해결하는 방법으로 대표당사자와 소송대리인 사이에 체결된 수임료 약정은 계약이나 적법절차와 상관없이 부재구성원에게도 효력이 있다는 입장을 유지하고 있다. 다른 법원은 구성원들이 대표당사자소송을 통해 이익을 받은 비율에 따라 소송비용을 분담하는 것은 공평성에 비추어 타당하다는 입장을 취하고 있다. 실재적으로는 소송비용이 화해금액에서 먼저 지급되고 남은 금액으로 구성원들이 지급을 받기 때문에 별 문제가 발생하지는 않는다. 소송비용에 대한 계약이 있는지 여부와 상관없이 실재로는 법원의 결정에 의해 변호사 비용 등이 결정되고 있다. 화해로 종결되거나 판결로 종결되거나 마찬가지이다. 법원이 소송비용을 결정할 때는 일정한 비율로 결정하거나 법원의 내부지침에 의해 결정하고 있다.

한편 연방규칙 제23조(h)와 달리 자문위원회 주석서는 변호사 수임료를 결정함에 있어 포괄적 기준을 제시하고 있을 뿐이다. 예를 들어 동 주석서는 법원으로 하여금 특히 비금전적 합의를 승인할 경우 어떠한 보상이 단체의 구성원에게 실질적인 혜택으로 돌아갈 수 있는 방안이 될 수 있도록 특별한 관심을 가지고 세밀히 조사하여야 한다고 하고 있을 뿐이다. 그리고 법원은 변호사의 수임료에 대하여 구성원들의 반대가 없더라도 수임료의 상당성을 면밀히 조사하도록 하고 있다.

Ⅱ. 지급방법

1. 정율법

일정비율의 수임료 결정방법은 공통기금사건에서 전통적으로 사용되는 방법이다. 이에 따라 소송대리인은 구성원들의 이익을 위하여 공통의 기금의 가치의 발생, 보존, 증액을 위하여 노력하게 된다. 그러한 기금은 판결이나 화해 등을 통해 조성된다. 연방대법원은 이러한 일정 비율 지급방법을 승인하고 있다.[245] 원고의 소송대리인이 노력하지 않았더라면 원고들은 일정한 이익을 얻을 수 없었을 것이므로 위와 같은 비율방법의 변호사비용지급은 당연하다는 것이다. 오히려 법원이 관심을 갖는 것은 기금의 총액이다. 총액의 크기에 따라 수임료의 크기가 결정되기 때문이다. 그밖에도 소송대리인의 소송능력, 사건의 복잡성, 사건 해결에 들어간 소송대리인의 시간, 유사한 사건에서의 수임료 비율, 잠재적 구성원들의 반대가능성 등을 종합적으로 고려하여 결정하여야 한다. 일반적으로 대표당사자소송에서의 변호사 수임료 비율은 보통 총기금의 25% 내지 30% 사이에서 결정된다.

법원은 사건이 아주 복잡하거나 지나치게 장기간이 소요될 경우에는 최고 50%를 상한으로 하여 수임료 비율을 결정하고 있다. 일부 법원은 결과적으로 보상금액이 거액일 경우에 비율로 정하게 되면 변호사에게 지급되는 비용이 너무 크다는 이유로 비율방식에 비판적 입장을 취하기도 한다. 특히 이러한 불만은 소송대리인이 소송비용 및 시간을 많이 들이지 않은 상태에서 사건이 해결되어 버린 경우에 더욱 크게 나타난다.

---

245) Blum v. Stenson, 465 U.S. 886 (1984); Wilson v. Port City Air, Inc., 2014 WL 7333016, 2014 DNH 26Ⅱ.

2. 일정한 계산방식 적용(The Lodestar Method)

제3연방항소법원에 의해 1973년에 고안된 일정한 계산방식에 의한 비용결정방법[246]은 변호사가 그 사건을 해결하기 위해 투자한 시간을 합리적으로 산출하고, 다시 그 변호사의 시간당 비용을 정한 후 이를 곱하는 방식으로 변호사 비용을 산출하게 된다. 대부분의 법원은 변호사수임료지급결정에 대한 지침으로 일정한 적용지수를 활용하고 있다. 보통 소요되는 시간 수와 시간 당 비용에 대한 수임료결정기준을 지침(Lodestar)으로 정한 후 이 공식에 관련숫자를 대입하는 방식이다. 그러면서 일정한 기준에 의해 융통성 있게 변호사의 수임료를 결정한다 하더라도 사건별로 볼 때 적당한 양을 초과하였다고 판단되는 경우에는 달리 대체적 수단을 강구하고 있다. 그러나 일부 법원은 그러한 지수의 적용을 거부하기도 한다. 제2연방항소법원은 25%의 퍼센트 적용기준을 채택하지 아니하였다.[247]

그러한 지침은 소위 특별한 상황에 따라 소위 승수를 통해 증가하기도 하고 감소하기도 한다. 대표당사자소송의 소송대리인들은 그들이 변론과정에서 들인 노력, 사건의 사실관계 및 법률관계의 복잡성, 조건부 수임료에서 야기될 수 있는 그들의 위험성, 소송을 통해 원고들이 얻는 이익 등을 고려하여 그 승수를 올려줄 것을 요구하기도 한다. 대부분의 법원들은 승소 당사자들을 위하여 합리적인 변호사 수임료의 보상이 이루어질 수 있도록 수임료를 계산할 때 지침상의 일정한 계산방식을 활용하고 있다. 이러한 방식의 수임료 결정에서, 법원은 특별한 사정이 없는 한, 결과와 우수한 변론을 하였다는 이유만으로 수임료를 특별히 높여 지급하는 결정을 하여서는 아니 된다.[248] 일반적으로 Lodestar 계산방식은 유익한 점이 많다. 그러나 이러한 Lodestar 계산방법은 단지 변호사들이 투자한 시간에 초점을 맞추기 때문에 합의 초기단계에서부터 변호사들의 비효율적 변론을 조장하거나 인센티브를 받지 못한다는 것으로 인한 변론의욕 저해 등의 문제가 있을 수 있다는 지적을 받고 있다. 게다가 일부 법원에서는 이러한 Lodestar 계산방식은 법원이 별다른 고민 없이 수임료를 결정하게 하거나, 소송대리인이

---

246) Lindy Bros. Builders v. American Radiator & Standard Sanitary Corp., 540 F.2d102(3d Cir. 1973); LeMaster v. Bull, 581 F.Supp. 1170, Fed. Sec. L. Rep. P 91,44[illegible] (E.D.Pa. Mar 06, 1984).

247) Goldberger v. Integrated Resources Inc., 209 F.3d43 (2d Cir. 2000); Sukhnandan v. Royal Health Care of Long Island LLC, 2014 WL 377817Ⅲ.

248) Perdue v. Kenny A., 130 S. Ct. 166Ⅱ. 1669-70 (2010); Walker v. Giuffre, 209 N.J. 124, 35 A.3d 1177 (N.J. Jan 25, 2012).

충실한 변론을 위해 들인 노력에 대한 평가가 제대로 이루어지지 못하고 있다며 비판적 견해를 나타내기도 한다. 이러한 사항들을 고려해볼 때 대부분의 법원은 공통기금이 마련된 대표당사자소송에서는 Lodestar 계산방식보다는 퍼센트 지급방법을 채택하고 있다. 그러면서도 퍼센트 지급방법의 보충적 방법으로 Lodestar 계산방식을 활용하기도 한다.

제15절 대표당사자소송의 효력

제1장 서 론

대표당사자소송은 유사한 청구를 하는 수많은 당사자들 사이의 동일한 쟁점을 하나의 판결로 해결하기 위해 고안된 제도이다. 대표당사자소송의 목적은 이미 발생했거나 발생할 가능성이 있는 소송들이 장차 반복해서 제기되는 것을 단 한 번의 대표당사자소송의 판결의 기판력 또는 일사부재리원칙을 적용하여 사전에 차단하기 위함에 있다 하겠다. 또 다른 목적은 대표당사자소송 안에서 이미 결정된 쟁점이나 해결해야 할 필요가 있는 쟁점에 대한 추가소송을 쟁점효이론(부수적 금반언)이나 쟁점 구속력을 근거로 차단하려는 데 있다 하겠다. 이하에서는 대표당사자소송과 관련된 기판력, 부수적 금반언(쟁점효이론), 연방법원과 주법원의 병합절차, 연방규칙 제23조와 주법이 상호 충돌할 경우 등에 어떻게 처리할 것인지에 대하여 살펴보기로 한다.

제2장 판결의 효력

Ⅰ. 일사부재리효과(기판력)

1. 기판력이 미치는 범위

연방규칙 제23조(c)(3)는 대표당사자소송을 판결하는 법원으로 하여금 단체의 구성원들의 실체를 파악하도록 규정하고 있다. 이는 대표당사자소송의 판결에 의해 일사부재리원칙에 의한 구속을 받게 될 자를 특정하기 위해서이다.

대표당사자소송에서의 기판력은 법원이 본안에 대하여 판결 할 때 적용된다. 즉 후소를 제기하는 하나 또는 그 이상의 당사자들이 전소에서 구성원 개인, 단체 그 자체 또는 상대방을 대상으로 하여 판결된 바 있는 내용과 같은 내용을 원인으로 하여 다른 법원에 별도로 대표당사자소송이나 개인별 소송을 제기할 경우에 그 후소에 전소 판결의 효력이 적용되게 된다. 대표당사자소송의 기판력은 대표당사자소송절차에서 실재로 판결난 것뿐만 아니라 판결날 수 있었던 것에 대해서도 후소를 금지한다.

대표당사자소송에서 기판력을 적용하는데 어려운 점은 전소의 판결에 복종해야 할 자의 범위를 결정하는 것이다. 연방규칙 제23조 대표당사자소송의 경우에는 전소 판결의 기판력은 단체의 모든 확인된 구성원에게 미친다고 하겠다. 그러나 이러한 기판력은 단체의 인증이 기각된 경우에는 자신의 청구를 개별적으로 한 인적사항이 밝혀지지 않은 추정적 구성원에게는 적용되지 아니한다.

2. 기판력이 미치지 않는 구성원

전소의 기판력의 효력이 인증된 단체의 구성원에게 미치지 않는 두 가지 예외가 있다. 첫째는, 수통지권이 있는 부재구성원이 적법한 소송통지를 받지 않아 탈퇴권을 행사하지 못한 경우이다. 적법한 통지를 받아야 할 지위의 구성원은 그 대표당사자소송이 연방규칙 제23조의 대표당사자소송 중 어떤 유형의 대표당사자소송에 해당되느냐에 의해 결정된다. 하급심법원 중에는 부주의로 인허 아파트 호수를 누락하여 통지하였으나 주소불명으로 도달되지 못한 경우에도 통지의 효력을 인정한 경우도 있지만, 연방규칙 제23조(b)(3), 즉 제4유형의 대표당사자소송에서는 모든 구성원에게 수통지권과 탈퇴권이 보장되어 있기 때문에 이 유형의 부재구성원들에 대한 구속력을 주장하기 위해서는 적법한 통지가 반드시 있어야 한다. 금전배상을 구하는 연방규칙 제23조(b)(1)(A), 즉 제1유형의 대표당사자소송의 판결의 기판력이 발생하기 전에 적법절차상 부재구성원들의 탈퇴권 보장을 위해 그들에게 통지해야 하는가에 대하여 하급심법원의 견해가 나누어져 있다. 연방대법원도 쟁점이 된 이 문제에 대하여 결정을 내리지 못하였다. 그렇지만 탈퇴권을 행사하여 탈퇴한 구성원에게는 당연히 기판력이 미치지 않는다고 할 것이다.

둘째는, 대표당사자와 소송대리인이 본안에서 공정하고 적절한 변론을 하지 못한 경우이다. 이런 상황에 처하게 되면 법원은 인적사항이 밝혀진 대표당사자와 소송대리인 모두에 대해 그들의 자질 및 변론능력 등을 조사하여야 한다. 기판력의 효력을 미치도록 할 것인가에 대한 이러한 분석은 원래 법원이 대표당사자소송이 제기된 때부터 대표당자사의 적합성을 조사해 왔다는 점에서 원래 법원의 분석과 다르다. 그렇지만 제1심재판 또는 예심절차에서 실재 변론행위를 했다는 점에서 그 문제에 대하여 법원은 재검토하려 하지는 않을 것이다.

기판력의 목적을 실현하기 위하여 대표당사자와 소송대리인의 변론행위에 대해 재심사하는 법원은 구체적으로 변론과정을 심사하게 된다. 예를 들어 대표당사자가 부적절하게 항소하지 않아 원심판결을 유리하게 이끌어내지 못하였는지 여부 등을 조사할 수도 있다. 그런데 재심사를 담당한 일부 법원들은 단체를 인증한 원래의 법원이 재판을 잘못 진행했는지를 심사하기 위하여 비교자료로 필요한 새로운 공격방법을 부수적으로 제출토록 하는데 한계가 있음을 알게 되었다. 반면에 일부 다른 법원들은 대표당사자의 적합성을 판단하기 위한 새로운 부차적인 공격방법을 제출하라고 명하였다.[249] 연방대법원은 대표당사자 등의 적절성을 판단하기 위해 부차적 공격방법을 새로이 추가제출하도록 허가한 위 Stephenson 판결의 기본적 입장을 지지하였다. 그러나 연방대법원은 Stephenson 판결의 기본적 입장을 수긍하면서도 부차적으로 새로운 공격방법을 제출토록 하여 지난번 변론과 비교하면서 조사할 수 있는가에 대하여 4대4로 가부동수(대법관 Stevens이 의결에 참여하지 않음)가 됨에 따라 어떠한 결론을 도출하지 못하였다.

---

249) Stephenson v. Dow Chem. Co., 273 F.3d 249 (2d Cir. 2001).

Ⅱ. 쟁점효이론(금반언 원칙)

대표당사자소송에서 쟁점효, 즉 부수적 금반언 효과는 일사부재리 즉 기판력과는 조금 다르다. 쟁점효는 청구취지에 관한 판결의 효력이 아니라, 전소에서 주장되었던 청구원인, 즉 당사자들이 쟁점으로 다투었던 사항을 법원이 판단하였을 경우 그 판단에 당사자들이 구속되어 후소에서 다시 주장할 수 없게 되느냐의 문제이다.

이러한 부수적 금반언 효과, 즉 쟁점효는 원고 모두에게 해당되는 쌍면적인 것일 수도 있고, 그 중 어느 한 쪽에게만 해당되는 편면적 또는 일방적인 것일 수도 있다. 예를 들어 후소에서 원고와 피고 모두가 전소와 관련되어 있다면 부수적 쟁점효는 쌍방 모두에게 적용되겠지만, 일방에게만 관련이 되어 있는 경우에는 그 일방에게만 적용이 된다.[250] 대표당사자소송에서는 쌍면적 또는 편면적인 이러한 부수적 금반언의 효과가 나타나게 되어 있다.

문제는 전소에서 승소한 피고가 전소에서 탈퇴한 대표당사자소송의 구성원들을 상대로 부수적 금반언의 효과를 주장할 수 있는가이다. 이와 관련하여 제5연방항소법원은, 부수적 금반언 효과는 이전의 소송에서 당사자였거나 소송에 관여한 자에게만 미치는 것이므로 이전에 소송에 관여하지 아니한 자에 대하여는 그 효력을 주장할 수 없다며, 그러한 주장을 배척하였다.[251] 한편 대표당사자소송이 전소에서 승소한 경우에 그 소송에서 탈퇴했던 구성원들이 후소를 제기하며 피고에게 부수적 금반언 원칙, 즉 쟁점효이론을 주장할 수 있는가 이다. 이에 대하여 제7항소법원은 이전의 대표당사자소송에서 탈퇴한 구성원이 동일한 피고를 상대로 개인적 소송을 연이어 제기하면서 종전 판결의 쟁점효 효력을 주장하였으나, 받아들이지 않았다.[252] 만약 법원이 이를 인정하게 되면 소송에 참가하지 않은 자들에게 너무 좋은 이익을 불공평하게 인정하는 셈이 되어 부당하게 되기 때문이다. 전소에서 원고들이 패소하면 탈퇴한 구성원들이 구속을 받지 않게 되어 후소를 제기할 이익을 가지는데, 전소에서 승소한 경우에도 탈퇴한 구성원에게 이

---

250) Parklane Hosiery Co., Inc. v. Shore, 439 U.S. 322 (1979); Bell v. Texaco, Inc., 2010 WL 5330729 (S.D.Miss. Dec 21, 2010).

251) Corrugated Container Antitrust Litig., 756 F.2d 411, 418-19 (5th Cir. 1985); Forsberg v. Pefanis, 261 F.R.D. 694 (N.D.Ga. Oct 02, 2009).

252) Premier Electrical Construction Co. v. National Electrical Contractors Ass'n, Inc., 814 F.2d 358 (7th Cir. 1987); Mercatus Group, LLC v. Lake Forest Hosp., 641 F.3d 834, 2011-1 Trade Cases P 77,469 (7th Cir.(Ill.) May 26, 2011).

를 원용할 수 있게 하면 이중으로 이익을 주게 된다는 것이다. 제7연방항소법원은 이러한 일방적 개입에 대해 1966년 연방규칙 제23조를 제정할 때 없애려고 했던 부진정대표당사자소송 유형이라고 하였다.

제3장 선행 판결의 효력

Ⅰ. 서 론

대표당사자소송은 연방법원과 주법원에서 병행해서 진행되기도 한다. 원고 소송대리인들은 연방법원과 주법원에 동시에 소송을 진행하기도 하고, 구성원들이 단체를 나누어 다른 시기에 두 개의 대표당사자소송을 따로 제기하여 판결을 받아 낼 때까지 소송대리인들이 경쟁하기도 한다.

이러한 중복소송으로 인하여, 첫째, 주법원의 판결이 선행될 경우 이러한 판결은 연방법원의 판결을 압박하는 수단으로 작용하기도 하고, 둘째, 중복소송이 부적합한 대표당사자 소송인지 아닌지 여부를 판단케 하고, 셋째, 연방법원에 의한 단체인증의 거부는 나중에 제기된 지방법원의 대표당사자소송에 영향을 미치게 되는 등의 효과가 나타나게 된다.

Ⅱ. 선행 판결의 효력

1. 주법원의 선행 판결과 연방법원 계속사건

대표당사자소송이 주법원에서 화해가 먼저 성립하면, 이러한 화해는 주법원 청구뿐만 아니라 연방법원의 배타적 관할권 안에 있는 다른 청구에 대해서도 효력이 미친다. 이때 연방법원에서 진행 중인 다른 단체의 구성원들의 청구에 대해서도 위 주법원에서의 화해의 효력이 미치느냐 여부이다. 이에 대하여 연방대법원은 Epstein 판결[253]을 통해 여러 가지 관점을 표출하였고, 제9연방항소법원[254]

253) Matsushita Electric Industries Co. v. Epstein, 516 U.S. 367 (1996); Smith v. Tower Loan of Mississippi, Inc., 216 F.R.D. 338 (S.D.Miss. Mar 27, 2003).

254) Epstein v. MCA, Inc., 179 F.3d 641 (9th Cir. 1999); Juris v. Inamed Corp., 685 F.3d 1294, 23 Fla. L. Weekly Fed. C 1251 (11th Cir.(Ala.) Jul 06, 2012).

도 이에 대한 견해를 표시하였다. 이 사건은 동일한 피고들을 상대로 하여 연방법원을 배타적 관할로 하는 대표당사자소송이 연방법원에 하나 계속 중이었고, 주법원을 배타적 관할로 하는 대표당사자소송이 주법원에 하나 계속 중인 사건에 관한 것이었다.

주법원에 소를 제기한 원고들은 피고와의 사이에서 단체 전체를 아우르는 기준에 근거하여 화해를 하였고, 화해를 함으로써 모든 주법원과 연방법원의 청구를 포기하였다. 이 화해조항은 연방법원 대표당사자소송의 대표당사자를 포함하여 탈퇴권을 행사하지 아니하고 화해를 위한 청문회에서 이의를 제기하지 아니한 모든 구성원에게 통지되었다. 주법원은 심리를 계속하여 그 화해조항을 승인하였다. 위 화해조항 승인 후 피고는 위 화해가 충분히 공정하고 신뢰할 만한 화해성립이라고 주장하면서 연방법원에 계속 중인 다른 대표당사자소송의 기각을 요구하였다.

피고들은 28 U.S.C. §1738(완전신뢰신용법, the Full Faith and Credit Act)에 근거하여 위와 같은 주장을 하였다. 위 법은 주법원이 관할권 있는 사건에 대하여 판결할 경우 연방법원은 그 주법원의 판결에 대하여 동일한 강제력과 효력을 인정하도록 규정하고 있다. 그러나 연방법원에 계속 중인 대표당사자소송의 당사자들은 이러한 화해에도 불구하고 연방법원이 주법원의 화해에 대하여 충분한 신뢰와 신용을 보여서는 안 된다면서, 그 이유로 주법원에서 화해를 주도한 자들이 부재구성원들에 대한 대표권을 침해하였다고 주장하였다.

이에 대해 연방대법원은 위 Matsushita 판결을 통해, 이런 경우 연방법원은 주법원의 화해에 대하여 충분한 신뢰와 신용을 보내야 하며, 연방정부의 배타적 관할권 내에 있는 사건을 더 이상 심리하지 않아야 한다고 밝혔다. 즉 주법원이 그 논쟁 중인 사건에 대하여 관할권을 가지고 있었고, 연방법원 사건도 주법원의 대표당사자소송에서의 화해를 배제하고 있다고 보아서는 안 된다는 것이다. 한편 지방법원은 연방법원에서 그 사건을 계속 심리할 것인지 아니면 말 것인지에 대하여는 어떠한 견해를 밝히지 않았다. 왜냐하면 주법원에서의 화해가 적절한 대표권의 행사였는지 여부에 대하여 논쟁이 있었으나 결론을 내리지 못하였기 때문이다.

2. 연방연방 선행 판결과 주법원 계속사건

연방법원이 대표당사자소송의 단체인증을 부정한 사건과 관련하여 주법원이 유사한 청구의 대표당사자소송에 대한 단체인증을 허용할 수 있는가 여부이다. 일부 법원은 연방법원의 단체인증 거부가 주법원의 단체 확인에 영향을 미치지 않는다는 입장을 취하였고,[255] 일부 법원은 연방법원의 단체불인증결정은 인적사항이 밝혀진 구성원뿐만 아니라 밝혀지지 아니한 구성원까지도 구속한다고 보아야 한다며 후소를 제기할 수 없다고 판시하였다.[256]

연방대법원은 Smith 판결[257]을 통해 기준을 제시하였는데, Smith 사건을 재판한 연방지방법원은 후소에 대한 단체인증을 거절하면서 West Virginia 주법원에 대하여 연방규칙 제23조에 준하는 West Virginia 주규칙을 적용하여 후소에 대한 대표당사자소송의 단체인증을 하지 말라고 금지하였다. 위 금지명령에도 불구하고 West Virginia 주법원은 반금지명령법(the Anti-Injunction Act, 28 U.S.C. §2283)상의 "재소(再訴) 예외"조항을 적용하여 후소에서 단체를 인증하였다. 위 조항은 연방법원이 연방법원의 판결의 효력을 유지하거나 보호할 필요가 있을 경우에는 주법원으로 하여금 주법원재판절차법을 제정하도록 명령할 수 있도록 되어 있다. 이에 대해 연방대법원은 만장일치로 연방지방법원이 월권을 행사했다고 결정하고, 주법원의 결정이 옳다고 하였다.

연방대법원은, 첫째, 연방대법원은 대표당사자소송에 대하여 West Virginia 주법원이 자유재량권을 행사하여 단체를 인증할 수 있을 뿐만 아니라 특히 우월성 요건은 West Virginia 주법원의 규칙이 적용될 때 더 용이하게 인정될 수 있고, 즉 West Virginia 주법원이 직면하고 있는 쟁점은 연방법원에서 판시한 쟁점과 동일하지 않고, 둘째, West Virginia 주법원이 재판하게 된 두 번째 사건인 Smith 사건의 대표당사자는 연방법원에 제소된 사건에서 인적사항이 밝혀지지 않은 단 한 명의 구성원이었고, 즉 첫 번째 사건에서 구성원이 아니었으므로 위 연방지방법원의 위 명령이 부당하다고 판시하였다. 그러면서 연방대법원은 대표

---

255) J.R. Clearwater, Inc. v. Ashland Chemical Co., 93 F.3d 176 (5th Cir. 1996).

256) Tires Products Liability Litigation. 333 F.3d 763 (7th Cir. 2003); Bridgeford v. Pacific Health Corp., 202 Cal.App.4th 1034, 135 Cal.Rptr.3d 905, 12 Cal. Daily Op. Serv. 721, 2012 Daily Journal D.A.R. 684 (Cal.App. 2 Dist. Jan 18, 2012).

257) Smith v. Bayer Corp., 131 S. Ct. 2368 (2011); Phipps v. Wal-Mart Stores, Inc., 925 F.Supp.2d 875, 117 Fair Empl.Prac.Cas. (BNA) 839, 96 Empl. Prac. Dec. P 44,763 (M.D.Tenn. Feb 20, 2013).

당사자소송에서 당사자라는 개념은 위 Smith 같은 사람까지 포함하는 개념으로 확장된다고 할 수 없기 때문에 소장에서 원고임이 부정된 사람은 대표권이 여전히 남아 있다, 즉 후소를 제기할 수 있다고 보아야 한다고 판시하였다.

제4장 부적절한 대표권 행사에 의한 판결의 효력

대표권행사는 타당해야 한다. 그런데 대표당사자가 부적절한 변론을 통해 화해를 성립시키거나 판결을 받은 경우, 그 판결이나 화해의 효력에 구성원들이 복종해야 하는가 여부이다. 연방대법원으로부터 환송받은 Matsushita 사건에 관하여, 제9연방항소법원은 주법원에서 화해를 성립시킨 대표당사자의 대표권 행사가 타당하지 않다는 이유로 위 Matsushita 판결에도 불구하고 소송절차를 계속 진행하였다. 그러한 속행은 부적절한 대표권에 기초한 부수적 공격을 허용해 온 관습법에 부합하는지를 놓고 논쟁이 벌어졌다. 그러나 위 제9연방항소법원은 스스로 위 결정을 파기 번복하였다. 그러면서 주법원이 대표당사자소송을 화해하는 과정에서 그 내용에 대하여 충분하고 공정하게 심리하였다면 주법원에서 적절한 대표권의 행사여부를 간과하였다고 하더라도 완전신뢰신용법(the Full Faith and Credit Act)을 적용하여 그러한 견해를 지지할 수 있다고 하였다.

이와 대조적으로 제2연방항소법원은 Stephenson 판결[258]을 통해, 연방대법원의 위 판례가 4대4로 대법관의 견해가 나누어져 선행 판례로서의 가치가 없다고 하더라도, 대표권의 적절성을 다툴 경우 후소에서 추가공격이 가능하다고 판시하였다. 위 Stephenson 사건은 고엽제(Agent Orange) 노출로 인한 피해에 대한 치료를 원하는 두 명의 퇴역군인들이 이전의 대표당사자소송에서 부적합한 대표권 행사가 있었음을 주장하면서 이전 소송에서 화해가 이루어진 것에 승복할 수 없다며 후소를 제기한 사건인데, 이에 대해 제2항소연방법원은 후소에서 추가적 공격을 제출할 수 있다고 판시하였다.

위 제2연방항소법원은 설사 첫 번째 소송에서 단체의 인증이 이루어진 순간 대표권이 적절했다고 할지도 추가적 공격을 제출할 수 있는 것은 마찬가지라고 판

258) Stephenson v. Dow Chem. Co., 273 F.3d 249 (2d Cir. 2001); Dow Chemical Co. v. Stephenson, 539 U.S. 111, 123 S.Ct. 2161, 156 L.Ed.2d 106, 71 USLW 4440, 33 Envtl. L. Rep. 20,220, 16 Fla. L. Weekly Fed. S 337 (U.S. Jun 09, 2003).

시하였다. 특히 연방 제2항소법원은 화해가 포함된 금전적 이익주장의 기한과 관련하여 전소의 화해성립 시에 그때까지의 구성원들에 대한 손해배상만이 포함되었고, 그 퇴역군인들의 상해는 그 이후에 나타났기 때문에 전소의 대표당사자들의 화해 당시에 반영되지 않았다면, 그들의 대표권행사는 위 후소의 퇴역군인들에게 불리한 것이므로 그 효력을 인정할 수 없다고 하였다. 따라서 후소의 퇴역군인들은 전소의 대표당사자들에 의해 적절하게 대표되지 못하였으므로 전소의 당사자라고 볼 수 없어 전소의 화해에 구속되지 않는다고 보아야 한다는 것이다.

반면에 제3연방항소법원은 다이어트약품관련사건[259]에서 제2연방항소법원의 위 Stephenson 판결과 달리, 대표당사자소송을 재판하는 법원은 대표당사자소송에 있어서 부재구성원들에 대한 관할권도 있었고, 그 단체의 대표당사자의 적절성에 대하여 판단하고 판결할 수 있었기 때문에, 그 구성원들은 그 쟁점에 대하여 이후에 대표당사자소송을 제기하는 것이 허용되지 않는다고 보아야 한다고 판시하였다.

최근 들어 제2연방항소법원은 앞서의 Stephenson 판결에서 일부 후퇴하여, 만일 원래의 대표당사자소송을 심리하는 과정에서 자세하게 심리되었으나 채택되지 않았다면 충분한 심리가 이루어졌으므로 후소에서 추가적 공격방법의 제출이 허용되지 않지만, 전소에서 일반적 심리절차에 의해 심리가 이루어졌다면(즉 심리미진이 있다면) 후소에서 추가적 공격방법의 제출이 허용될 수 있다고 판시하였다.[260]

연방항소법원 사이에 이렇게 견해가 나누어져 있는바, 궁극적으로는 연방대법원의 선례 판례의 확립 또는 지침이 필요하다고 하겠다.

제5장 금액의 확정과 배당

Ⅰ. 의 의

대표당사자소송에서 승소하게 되면 구성원들은 개별적으로 배상받게 될 금액을 특정하여, 그 금액을 배당받게 된다. 법원은 대표당사자소송의 구성원들 사이에서 승소금액의 할당이 공정하게 이루어질 수 있도록 여러 가지 방법을 사용하고 있다.

---

259) Diet Drugs Products Liability Litigation, 431 F.3d 141 (3d Cir. 2005); Juris v. Inamed Corp., 685 F.3d 1294, 23 Fla. L. Weekly Fed. C 1251 (11th Cir.(Ala.) Jul 06, 2012).

260) Wolfert v. Transamerica Home First, Inc., 439 F.3d 165, 172 (2d Cir. 2006).

Ⅱ. 방 법

개별 구성원들은 경우에 따라 배심원 앞에 출석하여 자신의 피해액을 증명할 책임을 지기도 하고, 경우에 따라서는 완전한 배심절차에서도 마찬가지이다. 특별히 화해기금이 마련된 경우에 법원은 더 효과적인 절차, 예를 들어 서면으로 피해를 증명토록 하거나, 명세서를 제출하도록 하거나, 특정 전문가를 통한 간이절차를 밟는 등 다양한 방법을 이용하고 있다. 특히 증권사기사건 같은 특정 종류의 사건들은 간이절차에 의해 해결하기 좋은 사건이라 하겠다. 인종차별이나 대량불법행위 같은 경우에는 간이소송절차가 용이하지 않고, 금액을 특정하기 위해 수차례의 소규모 재판이나 중재 등이 필요하다. 많은 경우에 개별적 손해배상 판결을 받았다고 하더라도 개별적으로 단체의 구성원이라는 점을 확인받기 어렵거나 배당되는 금액에 비해 보상금수령절차에 들어가는 비용이 너무 커서 개별적인 강제집행이 곤란할 때도 있다. 일부 법원은 주로 화해의 경우에 손해회복 등을 위해 어느 정도 재량권을 행사하여 가능한 해결방안을 모색하고 있다. 예를 들어 통계자료를 활용하여 피해금액을 계산한다거나, 모든 단체 구성원들의 이익을 위하여 기금을 분배하는 것을 허용하고 있다. 그 외에도 피고에게 일정기간 동안 상품이나 용역의 시장가격을 인하하도록 하거나, 보상금을 공익단체나 공적 활동을 수행하는 공공기관에 기금으로 기부토록 하는 방법, 즉 예를 들어 환경오염을 예방하기 위한 연구기관이나 청소년선도를 위한 청소년보호단체 등에 기부토록 하는 방법을 취할 수도 있다. 법원이 이러한 융통성 있는 피해회복방법을 이용하게 되면, 피해액이 개인별로는 아주 적은 경우에도 소송을 포기하지 않도록 할 수 있고, 기업으로서는 거액을 부담하게 되므로 부정직한 행위를 계속하지 못하도록 경제적 부담을 지워 다시는 그러한 나쁜 행위로 이득을 취하지 못하도록 예방할 수 있다.

그런데 여러 연방법원들이 개인적 피해를 증명하기 어려운 사건을 해결하는 방안으로 이러한 융통성 있는 피해회복방법을 채택하지 않고 있다는 점이다. 제9연방항소법원은 구성원들의 비현실적 청구를 해결하는 방법으로 손해총액방법을 허용하는 것은 구성원들의 본질적 권리를 침해할 우려가 있다고 판시하였다.[261] 반면에 제7연방항소법원은 피해회복을 위한 융통성 있는 해결방법이 정당한지 여부

---

261) Hotel Tel. Charges, 500 F.2d 86, 90 (9th Cir.1974); Littledove v. JBC & Associates, Inc., 2001 WL 42199.

는 사건의 특성에 따라 평가되어져야 한다고 판시하였다.[262] 그럼에도 불구하고 일부 법원은 피해보상기금이 직접 구성원에게 배분되지 않는 것은 문제가 있다는 인식을 가지고 있다. 융통성이 발휘되는 이러한 피해회복은 전체로서 손해를 분배하는 경우보다는 권리자를 구체적으로 밝힐 수 없는 경우의 손해를 분배할 때 논란이 적다. 융통성 있는 피해회복은 소를 제기하지 않은 구성원들에게 불이익을 줄 수도 있기 때문에, 법원으로서는 구체적으로 청구되지 않은 금액이 포함되어 있을 경우에 이러한 방법을 선택하는 경향이 있다.

미국법률협회는 일정한 조건이 충족될 경우에는 대표당사자소송절차에서 이루어진 합의에 이러한 방법을 적용하면 된다고 하였다. 본질적으로 배상금은 청구한 구성원에게 지급되어야 한다. 그러나 피해액이 너무 적거나 구성원들의 인적사항이 밝혀지지 않은 경우처럼 개인적 분배가 곤란한 경우라면 이러한 방법이 바람직하다고 하겠다. 하지만 이러한 경우에도 법원으로서는 합의금이 구성원들과 밀접한 관련성이 있는 수령인을 선택하여야 한다(the Principles of the Law Aggregate Litigation). 많은 법원들이 이러한 미국법률협회 해결방식을 취하고 있다. 경우에 따라서는 기금을 국고에 귀속시키기도 한다. 앞서 살펴보았듯이 구성원들이 구체적으로 수령하지 않아 남게 된 금액은 피고에게 다시 반환되게 된다. 그러나 일부 법원은 그러한 피고에의 반환은 피고에게 횡재를 안겨주거나 불법행위 근절의 효과를 희석시킬 수도 있다고 보아 그러한 반환방법을 선호하지 않는 편이다.

262) Simer v. Rios, 661 F.2D 655 (7th Cir. 1981); RZS Holdings AVV v. PDVSA Petroleo S.A., 506 F.3d 350 (4th Cir.(Va.) Nov 01, 2007).

제16절 소송 일반

제1장 서 론

미국법상의 대표당사자소송을 이해하기 위해서는 그 전제로 미국 소송절차의 일반에 대한 이해가 필요하다. 그 동안 대표당사자소송을 중심으로 개념, 요건, 통지, 탈퇴권, 효력 등에 대하여 살펴보았다. 이하에서는 대표당사자소송에서도 기본적으로 적용되는 소송법상의 일반절차를 알아보고, 이러한 일반절차들이 대표당사자소송에서 어떻게 적용되는가에 대하여도 함께 살펴보기로 한다. 대표당사자소송에 대한 출소기한의 제한, 관할권, 변호사 수임료, 쟁점과 청구의 배제, 헌법이 보장한 적법절차 및 수정헌법 제7조에 의한 배심원의 재판을 받을 권리 등을 대표당사자소송과의 연관성을 중심으로 개괄적으로 살펴보기로 한다.

제2장 출소기한

Ⅰ. 의 의

구성원 중 누군가가 대표당사자소송을 제기하면 다른 구성원들도 동시에 출소한 것으로 보아 출소기한의 진행이 정지된다. 즉 구성원 중 누군가가 대표당사자소송을 제기하게 되면 그러한 제소는 그 단체의 인증이 거부될 때까지 다른 모든 구성원을 위해 출소기한을 지킨 것으로 인정된다. 따라서 다른 구성원들은 탈퇴하면서 개인 소송을 제기할 수도 있고, 다른 구성원들도 요건을 갖추게 되면 다른 대표당사자소송을 제기할 수도 있다. 추정적인 단체의 구성원들이 그러한 대표당사자소송이 제기되어 있음을 알았는지 여부와는 상관없이 객관적으로 출소기한을 지킨 것으로 된다.

연방대법원은 American Pipe & Construction 판결[263)]을 통해, 최초로 제기된 대표당사자소송이 개시되게 되면 그 소송이 대표당사자소송으로서의 적합한 요건을 갖추지 못하였다고 법원에서 거절당하게 될 때까지 출소기한이 정지되었다고 보아야 하기 때문에 다른 구성원들은 그 즉시 새로운 대표당사자소송이나 개별적 소송을 제기할 수 있다고 판시하였다. 연방대법원은 대표당사자소송이 제기되었을 경우 통지하는 목적은 권리자가 권리 위에 잠자는 것을 방지하고 피고에게 소송이 제기된 사실을 알려 줌으로써 출소기한이 정지되었음과 탈퇴를 통한 별도 소송을 제기할 수 있음을 알려주기 위함에 있다고 하였다. 즉 연방규칙 제23조에 의한 대표당사자소송이 제기될 경우 구성원들은 대표당사자가 구성원 자신들의 이익을 위해 소송행위를 할 것이라는 기대를 가지고 있어 개별 소송을 제기하지 않고 기다릴 것이므로 출소기한이 정지되는 것은 당연하다고 판시하였다.

위 판결 후 연방대법원은 Crown, Cork & Seal 판결[264)]을 통해 독립된 소송을 제기하는 사람들을 포함하여 추정적인 구성원들에게도 출소기한 정지에 대한 효력이 미친다고 하여 그 적용범위를 확대하였다. 다만 이 경우에도 단체인증이 거부된 후에 소송을 제기하며 개입하는 사람들에 대해서는 확대 적용되지 않는다고 판시하였다.

출소기한 정지의 효력을 인정받으려면 원고는 자신이 소제기를 통해 주장하는 청구가 출소기한 정지를 발생시킨 대표당사자소송에서 단체의 청구와 관련이 있음을 증명하여야 한다. 예를 들면 유해물질로 인하여 개인적 피해를 입은 것을 원인으로 하여 소송을 제기한 원고는 단체 구성원들이 재산적 손해만을 주장하며 제기한 이전의 대표당사자소송의 출소기한 정지의 효력을 원용할 수 없다고 하겠다. 즉 전소에서 손해배상책임의 원인에 모든 구성원들이 연관되었다는 주장이 없었기 때문이다.

263) American Pipe & Construction Co. v. Utah, 414 U.S. 538 (1974); Wyser-Pratte Management Co., Inc. v. Telxon Corp., 2003 WL 25861087.

264) Crown, Cork & Seal Co., Inc. v. Parker, 462 U.S. 345 (1983); Portwood v. Ford Motor Co., 292 Ill.App.3d 478, 685 N.E.2d 941, 226 Ill.Dec. 486, 34 UCC Rep.Serv.2d 1063 (Ill.App. 1 Dist. Sep 08, 1997).

Ⅱ. 적용범위

1. 원 칙

추정적 대표당사자소송이 처음 제기되면 어느 누구도 단체에 대한 인증이 될 것인지 아니면 기각될 것인지에 대하여 확신이 있는 것은 아니다. 그러나 출소기한을 정지시키는 것과 관련하여 착수단계에서 법원은 단체인증이 있을 것으로 추정한다. 만약 단체인증이 기각된다면, 추정적 구성원들은 그 사건에 어떻게든 참가하거나 개별 소송을 제기하려고 할 것이다. 따라서 단체인증이 기각되면, 그 시점으로부터 새로운 출소기한이 진행된다.

American Pipe 사건에서 쟁점이 되었던 것은, 단체인증이 거부되었을 경우 출소기한이 언제 다시 진행한다고 보아야 하느냐 여부였다. 이에 대하여 제1심법원의 단체인증 기각 시라거나 최종심의 단체인증 기각으로 기각이 확정된 때라는 등의 견해가 나올 수 있다. 이에 대해 제11연방항소법원은 Armstrong 판결[265)]을 통해 출소기한이 종료되는 시점, 즉 다시 출소기한이 개시되는 시점은 제1심법원이 단체인증을 기각한 때라고 판시하였다. 설령 항소심에서 번복될 가능성이 있더라도 제1심법원의 결정을 기준으로 해야 한다고 하였다. 왜냐하면 단체의 인증에 대한 제1심법원의 결정은 법원의 자유재량권의 범위 내에서 이루어지는 것으로써, 제1심법원이 단체 확인을 기각하면 대부분 항소심에서도 그대로 유지되는 경향을 보이고 있고, 제1심판결 후에 출소기한 정지를 계속 유지하는 것은 이미 제1심법원에서 단체인증이 거절됨으로써 구성원들이 대표당사자소송에 별 기대를 갖지 않게 되므로 구태여 출소기한을 연장할 의미가 없기 때문이다.

그런데 Armstrong 판결은 연방규칙 제23조(f)가 그 다음 해에 발효됨으로써 별 의미가 없게 되고 말았다. Armstrong 판결과 관련하여, 제11연방항소법원도 당시 개정 논의 중이던 연방규칙 제23조(f)가 통과되어 단체인증에 대한 중간항소가 현저하게 증가한다면 항소심에서도 출소기한 정지를 인정할 것인가에 대하여 재검토되어야 한다고 밝혔다. 왜냐하면 당시 개정 논의된 연방규칙 제23조(f)가, 지방법원이 단체소송을 인증 또는 불인증한 후 14일 이내에 항소허가신청서를 항소법원에 제출하면 항소법원은 항소를 허가할 수 있으며, 그 경우에도 지방

265) Armstrong v. Martin Marietta Corp., 138 F.3d 1374; Scarvey v. First Federal Savings and Loan Ass'n of Charlotte, 146 N.C.App. 33, 552 S.E.2d 655 (N.C.App. Sep 04, 2001).

법원이나 항소법원의 판사가 별도의 명령을 내리지 않으면 지방법원에서의 절차는 정지되지 아니한다고 하여, 항소심에서 출소기한이 정지되지 않는다는 취지였는데, 2003년에 개정이 되었다.

그런데 연방규칙 제23조(f)가 적용된 이후에도 제1심법원의 단체 확인 기각 결정 시를 출소기한 정지의 종료시점으로 보아야 할 것인지, 아니면 연방규칙 제23조(f)에 근거한 청원이 항소심에서 거부될 때까지 혹은 더 나아가 본안에 대해 항소가 기각될 때까지 출소기한 정지의 효력을 유지시킬 것인지에 대하여는 법원의 견해가 나뉘어져 있다.

2. 예 외

출소기한의 정지와 관련하여 중요한 것으로는 첫째, 출소기한 정지의 효력은 대표당사자소송을 승계한 자에게는 미치지 않으며, 둘째, 일부 법원에서는 이러한 출소기한 정지의 효력을 주법 관련 사건에는 적용하지 않고 있다. 왜냐하면 첫째의 경우, 대표당사자소송을 승계한 자는 제소한 자와 동일성이 인정된다고 보기 때문이다. 만일 승계한 자에게도 출소기한 정지의 효력을 인정하게 되면 단체인증이 거부된 후 대표당사자가 타인에게 이를 양도할 경우 그 자가 다시 소를 제소할 수 있게 되어 부당하다는 것이다.[266] 그렇지만 일부 법원은 원래 제기된 대표당사자소송에 대한 단체인증 거부 사유가 전체로서의 단체의 쟁점에 대한 실질적 하자의 문제가 아니라면, 거의 똑 같은 내용의 대표당사자소송을 추정적인 단체의 구성원들이 연이어 제기하는 것을 허용하고 있다. 예를 들어 법원은 처음 제기된 대표당사자소송이 대표당사자 개인의 하자로 인해 단체인증이 거부된 경우라면 나중에 다른 구성원들이 제기하는 대표당사자소송에 대해 출소기한 정지의 효력을 인정해야 한다는 것이다. 제3연방항소법원은 Yang 판결[267]을 통해 출소기한 정지에 관한 일반원칙(American pipe tolling)은 먼저 제기한 대표당사자소송에서 단체의 대표당사자에게 자격이 없다는 개인적 이유로 단체인증이 거부되었다면, 자격을 갖춘 다른 구성원이 두 번째로 제기한 대표당사자소송에 대해 출소기한 정지의 효력이 미친다고 하였다. 그러나 첫 번째 소가 단체 자체의 적

266) Korwek v. Hunt, 827 F.2d 874, 878 (2d Cir. 1987); Vincent v. Money Store, 304 F.R.D. 446 (S.D.N.Y. Feb 02, 2015).

267) Yang v. Odom, 392 F.3d 97, 99 (3d Cir0 2004); Askins v. United States, 113 Fed.Cl. 283 (Fed.Cl. Nov 05, 2013).

합성이 없다는 이유로 기각된 경우라면 두 번째 소에 출소기한 정지의 효력을 인정할 수 없다고 하였다. 제3연방항소법원은 Yang 판결에서 처음 제소된 대표당사자소송에서 단체의 인증이 거절된 후에 이를 승계한 두 번째 대표당사자소송에 대해 출소기한 정지의 효력을 인정할 것인가에 대해 법원들이 상황에 따라 다른 입장을 취하고 있다고 판시하였다.

출소기한 정지의 효력은 주법 사건에 적용되지 않는다는 것을 일부 법원은 지지하고 있다. 주법이 적용되는 손해배상청구사건에서는 출소기한 정지에 대해서도 연방법이 아닌 주법에 의해 결정해야 한다는 것이다. 결과적으로 단체소송이 계속 중인 경우에도 주법에 의해 출소기한이 도과하였다면, 설령 그 사건이 연방법원으로부터 이송되어 온 사건이라 할지라도 결과를 바꿀 수는 없다고 하겠다.

3. 소송탈퇴자

대표당사자소송에서 단체의 인증이 거부되면 정지되었던 출소기한은 다시 진행한다. 이 경우 개별적 소송을 제기하고자 하는 구성원은 다시 시작된 출소기한이 경과하기 전에 소를 제기하여야 한다. 반면에 적시에 제출된 대표당사자소송의 단체인증이 있게 되면 출소기한의 정지는 단체 구성원 누구에게나 문제가 되지 않는다. 본안판결의 효과를 누리면 되기 때문이다.

그러나 단체인증이 이루어졌다는 통지를 받은 후 소송탈퇴하는 구성원에게는 문제가 된다. 왜냐하면 통지 받은 구성원이 탈퇴하는 순간부터 정지되었던 출소기한이 그 탈퇴자에게는 다시 진행되기 때문이다. 대부분의 법원은 대표당사자가 구성원의 이익을 위해 소송행위를 할 것이라고 믿고 개별적 소송을 보류할 것이기 때문에 구성원 개인이 American Pipe 원칙에 의한 혜택을 보는 것은 당연하다는 입장을 취하고 있다.

Ⅲ. 효 과

출소기한 정지의 효과는 출소기한이 정지되지 않았더라면 출소기한 경과로 소송을 제기할 수 없었을 구성원들이 개인적 소송을 제기할 수 있게 된다. 연방규칙 제15조(1)(B)는 변론의 갱신은 처음 제기된 소의 변론일자로 되돌아가며, 그러한 갱신은 행위, 거래의 행태로 발생하는 청구 또는 항변을 주장할 때 원래의 소송이 다시 진행되는 것과 같다고 규정하고 있다.

이에 따라 출소기한 정지의 효력이 발생하게 되면, 원고가 신약의 복용으로 피해가 발생하였다며 전형적인 손해배상청구소송을 제기하였다고 치자. 이때 유사한 상황에 처했지만 소송을 제기하지 아니한 다른 복용자들에 대해서도 출소기한은 정지된다. 이때 원고가 소송을 제기하지 않은 추정적 구성원들의 출소기한이 경과하였음에도 불구하고 자신의 개인소송을 대표당사자소송으로 변경하고자 한다. 이 경우에 법원은 최초의 소송인 개인소송에서 자신의 청구만을 순수하게 주장했는지, 아니면 대표당사자소송이 제기될 수 있다는 내용을 통지하였는지 여부에 따라 대표당사자소송 허용 여부를 결정하게 된다. 만약 피고가 출소기한제한법에 의한 출소기한이 도과하기 전에 광범위한 배상청구가 진행될 수 있다고 예상하였거나, 소장 자체에서 원고들의 청구와 비슷한 청구를 공유하고 있는 단체들이 있음을 주장한 경우에는, 법원은 그 개인소송을 대표당사자소송으로 전환하는 것을 쉽게 허용하고 있다. 반면에 원고가 소장에서 순전히 개인적인 청구만 할 뿐 광범위한 단체 소송에 대한 주장을 하고 있지 않다면 법원으로서는 궁극적으로 대표당사자소송으로 전환되는 것을 허용하지 않기도 한다.

제3장 관할권

Ⅰ. 의 의

관할권에 대한 기본적 사항은 이미 앞에서 살펴보았다. 일반적으로 원고 소송대리인은 주법원에 대표당사자소송을 제기하는 것을 선호하는 반면 피고 소송대리인은 연방법원에 제소되기를 희망한다. 설령 주법원에 대표당사자소송이 제기되었더라도 연방법과 관련된 쟁점이 있으면 피고 소송대리인은 사건을 연방법원으로 이송해 줄 것을 신청할 수 있다.

그리고 주법원에 제기된 사건이 주법률과 관련된 청구이더라도, 광역관할사건인 경우에는 피고 소송대리인은 대표당사자소송공정화법에 의해 연방법원으로 이송을 신청할 수 있다. 대표당사자소송공정화법이 제정되기 전에는 피고의 소송대리인이 구성원들의 주적(州籍)이 상이(相異)하다는 이유로 연방법원으로 이송신청하는 데에는 두 가지 커다란 장애사유가 있었다. 그 중 하나가 소가가 7만5천 불을 초과하여야 한다는 것이었고(28 U.S.C. §제1332조(a)(1)), 다른 하나가 원고들의 주적이 어느 피고와도 주적이 같지 않은 관할불일치사건이어야만 한다는 것이었는데, 이 두 경우에만 연방법원으로의 이송이 허용되었다. 비록 대표당사자소송공정화법이 특정한 상황에 놓여있는 소송요건들을 완화시키기는 하였지만, 이러한 역사를 가진 다양성의 요건을 제대로 이해한다는 것은 대표당사자소송공정화법의 입법취지와 중요성을 제대로 이해하는데 도움이 된다고 하겠다. 경우에 따라서는 지금도 대표당사자소송공정화법의 요건을 충족시키지 못하였더라도 전통적인 다양성 기준에 충족되면 연방법원으로 이송되어지기도 한다.

Ⅱ. 예외적 연방법원 관할

1. 의 의

연방관할불일치법령인 28 U.S.C. §1332는 연방관할사건이 되기 위해서는 청구금액이 7만5천 불 이상일 것과 당사자들의 완전한 주적의 불일치 요건이 충족되어야 한다고 하고 있다. 즉 여러 개 주에 관할권이 걸쳐 있는 경우 어느 법원에 관할권을 인정할 것인가는 당사자에게 대단히 중요한 문제이다.

2. 요 건

가. 관할 불일치

대표당사자소송에 대한 연방법원의 관할을 인정하기 위해서는 구성원들의 주적이 모두 달라야만 한다. 대표당사자소송에서는 인적사항이 밝혀진 구성원들의 주적만 고려하면 되지, 밝혀지지 아니한 구성원들의 주적까지 고려할 필요는 없다는 Cauble 원칙이 확립되어 있다.[268] 이러한 Cauble 원칙은 대단히 중요하다. 왜냐하면 대표당사자소송에서 모든 원고의 주적을 고려해야 한다면, 대표당사자소송에서 모든 구성원이 주적을 달리 한다는 것이 전국적인 대표당사자소송에서는 원고와 피고 사이에 주적이 일치되는 경우를 피할 수 없기 때문에 그러한 대표당사자소송이 불가능하게 될 수도 있게 된다. 그 결과 Cauble 원칙은 대표당사자소송을 연방법원으로 이송신청하려는 피고에게도 심각한 장애사유가 되고 있다.

---

268) Supreme Tribe Ben Hur v. Cauble, 255 U.S. 356 (1921).

Cauble 원칙으로 인해 연방법원이 아닌 주법원에서 대표당사자소송을 제기하고자 하는 원고로서는 인적사항이 밝혀진 원고들의 주적과 피고들의 주적을 면밀히 검토할 필요가 있다. 피고의 주적과 인적사항이 밝혀진 원고들의 주적이 서로 다르다는 것은 사건이 연방법원으로 이송될 위험성이 존재한다는 것을 의미한다. 이러한 위험을 피하기 위하여 일반적으로 대표당사자소송에서 원고의 소송대리인은 다른 주의 피고는 물론이고 같은 주의 피고들을 포함시키고 있다. 이에 대해 피고 소송대리인은 Cauble 원칙을 주장하면서 같은 주의 피고들이 포함된 것은 부적절하며 그들은 다양성의 목적에 비추어 무시되어야 한다고 항변한다. 다시 말해 원고들이 기망행위로 다양성 요건을 피해가기 위하여 이유 없이 자기들을 소송에 포함시켰기 때문에 자기들이 배제되어야 한다고 주장하게 된다. 예를 들면 Illinois 주에 거주하는 원고가 Washington 주의 제약회사를 상대로 대표당사자소송을 제기하면서 다양성 원칙을 회피할 목적으로 같은 주의 병원이나 대형약국을 공동피고로 삼는 경우이다. 이처럼 기망을 통한 당사자병합을 금지하여야 한다는 원칙은 원고가 같은 주의 피고들만을 상대로 대표당사자소송을 제기할 가능성이 없거나 피고의 주를 고의로 다르게 주장하는 경우 등에 적용될 수 있다고 하겠다.

일정한 경우에 원고는 적어도 단체의 적은 부분일지라도 전부가 아닌 일부의 피고들에 대한 인적사항을 밝혀야 한다. 그런 경우에 피고들은 원고가 기망행위로 부당하게 당사자들을 병합하였기 때문에 특정 피고가 무시되어야 한다고 항변하게 된다. 제11연방항소법원은, 피고들이 원고 구성원 중 98%가 다양성이 없는 피고를 상대로 있지도 아니한 청구권을 행사하고 있다고 주장하면서 원고가 다양성 요건을 무력화시키기 위하여 주적이 같은 피고들을 기망적인 방법으로 공동피고로 병합하였다고 주장한 Tridds 사건[269)]에서 피고들의 주장을 배척하면서 만약 인적사항이 밝혀진 원고들이 피고들을 상대로 청구권을 행사할 가능성이 있다면 인적사항이 밝혀지지 않은 대부분의 구성원들이 그 피고에게 어떠한 청구권을 가지고 있지 않을 것이라고 주장한다고 해서 단순히 기망병합이론(fraudulent joinder theory)에 의해 다양성이 배척될 수 없다고 하였다.

기망당사자병합을 주장하는 것으로만 승소할 수 있는 것은 아니기 때문에 원고 소송대리인은 광역관할 대표당사자소송에서 같은 주에 거주하는 피고들을 다수

---

269) Tridds v. John Crump Toyota inc., 154 F.3d 1284 (11th Cir. 1998); Naquin v. Nokia Mobile Phones, Inc., 2001 WL 1242257.

병합하여 제소함으로써 피고들이 그러한 사건을 연방법원으로 이송해 가지 못하도록 방해하고 있다. 대표당사자소송공정화법은 특정한 대표당사자소송에서 완전한 다양성의 원칙을 변경시킴으로써 최소한의 다양성에 근거한 이송을 허용하고 있다.

현재는 대표당사자소송공정화법에 의해 광역관할 대표당사자소송인 경우에는 연방법원에 관할권을 인정하고 있어, 이 문제를 해결하고 있다.

나. 청구금액

대표당사자소송공정화법이 제정되기 이전에 원고들은 다중 관할권 적용을 받지 않기 위하여 청구금액을 7만5천 불에 맞추려고 하였고, 피고소송대리인들은 그러한 것은 장애가 되지 않는다고 하였다. 특히 원고 소송대리인은 각 단체별로 7만5천 불을 청구하면 된다는 입장을 취하였다. 이에 대해 관할을 연방법원으로 옮기기를 원하는 피고 소송대리인은 원고가 개별적으로 청구하는 금액이 7만5천 불을 초과하거나 청구금액합산이론에 의해 청구총액이 7만5천 불을 초과한 경우에 적용되어야 한다고 주장하였다. 청구금액을 합산하는 것과 관련하여 법원이 관할 결정 기준인 7만5천 불을 계산할 때 잠재적 구성원들의 청구액까지 합산하여야 하는가라는 점이 논란의 쟁점이 되었다. 예를 들어 8,000명의 구성원이 있는 경우 각 구성원의 손해배상청구금액이 10불씩이라면 그때 청구손해액은 합산되어 8만 불이 되므로 연방법원의 관할 대상이 될 수 있지 않느냐는 것이다.

연방대법원은 Zahn 판결[270)]을 통해 이 문제에 대한 기준을 제시하였다. 즉 연방대법원은 위 판결에서 대표당사자소송에서 각 개인별 청구금액이 7만5천 불을 초과하여야만 연방법원의 관할사건이 된다고 판시하였다. 즉 일반적 원칙으로 단체의 개별 구성원들의 청구금액이 논쟁이 되고 있는 7만5천 불을 초과하는지를 확인하기 위하여 합산되어질 수는 없다고 하였다. 반면에 한 사람이라도 7만5천 불 초과금액을 주장할 때 위 원칙의 적용을 받아 연방법원이 관할해야 한다는 것이다. 대표당사자소송공정화법 이전에도, Zahn 판결에도 불구하고, 단체 구성원 1인당 7만5천 불보다 적은 금액이 주장되는 대표당사자소송에서도 같은 논쟁이 제기되었다.

270) Zahn v. International Paper Co., 414 U.S. 291 (1973); Monroe v. Brown, 256 F.Supp.2d 1292 (M.D.Ala. Apr 07, 2003).

그리하여 피고들은 첫째, 원고들이 징벌적 손해배상을 청구하고 있기 때문에 결과적으로 원고 각자가 배상받게 되는 금액이 징벌금이 포함되어 결국 7만5천 불을 넘게 된다고 주장하면서 연방법원으로 사건이 이송되어야 한다고 주장하였는데, 이런 경우는 징벌적 손해배상규정이 있는 사건에서 효과가 있다. 피고들은, 둘째로 형평법상의 배상이 함께 이루어지는 사건인 경우에는 7만5천 불이라는 관할요건을 심사함에 있어 법원으로서는 잠재적 구성원들이 받게 될 형평법상의 구제를 감안하여 청구액을 평가하여야 한다고 주장하였는바, 이런 경우는 형평법상의 구제가 함께 발생할 수 있는 특정 사건이나 관련 준거법이 있는 경우에 타당할 수 있는데 그렇다고 하더라도 손해배상청구액과 형평법상의 배상액 합계가 각 원고별로 7만5천 불 이상의 금액으로 평가될 경우여야 한다. 셋째로 Zahn 사건은 소위 공동기금예외(common fund exception)라고 알려진 일반규칙에 대한 예외를 확인하였다. 이러한 원칙은 원고들의 청구가 공통되거나 분할할 수 없을 때 적용되는데 이러한 경우에는 관할요건 충족과 관련하여 합산되어질 수도 있다. 왜냐하면 청구가 불가분이거나 공통되기 때문이다. 그러나 이러한 공통기금예외법칙이 적용되는 사례는 그리 흔하지 않은바, 예를 들어 동일한 부동산 일부이거나, 한 장의 보험증권에 의한 보험금청구이거나 한 경우에 해당된다고 하겠다. 이러한 상황에서 관할요건인 금액의 결정은 특정 원고의 권리가 다른 사람의 권리와 관련되지 않은 채 결정되어질 수 없고, 기금 전부에 대한 가치 또는 부동산 일부의 가치를 평가할 때에 적합하다고 하겠다. 넷째로 Zahn 판결에 의해 제기된 쟁점은 최소한 한 명의 원고에 의해 관할요건 결정 금액이 충족되어졌다면 다른 구성원들의 청구가 그러한 요건을 충족하지 않아도 되지 않느냐는 것이다. 이러한 주장은 보충관할법(Supplemental Jurisdiction Statute, 28 U.S.C. §1367)에 근거하여 주장되었다. 보충관할이라 함은, 어떤 상황에서 당사자들이 독립적으로 관할권을 정할 수 없을 때 법원이 관련 당사자들을 배제한 채 소송절차에서 주요 쟁점에 대해 관할권이 있다고 보이는 법원으로 하여금 재판할 수 있도록 관할권을 보충적으로 정한 관할을 말한다. 이러한 보충관할은 적어도 한 단체의 대표당사자의 청구금액이 7만5천 불을 초과할 때 적용될 수 있다. 법원은 소송대리인의 수임료를 인적사항이 밝혀진 대표당사자들과 추정적 구성원들이 분담하도록 허락하면서 대표당사자들의 청구금액이 아주 작은 금전배상청구임에도 불구하고 보충관할을 인정하기도 하였다. 연방대법원이 2005년에 이 쟁점을 해결하기 전까지는 여러 법원들은 관할보충법의 해석을 둘러싸고 첨예하게 의견이 나누어져 있었다.

28 U.S.C. §1367(보충관할법)이 Zahn 판결을 지배한다는 입장을 취하고 있는 법원들은 "만일 추가적 청구들이 지방법원이 원래 관할권을 가지고 있는 사건과 같은 논리의 한 부분을 형성하는 것이라면 연방법원이 보충적 관할권을 행사할 수 있다."고 규정하고 있는 28 U.S.C. §1367(a)을 근거로 제시하고 있다. 이러한 입장을 취한 법원들은 단체의 대표당사자와 피고가 다른 주에 거주하고, 대표당사자 자신의 청구가 7만5천 불을 초과한 경우라면 원래의 주법원에 관할권이 인정된다고 하였다. 그리하여 이 법원들은 다른 단체에 의해 제기된 대표당사자소송에 대한 보충관할권을 행사하였다. 그런데 이 법원들은 위와 같은 보충관할권을 행사하면서 28 U.S.C. §1367(b)를 근거 삼았다. 왜냐하면 28 U.S.C. §1367(a)가 통상의 공동소송과 관련된 연방규칙 제14조, 제19조, 제20조, 제24조가 적용되는 당사자들에 대해 보충관할의 적용을 배제하고 있는 것과 달리 연방규칙 제23조에 대해서는 그 적용을 배제한다고 명문으로 규정하고 있지 않기 때문이었다.

반면에 28 U.S.C. §1367(보충관할법)이 Zahn 판결을 지배하고 있지 않다는 입장을 취하고 있는 법원들은 다른 경우처럼 원래 관할권이 없는 경우 및 모든 단체 구성원들이 7만5천 불을 초과하는 청구를 하지 않는 한 원래 관할권이 존재하지 않은 경우에는 28 U.S.C. §1367(보충관할법)이 적용되는 것이 적합하지 않다는 입장을 취하고 있다. 이 법원들은 28 U.S.C. §1367의 입법취지를 근거로 삼고 있는데, 동 조항은 다양성만을 근거로 제기되는 대표당사자소송의 관할요건에 영향을 미치기 위해 제정된 조항이 아니라는 것이다.

연방대법원은 5대4로 Allapattah 판결[271]을 선고하였는데, 다수견해는 다른 원고들이 제기한 대표당사자소송이 관할에 관한 다른 요건을 갖추고 있고, 최소한 인적사항이 밝혀진 한 명의 원고 청구금액이 7만5천 불을 초과하고 있다면, 28 U.S.C. §1367은 다른 원고들이 같은 법 제3절이나 같은 논점에 근거하여 청구하는 사건에 대하여 보충관할의 근거로 삼을 수 있고, 다른 원고들의 청구금액이 관할의 다양성 요건 근거 법령에서 특정한 금액보다 적은 경우에도 보충관할의 근거가 될 수 있다고 판시하였다. 연방대법원은 28 U.S.C. §1367의 문리해석을

---

271) Exxon Mobil Corp. v. Allapattah, 545 U.s. 546 (2005); Pilgrim's Pride Corp. v. Frisco Food Services, Inc., 2007 WL 737737.

그렇게 할 수밖에 없고, 28 U.S.C. §1367(b)가 28 U.S.C. §1367(a)에서 예외로 삼고 있는 대표당사자소송의 유형을 포함하고 있지 않다는, 즉 예외로 삼고 있지 않음을 위 Allapattah 판결의 근거로 제시하였다. 다시 말해 28 U.S.C. §1367(a) 조문내용이 너무 명확하고, 입법취지가 분명하기 때문에 반대로 해석해야 할 이유가 전혀 없다는 것이다. 연방대법원은 연방규칙 제20조가 적용되는 사건에서도 동일한 입장을 취하였다. 따라서 다른 관할요건을 갖추고 있고, 원고 중의 한 명이라도 논쟁이 되고 있는 7만5천 불 이상의 청구를 하고 있다면 보충관할이 적용될 수 있다고 하겠다.

그러나 연방대법원은 대표당사자소송공정화법이 적용되는 사건에 대하여는 이러한 원칙이 적용될 수 없다고 판시하였다. 왜냐하면 대표당사자소송공정화법이 특정 대표당사자소송을 위한 논쟁법칙에서 구성원들의 청구금액을 5백만 불 이하에서 합산되도록 허용하고 있기 때문이다. 연방대법원에 의하면 그 동안 보충관할권이 주장된 많은 사례들은 대표당사자소송공정화법의 범위에 포함되지 않을 수도 있다. 왜냐하면 대부분의 대표당사자소송은 대표당사자소송공정화법이 규정한 5백만 불 기준을 넘지 못하고 있기 때문이다.

같은 이유로 많은 사건들이 대표당사자소송공정화법을 만족시킬 수 있는 경우에도 28 U.S.C. §1367을 만족시키지 못할 수도 있다. 따라서 수많은 소비자 사건에서 보듯이 대표당사자를 포함하여 각 단체의 각 구성원들이 7만5천 불 이하로 청구권을 행사하게 되면 원래의 관할권 요건을 충족하는 원고가 전혀 없을 수도 있다. 그럴 경우에는 보충관할권이 무의미하게 되고 만다. 그러나 그 경우 총액이 5백만 불을 넘게 되면 대표당사자소송공정화법이 적용될 수는 있다. 다시 말해 대표당사자소송이 주법원에서 연방법원으로 이송될 수 있다는 것을 이해하려면 대표당사자소송공정화법과 보충관할법이 잠재적으로나마 상관관계에 있으며, 사건에 대한 사실관계와 상황에 따라 어느 한 쪽 법이 우선적으로 적용되거나, 두 법이 동시에 적용되거나 또는 적용되지 않을 수도 있다는 것을 이해할 필요가 있다고 하겠다.

제4장 적용법조의 우열

대표당사자소송을 진행하다 보면 연방규칙 제23조와 주법, 여러 주에 걸친 주법들이 충돌하는 경우가 있는데, 이때 어느 법을 우선하여 적용할 것인가라는 법조경합의 문제가 발생하게 된다. 이에 대해 연방대법원은 Allstate Insurance 판결에서 견해가 나누어지기도 했지만,272) 연방규칙 제23주가 특정 주법을 통제할 수 있다고 하였다. 즉 New York 주법이 특정한 손해배상청구사건에 대해 대표당사자소송을 허용하고 있지 않은 경우에 그러한 New York 주법을 연방규칙 제23조가 통제할 수 있다고 판시하였다. 뿐만 아니라 원고는 광역관할 대표당사자소송은 물론이고 심지어 관할 주법이 그 주법원에서 대표당사자소송을 할 수 없다고 규정하고 있는 경우에도 연방법원에서 대표당사자소송을 재판할 수 있다고 판시하였다.

연방대법원의 견해가 첨예하게 대립한 위 Allstate Insurance 판결은, 의약품 공급회사인 Shady Grove Orthopedic Associates가 New York 주법인 무과실책임보험법 위반을 주장하며 자동차보험회사인 Allstate Insurance Company를 상대로 제기한 추정적 대표당사자소송에 대한 판결이었다. 위 사건에서 원고인 Shady Grove는 원고에게 지불되어야 할 보험금뿐만 아니라 법정이자의 징벌금을 지급해야 한다며 28 U.S.C. §1332(d)(1)(A) 및 대표당사자소송공정화법에 근거하여 연방법원에 소를 제기하였다. 그러나 연방지방법원은 이런 경우 명문의 규정이 없을 뿐만 아니라 법정 징벌 및 최소한의 회복에 관한 대표당사자소송을 금지하고 있는 New York 주민사집행법 및 규칙에 의해 그러한 대표당사자소송을 허용할 수 없다며 기각하였다(CPLR §901(b)).

이에 대해 제2연방항소법원은, 원고 Shady Grove가 대표당사자소송절차를 제한하고 있는 주민사소송절차법을 연방법원이 적용하는 것을 배제하여야 한다는 Erie 원칙을 주장하면서 연방규칙을 적용할 것을 주장하였으나, 그러한 원고의 주장을 배척하고 원심판결을 그대로 유지하였다.273)

---

272) Shady Grove Orthopedic Associates, P.A. v. Allstate Insurance Co., 130 S. Ct. 1431 (2010); Harris v. Reliable Reports Inc., 2014 WL 931070.

273) Shady Grove Orthopedic Associates, P.A. v. Allstate Insurance Co., 549 F.3d 137, 141 (2d Cir. 2008); Shady Grove Orthopedic Associates, P.A. v. Allstate Ins. Co., 556 U.S. 1220, 129 S.Ct. 2160, 173 L.Ed.2d 1155, 77 USLW 3472, 77 USLW 3605, 77 USLW 3609

위 제2연방항소법원의 Shady Grove 사건은 연방대법원에 상고되었는데, 연방대법원은 만일 원고가 그 사건을 대표당사자소송제도를 인정하지 않은 New York 주 section §901(b)로 주법원에 소를 제기하였다면 New York 주법원에서는 대표당사자소송으로 판결할 수 없었을 것인데, 원고가 주법원이 아닌 연방법원에 소를 제기하자 연방법원에서 단체인증을 할 수 있는가라는 문제에 직면하게 되었다. 심리 끝에 연방대법원은 할 수 있다고 판시하였다. 왜냐하면 주법원에 제기된 대표당사자소송에 대해 연방규칙이 주법의 금지조항을 대체할 수 있기 때문에 연방규칙 제23조에 의해 단체 확인을 할 수 있다는 것이었다. 연방법원이 그런 사안에 대해 관할할 수 있다는 것이 다수견해였으나, 대법관 사이에서도 개별적 분석방법에 차이가 있었는바, 이런 견해 차이가 유사한 다른 사안 처리에 불확실성으로 남게 되었다.

다수견해 중 4인의 연방대법관 의견을 대표 집필한 Scalia 대법관은, 서로 관련성 있는 분쟁은 주법이 적용되는 목적, 실체적 또는 절차적 본질에 관한 문제라기보다는 연방규칙의 실체적 또는 절차적 본질에 관한 문제로 보아야 한다고 결론 내렸다. 다시 말해 연방규칙의 정당성은 순전히 절차를 규율하는가에 달려 있다는 것이다. 만일 그렇다면 이것은 규칙수권법(the Rules Enabling Act)에 의해 정당성을 인정받을 수 있고, 부수적 효과로 주법을 창조하는 결과가 되더라도 연방법원이 관할권을 행사하는 것이 타당하다는 것이다.

Stevens 대법관은 Shady Grove 판결의 다수견해에 찬성하면서도 별도의견을 내었다. 즉 위와 같은 사건에 대해서는 연방법원이 연방규칙에 의해 직접 관할권을 갖는다고 보아야 한다면서, 연방법원은 주에서 인정된 실체적 권리 및 법적 구제에 대해 정의를 내릴 수 있기 때문에 광역관할 조항을 적용하는 것은 절차법적으로 타당하다고 하였다.

Ginsburg 대법관은 반대의견을 대표집필하면서 New York 주법은 대표당사자소송과 그 소송수행을 규정하는 연방규칙 제23조와 달리 법적 구제와 내용에 관한 다른 부분에 대해 규정하고 있다며 양 법 사이에는 분명한 차이가 있다는 입장을 표시하였다. 그러면서 결론적으로 주법으로 대표당사자소송을 금지하고 있는 경우 그러한 주의 대표당사자소송에 대한 관할권을 연방법원이 행사할 수 없다고 하였다.

(U.S. May 04, 2009).

Shady Grove 판결 이후에도 대표당사자소송을 금지하거나 제한하는 주법과 이를 허용하는 연방규칙 제23조 사이의 불일치와 관련하여 연방법원들은 여러 다른 판결을 내어 놓았다. 그 결과 연방대법원은 Shady Grove 판결이 적용되는 사안에서 두 가지 문제에 직면하게 되었는데, 첫째, 다수견해 중 Scalia 대법관의 다수견해를 따를 것인지 아니면 Stevens 대법관의 별개의견을 따를 것인지 여부였다. 어느 쪽을 택하는가는 대단히 중요한 문제이다. 왜냐하면 다수견해를 따르게 되면 가급적이면 연방법원의 대표당사자소송에 대한 재판부담을 줄여 주법원으로 하여금 재판하게 하려는 주법의 제정취지에 반하고, 별개의견을 따르게 되면 사건에 대해 보다 더 구체적으로 접근할 수 있는 장점이 있다는 점이다. 둘째, 연방관할 대표당사자소송에서 올바른 접근방법을 결정하고 나서 특정 주법을 그 사건에 어떻게 적용할 것인가를 결정해야 하는 문제이다.

그런데 이 문제의 기준으로 대부분의 법원은 Scalia 대법관의 다수견해보다 Stevens 대법관의 별개의견을 문제 해결의 접근방법으로 선호하고 있다.[274] 그러나 실질적인 문제를 둘러싸고 법원들은 견해가 다시 나뉘었다. 즉 많은 법원들이 연방규칙 제23조에도 불구하고 주의 소비자보호법을 적용하여 대표당사자소송을 제한하는 입장을 취하고 있어 견해가 나누인다는 것이다. 즉 어떤 연방법원은 연방대법원의 Shady Grove 판결을 구분하여 대표당사자소송을 금지하는 주법을 적용하고 있는가 하면,[275] 어떤 연방법원은 연방규칙 제23조를 주법에 대체 적용하여 전국적 구성원을 단체의 구성원으로 하는 대표당사자소송을 연방법원에 제소할 수 있다고 하고 있다.[276]

274) Wellbutrin XL Antitrust Litig., 756 F. Supp. 2d 670, 675 (E.D. Pa. 2010).
275) McKinney v. Bayer Corp., 744 F. Supp. 2d 733, 747-79 (N.D. Ohio 2010).
276) OnStar Contract Litig. 2010 WL 3516691, at *4 (E.D. Mich. 2010).

제17절 헌법상의 원칙

제1장 수정헌법 제7조

Ⅰ. 서 론

수정헌법 제7조는, 1966년 연방규칙 제23조가 개정된 이후 대표당사자소송제도에 대한 별 다른 언급이 없이 지나왔다. 그런데 최근에 몇몇 법원이 대표당사자소송에 대해 크게 의견이 나누어지는 판결을 선고함에 따라, 과연 그러한 판결이 수정헌법 제7조에 부합하는지 여부가 논의되면서 수정헌법 제7조가 중요 쟁점이 되고 있다.

수정헌법 제7조는 소송상 청구 액수가 20불을 초과하는 영미법, 즉 보통법(common law)상의 소송에서는 배심원에 의한 재판을 받을 권리가 보장되어야 하고, 배심원에 의해 확정된 사실이 아니면 연방대법원에 의해 재심사되어야 하며, 이 경우에는 보통법에 의한 재판이 이루어져야 한다고 규정하고 있다.

위와 같은 내용의 수정헌법 제7조는 소위 재심사조항으로 알려져 있는데, 이 재심사조항은 항소법원이 배심원에 의한 제1심지방법원의 판결에 대해 법적 쟁점만을 심리하는 것이 아니라 새로이 사실관계에 대해 재심사되는 것을 우려하여 수정헌법 제7조에 포함된 것이다. 즉 수정헌법 제7조는 주법원의 재판에 적용하기 위하여 제정된 것이 아닌데도, 많은 주에서는 배심원의 재판을 통해 보호받을 권리가 있다고 보고 있다.

Ⅱ. 2단계심리재판과 재심사조항

앞에서 살펴본 바와 같이 어떤 법원은 개별 쟁점은 차후 있게 될 재판에 미뤄 둔 채 공통적이고 광범위한 쟁점을 먼저 재판하기 위하여 2단계심리재판을 이용해 왔다. 즉 우리 민사소송법상의 일종의 중간판결을 할 수 있다는 것이다. 예를 들어 수천 명의 잠재적 구성원들이 화학공장을 상대로 공해물질배출로 인한 손해배상을 구하는 대표당사자소송을 제기할 경우 그 화학공장에서 유해물질을 배출해 손해배상책임이 있는지 여부 및 있다면 개별 구성원들이 입게 된 피해액 산정과정을 나누어 심리하는 방식이다. 중간판결로 원인관계에 대해 먼저 판결하는 방식이다.

반면에 어떠한 쟁점, 즉 원인판결이 대표당사자소송절차에서 이루어졌다고 하더라도 개인별 소송에서 그 특별한 구성원이 실재로 그 물질로 피해를 보았는지 여부, 그로 인한 피해액이 얼마인지 여부 등은 따로 판결하게 된다. 즉 중간판결과 종국판결이 합쳐져 전체로서의 종국판결이 되는 것이다.

그런데 수많은 구성원으로 이루어진 대표당사자소송에서 장기간 동안 하나의 사건에서 배심원으로 활동하는 것이 불가능할 때가 있다. 경우에 따라서는 수년간 배심원을 해야 하는 경우조차 있을 수 있기 때문이다. 그러다보니 단계별로 배심원들이 참여하는 방식이 이용되기도 한다. 그 결과 최근 들어 2단계심리재판이 수정헌법 제7조를 위반하여 동일 쟁점에 대한 여러 차례 재심사를 위해 각각 다른 배심원들이 참여하는 것에 대해 우려가 나타나고 있다. 연방대법원은 대표당사자소송에 관한 업무처리지침에서 이러한 점에 대해서는 별도로 설명하고 있지 않지만, 여러 연방항소법원들이 실재 그렇게 하고 있어서 대표당사자소송에서의 이러한 2단계심리재판을 두고 헌법을 위반하고 있는 것이 아닌가 하는 의문이 제기되고 있다.

대표당사자소송과 관련하여 이러한 문제점이 처음 제기된 것은 Blue Bird 사건이었다.[277] 제5연방항소법원은, Blue Bird 판결을 통해 2단계심리재판에서는 책임에 관한 것과 손해액수에 대한 것이 각각 조사되어야 한다고 판시하였다. 그런데 이렇게 2단계심리재판을 하게 되면 두 개의 배심원이 겹쳐서 이중으로 조사를 하게 되어 수정헌법 제7조를 위반하는 문제가 발생하게 되는데도, 당사자들은

277) State of Alabama v. Blue Bird Body Co., Inc., 573 F.2d 309 (5th Cir. 1978).

지난 20년 가까이 Blue Bird 판결을 지지하며 대표당사자소송에서 재심사조항을 문제 삼지 않았다.

그런데 1995년에 들어와 이 쟁점에 대한 여러 결정이 내려졌는데, 첫 번째 사건이 Rhone-Poulenc 사건이다.[278] Rhone-Poulenc 사건에서 대표당사자소송 판결 전에 재심사조항을 검토할 것이냐가 쟁점이 되었다. 이 사건은 1980년대 초에 오염된 혈액을 수혈 받은 것이 원인이 되어 후천성면역결핍증, 즉 에이즈에 감염된 혈우병환자들을 구성원으로 한 전국 규모의 대표당사자소송이었다. 지방법원들은 제출된 재판계획대로 피고 회사에 과실이 있는지 여부에 대해서만, 즉 공통적 쟁점에 대해서만 첫 번째 소집된 배심원들로 하여금 평결하도록 하였다.

만약 첫 번째 소집된 배심원들에 의해 어떤 피고들에 대한 과실책임이 인정되었다면, 개인별 구성원들은 전국 법원 어디에서든 개인별 소장을 제출할 수 있게 된다. 그런데 제7연방항소법원은 이러한 소송절차의 진행에 대해 위 재심사조항을 위반하였다고 판시하면서, 두 번째 소집된 다른 배심원들에 의해 첫 번째 소집된 배심원들이 결정한 쟁점, 예를 들어 과실상계라든지 상당한 인과관계의 존재 등과 같은 쟁점에 대해서 또 다시 심리하는 것은 사실관계에 두 배심원들이 겹치게 되어 문제라고 지적하였다.

예를 들면 과실상계는 원고의 과실과 피고의 책임을 비교하는 것인데, 제1차 소집된 배심원들이 이미 심리를 했을지도 모른다는 것이다. 법원은 이러한 수정헌법 제7조의 문제들이 직무집행영장의 발행을 정당화한다고 하였다.

제5항소연방법원은 American Tobacco 판결[279]에서 2단계심리재판이 수정헌법 제7조의 문제점을 안고 있음을 발견하였다. 위 사건은 국내에서 가장 큰 담배회사를 상대로 하여 잠정적으로 수백만 명의 구성원들로 구성된 전국적 규모의 대표당사자소송이었다. 이전의 다른 소송에서 원고들은 피고 담배회사가 소비자들에게 담배 니코틴에 중독성이 있음과 니코틴 단계를 조작해 왔다는 사실을 알리지 않음으로써 과실이 있다고 주장하였다. 지방법원은 단체를 인증하였고, 무수히 많은 개별화된 과실상계 쟁점들에 대해 2단계심리재판을 통해 처리하면 된다고 하였다. 지방법원의 견해를 뒤집는 제5연방항소법원의 다수견해는 연방규칙

278) Rhone-Poulenc Rorer Inc., 51 F.3d 1293 (7th Cir. 1995); Haggart v. U.S., 104 Fed.Cl. 484 (Fed.Cl. Apr 26, 2012).

279) Castano v. American Tobacco Co., 84 F.3d 734 (5th Cir. 1996); Collins v. Anthem Health Plans, Inc., 266 Conn. 12, 836 A.2d 1124 (Conn. Sep 30, 2003).

제23조(b)(3)의 적용을 받는 제4유형의 대표당사자소송에 대한 문제점을 언급하면서 수정헌법 제7조 위반여부에 대하여도 언급하였다. 즉 제5연방항소법원은 한 번의 배심판결로 사실관계를 확정짓도록 한 수정헌법 제7조에도 불구하고 Blue Bird 판결과 Phone-Poulenc 판결을 근거 삼아 2단계심리재판과정에서 두 번째 배심원은 첫 번째 배심원들이 심리한 바 있는 과실책임 여부에 대해 다시 살펴볼 수 있다고 판시하였다.

Ⅲ. RHONE-POULENC 판결과 CASTANO 판결에 대한 검토

앞서 살펴본 Rhone-Poulenc 판결과 Castano 판결 및 유사 사건들에 대해 2단계심리재판이 이루어져 여러 단계의 배심원들이 관여하게 되었는데, 과연 이것을 계속 허용해야 하는가라는 근본적인 의문이 제기되기에 이르렀다. 그러나 모든 법원들은 Rhone-Poulenc 판결과 Castano 판결에서 이루어진 수정헌법 제7조에 대한 해석에 동의하지 않았다.

지방법원은 제약회사를 상대로 하는 전국적 규모의 대표당사자소송에서 2단계심리재판계획에 따라 첫 번째 재판은 피고 과실의 성립 여부와 같은 공통적 쟁점에 대해서 초점을 맞추고, 두 번째 재판은 구성원 개인의 손해배상액수와 원인 등에 대해 초점을 맞춰 2단계심리재판절차에 의해 단체를 인증하였다.[280]

그러나 The Copley Pharmaceutical 판결은 Rhone-Poulenc 판결에 대해 그러한 접근방법은 대표당사자소송에서는 금지되어 있다면서 강하게 비판하였다. 위 법원은 자문위원회 주석서가 연방규칙 제23조(c)(4)에 대해 2단계심리재판을 분명히 허용하고 있다고 지적하였다.

한편 수정헌법 제7조의 접근방식을 취한 Rhone-Poulenc 판결에 대해 제2연방항소법원은 명시적으로 비판하지 않으면서, 2단계심리재판이 진행되는 대표당사자소송에서 첫 번째 배심원들이 사실관계를 명확하게 함으로써 두 번째 배심원들이 이를 원용할 수 있도록 하면 수정헌법 제7조가 염려하는 두 배심원에 의한 재판을 받는 것을 피할 수 있다고 판시하였다.[281]

---

280) Copley Pharmaceutical, Inc., 161 F.R.D. 456 (D. Wyo. 1995); City of St. Petersburg v. Total Containment, Inc., 265 F.R.D. 630 (S.D.Fla. Feb 10, 2010).

281) Robinson V. Metro-North Commuter Railroad Co., 267 F.3d 147 (2d Cir. 2001); U.S. v. City of New York, 276 F.R.D. 22, 94 Empl. Prac. Dec. P 44,276 (E.D.N.Y. Jul 08, 2011).

그리고 제3연방항소법원은 수정헌법 제7조가 배심재판을 한 번만 하도록 하고 있는 것은, 두 개의 배심원이 같은 증거에 대한 재조사를 하지 말라는 의미라기보다는, 두 번째 배심원이 첫 번째 배심원이 결정한 동일한 본질적 쟁점을 다시 결정하지 말라는 의미로 보아야 한다고 판시하였다.282) 하지만 많은 법원들이 여전히 이 쟁점에 대하여 의견이 나누어져 있다. 궁극적으로는 연방대법원의 확정된 지침이 필요하다고 하겠다.

Ⅳ. 기타 쟁점

수정헌법 제7조에 대한 주요 관심은 재심사조항에 관한 것이지만, 보통법이 적용되는 소송에서 배심원 재판을 보장하는 것은 대표당사자소송의 내용과 상관관계가 있다. 예를 들어 제5연방항소법원은 2단계심리재판절차에 의해, 아주 적은 규모의 자료만을 가지고 이루어진 첫 번째 배심판결에 기해 2천 건이 넘는 석면피해불법행위 사건을 재판하려는 지방법원의 재판계획을 승인하지 않았다.283)

뿐만 아니라 연방대법원은 쟁점에 대한 결정 없이 구성원의 탈퇴가 허용되지 않는 강제적 대표당사자소송에서 화해한 것은 인적사항이 밝혀지지 않은 구성원들의 동의 없이 분쟁을 해결하려는 것으로 수정헌법 제7조를 침해할 우려가 있다고 하였다.284)

제2장 적법 절차

적법절차는 대표당사자소송절차에서도 여전히 요구된다. 즉 대표당사자소송에서 통지를 받을 권리, 탈퇴할 수 있는 권리 등을 어떻게 적법하게 보장받느냐 하는 것이 주요 쟁점이 되고 있다. 드물기는 하지만 대표당사자소송이 재판으로 진행될 경우 적법절차가 문제가 되고 있다.

제4연방항소법원은, Meineke Discount Muffler 프랜차이즈 가맹점들이 그들

---

282) Paoli R.R. Yard PCB Litig., 113 F.3d 444, 452 n.5 (3d Cir. 1997).

283) Cimino v, Raymark Industries, inc., 151 F. 3d 297 (5th Cir. 1998); Scottsdale Memorial Health Systems, Inc. v. Maricopa County, 224 Ariz. 125, 228 P.3d 117, 579 Ariz. Adv. Rep. 9 (Ariz.App. Div. 1 Mar 30, 2010).

284) Ortiz v. Fibreboard Corp.527 U.S. 815 (1999); Juris v. Inamed Corp., 685 F.3d 1294, 23 Fla. L. Weekly Fed. C 1251 (11th Cir.(Ala.) Jul 06, 2012).

의 본사 및 다른 당사자들을 공동피고로 하여 제기한 전국적 규모의 390만 불 규모의 대표당사자소송에 대해 적법절차 위반을 이유로 원심판결을 파기하였다.[285] 즉 연방규칙 제23조를 위반하였을 뿐만 아니라 적법절차를 위반하여 피고의 권리를 근본적으로 침해하였다는 것이다.

또 법원은 프랜차이즈 가맹점들이 사실상 또는 법률상 유사성이 없는데도 불구하고 공통되거나 동일한 피해로 고통 받는 통일된 단체라고 허위 주장한 원고들의 대표당사자소송을 허용한 경우도 있다. 그러한 사안은 특별한 사안이지만, 제1심법원과 당사자는 배심원들에게 혼란을 주거나 대표당사자소송을 번복할 수 있는 문제들이 배심원들에 의해 잘못 판단되지 않도록 소송과정에서 적법절차를 지키기 위하여 주의하여야 한다.

제18절 대표당사자소송의 문제점

제1장 윤리적 문제

Ⅰ. 서 론

대표당사자소송은 원고와 피고의 소송대리인 모두에게 잠재적이지만 윤리적 문제를 제기하게 된다. 소송대리인들의 윤리위반 사례는 대표당사자소송 전체 수에 비해 볼 때 결코 많다고 할 수는 없지만, 대표당사자소송을 수행한 변호사들이 직면한 윤리적 문제에 대한 연구는 상당히 많은 편이다. 최근 들어 일부 법원이 소송대리인들의 윤리성을 검토하게 됨으로써 대표당사자소송을 비롯하여 수많은 단체소송과 같은 복잡한 소송에서 소송대리인들의 윤리적 문제가 심각한 사회문제로 대두하고 있는 실정이다.

---

285) Brussard v. Meineke Discount Muffler Shops, Inc., 155 F.3d 331 (4th Cir. 1998); Chisolm v. TranSouth Financial Corp., 184 F.R.D. 556, RICO Bus.Disp.Guide 9724 (E.D.Va. Mar 15, 1999).

대부분의 주변호사협회는 미국변호사협회(the America Bar Association, ABA)의 직업행위표준규칙(ABA Model Rules of Professional Conduct)이나 직업책임표준규정(ABA Model Code of Professional Responsibility) 중 하나를 따라 주변호사협회윤리규정을 제정하였다. 전자는 대표당사자소송과 관련된 윤리적 문제들을 다루기 위해 사용되고 있고, 후자는 그로 인해 발생한 피해에 대한 변호사의 책임을 묻기 위해 사용되고 있다. 이러한 주변호사협회의 윤리규정은 사건의 특성에 따라 개별적으로 적용되고 있다.

Ⅱ. 의견교환을 둘러싼 문제점

1. 단체인증 전 의견교환

단체인증이 이루어지기 전 부재당사자들이 대표당사자소송의 대표당사자에 관한 상담을 위해 소송대리인과 의견을 교환하는 것은 흔한 일은 아니다. 그때까지는 대부분 소송대리인인 변호사와 고객의 관계는 어느 정도 방치되어 있다. 이러한 문제에 대하여 관심을 가지고 있는 일부 법원은, 단체 확인이 이루어지기 전까지는, 소송대리인은 부재구성원에 대한 소송대리인으로 간주되지 않는다고 보고 있다.

이러한 법원의 입장은 심각한 문제를 야기하게 된다. 첫째, 원고의 입장에서 볼 때 소송대리인은 부재구성원을 고객으로 보지 않기 때문에 직업행위표준규칙 제7.1조, 제7.2조, 제7.3조의 광고나 고객유치에 관한 제한규정의 적용을 받지 않게 된다. 피고의 입장에서 볼 때 만약 부재구성원들이 소송대리인에 의해 대리되어질 수 없다면, 소송대리인규칙이 적용되지 않게 된다는 것을 의미한다. 소송대리인규칙은 "고객을 대리함에 있어, 변호사는 같은 문제에 대해 다른 변호사에 의해 소송대리가 이루어지는 것을 알게 된 경우 그 변호사의 동의를 받거나 그런 권한이 인정된 경우를 제외하고는 그 자와 그 사건에 대한 상담을 하여서는 아니 된다."라고 하여, 일단 고객이 된 자에 대한 신의성실원칙을 규정하고 있는데, 고객이 아닌 것으로 인정되게 되면 위 규칙이 적용되지 않아 상담이 가능하게 되는 문제가 생기게 된다(직업행위표준규칙 제Ⅳ.2조).

그럼에도 불구하고 일부 법원은 단체인증판결이 나기 전이라도 대표당사자소송이 제기된 이후에는 부재구성원에 대해서도 위 소송대리인규칙을 적용하고 있다.

왜냐하면 부재구성원은 정식 의뢰인은 아니지만 그들도 소송에 참가할 수 있기 때문에 단체인증 전이더라도 그들로부터 소송대리를 위임받은 것과 마찬가지로 주의의무가 있다고 보아야 한다는 것이다. 이와 관련하여 일부 전문가들은 단체인증 전 단계에서 피고 소송대리인이 화해를 위해 부재구성원들과 접촉하거나 공식적인 진술서를 작성하는 것에 대하여 우려를 나타내고 있다.

따라서 단체인증판결 이전일지라도 필요한 경우에는 그러한 접촉을 제한하는 법원의 적절한 명령이 필요하다 하겠다.

2. 단체인증판결 후 의견교환

법원으로부터 단체인증이 이루어진 이후에는 부재구성원들도 소송탈퇴하지 않은 한 소송대리인의 고객으로 인정된다. 이것은 피고 소송대리인들이 소송대리인 규칙의 적용을 받게 되어 원고 소송대리인의 동의 없이는 대표당사자소송의 구성원들과 상담할 수 없음을 의미한다. 그러나 소송과 관련 없는 업무상 의견교환은 허락된다.

Ⅲ. 이해상반행위

1. 소송대리인의 공모

법원과 전문가들은 일부 사건의 경우 원고 소송대리인과 피고 소송대리인이 구성원들에게 최선의 이익을 안겨 주지 못하는 화해를 공모할 수도 있음을 경계한다. 왜냐하면 피고 소송대리인은 화해금액 총액을 줄이기 원하고, 원고 소송대리인은 조속한 사건의 종결과 최대 수임료를 받기 원하여 이해관계가 일치할 수 있기 때문이다. 그 결과 구성원 개인들이 받게 되는 금액은 그리 크지 않게 된다.

대표당사자소송의 본질은 소송대리인의 윤리적 행위를 엄격하게 규제하는 데에 있다기보다는 공정한 화해에 있으므로 부당한 화해가 성립하지 않도록 해야 한다. 이러한 현상은 소위 쿠폰화해[286]에서 빈번하게 일어나고 있다. 제3연방항소법원은 전국적인 대표당사자소송에서 이루어진 쿠폰화해에 대해 공정하지 않다는

---

286) 쿠폰화해 : 변호사는 수백만 불 이상을 챙기는 반면 피해자는 고작 수십, 수백 불을 받고 마는 경우가 있다. 심지어 보상금 대신 그 회사 쿠폰으로 끝나기도 한다. 이를 소위 '쿠폰화해(coupon settlement)'라고 한다.

이유로 파기하면서 심도 있는 심리를 하라고 판시하기도 하였다.[287] 위 사건에서 법원은 소송대리인의 비윤리적 행위를 직접 발견하지는 못하였지만, 법원으로서는 공모나 다른 권한 남용행위가 있는지 여부를 효과적으로 점검할 의무가 있다고 판시하였다. 대표당사자소송공정화법은 이러한 쿠폰 합의에 대해 엄격한 사법심사를 요구하고 있다.

2. 구성원 상호 간의 대립

또 다른 윤리적 쟁점은 현재와 장래의 청구를 동일 소송대리인이 수행할 때 나타난다. Amchem 사건에서 동일한 소송대리인이 석면에 노출되어 상해가 나타나 있는 현재의 당사자들과 노출은 되었으나 아직 피해가 구체적으로 나타나지 않은 장래의 당사자들 모두를 소송대리한 것에 대하여 연방대법원은 동일한 소송대리인이 이익이 상반되고 있는 현재와 장래의 구성원들을 동시에 변론하는 것은 부당하다고 판시하였다.[288]

중요한 점은 하나의 소송이지만 당사자들의 이해관계가 일치하지 않을 수도 있다는 것이다. 예를 들어 피해가 나타난 현재의 구성원들은 조금 적더라도 당장 보상 받기를 원하고, 반면에 아직 피해가 나타나지 않은 장래의 구성원들은 물가가 연동된 장래의 자금이 확보되기를 원하기 때문에 서로 이해관계가 다를 수 있다는 것이다.

연방대법원은 Ortiz 판결[289]을 통해, 전국적 규모의 현재와 장래의 구성원들에 대해 동일한 소송대리인이 수행한 대표당사자소송을 파기하면서, 지방법원은 이러한 이해관계가 대립된 전국적 대규모 사건의 경우에는 연방규칙 제23조(c)(5) 이하를 적용하여 하위단체로 분리하여 별개의 소송대리인으로 하여금 소송을 수행하게 하여야 한다고 판시하였다. 즉 Oritz 판결을 통해 연방대법원은 구성원 상호 간에 이해관계가 대립되는 사건의 경우에는 이해관계별로 구성원들의 청구를 분리하여 다른 소송대리인으로 하여금 소송을 대리하도록 하는 것이 타당하다고 하였다.

---

287) General Motors Corp. Pick Up Truck Fuel Rank Prods. Lictb. Litig., 55 F.3d 768(3d Cir. 1995); Goldberger v. Integrated Resources, Inc., 209 F.3d 43, Fed. Sec. L. Rep. P 90,919 (2nd Cir.(N.Y.) Mar 28, 2000).

288) Anchem Products, Incv. Windsor, 721 U.S. 591 (1997).

289) Ortiz v. Fibreboard Corp., 527 U.S. 815 (1999); Juris v. Inamed Corp., 685 F.3d 1294, 23 Fla. L. Weekly Fed. C 1251 (11th Cir.(Ala.) Jul 06, 2012).

또 다른 문제는, 다수의 구성원을 한 명의 소송대리인이 소송대리할 경우 이해관계가 같은 데도 구성원 사이의 견해가 나누어지는 경우이다. 예를 들면 하나의 단체 구성원들이 일부는 피해보상에 이해관계가 크고, 일부는 금지명령구제에 이해관계가 큰 경우이다. 단체피해보상소송의 경우에도 일부 구성원은 신체적 상해에 대한 피해배상금이 확대되기를 바라는 반면, 일부 구성원은 재산 피해에 대한 피해배상금이 확대되기를 바랄 수도 있다. 이런 경우 역시 다른 소송대리인으로 하여금 하위단체로 분리하여 소송을 수행토록 하는 것이 바람직하다고 하겠다.

3. 당사자와 소송대리인의 대립

법원은 일반적으로 구성원이 변호사 직업을 가진 경우 그에게 대표당사자소송의 대표당사자 지위와 소송대리인의 지위가 중복되지 않도록 하고 있다. 왜냐하면 구성원인 변호사가 당사자로서의 이익과 변호사로서의 이익(수임료)에 모두 이해관계가 있어 객관적 소송대리가 어렵기 때문이다. 법원은 대표당사자가 소송대리인의 배우자이거나, 소송대리인의 동업 변호사 또는 피고용인이거나, 소송대리인과 가까운 친척인 경우에도 마찬가지의 염려를 하고 있다. 이러한 대립은 원고의 소송대리인이 동시에 피고의 다른 사건의 소송대리인이 되는 경우에도 나타나고 있다.

4. 적정 수임료

소송대리인의 수임료는 보통 피해보상금의 일정 비율을 지급받는 경우가 많다. 거액의 피해보상금을 받게 되는 대표당사자소송에서, 소송대리인들이 구성원에 비해 높은 수임료를 받는 경우가 자주 발생하는데, 특히 화해과정에서 소송대리인에게는 상당한 고액의 수임료를 지급하는 대신 구성원에게는 배당금액이 미미할 경우에 소송대리인의 윤리적 문제가 제기될 수 있다. 뿐만 아니라 구성원들은 적은 금액의 피해보상보다는 자신들에게 더 유리한 비금전적 구제방법이 강구되기를 원하는 반면에 소송대리인은 수임료를 많이 받기 위하여 그러한 비금전적 구제방법보다는 금전적 구제방법을 더 선호할 경우 당사자들과 이해관계가 대립될 수도 있다. 이러한 문제는 대표당사자소송이 아닌 경우에도 발생할 수 있지만, 전통적인 소송에서는 의뢰인들이 소송대리인을 자신의 지시에 따르도록 만들 수 있는 유리한 위치에 있는 경우가 대부분이지만, 대표당사자소송은 그러하지 못한 경우가 많다.

많은 구성원으로 이루어진 대표당사자소송의 특징상 소송대리인은 실재로 구성원 모두의 개별적 의견을 그대로 따를 수 없는 한계가 있다. 법원으로서는 대표당사자소송에 있어서 소송대리인의 높은 수임료 비율에 대해 윤리적 문제가 야기될 수 있다며 주의를 주기도 하지만, 통상적으로는 소송대리인의 윤리 위반 문제를 직접 건드리기보다는 연방규칙 제23조(e)에 따라 화해조항이 제대로 되었는지 화해조항 검토 및 승인절차를 통해 소송대리인을 규제하고 있다.

Ⅳ. 기타 윤리 문제

1. 소송비용 부담

원고 소송대리인이 대표당사자소송 수행을 위해 선불로 지급한 비용을 반환받는 것이 윤리적으로 타당한가를 놓고 견해가 나누어져 있다. 이러한 문제해결은 사법부에 의해 채택된 특별 윤리 규정에 의존하고 있다. 직업행위표준규정 제Ⅰ.8조 이하는 대표당사자소송에서 패소하더라도 구성원들로부터 소송비용을 반환받지 않는 조건으로 소송비용을 소송대리인이 선불할 수 있다고 규정하고 있다. 이와 대조적으로 직업책임표준규정 준칙 제5-103(b)에 의하면 의뢰인이 소송비용에 대한 최종적인 책임을 진다면 소송대리인이 소송비용을 선불할 수 있다고 규정하고 있다. 그런데 후자의 입장을 취하고 있는 주에서도 일부 법원은 소송비용을 최종적으로 구성원들에게 책임지우는 것은 연방규칙 제23조의 특성상 대표당사자의 입장을 불공정하고 어렵게 만들 수 있다는 이유로 예외적으로 전자의 입장을 취하고 있다. 일부 법원은 소송비용은 대표당사자가 부담하는 것이 맞지만, 발생한 비용이 거액인 경우 너무 부담이 되므로 다수당사자가 관여하고 있다는 점을 고려하여 발생 비용의 일정비율만 부담토록 하여 적은 비용을 책임지도록 하기도 한다.

2. 수임권한의 한계

변호사윤리규정은 일반적으로 변호사의 소송상 권한을 제한하는 계약을 금지하고 있다. 따라서 많은 구성원이나 일부 구성원과의 내부특약을 통해 피고에게 일정한 범위를 넘어서는 금액의 청구를 하지 않겠다고 소송대리인이 동의한 계약은 윤리규정에 반하게 된다. 왜냐하면 이러한 계약을 인정하게 되면 비슷한 처지에 놓여 있는 다른 사람들의 소송대리인 선택권을 빼앗을 우려가 있기 때문이다. 이러한 문제는 대표당사자소송에만 있는 특별한 문제가 아니지만, 피고가 장래의 새로운 대표당사자소송이 제기되는 것을 피하려는 강한 이해관계가 얽혀 있어 대표당사자소송에서 자주 발생하고 있다.

3. 구성원 상호 간의 의견불일치

직업행위표준규정 제Ⅰ.4조는 변호사에게 소송과 관련하여 알게 된 사건의 내용 및 의뢰인들에 대한 비밀유지의무를 부여하고 있다. 그런데 다수당사자가 관여하는 대표당사자소송에서는 이 문제가 아주 심각할 수도 있다. 수많은 전문가들은 구성원이 수백 또는 수천에 이른 경우에도 소송대리인은 구성원들과 상담할 의무가 있다고 주장하고 있다. 개별 면담이 불가능하다면 인터넷이나 무료전화통화방식을 이용하거나 화상통화방식을 통한 구성원회의를 소집하는 방법 등 구성원과 연락을 취하여야 한다는 것이다.

제2장 제도개선방안

Ⅰ. 개정안에 대한 검토

1. 서 론

지난 10여 년간 학자, 국회의원, 변호사들은 연방대표당사자제도에 대한 수많은 개선방안을 제시하였다. 여기에서는 미국법률학회와 민법자문위원회에서 제안된 몇 가지 개선방안에 대해 살펴보기로 한다.

2. 개선안에 대한 종합적 검토

미국법률학회는 통합소송법의 제원칙이라는 프로젝트를 통해 대표당사자소송 및 다른 다수당사자소송에 대한 많은 개선안을 제시하였다. 위 원칙은 2009년 미국법률학회 정기총회에서 승인되었고, 2010년에 발표되었다. 위 원칙은 연방대법원은 물론이고, 많은 연방법원 및 주법원에서 인용되고 있다. 이 원칙은 대표당사자소송 및 다수가 관여하는 다른 다수당사자소송에서 최근에 거론되어 온 수많은 쟁점들을 광범위하게 다루고 있다. 제1장은 기본원칙에 대하여, 제2장은 단체인증에 대하여, 제3장은 피해금액합산에 대하여 다루고 있다.

이 원칙에는 수많은 새로운 방안들이 제시되었는데, 예를 들면 연방규칙 제23조(b)(3)의 "우월성"과 "우선성"이라는 용어 대신 금액을 합산하는 화해가 사건의 해결을 위해 "실질적으로 앞선다."라는 용어를 사용하여 그렇게 할 경우 사건의 해결 가능성이 높은지에 대해 관심을 보이고 있고(Ⅱ.02), 대표당사자소송으로서의 요건을 충족하지 못하였다고 하여 강제적 대표당사자소송을 불허하거나 구성원들을 탈퇴시켜 대표당사자소송을 불허하는 대신 개별적 소송요건을 갖추고 있는 경우 이를 분리해서 독립된 소송으로 취급할 수 있도록 고려할 것을 제안하고 있고(Ⅱ.04), 우편물에 의하던 직접적이고 엄격한 통지요건을 완화하여 인터넷이나 다른 의견교환방법을 모색토록 하고 있고(Ⅱ.07(a)(3)), 대표당사자소송의 쟁점을 넓게 확장하여 대표당사자소송의 범위를 넓힐 것을 검토하도록 하고 있고(Ⅱ.08, Ⅱ.09), 적절한 상황 하에서 소송에 참여할 수 있도록 제안하고 있다(Ⅱ.10).

제3장에서는, 법원이 대표당사자소송의 화해의 공정성을 심사하는 요건을 단순화할 필요성을 제안하고 있고(Ⅲ.05), 연방대법원의 Amchem 판결의 견해와 달리 화해를 위한 단체의 인증요건을 완화하도록 제안하고(Ⅲ.06), 가급적 화해를 규율하는 기준의 마련을 제안하고(Ⅲ.07), 장래의 청구에 대한 화해처리방안을 제시하고(Ⅲ.10), 지방법원으로 하여금 중간판결에 구속되어 제안된 화해를 거부할 수 있도록 하고(Ⅲ.12), 변호사의 수임료를 일정 비율로 계산할 경우 소송을 통해 얻게 될 실질적 가치에 기초하여 결정할 것을 제안하는 한편(Ⅲ.13), 보통의 기금사건에서 변호사의 수임료를 결정할 때도 lodestar(지침에 의한 계산방식)보다는 기금의 일정비율을 지급하는 방법이 낫다고 권고하고 있고, 나아가 대

표당사자소송이 아닌 다른 유형의 다수당사자소송에서의 화해에도 관심을 가질 것과 이 경우 그러한 화해를 규제하는 현재의 윤리적 제한 요건들을 완화할 것을 제안하고 있다(Ⅲ.15-Ⅲ.18).

3. 자문위원회 제안들

자문위원회는 연방규칙 제23조를 중시하여, 1998년 제23조(f)를 새로이 제정하였고, 2003년 연방규칙 제23조의 다른 조항들을 개정하였다. 그러한 내용은 앞에서 이미 살펴본 바 있다. 자문위원회는 여러 가지 새로운 의견들을 제시하였으나 개정에 이르지는 못 하고 있다. 하지만 여전히 그러한 제안들은 논의의 중심에 놓여 있다.

연방규칙 제23조와 관련하여 제안된 제23조(b)(4)는 대표당사자소송의 화해범위를 특별히 언급하고 있다. 위 제안에는 Amchem 판결[290]이 연방규칙 제23조(b)(3) 유형, 즉 제4유형의 대표당사자소송에 대한 화해의 경우에도 우월성 및 우선성 요건을 요구하고 있는 것과 달리 화해가 성립하는 경우에는 동 유형의 대표당사자소송이 재판으로 진행될 경우 요구되는 우월성과 우선성 요건을 충족하지 못하였더라도 그러한 화해의 유효성을 인정하는 것이 타당하다는 내용이 들어가 있다. 연방규칙 제23조(b)(3), 즉 제4유형에 속하는 대표당사소송인 경우에는 화해를 할 경우에도 탈퇴권이 보장되어야 하고 통지받을 권리가 보장되어야 하며, 나아가 화해를 하더라도 대표당사자의 적격성 및 연방규칙 제23조(b)(3)(a)가 요구하는 다른 요건들 역시 충족되어야 한다는 것이다. 위 제안서는 Amchem 판결 이후 대표당사자소송에 대한 화해에 많은 어려움이 있음을 언급하면서, 위 판결 이후 화해에 대한 어려움을 우려하고 있다. 또한 소송에서 패소한 피고 소송대리인이 이후 단체인증을 반대할 수 없는 곤치 아픈 지위에 놓이는 것을 피할 수 있는 방안을 모색하도록 하고 있다. 미국법률협회도 자문위원회 주석서처럼 Amchem 판결에 대해 같은 우려를 표시하고 있다.

미국법률협회는 연방규칙 제23조(b)(3) 유형, 즉 제4유형의 대표당사자소송에서 단체인증을 주장할 때 법원으로 하여금 두 가지 제안을 검토하도록 하고 있다. 첫째 제안은, 소송의 성숙도를 고려하여 단체소송에 대한 판결이 적합한지

290) Amchem Product Inc., v. Windsor 521 U.S. 591 (1997); Placid Oil Co., 753 F.3d 151, 71 Collier Bankr.Cas.2d 1657, 59 Bankr.Ct.Dec. 149, Bankr. L. Rep. P 82,643 (5th Cir.(Tex.) May 27, 2014).

여부에 대해 판단할 수 있는 재량권을 제1심법원에 주라는 것이다. 아마도 확장된 사전증거조사와 다중 배심판결에 복종해야 하는 불법행위의 경우는 그러한 전례가 없는 불법행위보다 단체인증을 쉽게 받게 될 것이다. 소위 성숙성의 쟁점이라 하겠다. 둘째 제안은 때때로 그다지 가치가 있지 않은 요소에 불과하다고 평가되는 것들에 대한 것이다. 즉 우월성과 우선성을 분석하는 한 요소이기도 하지만, 단체의 구성원이 얻게 되는 가능한 이익이 소송수행과정에서 발생하는 비용과 부담보다 가치가 있느냐 라는 것에 관한 것이다. 만일 소송을 통해 얻게 되는 개인의 이익이 적을 경우 그러한 소송을 구태여 진행할 필요가 있는가라는 문제에 부딪히게 된다. 이러한 제안에 반대하는 사람들은 손해배상청구금액이 적은 대표당사자소송을 제기하지 못하도록 하면 이는 기업의 불법행위를 제지할 수 있는 중요한 수단이 사라지게 되어 곤란하다고 한다.

제 3 편

대표당사자소송 공정화법

물리치료

이 정 주

여자는 내 어깨 아래 핫백을 밀어 넣는다
나는 데워진다
따뜻하고 어지럽다
여자는 내 어깨에 멘소레담을 바르고 근육들을 만진다
시원하고 아프다
여자는 내 어깨에 전극을 붙이고 스위치를 올린다
찌릿찌릿 간지럽다
여자는 물리적으로 최선을 다했다

하지만 미진하다
이 통증은 물리적인 것이 아니다
내 팔은 다른 것을 찾고 있다
지난 여름의 돌을 더듬고 있다
돌에 걸려 넘어져 얼굴이 처박혔던
백사장을 더듬고 있다
얼굴 쳐들고 하늘로 뿜었던 욕설을 그리워하고 있다
옆에서 박수치며 웃던 여자를 그리워하고 있다

나는 여자에게 인사한다
여자는 나를 보지 않고 고개만 끄덕인다
여자는 이미 다른 사람을 데우고 있다

목이 마르다
하늘에 맑은 물 한 잔과
붉은 알약 하나가 떠 있다

(시집 '아무래도 나는 육식성이다'에 수록, 2014)

제1절 서 론

대표당사자소송공정화법은 연방규칙 제23조의 운영 과정에서 발생한 몇 가지 문제들을 해결하기 위하여, 2005년 제정되었다. 의회는 위 법의 목적에 대하여 주법원이 대표당사자소송의 피고들을 공정하게 대우하지 않은 것을 시정하기 위해서라고 밝히고 있다. 특히 기업체가 피고인 경우, 정치인들, 그 밖의 경우에도 관할권에 관한 엄격한 법령으로 인하여 피고들이 대규모당사자소송을 주지방법원에서 자주 재판받는 경우가 발생하였다. 이 경우 주법원이 연방법원에 비해 피고들에게 우호적이지 않기 때문에 비판적인 전문가들이 의회로 하여금 크고 중요한 대표당사자소송을 주법원에서 연방법원으로 이송하는 법을 제정하라고 촉구하였다. 반면에 대표당사자소송을 재판하는 것이 주법원의 역할일 뿐만 아니라, 그러한 입법은 결국 대표당사자소송을 없애기 위한 목적에서 비롯된 것이라며 입법을 반대하는 이들도 많았다. 추가로 일부 연방법원과 주법원 판사들은 그러한 입법이 연방주의 국가에서 가장 높게 평가되어야 할 연방주의원칙을 위험에 빠뜨리고 연방법원의 업무를 가중시키게 될 것이라고 우려를 나타내었다. 연방주의를 위협하고 연방법원의 과부화를 이끄는 것에 대하여 걱정하였다. 그러나 이러한 반대에도 불구하고 대표당사자소송공정화법은 의회에서 초당파적으로 통과되고 말았다.

제2절 입법 목적

대표당사자소송공정화법은 연방법원의 관할 확대가 가장 큰 목적이라고 할 수 있다. 즉 동법은 그 동안 주법의 적용을 받는 사건을 포함하여 광역관할 대표당사자소송에 대한 원칙적 관할법원을 연방지방법원으로 하고 있다. 대표당사자소송공정화법은 세 가지 요건, 즉 단체의 구성원이 100명이 넘고, 구성원 사이에 최소한의 다양성이 있고, 구성원들의 청구금액이 합하여 5백만 불이 넘을 경우 다양성 요건을 갖추었다며 연방법원이 그 대표당사자소송에 대한 관할권을 갖는다고 하고 있다. 의회는 미연방법령집 28 U.S.C. §1332를 개정하면서, 주법원은 주로 작고 지역적인 대표당사자소송만을 관할하고, 연방법원은 광역관할 대표당사자소송을 갖도록 하여, 연방법원의 관할권 확대가 목적임을 밝혔다. 그런데 대표당사자소송공정화법은 연방법원에 광범위한 관할권을 인정하면서도 많은 예외를 인정하고 있다. 위 법 제정 이후 대단히 중요한 수많은 대표당사자소송이 주법원에서 연방법원으로 이송되어 판결이 이루어졌다.

주법원은, 대표당사자소송공정화법이 제정된 이후, 원고들이 제출한 최초의 소장 및 주법원에서 재판받겠다는 원고들의 요구를 어떻게 처리해야 할 것인지를 놓고 고민하였다. 일부 법원은 원고들이 자신들의 소송과 관련하여 관할, 당사자, 청구원인, 구제방법 등을 결정하여 소장을 작성할 수는 있지만,[291] 연방관할을 피할 목적으로 소장을 정교하게 작성하였다고 하더라도 대표당사자소송공정화법의 적용을 회피할 수 있게 묵인할 수는 없다는 결론을 내렸다.[292] 특히 제6연방항소법원은, 원고 단체 구성원이 5개 주에 걸쳐 있음에도 불구하고 같은 피해를 원인으로 하여 한 주에 거주하는 구성원들만이 490만 불의 손해배상을 순차적으로 구한 Freeman 사건에 대하여, 대표당사자소송공정화법을 회피할 목적 이

291) Bell v. Hershy co., 557 F.3d 953, 956 (8th Cir.2009); Murphy v. Reebok Intern., Ltd., 2011 WL 155923Ⅳ.

292) Freeman v. Blue Ridge Paper Prods., Inc., 551 F.3d 405, 406-09 (6th Cir.2008); Royalty Alliance, Inc. v. Tarsadia Hotel, 2010 WL 333920Ⅱ.

외에 그 소송을 여러 개의 소송으로 분할하여 제기할 만한 합리적 이유를 찾기 어렵다며 대표당사자소송공정화법에 의해 관할을 결정하는 것이 타당하다고 판시하였다.

제 3 절 성립요건

제1장 광역관할

I. 원 칙

대표당사자소송공정화법이 적용되는 대표당사자소송에서 연방법원의 관할이 인정되기 위해서는 광역관할에 관한 세 가지 요건 중 하나만 충족하면 된다고 하겠다. 첫째, 대표당사자소송에서 원고 단체의 구성원 중 어느 누군가가 피고들 중 누군가와 주적이 다르거나, 둘째, 대표당사자소송에서 원고 단체의 구성원 누군가가 외국국가이거나 또는 외국인이거나 또는 외국에 종속되어 있는데 피고들 중의 어느 누군가가 미국 시민이거나, 셋째, 대표당사자소송에서 원고 단체의 구성원 중 누군가가 미국인인데 피고들 중 누군가가 외국국가 또는 외국인 또는 외국에 종속되어 있는 경우와 같이 다양한 광역관할 중 어느 하나에 해당되면 된다는 것이다. 즉 대표당사자소송공정화법은 관할의 다양성 판단을 단체의 구성원의 시민권을 기준으로 할 뿐 대표당사자만의 시민권을 기준으로 하고 있지 않다는 것이다.

예를 들어 Missouri 주에 거주하는 대표당사자가 Michigan 주에 소재한 제조업체를 상대로 제조물책임소송을 제기하면서 다른 주에 사는 판매업체를 공동피고로 삼게 되면, 일단 여러 개 주에 당사자가 분포되어 있으므로 광역관할 사건이 된다는 것이다. 따라서 대표당사자소송공정화법에 의해 주법에서 정한 다른 요건들을 갖추었다면 원고는 주내에 거주하는 인적사항이 밝혀진 피고로 인하여 다양성을 부정할 수 없게 된다.

Ⅱ. 예 외

1. 고향 주와 지역 쟁점 특칙

대표당사자소송공정화법은 다양성 관할 확장과 관련하여 몇 가지 예외를 규정하고 있다. 이렇게 예외를 둔 이유는 주법원이 지역적 입장을 지킬 수 있도록 하기 위해서라 할 수 있다. 최소한의 다양성 요건과 다툼이 있는 청구금액 기준이 충족되었더라도 연방지방법원은 관할 부담을 덜기 위하여 별도로 세 가지 요건을 갖추었는지 여부에 따라 이송을 허가하거나 이송을 요구할 수 있다. 그 중 두 가지 요건은 고향 주 관련 예외이고, 한 가지 요건은 지역 쟁점 예외이다.

고향 주 특칙은 첫째, 대표당사자소송을 제기한 원고들 중 3분의 1 이상 3분의 2 이하의 구성원들이 소를 접수한 주법원 소재지 주적을 가지고 있고, 둘째, 주된 피고들의 주소가 관할법원 소재지 주적을 가지고 있는 등 두 가지 요건을 모두 충족한 경우에는 전체적인 상황 및 사법정의를 고려하여 주법원이 관할권 행사를 자제하는 것이 바람직하겠다고 판단되면 그 법원은 관할권을 행사하지 않을 수 있다. 이는 지나치게 편파적인 판결이 나오거나 지역 여론에 휩쓸려 부당한 결론이 나오는 것을 막기 위해서라고 할 것이다. 주법원이 관할권 행사 포기를 결정할 때 28 U.S.C. §1332(d)(3)에 의해 여러 요건 중에서도 특히 관할권, 청구권, 당사자들 사이의 상호관계 등 몇 가지 중요요건을 고려하여야 한다. 이때 지방법원은 소를 제기한 원고들 중 3분의 2 이상의 구성원이 대표당사자소송이 처음 제기된 주법원 소재지 주적을 가지고 있거나, 제1차적 피고들이 관할법원 소재지 주적을 가지고 있을 때는 28 U.S.C. §1332(d)(4)(B)에 의해 반드시 관할권의 행사를 자제하여야 한다.

지역 쟁점 특칙은 고향 주 특칙과 반대로, 첫째, 대표당사자소송을 제기한 원고들 중 3분의 2 이상이 처음 소를 제기한 법원 소재지 주적을 가지고 있거나, 둘째, 원고가 주장하는 청구에 대해 피고의 행위가 청구의 중요한 기본적 형태이거나 또는 상당한 배상 책임이 있는 피고가 관할법원 소재지 주적을 가지고 있거나, 셋째, 주요한 피해가 관할법원 소재지의 주에서 발생하였거나, 넷째, 유사한 대표당사자소송이 지난 3년 동안에 제기된 적이 없을 때에는 28 U.S.C. §1332(d)(4)(A)에 의해 해당 지방법원은 반드시 관할권 행사를 거부하여야 한다. 왜냐하면 지역주의에 함몰되는 것을 방지하기 위해서이다.

그러나 이러한 관할에 관한 예외 사항들은 이송 당사자가 대표당사자소송공정화법의 이송기준을 충족하고 있는 경우에는 문제가 되지 않는다. 반송을 원하는 당사자는 예외사유에 대해 증명할 책임이 있다고 하겠다.[293)]

고향 주 특칙과 지역 쟁점 특칙은 연방법원으로 하여금 수많은 중요한 기준을 만들도록 하였다. 이러한 예외들은 법원으로 하여금 대표당사자소송공정화법이 개념을 명확하게 하지 않은 용어, 예를 들어 제1차적 피고라든지, 상당한 배상이나 주요한 피해들과 같은 중요한 소송을 결정짓는 용어들의 의미를 명확하게 정의하도록 하고 있다.

첫째, 연방법원은 얼마나 많은 추정적 단체 구성원들이 관할법원의 시민권자인지를 사실집약적 방법으로 조사하여 결정하여야 한다. 한편 법원은 대표당사자소송공정화법이 적용되는 연방관할 사건에서 피고가 개인이 아닌 회사인 경우 회사의 이중 주소를 둘러싼 관할권을 어떻게 결정할 것인가에 대하여는 견해가 나누어져 있고, 연방대법원도 이에 대한 명확한 기준을 제시하지 못하고 있다. 그러면서도 연방대법원은 기업의 주된 영업소를 기준으로 다양성 관할 규칙의 목적에 맞춰 관할을 결정하면 된다는 입장을 취하고 있다. 즉 연방대법원은 주된 영업소의 개념을 기업의 임원들이 기업 활동을 결정하고 지시하고 명령하고 협동하는 곳을 의미한다고 판시하였다. 일종의 본사 소재지 개념으로 이해하면 될 것이다.

둘째, 고향 주 특칙과 관련하여 법원은 제1차적 피고의 의미를 다양하게 해석하고 있다. 일부 법원은 제1차적 피고의 의미를 원고들에게 직접 책임을 지는 자로 이해한다. 즉 보험회사나 대신 납부해주기로 한 자의 보상이나 기부와 같이 타인의 책임을 대신 지는 자는 제1차적 피고가 아니라는 것이다. 다시 말해 제1차적 피고는 소송에서 직접적인 공격 대상이 되는 사람으로서, 책임이 인정되면 손해의 대부분을 자신의 재산으로 직접 변제할 책임이 있는 자이다. 또 다른 법원은 제1차적 피고의 의미를 책임져야 할 비용을 부담하는 자로 보고 있다. 결과적으로 고향 주 특칙에서 말하는 제1차적 피고는 관할법원 소재지 주의 시민권자로서 직접 책임을 지는 자라는 것이 법원의 입장이다.

셋째, 법원들은 지역 쟁점의 특칙과 관련하여 피고의 중요성 및 자격을 어떻게 판단할 것인가에 대하여 견해가 나누어져 있다. 많은 법원들은 지역 쟁점의 특칙

---

293) Serrano v. 180 Connect, Inc., 478 F.3d 1018, 1023 (9th Cir. 2007); Appert v. Morgan Stanley Dean Witter, Inc., 673 F.3d 609, Fed. Sec. L. Rep. P 96,750 (7th Cir.(Ill.) Mar 08, 2012).

이 적용되기 위한 요건인 중요한 기초를 형성하는 행위와 무엇이 중요한 배상을 구성한다고 할 것인가에 대해서도 견해가 서로 나뉘어져 있다. 법원들은 피고의 중요성을 결정할 때 절대적인 접근방법과 상대적인 접근방법을 모두 사용하고 있다. 제9항소법원은 이 점에 관한 한 법원 사이에 견해 대립이 없다고 판시하였다.[294] 결국 이러한 특칙들에 대한 최종적인 쟁점은 각 피고들의 행동으로 인하여 직접 주요한 피해가 발생하였든지 아니면 각 피고들의 행동과 관련하여 주요한 피해가 발생하였든지 간에 그 주요한 피해가 28 U.S.C. §1332(d)(4)(A)(1)(Ⅲ)에 의해 반드시 고향 주에서 발생한 것이어야 한다는 것이라 하겠다. 이와 관련하여 제3연방항소법원은 위 §1332(d)(4)(A)(1)(Ⅲ)가 "또는" 이라는 용어를 사용하고 있기 때문에 이 둘 중 하나만 갖추면 주요한 피해로 인정될 수 있다고 판시하였다.[295]

2. 주 소송 특칙

대표당사자소송공정화법은 주정부, 주 공무원 혹은 또 다른 정부기관을 제1차적 피고로 하는 소송에 대하여 연방법원 이송대상에서 제외하였다. 이러한 유형의 대표당사자소송을 연방법원으로 이송하게 되면 당사자들의 적법한 청구를 회피할 우려가 있기 때문에 이를 방지하기 위해 이러한 특칙을 둔 것이다. 이 특칙에 따라 해당 대표당사자소송은 주법원에서 계속 관할하게 되는데, 이러한 특칙은 강제적 사항은 아니다.

3. 소규모 소송 특칙

앞서 살펴본 바와 같이 대표당사자소송공정화법은 원고 단체의 구성원이 100명을 넘지 않는 대표당사자소송에는 적용되지 않는다. 이러한 특칙은 결국 100명 미만 소수의 구성원으로 된 대표당사자소송은 주법원 관할대상이라고 하겠다.

294) Coleman v. Estes Express Lines, Inc., 631 F.3d 1010, 1019 (9th Cir. 2011); Aana v. Pioneer Hi-Bred Intern., Inc., 2012 WL 354250Ⅲ.

295) Kaufman v. Allstate New Jersey Insurance Co., 561 F.3d 144, 158 (3d Cir. 2009); Alli v. Decker, 650 F.3d 1007 (3rd Cir.(Pa.) Jun 21, 2011).

4. 유가증권 및 기업내부 소송 특칙

대표당사자소송공정화법은 28 U.S.C. §1332(d)(9)(A)-(C)에 의해 첫째, 연방증권법에 의해 규율되는 유가증권 관련사건, 둘째, 주법의 적용을 받는 기업의 경영 및 내부업무와 관련된 사건과 기업업무 관련사건, 셋째, 연방증권법의 적용을 받는 채권, 세금, 채무에 관한 사건에는 적용되지 않는다(28 U.S.C. §1332(d)). 이 특칙은 1988년에 제정된 증권소송통일기본법에 의해 확립된 연방 및 주정부 관할 구역을 보존하기 위해 입법되었다.

제2장 청구금액의 합산

법령이 요구하는 그 밖의 요건을 모두 갖춘 사건이라면, 대표당사자소송공정화법은 Zahn 판결에 우선한다. 따라서 개인별 구성원들의 청구액은 이자와 소송비용을 제외하고 관할 결정 요건인 5백만 불이 될 때까지 합산된다. 규모가 큰 대부분의 광역관할 대표당사자소송에 있어서는 단체의 정체성 및 배상 가능성 등을 고려하여 원고 소송대리인이 5백만 불을 초과하는 대표당사자소송을 제기하고 있는 실정이어서 성문화된 광역관할요건인 5백만 불은 크게 쟁점이 되고있지 않는다. 이를 피하려면, 즉 연방법원으로 이송되기를 원하지 않는다면 청구총액이 5백만 불을 초과하지 않는 대표당사자소송을 제기하면 된다. 이러한 청구방법은 대표당사자소송공정화법이 도입되기 전에도 연방법원으로 이송되는 것을 피하기 위하여 구성원들의 개인별 청구액을 7만5천 불 또는 그 이하로 낮추어 대표당사자소송을 제기하고는 하였다.

만일 제기된 대표당사자소송의 청구액이 5백만 불 또는 그 이상으로 되어 있거나, 다툼 중에 있는 청구액이 얼마인지 소장상 명확하지 않은 경우라면 대표당사자소송공정화법을 적용할 것인지를 결정해야 하는 법원으로서는 청구금액에 대해 증거들을 검토하여야 하고, 주법원으로 이송하려면 그러한 불명확성이 제거된 이후에 하여야 한다.[296)]

앞에서 살펴보았듯이 대표당사자소송공정화법과 보충관할법은 충돌 또는 보완

---

296) Miedama v. Maytag Corp., 450 F.3d 1332 (11th Cir.2006).

관계에 있다. 따라서 Allapattah 판결에서 보았듯이, 서로의 요건을 검토하여 관할을 결정하여야 할 것이다. 보충관할법의 적용을 받으려면 적어도 대표당사자 중 한 명의 청구금액이 동법에서 정하고 있는 7만5천 불 이상이어야 한다. 그런데 대표당사자소송 중 소비자의 생산품에 대한 경제적 손해배상청구 같은 경우 원고 단체의 소송대리인은 어느 구성원의 피해액이 7만5천 불을 초과하고 있음을 특정하는 것이 결코 용이하지 아니하다. 한편 대표당사자소송공정화법 아래에서 필요한 사항은 총 피해청구금액이 5백만 불을 초과하여야 한다는 점이라 할 것이다.

제3장 구성원의 수

대표당사자소송공정화법은, 주와 연방의 대표당사자소송에 관한 규칙을 적용해 소송을 제기하는 경우뿐만 아니라, 100명 이상의 사람들이 금전배상청구를 제기하는, 소위 민사소송에서 원고들의 청구와 사실관계 또는 법률관계에서 공통점을 가지고 있음을 근거로 소송에 참가하는 소위 대량소송에도 28 U.S.C. §1332(d)(11)(b)을 근거로 적용되고 있다. 소위 대량소송을 대표당사자소송공정화법의 적용을 받도록 한 것은 이러한 소송을 허용하지 않게 되면 대표당사자소송의 요건을 갖추지 못하였음을 이유로 불특정 다수의 개별소송이 남발할 것을 막기 위해서라고 할 수 있다.

대표당사자소송공정화법이 적용되는 소위 대량소송은 대표당사자소송과 닮은 점이 적지 않지만, 구체적으로 들어가면 동일한 것은 아니다. 따라서 소위 대량소송에서는 대표당사자소송에서처럼 청구금액의 합산 규정이 적용되지 않기 때문에 관할의 다양성 요건을 충족하기 위해서 각 구성원의 청구금액이 28 U.S.C. §1332(a)가 요구하는 7만5천 불 이상이어야 한다는 요건을 충족하여야 한다. 더구나 소위 대량소송은 대표당사자소송과 달리 원고들이 그들의 청구를 하나의 소송절차에서 같이 진행하기로 결정하였다고 하더라도 각 원고들은 자신의 이익에 대해서만 당사자이기 때문에 자기의 이익만을 위해서 소송행위를 할 수 있을 뿐이고, 같은 처지에 놓여 있는 다른 원고들의 이익을 위해서는 소송행위를 하지 못한다.

제4장 효 과

대표당사자소송공정화법은 당사자의 관할이 서로 다른 다양성 사건에서 원래의 관할권을 폭넓게 인정하고 있을 뿐만 아니라, 대표당사자소송이나 소위 대량소송이 주법원에서 연방법원으로 용이하게 이송되도록 하고 있다. 대표당사자소송공정화법은 28 U.S.C. §1453을 통하여 법에 의한 대표당사자소송의 통제를 보다 용이하게 할 수 있게 되었다.

동법이 적용됨에 따라 달라지게 된 것이 몇 가지 있다. 첫째, 대표당사자소송공정화법 제정 이전에는 완전한 다양성, 즉 당사자의 주적이 모두 달라야만 연방법원으로 이송이 되었는데, 실재 이 요건을 충족하는 것은 결코 쉽지 않았다. 그런데 위 법이 제정된 이후에는 최소한의 다양성만 갖추면 대표당사자소송에 대한 이송이 허용되기에 이르렀다. 둘째, 대표당사자소송공정화법 제정 이전에는 피고는 제소일로부터 1년 이내에 이송신청을 하여야 했다. 그런데 대표당사자소송공정화법이 적용되면서부터는 28 U.S.C. §1453(b)에 의해 이송신청에 1년이라는 기간의 제한을 받지 않게 되었다. 28 U.S.C. §1453(b)는 연방법원 관할과 재판적 해설법(the Federal Courts Jurisdiction and Venue Clarification Act of 2011)에 의해 원고들이 의도적으로 이송을 방해하기 위하여 다툼이 있는 청구금액을 밝히지 않을 경우 지방법원으로서는 더 이상 제소 후 1년 이내 이송신청이라는 제한을 받지 않는다고 하였다. 셋째, 대표당사자소송공정화법 제정 이전에는 28 U.S.C. §1446에 의해 이송신청을 하는 피고가 다른 모든 피고들의 동의를 얻어내지 못하면 다양성 유형의 대표당사자소송에 대한 연방법원으로의 이송신청이 허용되지 않았다.[297] 그런데 대표당사자소송공정화법 적용 이후에는 28 U.S.C. §1453(b)에 의해 그러한 동의를 받을 필요가 없게 되었다. 넷째, 대표당사자소송공정화법 제정 이전에는 28 U.S.C. §1441(b)(2)에 의해 피고 중 누군가가 그 대표당사자소송이 제기된 원래의 관할법원이 소재하는 주에 주적을 가지고 있으면 이송이 허용되지 않았었다. 그러나 대표당사자소송공정화법 적용 이후에는 피고 중 한 명 또는 더 많은 사람이 관할법원 소재 주에 주적을 가지고 있더라도 28 U.S.C. §1453(b)에 의해 연방법원으로 이송신청을 할 수 있게 되었다.

---

297) Emrich v. Touch Ross & Co. 846 F.2d 1190, 1193 n. 1 (9th Cir. 1988); Henlopen Landing Homeowners Ass'n, Inc. v. Vester, 2013 WL 1704889 .

다섯째, 대표당사자소송공정화법 제정 이전에는 28 U.S.C. §1447(d)에 의해 대표당사자소송이 연방법원으로 이송된 후 다시 주법원으로 반송될 경우 연방항소법원의 중간심사가 원칙적으로 허용되지 않았다. 그러나 대표당사자소송공정화법 적용 이후에는 28 U.S.C. §1453(c)(1)에 의해 연방항소법원의 재량에 의한 반송결정에 대한 즉각적인 재심사가 가능하게 되었다.

제5장 항소에 대한 심사

대표당사자소송공정화법이 적용되지 않는 일반소송에서 당사자는 사건을 주법원으로 반송받기 위한 이의를 할 수 없다. 따라서 앞서 살펴본 예외적 특칙에 해당되는 경우에만 연방지방법원은 당사자의 항소를 통해 주법원으로 사건을 반송할 수 있다. 이 경우에 연방지방법원은 항소 결정에 이의를 허용하지 않은 절대적 권한을 갖는다. 반대로 주법원으로 반송되는 것을 기각하는 판결에 대해여는 연방항소법원에서 재심사할 수 있는데 일반적으로 사건의 마지막 단계에서 재심사의견을 판시하고 있다. 의회는 대표당사자소송공정화법을 제정하면서, 연방법원단독판사가 사건을 주법원으로 반송할 때 구제가 가능한 대표당사자소송공정화법을 적용하지 않고 구제가 허용되지 않는 다른 법을 우회적으로 적용하는 사태가 나오지 않기를 바랐다. 그리하여 의회는 반송결정에 대해 즉시 항소심에서 재심사할 수 있도록 재량권을 부여하였고, 연방항소법원은 28 U.S.C. §1453(c)(1)에 의해 반송신청을 기각하든 인용하든 그 즉시 재심사할 수 있는 재량권을 갖게 되었다. 항소법원은 주법원으로의 반송을 허락할 경우에는 항소일로부터 60일 이내에 종결하여야 하고, 정당한 이유가 인정될 경우에는 모든 당사자의 동의를 받아 10일을 연장할 수 있다.

법조문에는 항소장이 제출되었을 때라고 되어 있음에도 불구하고, 항소법원은 항소장 제출일을 기준으로 하지 않고 항소법원에 접수된 때로부터 60일을 계산해야 한다고 하고 있다.[298) 항소일을 기준으로 하게 되면 기록이 항소법원으로 이관되기까지는 상당기간이 걸리기 때문에 이런 기간이 포함되어 있는 60일 또

298) Amalgamated Tansit Union Local 1309, AFL-CIO v Laidlaw Transit Servs., 435 F.3d 1140 (9th Cir. 2006); U.S. ex rel. Haight v. Catholic Healthcare West, 602 F.3d 949, 10 Cal. Daily Op. Serv. 4932, 2010 Daily Journal D.A.R. 5937.

는 70일 이내에 항소심에서 사건을 처리하기에는 기간이 너무 부족하기 때문에 항소심은 위 28 U.S.C. §1453(c)(3)에 의한 기간계산을 항소심에 항소장이 접수된 때로부터 기산하여 그 기간을 완전히 이용할 수 있도록 하고 있다.

대표당사자소송공정화법이 적용되는 사건의 경우 항소장은 반송신청을 인용 또는 기각한 법원의 결정일로부터 7일 이내에 항소법원에 제출하여야 한다. 그런데 위 법조문이 이와 달리 "7일 보다 적지 않은 기간"에 제출하라고 잘못 되어 있어 문제이다. 이 문장대로 해석하면, 당사자는 7일 이내에는 항소장을 접수할 수 없고, 7일 이후에는 언제든지 항소장을 접수할 수 있다고 해석될 수 있기 때문이다. 그래서 항소법원은 위 법조문이 잘못된 것으로, 위 법조문의 문장은 7일 이내에 항소장을 접수해야 한다라는 의미로 해석하는 것이 타당하다고 하였다.

제 4 편

비전형적 집합소송

시에 대한 각서 20

이 성 복

시 쓰는 이 자신의 삶이 담보되지 않은 시는 잔고가 없이 발행되는 수표와 같다. 그에 반해 가장 아름다운 시는 전 재산을 걸고 떼어주는 백지수표나 마찬가지일 것이다. 그러나 누가 감히 그렇게 무모할 것인가. 분명한 것은 아무도 발디디려 하지 않은 조악하고 추잡한 현실의 늪이야말로 시가 자라날 수 있는 최적의 공간이라는 점이다.

(시집 '고백의 형식들'에 수록, 2014)

제1절 서 론

전통적 모형의 대표당사자소송은 원고 단체가 한 명 또는 그 이상의 피고들을 상대로 제기하는 소송 형식이다. 이 장에서는 위와 같은 전통적 모형이 아닌 세 가지 유형의 집합적 소송, 즉 피고대표당사자소송, 주주파생소송,[299] 비법인단체소송[300] 등에 대하여 살펴보기로 한다.

피고대표당사자소송은 연방규칙 제23조에 의해 전반적으로 규율되며, 주주파생소송은 동 규칙 제23.1조에 의해 규율되며, 비법인단체에 의해 제기되거나 제기하는 소송은 연방규칙 제23.2조에 의해 규율된다.

제2절 피고대표당사자소송

제1장 의 의

대부분의 대표당사자소송은 원고가 단체로서 제기하고 있다. 그런데 연방규칙 제23조는 피고를 단체로 하는 소송을 인정하고 있다. 연방규칙 제23조(a)는 한 명 또는 더 많은 사람들이 대표당사자소송의 원고가 되어 소송을 제기하거나 피고가 되어 소송을 제기당할 수 있다고 규정하고 있다. 한편 연방대법원은 피고가

299) Shareholder Derivative Suits.

300) Unincorporated Association Suits.

다수 구성원으로 되어 있는 대표당사자소송을 한 세기 이전부터 인정하여 왔다.[301)]

그렇지만 피고가 다수 구성원으로 되어 있는 단체를 이룬 대표당사자소송은 그리 많지 않다. 결과적으로 피고가 다수 구성원으로 되어 있는 단체인 대표당사자소송은 많지 않으며, 그로 인해 집중적인 연구가 부족한 상황이고, 법원에 의해 넓게 언급되고 있지도 않은 실정이다.

가장 빈번하게 발생하는 피고대표당사자소송은 주로 증권소송, 특허침해소송, 시민권관련소송 등에서 나타나고 있다. 증권소송에서는 주로 주식제공을 보증한 수많은 주식중개상들을 피고로 하여 증권사기를 주장하면서 주식매수인들이 제기하는 소송형태로 나타난다. 특허침해소송에서는 특허를 침해하였음을 이유로 피고 단체를 상대로 특정한 특허권을 사용하지 못하도록 하기 위한 소송형태로 나타난다. 시민권관련소송은 원고들이 주공무원, 예를 들어 각 주 카운티(county) 보안관들이 원고의 주법상 또는 헌법상의 권리를 침해하여 잘못된 주법을 강제하였다며 관련공무원들을 한데 묶어 제기하는 소송의 형태로 나타나기도 한다.

연방규칙 제23조는 피고들에게 대표당사자소송에 관한 어떤 의미 있는 지침을 구체적으로 제공하고 있지 않다. 실재로도 연방규칙 제23조는 주로 원고대표당사자소송을 전제로 만들어져 있기 때문에 피고대표당사자소송에 적용하기에는 많은 어려움이 따른다.

제2장 연방규칙 제23조 적용

Ⅰ. 의 의

피고 단체를 상대로 소를 제기하는 원고로서는 피고대표당사자소송으로서의 모든 요건, 즉 피고의 단체성을 인정할 만한 충분한 근거, 피고 단체 구성원 중 피고를 대표할 대표당사자, 공모하지 않았다는 요건 등을 충족시켜야 한다. 이러한 요건들은 피고대표당사자소송에서 몇 가지 문제를 유발하고 있다. 피고대표당사자소송 역시 연방규칙 제23조(a)가 요구하는 다수성, 공통성, 전형성, 대표당사자의 타당성 등의 요건을 모두 갖추어야 한다. 다수성과 공통성 요건은 피고대표

301) Smith v. Swormstedt, 57 U.S. (16 How.) 288 (1853).

당사자소송에서 증명하는 것이 어렵지 않으나, 전형성과 대표당사자의 타당성을 증명하는 데에는 몇 가지 특이한 문제가 발생한다. 피고대표당사자소송도 원고대표당사자소송과 마찬가지로 연방규칙 제23조(b)의 세부 조항인 제23조(b)(1)(A), 제23조(b)(1)(B), 제23조(b)(2), 제23조(b)(3) 유형 즉 네 가지 유형 중 어느 하나의 유형에 속하는 대표당사자소송으로서의 요건을 갖추어야 한다. 그런데 법원으로서는 연방규칙 제23조(a)의 요건과 마찬가지로 연방규칙 제23조(b)의 기준요건이 피고대표당사자소송에서 제대로 갖추어졌는지를 판단하는 것이 그리 용이하지 않아 문제이다. 이하에서는 이에 관하여 살펴보기로 한다.

Ⅱ. 요건에 대한 검토

1. 다수성과 공통성

이에 대하여는 원고대표당사자소송에서 살펴본 것이 피고 단체에도 그대로 적용되므로 피고대표당사자에서 별도로 살펴볼 것은 없다고 하겠다.

2. 전형성

연방규칙 제23조(a)(3) 유형, 즉 제4유형의 대표당사자소송은 대표당사자의 청구 또는 항변이 그 단체의 청구 또는 항변과 전형적으로 일치할 것을 요건으로 규정하고 있다. 피고대표당사자소송에서도 원고대표당사자소송에서와 마찬가지로 일반적으로 특별한 쟁점이 문제가 되지는 않는다. 다만 피고대표당사자가 특유한 쟁점이나 상황에 놓여 있다면 이는 피고대표당사자로서 적합하지 아니하기 때문에 대표당사자의 자격이 없다.

전형성 요건에서 더 복잡한 쟁점은 원고 단체가 피고 단체를 상대로 대표당사자소송을 제기하는 경우, 즉 쌍방이 모두 대표당사자소송인 경우에서 나타나고 있다. 법원은 특정한 피고에 대하여 청구권을 가지고 있지 아니하는 원고대표당사자는 그 피고에 대해 청구권을 가지고 있는 단체의 다른 구성원들보다 전형적이지 않다고 보고 있다. 이러한 접근방법을 취하게 되면 원고대표당사자소송에서의 대표당사자는 전형성 요건을 갖추기 위해 모든 피고에 대하여 청구권을 가지고 있어야 한다. 그런데 문제는 어떤 상황 하에서는 그러한 구성원이 단체 내에 없을 수도 있다는 것이다. 따라서 피고 단체 구성원을 상대로 소송을 제기한다는 사실은 원고 단체를 대표하는 전형성 요건을 수행하는 지명된 원고의 임무수행을 어렵게 만들 수도 있다.

이러한 전형성 규칙에 대한 예외는 원고가 피고들이 서로 공모하였다고 주장하거나, 피고들 사이에 법적 연관, 즉 피고들을 상대로 대표당사자소송을 제기하는 것이 피고 구성원들을 개별적 상대로 한 분리된 소송을 제기하는 것보다 훨씬 더 효율적이라는 등의 법적 연관성을 주장하여 피고들을 서로 묶는 경우이다. 법적 연관성이 인정되는 경우로는 전형적 사기사건에서 피고들이 각각 역할을 분담하였다거나, 특정 공무원이 원고 단체의 특정 대표당사자에 대한 업무만을 취급하였다고 하더라도 동일한 규정을 적용하여 모든 구성원들에 대한 업무를 처리하는 주의 여러 부서의 관련 공무원 모두를 공동당사자로 묶는 경우이다.

3. 대표당사자의 적합성

연방규칙 제23조(a)(4)는 단체인증의 요건으로 대표당사자의 대표권행사에 대한 타당성을 요구하고 있다. 물론 소송대리인의 적합성 또는 타당성도 함께 요구하고 있다. 그런데 대표당사자의 타당성은 피고대표당사자소송에서는 독특한 여러 가지 쟁점을 야기하고 있다.

첫째, 원고가 피고대표당사자소송의 대표당사자를 지명하기 때문에 대표당사자로 지명된 자가 피고대표당사자로서의 직무를 수행하기 원하지 않을 수도 있고, 피고 단체의 견해와 반대 입장을 취할 경우에 문제가 발생하게 된다. 원고대표당사자소송에서는 단체인증에 반대하는 대표당사자는 분명히 대표당사자로서의 타당성 자격을 갖추고 있지 못하다. 그러나 피고대표당사자소송에서는 피고대표당사자가 피고 단체의 이익을 강력하게 주장할 것이 인정되면 법원으로서는 단체인증에 대한 대표당사자의 반대를 고려할 수 있다. 반면에 지나치게 적극적으로 피고대표당사자가 되고자 하는 자는 경우에 따라서는 원고와 결탁하여 소송을 수행할지도 모르기 때문에 경계하여야 한다.

둘째, 여러 피고 구성원들로부터 주장되는 방어방법이 서로 다를 수도 있기 때문에 법원으로서는 피고대표당사자가 다른 피고들을 대표함에 있어 이해상반관계가 있는지 여부를 면밀히 조사하여야 한다. 그러한 쟁점들에 대한 검토를 마친

법원은 대체적으로 약간의 잠재적 갈등이 있더라도 그러한 피고대표당사자의 적격성을 인정하고 있다.

셋째, 피고대표당사자는 그 단체가 청구하는 전체적인 금액에 비해 상대적으로 이해관계가 적으면 타당성이 인정되지 못할 경우도 있다. 따라서 법원으로서는 그러한 피고대표당사자가 대표당사자소송을 수행하면서 들어가는 시간과 비용 대신에 자신의 적은 책임을 부담하는 쪽을 택하는 것은 아닌지에 대하여도 조사하여 그렇게 인정될 경우 대표당사자로서의 타당성을 부정하게 된다. 반면에 원고대표당사자소송에서는 대표당사자의 이익이 적다는 이유만으로 대표당사자로서의 적격성이 없다고 보지는 않는 편이다.

Ⅲ. 유형별 검토

1. 제1유형

연방규칙 제23조(b)(1)(A) 유형, 즉 제1유형의 피고대표당사자소송은 당연히 인정된다. 이러한 유형의 대표당사자소송은 개별 구성원들을 상대로 한 여러 개의 소송이 제기됨으로써 그 단체에 구성원들이 소송절차를 다르게 진행함으로써 판결의 결과가 서로 다르게 되어 판결의 모순 · 저촉이 발생할 우려가 있을 경우 판결의 모순 · 저촉을 방지하기 위하여 인정되고 있다. 그런데 연방규칙 제23조(b)(1)(A)의 조문 내용에도 불구하고, 이러한 세부 조항에 근거한 피고대표당사자소송이 인정되는 경우는 많지 않다. 왜냐하면 그러한 단체에 반대하는 당사자의 양립할 수 없는 행동의 기준을 확립하기가 실재로는 어렵기 때문이다. 피고들이 관심을 갖는 것은 피고 측에 반대하는 원고가 양립할 수 없는 기준에 부합하는가 여부이다. 그러나 단순히 피고들 전원이 아니라 일부로부터만 손해배상을 받을 뿐인 원고는 양립할 수 없는 기준에 부합하지 않다.

2. 제2유형

연방규칙 제23조(b)(1)(B) 유형, 즉 제2유형의 피고대표당사자소송도 당연히 인정된다. 이러한 유형의 피고대표당사자소송은 단체의 개별 구성원에 의해서 소송이 제기되거나 그들을 상대로 소송을 제기한 경우에 그 판결로 인하여 판결의 당사자가 아닌 다른 구성원들의 이해관계를 실질적으로 결정짓게 되거나, 즉 다른 구성원에게 판결의 효력이 미치게 되거나, 또는 그 판결로 인해 다른 구성원들의 이익을 침해하거나 지연시킬 경우에 인정된다. 이러한 유형의 피고대표당사자소송도 전혀 없다고는 할 수 없지만 판례가 그리 많지는 않은 편이다. 일부 법원에서는 공동 무한 책임을 질 처지에 놓인 합명회사의 무한책임사원들로 구성된 제2유형의 피고대표당사자소송을 승인하면서, 한 사람의 동업자에 대해 계약상 또는 불법행위상의 책임이 인정되면 다른 동업자들도 그 책임을 지게 되기 때문이라고 그 이유를 밝혔다.

3. 제3유형

연방규칙 제23(b)(1)(A)와 제23조(b)(1)(B) 유형의 경우와 달리, 연방규칙 제23조(b)(2), 즉 제3유형의 피고대표당사자소송이 인정될 것인가에 대하여는 명확하지 않다. 연방규칙 제23(b)(2)는 단체에 반대하는 당사자가, 최종적 금지명령구제나 동일한 부작위위법확인을 구하는 선언적 구제판결이 내려지게 되면 단체 전체에 공통적으로 적용할 수 있게 될 경우, 이러한 판결을 구하며 소송을 제기하거나 제기당한 경우의 대표당사자소송을 허용하고 있어 원고대표당사자소송에는 쉽게 적용될 수 있는데, 피고대표당사자소송에서는 어렵기 때문이다.

연방규칙 제23(b)(2) 유형, 즉 제3유형의 피고대표당사자소송을 허용할 것인가를 놓고 법원은 견해가 나누어져 있다.[302] 이러한 유형의 피고대표당사자소송을 허용하면서도 법원은 연방규칙 제23조(b)(2)의 조문내용에 의해 이 유형의 대표당사자소송을 허용하는 것으로는 보지 않고 있다. 그럼에도 불구하고 연방규칙 제23조(b)(2) 유형, 즉 제3유형의 피고대표당사자소송을 제기하고자 하는 당사자들은 연방규칙 제23조(a)의 내용이 "소송을 제기할 수도 있고 당할 수도 있다."는 내용에 근거하여 위와 같은 유형의 대표당사자소송을 제기하면서, 이러한 조문 내용은 연방규칙 제23조(b)에 규정되어 있는 다양한 유형의 대표당사자소송에 피고대표당사자소송도 당연히 포함되어 있다고 해석하는 것이 타당하다고 주장하고 있다. 연방규칙 제23조(b)(2) 유형, 즉 제3유형의 피고대표당사자소송의 예로는 위헌법률을 강제하는 모든 정부공무원들을 피고 구성원으로 참여시키는 경우

302) Henson v. East Lincoln Twp., 814 F. 2d 410 (7th Cir. 1987).

를 상정해 볼 수 있을 것이다.

반면에 연방규칙 제23조(b)(2) 유형, 즉 제3유형의 피고대표당사자소송을 부정하는 법원들은, 공동불법행위를 하였다고 주장되는 피고에 대해, 원고가 아니라, 일반적으로 그 단체에 적용되는 근거에 의한 소송을 하거나 소송하기를 거절하는 사람 중의 하나라고 지적하였다. 위 법원들은 자문위원회 주석서가 원고대표당사자소송에 대해서만 연방규칙 제23조(b)(2)를 언급하고 있음을 부정의 근거로 내세우기도 한다.

4. 제4유형

연방규칙 제23조(b)(3)은 법률상 및 사실상 공통되는 쟁점들이 개인적 쟁점에 대해 우월성이 인정되거나, 대표당사자소송이 이러한 분쟁을 해결하는데 다른 분쟁해결방법보다 우수하다고 인정될 경우에 탈퇴권이 보장된 대표당사자소송을 인정하고 있다. 구성원의 탈퇴권이 보장되지 않는 연방규칙 제23조(b)(1) 유형과 제23조(b)(2) 유형, 즉 제1유형 내지 제3유형의 강제적 대표당사자소송과 달리 탈퇴권이 보장되는 연방규칙 제23조(b)(3) 유형, 즉 제4유형의 대표당사자소송은 피고대표당사자소송일 때 원고대표당사자소송과 다른 몇 가지 다른 특징이 있다. 피고대표당사자소송에서 피고는 대표당사자소송에서 탈퇴할 것인가에 대해 원고보다 더 많은 관심을 가지고 있는 것이 일반적이다. 원고대표당사자소송에서 구성원들은 첫째, 그들이 개별적으로 소송하는 것이 보다 유리하다고 판단하거나, 둘째, 대표당사자소송에 참가하고 싶지 않는 별도의 사유가 있으면 탈퇴하게 된다. 그런데 원고대표당사자소송에서 실재 탈퇴하는 원고는 그리 많지 않다. 왜냐하면 구성원들은 수동적으로 소송에 참여만 하여도 판결의 결과로부터 일정한 이익을 얻을 기회가 주어지기 때문이다. 그러나 피고대표당사자소송에서 피고는 탈퇴하고자 하는 의욕이 더 강하다. 판결의 구속력에서 벗어나고 싶기 때문이다. 무엇보다도 원고들은 탈퇴하는 피고에 대하여 별 신경을 쓰지 않는다. 왜냐하면 남아 있는 피고들로부터 권리구제를 받을 수 있으면 그것으로 충분하기 때문이다. 피고들의 대량탈퇴가능성이 있는데도 피고대표당사자소송을 통해 원고 청구를 해결하는 것이 좋은 방법이냐를 놓고 법원은 견해가 나누어져 있다. 일정한 여건 하에서 법원은 개별 피고들이 탈퇴할 경우, 원고들이 탈퇴한 그들을 상대로 개별적으로 소송을 제기할 수도 있음을 통지함으로써 그들이 개별 소송을 제기당하는 것을 두려워하여 탈퇴하지 못하도록 함으로써 피고들의 소송탈퇴를 최소화하고 있다.

제3장 기타 문제

Ⅰ. 출소기한제한법(the Statute of Limitation)

앞에서 살펴본 바와 같이, 원고가 대표당사자소송을 제기하게 되면 이로 인해 추정적 구성원들은 출소기한 정지의 효과를 얻게 된다. 이러한 출소기한 정지의 효과는 피고대표당사자소송에서 복잡한 문제를 발생시킨다. 만약 불특정의 피고 구성원에게 이 원칙을 적용하게 되면, 관련 소송이 진행 중이라는 사실을 통지받지 못 했음에도 불구하고 출소기한이 정지된 효과로 인해 후소를 대비하여 증거 등을 장기간 보전해야 하는 어려움 등이 생기게 되어 피고가 불리한 지위에 놓이게 된다. 뿐만 아니라 이 출소기한 정지의 효과는 사법적 비용을 낭비케 한다. 개별 원고들은 대표당사자소송이 인정되지 않을 것에 대비하여 대표당사자소송에서 쟁점이 되는 부분에 대하여 수많은 개인별 소송을 제기해야 하는데, 이러한 사건의 폭주는 결과적으로 사법적 낭비를 가져오게 된다. 따라서 피고대표당사자소송에서 이러한 출소기한 정지의 효과를 인정하는 것에 대해 대부분의 법원들은 고민하고 있다. 인정할 경우에도 인적사항이 밝혀지지 않은 부재피고들에 대해 출소기한 정지의 효력을 인정하는 것에 대하여는 견해가 나누어져 있다.

Ⅱ. 통 지

원고대표당사자소송에 적용되는 것과 마찬가지로, 법원은 연방규칙 제23조(b)(3) 유형, 즉 제4유형의 피고대표당사자소송에 대하여도 구성원들에게 통지할 것을 요구하고 있다. 일부 법원은, 연방규칙 제23조가 통지할 것을 요구하고 있지 않은 연방규칙 제23조(b)(1) 유형과 제23조(b)(2) 유형, 즉 제1유형 내지 제3유형의 피고대표당사자소송에 대해서도, 적법절차상 필요성이 인정된다면 피고 구성원들에게 통지하여야 한다는 입장을 취하고 있다. 법원과 학자들은, 원고 단체의 부재구성원들은 소송에서 지더라도 당장 자신의 호주머니에서 돈이 빠져나가는 손실을 입지 않지만, 통지를 받지 않은 피고들은 피고대표당사자소송에서 패소할 경우 그 판결의 효력에 의해 직접 자신의 호주머니에서 돈이 빠져나가는 손실을 보기 때문에 원고의 경우와 다르다는 점을 직시하였다. 일부 법원은 연방규칙 제23조(b)(2) 유형, 즉 제3유형의 피고대표당사자소송에 대하여는 통지를 하지 않아도 된다는 입장을 취하고 있다. 그런데 이러한 경우는 대부분 행정기관들로 구성된 피고대표당사자소송의 경우였다.

Ⅲ. 관할권

연방대법원은 Shutts 판결[303)]을 통해 법원의 판결에 피고대표당사자소송의 구성원들을 구속시키려면 피고 구성원들에 대한 개별적 인적 관할권을 가지고 있어야 하는가에 대해 특별한 입장을 밝히지 않았다. 이 문제에 대해 입장을 밝힌 하급심법원은 거의 없지만, 밝힌 경우에도 견해가 나누어져 있다. 일부 법원은 만약 인적 관할권 적용을 배제할 수만 있다면 피고대표당사자소송을 통해 단체적 분쟁해결을 촉진할 수 있다는 입장을 취하고 있고, 일부 다른 법원은 충분하지 못한 관계에 있을 뿐인 피고를 다른 구성원들의 관할권에 묶어 함께 재판하는 것은 그들의 응소를 어렵게 만들어 공정하지 못하다는 입장을 취하고 있다.

303) Phillips Petroleum Co. v. Shutts, 472 U.S. 797 (1985); Juris v. Inamed Corp., 685 F.3d 1294, 23 Fla. L. Weekly Fed. C 1251 (11th Cir.(Ala.) Jul 06, 2012).

제3절 주주대표소송

제1장 서 론

연방규칙 제23.1조는 법인이 법인의 이사, 지배 주주, 또는 제3자에 대하여 적법한 소송절차를 취하지 않을 경우, 주주들이 회사를 대신하여 소송을 제기할 수 있다고 규정하고 있다. 우리 민법상의 소수사원권의 행사 또는 상법상의 주주대표소송과 유사한 제도라 하겠다. 또한 동 규칙은 회사가 그렇게 하는데 실패할 경우 구성원들로 하여금 비법인단체로서의 권리를 행사하도록 허용하고 있다. 이러한 경우의 주주대표소송은 대표당사자소송과 유사한 면이 많다. 지명된 원고는 자신의 이익뿐만 아니라 비슷한 상황에 놓여 있는 다른 사람들의 이익을 주장할 수 있다. 뿐만 아니라 연방규칙 제23.1조는 연방규칙 제23조와 마찬가지로 몇 가지 절차적 요건이 같은바 첫째, 지정된 원고는 다른 주주들의 이해를 반드시 공정하고 적절하게 대표해야 하고, 둘째, 주주대표소송에서 법원의 승인 없이는 소의 취하나 화해를 할 수 없고, 셋째, 화해가 제안되거나 자발적 소 취하나 화해를 하고자 할 경우에는 법원이 명령한 방법에 따라 구성원이나 주주들에게 통지하여야 한다.

그러나 주주대표소송은 특정한 사항, 즉 주장되는 피해의 본질면에서 대표당사자소송과는 아주 다르다. 주주대표소송에서는 피해자가 주주 개인이 아니라 회사이고, 어떠한 권리구제가 있게 되면 그 이익은 회사에 귀속된다. 즉 대표주주들은 법인을 대신하여 일종의 대리소송을 하는 것이기 때문이다. 또 다른 차이점은 연방규칙 제23조(b)(3)과 달리, 연방규칙 제23.1조는 당해 소송에서의 탈퇴권에 관한 조항이 없다.

연방규칙 제23.1조는 원래 연방규칙 제23조의 일부로 편재되어 있었으나, 1966년 연방규칙 제23조 개정 시 독립된 규칙으로 분리되었다.

제2장 요 건

Ⅰ. 기본요건

1. 의 의

연방규칙 제23.1조는 주주대표소송이 유지되기 위한 여러 요건들을 규정하고 있는데 첫째, 주장되는 권리가 법인에 귀속되는 권리여야 하고, 둘째, 원고는 반드시 주장된 부정행위 시의 주주여야 하고, 셋째, 원고는 반드시 기업으로 하여금 직접 소송을 제기하도록 요구하였으나 실현되지 않았음을 증명하여야 하고, 넷째, 소송이 연방법원의 관할이 되도록 조작 또는 공모되지 않아야 하고, 다섯째, 원고가 유사한 지위에 있는 다른 주주들의 이익을 공정하고 적절하게 대표하여야 하고, 여섯째, 화해 또는 소 취하를 위해서는 법원의 사전 승인이 있어야 하고, 일곱째, 제안된 화해나 소 취하에 대한 통지는 법원이 명령한 방식에 따라 해야 한다는 것이다.

2. 부정행위 당시 주주

대표주주소송을 제기하려는 사람은 부정행위라고 주장되는 행위가 발생한 시점에 그 회사의 주주여야 한다. 다만 법원은 그러한 불법행위가 주식 매수 전에 이루어졌다 하더라도 주식 매수 후에도 그 불법행위가 계속되고 있는 경우에는 대표주주소송을 예외적으로 제기할 수 있다고 보고 있다. 일부 다른 법원은 그러한 예외를 인정하지 않고 있다.

3. 회사에 대한 소송 촉구

주주대표소송을 제기하기에 앞서, 주주인 원고는 회사에 대하여 회사가 스스로 소송을 제기할 것을 요구하여야 한다. 이러한 요구는 이사회로 하여금 원고가 요구한 불법행위를 시정할 수 있도록 기회를 주고, 사내문제를 내부적으로 해결할 수 있도록 권장하고, 소송결과를 통제할 수 있도록 하기 위해서 필요한 것이다.

보통 이러한 요구에는 잠재적 청구의 본질, 입게 된 피해, 구제방법 등 여러 가지 정보가 포함되게 된다. 이때 법원은 이사회가 이러한 요구에 대응할 수 있도록 충분한 시간이 주어졌는지 등을 검토하게 되는데, 복잡한 사건인 경우에는 수개월이 걸릴 수도 있다. 요구를 받은 이사회는 회사의 이익을 위해 소송을 제기하거나 그 요구를 거절할 수 있다.

그러한 요구가 헛되게 된 경우 원고는 회사에 대하여 이를 다시 요구할 필요는 없다. 이때 원고는 이사회가 편향되어 있으며, 불신을 받고 있고, 그 문제에 대해 재정적 이해관계가 있다는 사실을 증명하여 그 요구가 무익했음을 증명해야 한다. 법원은 보통 이사회의 의견을 존중하기 때문에 그러한 무익함에 대한 증명은 결코 쉽지 않다. 요구를 하여 거절당한 후이거나 그러한 무익함을 증명하게 되면, 원고는 자유롭게 주주대표소송을 제기할 수 있다.

4. 통모의 부존재

원고는 주주대표소송이 통모에 의해 제기되는 것이 아님을 주장하여야 한다. 즉 관할권이 없는 연방법원을 관할법원으로 삼기 위한 공모가 없어야 한다는 것이다. 이러한 요건은, 주식을 조금밖에 소유하고 있지 않아 실질적인 이해당사자라고 할 수 없는 주주들이 거주지가 여러 주에 걸쳐 있다고 주장하면서 사건을 광역관할사건으로 조작하여 주법원에서 연방법원으로 사건을 이송토록 하는 것을 방지하기 위해서이다.

5. 대표권 행사의 타당성

연방규칙 제23조의 대표당사자소송처럼 주주대표소송에서의 원고 역시 같은 처지에 놓인 다른 주주들의 이익을 지킬 수 있도록 주주대표소송을 공정하고 적합하게 수행하여야 한다. 일부 법원은 이러한 요건뿐만 아니라 원고의 소송대리인의 자질 및 원고가 다른 주주들의 이익과 반대되는 이익을 가지고 있는지 여부 등을 조사하여야 한다는 입장을 취하고 있다. 일부 다른 법원은 주주대표소송을 수행하는 원고의 열정, 원고와 다른 주주들 사이의 공통의 이해관계, 그 사건 내용에 대한 원고의 숙지도 등을 종합적으로 고려하여 판단하여야 한다고 하고 있다.

Ⅱ. 파생적 요건

연방규칙 제23.1조에 따라 주장되는 권리는 주주 개인에 관한 권리가 아니라 반드시 법인에 귀속되는 권리여야 한다. 청구를 분류할 경우 법원은 발생한 손해의 유형에 주의하여야 한다. 만약 손해가 주주라는 신분 때문에 발생한 것으로 모든 주주들이 공동으로 피해를 보고 있다면, 그러한 청구는 법인에 귀속되는 권리라 하겠다. 반면에 겪고 있는 손해가 원고 주주에게만 특별한 것이라면 그 소송은 주주대표소송이 아니라 개인 소송을 해야 할 사항이다. 이러한 파생적 청구의 예로는 회사에 피해를 끼치는 불법관리행위로 인한 청구, 회사가 반독점피해소송을 수행하지 않음으로써 발생한 손해배상청구, 회사의 계약관계에 불법적으로 개입함으로써 발생한 청구, 회사의 대표 등이 횡령이나 배임 등으로 회사에 손해를 끼친 경우의 청구 등을 들 수 있을 것이다.

반대로 의결권의 약화를 예방하기 위한 청구, 주주의 의결권 방해에 대한 청구, 증권사기로 인한 청구 등은 명백한 주주 개인 피해에 대한 소송이기 때문에 주주대표소송에 해당되지 않는다. 법원은 내부거래로 인한 손해배상청구를 주주대표소송과 주주 개인소송 중 어느 것으로 볼 것인지에 대하여는 견해가 나누어져 있다. 내부거래로 인한 피해를 주식가격의 폭락 및 회사의 명성 추락으로 인한 손해로 본다면 대표주주소송이 가능하게 되고, 개별 주주들이 주식가격의 폭락으로 개인적 손해를 봤을 뿐이라고 본다면 주주의 개별소송이라 보아야 할 것이다.

Ⅲ. 통 지

연방규칙 제23조(e)와 마찬가지로, 연방규칙 제23.1조는 화해안이 제안된 경우 법원이 명한 방법에 따라 모든 주주들에게 통지할 것을 규정하고 있다. 통지를 받은 주주들이 그 화해안을 어떻게 처리할 것인지 판단할 수 있는 모든 정보가 통지에 포함되어야 한다. 비록 위 규칙에는 통지에 어떠한 내용이 포함되어야 할 것인지를 규정하고 있지 않지만, 법원은 일반적으로 주장된 청구의 내용이 무엇이며, 진행 중인 소송에 대한 화해안이 어떠한 내용을 담고 있으며, 주주들이 그러한 화해안을 거절할 수 있다는 사실 및 앞으로 추가 정보는 어떻게 취득할 수 있는지 등에 관한 내용이 포함되어 있어야 한다고 보고 있다.

Ⅳ. 법원의 승인

합의안 처리에 관한 연방규칙 제23조(e)와 마찬가지로, 연방규칙 제23.1조는 법원의 허가 없이는 주주대표소송에서 소를 취하되거나 화해하지 못하도록 규정하고 있다. 제안된 화해안을 공정하게 평가하기 위하여 법원은 다른 사항들과 마찬가지로 그 사건이 소송으로 진행될 경우 승소할 수 있는지 여부를 검토하여야 한다. 연방대법원의 Devlin 판결 이후, 하급심법원은 소송의 당사자가 아닌 주주들이 항소심에서 화해의 공정성을 다투기 위해서 제1심법원에 소송참가해야 하는가를 놓고 견해가 나누어져 있다. 연방대법원은 아직까지 이 쟁점에 대하여 명확한 입장을 제시하지 않고 있다.

제4절 비법인사단소송

제1장 서 론

연방규칙 제23.2조는 권리능력 없는 단체, 즉 비법인사단이 제기하거나 제기당한 대표당사자소송에 대하여 규정하고 있다. 보통법 체계에서는 인권단체, 종교기관, 비영리공익단체 등과 같은 비법인사단은 권리능력이 인정되지 않고, 소송에서 당사자능력이 인정되지 않는다. 따라서 비법인단체가 소송을 제기하거나 제기당하는 유일한 방법은 모든 해당 당사자들 전원이 당사자로 참여하는 방법이지만, 이러한 방법은 사실상 거의 불가능하다. 그런 경우에도 당사자 개인들의 재산으로 책임을 지기 때문에 그 단체의 재산에 대하여는 어떠한 책임을 물을 수 없다.

일부 주에서는 그러한 비법인단체가 소송을 제기하거나 제기당할 수 있도록 보장하기 위하여 주법을 제정하기도 하였다. 연방대법원은 1922년 United Mine Workers of America 판결[304)]을 통해 주법과 보통법이 서로 다르더라도 소송의

304) United Mine Workers of America v. Coronado Coal Co., 259 U.S. 344 (1992); Palladino v. CNY Centro, Inc., 23 N.Y.3d 140, 12 N.E.3d 436, 989 N.Y.S.2d 438, 199 L.R.R.M.

목적이 연방실체법이 인정하는 권리를 실행하기 위한 것이라면, 권리능력 없는 사단도 연방법원에 소송을 제기할 수 있다고 판시하였다. 이러한 연방대법원의 입장은 1938년에 제정된 초기 연방규칙 제17조(b)에 성문화된 후 현재까지 유지되어 오고 있다. 동 규칙 제17조(b)는 주법에 따라 소송을 제기하거나 제기당할 수 있는 능력을 가지고 있지 못한 비법인단체나 동업자가 미합중국의 헌법이나 법률이 적용되는 실체법상의 권리를 실현하기 위해서라면 평소 사용하는 통상의 이름으로 소송을 제기하거나 제기당할 수 있다고 규정하고 있다. 따라서 권리능력 없는 사단은 연방규칙 제17조(b)에 근거하여 연방의 실체법상의 권리를 실현시키기 위해서라면 소송을 제기할 수도 있고 제기당할 수도 있게 되었다.

물론 연방법원에서의 모든 소송이 연방에 관련된 소송은 아니다. 상당수의 당사자들은 주법과 관련된 청구를 연방법인 28 U.S.C §1332상의 다양성 규정에 따라 연방법원에 제소하고 있다. 연방규칙 제17조(b)는 다양성 관련 소송에 관하여 비법인사단이 제소하거나 제소당한 경우 그 당사자능력을 결정하기 위하여 연방법원이 관련 주법을 살펴보아야 한다는 원칙을 확립하였다. 그런데 연방규칙 제17조(b)가 제정된 이후에도 많은 주법원은 권리능력 없는 사단의 제소 및 피소지위를 부정한 보통법을 고수하고 있다. 결과적으로 다양성 사건의 경우 비법인사단의 당사자능력은 개별적 주법에 달려 있다고 하겠다.

더 나아가 주법이 비법인사단의 당사자능력을 인정하고 있는 경우에도 그러한 단체가 관할의 다양성 요건을 충족하였다고 볼 것인지에 대하여 연방규칙 제17조(b)는 아무런 언급을 하고 있지 아니하다. 왜냐하면 연방법원은 다양성 요건을 결정하기 위하여 각 구성원들의 주적을 고려하기 때문에 여러 주에 걸쳐 거주하고 있는 구성원들로 구성된 권리능력 없는 단체의 경우 같은 주에 거주하는 하나 또는 그 이상의 주민들을 상대방 당사자로 가지고 있는 경우가 빈번하기 때문이다. 즉 원고와 피고가 같은 주적을 가지고 있는 경우가 있어 문제라는 것이다.

(BNA) 3228, 2014 N.Y. Slip Op. 02378 (N.Y. Apr 08, 2014).

제2장 연방규칙 제23.2조

Ⅰ. 광역관할권

1966년에 제정된 연방규칙 제23.2조는 비법인사단의 구성원이 소송을 제기하거나 제기당하는 대표당사자소송을 허가함으로써 그에 의한, 또는 그를 상대로 한 광역관할권[305)]에 기초한 소송을 용이하게 하였다.

연방규칙 제23.2조는, 특정 구성원들이 비법인단체의 대표당사자로 제소하거나 제소당한 경우 그러한 대표당사자들이 그 비법인단체 구성원들의 이익을 공정하고 적절히 보호할 수 있으면 대표당사자로 인정된다고 규정하고 있다. 법원은 소송 진행 중에 필요하다고 인정될 경우 연방규칙 제23조(d)에 따라 적절한 명령을 발할 수 있고, 연방규칙 제23조(e)에 근거하여 화해절차, 자발적인 소 취하, 조정 등에 대하여 관여할 수 있다.

자문위원회 주석서는 연방규칙 제23.2조에 대하여, 비법인단체의 구성원들을 대표하여 소송을 제기하거나 제기당하면 이를 대표당사자소송으로 인정할 수 있지만, 이런 당사자능력 설정의 주된 이유는 통상적인 법으로는 제소하거나 제소당할 수 없는 비법인단체를 연방규칙 제17조(b)에 의해 하나의 실체로 인정하기 위해서라고 입법취지를 밝히고 있다. 동 주석서가 설명하고 있는바와 같이 연방규칙 제23.2조는 주법에 의해서는 소송의 주체가 될 수 없는 비법인단체를 소송상 하나의 실체로 취급하기 위해 제정되었다.

이로 인해 주법이 비법인사단에 대한 독립적 당사자능력을 인정하고 있을 경우 구태여 연방규칙 제23.2조를 적용할 필요가 있는가라는 문제에 부딪히게 된다. 그런데 주법이 비법인사단에 대한 당사자능력을 인정할 경우 주법에 따라야 한다면 연방규칙 제23.2조에 의한 광역관할권을 인정하기 어려워진다. 왜냐하면 비법인사단의 구성원들의 주적이 그 대표당사자의 주적과 반대일 수도 있기 때문이다. 이에 대해 대부분의 법원은 연방규칙 제23.2조의 적용을 제한하였는데, 그

305) diversity of citizenship jurisdiction은 복수 주간 관할 또는 광역관할 등으로 이해될 수 있는데, 미국 연방법원이 관할권을 가지기 위해 필요한 요구사항으로 원고나 피고가 서로 다른 주의 주적을 가지고 있으면 연방법원이 관할권을 행사할 수 있도록 하기 위한 것이다. 따라서 원고나 피고 중 같은 주적이 있는 경우 복수 주간 관할, 즉 광역관할권은 성립하지 않으며 따라서 연방법원은 관할권을 가지지 않는다. 청구금액이 7만5천 불을 초과하여야 한다. 영토 관할권, 주제의 관할권, 그리고 적절한 통지는 미국 연방헌법이 피고에게 보장하는 기본권이라 할 수 있다. 이하에서는 광역관할권이라 칭한다.

이유는 위 주석서 내용을 문자 그대로 논리적으로 해석하였기 때문이다. 결론적으로 위 입장을 취한 법원들은 연방규칙 제23.2조는 오직 주법이 비법인사단에 대해 당사자능력을 인정하지 않은 경우에만 적용된다는 입장을 취하였다.

반대로 다른 일부 법원은 주법이 비법인사단에 당사자능력을 인정하는 경우에도 연방규칙 제23.2조가 적용될 수 있다고 보았다. 이러한 입장을 취하는 법원들은 연방규칙 제23.2조의 문장이나 자문위원회 주석서 어느 것도 반대 결과를 강요하고 있지 않고, 광역관할의 문제는 비법인단체를 주법으로 처리할 것을 강제하는 문제는 아니라는 것이다.

Ⅱ. 비법인단체의 자격

법원들은 연방규칙 제23.2조가 적용되는 비법인사단으로서의 자격과 관련하여 노동조합, 비영리공제조합, 체육협회, 정당 및 학생단체 등을 인정하고 있다. 그러나 연방규칙 제23.2조는 대표당사자소송을 수행할 목적으로 법적 분쟁 발생 후에 새로이 조직한 단체는 그 자격을 인정하지 않고 있다.

Ⅲ. 연방규칙 제23조와 제23.2조의 통합 논의

연방규칙 제23.2조를 둘러싸고 연방규칙 제23조의 요건을 위 비법인사단의 대표당사자소송에도 적용할 것이냐를 놓고 논쟁이 벌어지고 있다. 대표당사자소송의 소송행위에 대한 법원의 명령에 대하여 규정하고 있는 연방규칙 제23조(d) 및 소 취하 및 화해 등에 관한 법원의 승인에 관하여 규정하고 있는 연방규칙 제23조(e)에 대하여 연방규칙 제23.2조가 이 두 규정을 어떻게 취급할 것인지에 대하여 언급하고 있지 않아 발생한 논쟁이라 하겠다. 이에 대하여는 금지규정이 없으므로 당연히 적용된다는 것이 통설이다. 왜냐하면 연방규칙 제23.2조는 연방규칙 제23조(a)(4)처럼 비법인단체의 대표당사자에게 상당하고 정당하게 조직과 구성원의 이익을 보호할 의무가 있다고 규정하고 있기 때문이다. 이에 따라 법원은 연방규칙 제23조(a)(4)의 요건들을 연방규칙 제23.2조의 사건들에 대하여 그대로 적용하고 있다.

그런데 문제는 연방규칙 제23.2조가 연방규칙 제23조(a)(1), 제23조(a)(2), 제23조(a)(3), 제23조(b) 및 제23조(c)의 요건을 적용할 것인가에 대하여 역시 아무런 언급이 없다는 점이다. 그런데 위 조항은 연방규칙 제23.2조의 사건들에 대해서는 적용되지 않는다는 입장이 다수견해이다. 왜냐하면 연방규칙 제23.2조가 연방규칙 제23조(d)와 제23조(e)의 하위세칙에 대하여 자세하게 언급하고 있음에 비추어 볼 때 그렇게 언급되지 않은 위 조항들의 적용을 배제하려는 것이 입법자들의 의도였다는 것이다.

반면에 소수의 일부 법원은 위 다수견해와 달리 연방규칙 제23조에 규정된 모든 요건들은 연방규칙 제23.2조의 사건에도 당연히 적용된다고 보았다. 그 이유로 이들 법원들은 연방규칙 제23.2조가 공통성 요건을 비롯하여 수많은 요건을 규정하고 있지 않지만, 그러한 수많은 요건과 중요한 공통쟁점이 없는 연방규칙 제23.2조의 단체를 인증하는 것은 분쟁해결에 아무 의미가 없음을 내세우고 있다.

제 5 편

대표당사자소송 아닌 다수당사자소송

희 망 봉

차 옥 혜

달리고 달려온 대륙을
바다가 가로 막는 곳
파도쳐 파도쳐온 바다를
절벽이 가로막는 곳
거기에 희망봉이 있다
바다는 절벽을 기어올라야
희망봉에 오를 수 있고
땅은 바다에 빠져야
희망봉을 만날 수 있다
두려움과 절망과 죽음을 무릅써야만
만날 수 있는 희망봉
적과 적이 덜컥 껴안아야만
만날 수 있는 희망봉
살아 있는 한
포기할 수 없는 곳
저절로 꿈꾸며 달려가는 곳
그러나 오늘도
바다는 끝없이 밀려와
절벽을 기어오르다 미끄러지고
땅은 끝없이 달려와
바다 앞에서 한숨 쉰다
있으나 없는 희망봉
쓸쓸하고 영원한 오로라여

(시집 '식물 글자로 시를 쓰다'에 수록, 2010)

제1절 서 론

대표당사자소송제도는 불특정 다수의 이해관계인들에게 공통된 사실상 또는 법률상의 분쟁을 해결하는 방법으로 이용되고 있다. 그렇지만 그 절차가 복잡하고 어렵기 때문에 모든 경우의 다수당사자 분쟁을 해결하는데 적합한 것만은 아니다. 보다 간편하고 편리한 방법이 있으면 이를 이용하는 것이 낫기 때문이다. 특히 연방규칙 제23조(b)(3) 유형, 즉 제4유형의 대표당사자소송에서 요구되는 우월성에 대한 평가 같은 어려움이 있는 대표당사자소송의 경우 그 이용이 반드시 편리한 것만은 아니다. 한편 통상의 소송절차에서 이용되어 온 기존의 다수당사자소송은 대표당사자소송의 처리기준으로는 적합하지 아니하다. 그러므로 효율적인 소송을 원하는 당사자들로서는 다른 유형의 보다 편리한 다수당사자소송제도를 원하게 된다. 이런 상황은 개별적 청구사건에서도 마찬가지이다. 그러므로 대표당사자소송이나 대표당사자소송 이외의 다수당사자가 관여할 수밖에 없는 소송유형을 이해할 필요가 있다.

이하에서는 대표당사자소송 이외에 다양한 다수당사자소송제도를 검토하기로 한다. 연방규칙 제14조의 제3당사자소송제도, 제19조의 강제적 공동소송, 제20조의 임의적 공동소송, 제22조의 권리경합확인소송, 제24조의 제3자의 소송참가, 제42조의 소송병합 등에 대하여 살펴보기로 한다.

제 2 절 제3당사자소송306)

제1장 의 의

연방규칙 제14조에 의한 제3당사자소송은 방어하고 있는 당사자, 즉 피고 또는 반소를 제기당할 위험에 있는 원고로 하여금 소송이 제기된 후 그 소송에서 주장되는 권리에 대해 책임의 일부 또는 전부에 대해 책임이 있는 제3당사자를 상대로 어느 때나 소송을 제기하는 것을 말한다.

1946년 이전의 연방규칙 제14조는 만일 제3자가 피고의 피고가 되어 원고에게 직접 책임이 있는 경우에는 소위 제3당사자절차라고 알려진 third-Party Practice를 인정하고 있었다. 그러나 1946년 개정 이후에는 제3당사자소송은 오직 제3당사자피고가 제3당사자원고(본소의 피고, 반소를 제기당한 본소의 원고)에게 책임이 있는 경우, 즉 원고에 대해 제3당사자 또는 반소제기당한 원고(반소피고)가 책임이 있는 경우에만 허용이 되고 있다. 이처럼 개정한 이유는 피고로서는 원고가 단순히 피고만을 상대로 제기한 소송에서 제3당사자가 원고에 대해 책임이 있을 것이라는 것만으로 원고로 하여금 제3당사자를 상대로 소송을 제기하도록 강제할 수는 없기 때문이다.

이러한 제3당사자소송은 제3자에 대한 주장을 본소에서 함께 할 수 있도록 함으로써 재판의 효율성을 높일 수 있을 뿐만 아니라, 만일 분리하여 소송이 진행될 경우 판결의 모순·저촉으로 인한 사법불신을 사전에 예방하기 위해서 필요하다. 만약 제3당사자소송이 없다면 원고가 피고를 상대로 제기한 법적 책임을 최종적으로 져야 할 제3당사자가 있음에도 불구하고 그가 소송에서 배제됨으로써

---

306) Impleader, 즉 third party procedure는 이하에서 제3당사자소송이라 칭한다.

피고는 힘든 소송을 할 수밖에 없다. 그 결과 그 소송에서 패소한 후 뒤늦게 제3당사자를 상대로 별소를 제기하여 문제를 해결할 수밖에 없다. 이처럼 동일한 법적 책임을 놓고 두 번 소송하는 것은 소송불경제일 뿐만 아니라 경우에 따라서는 판결의 모순을 가져오게 되는 문제가 발생할 수도 있다. 즉 원고가 피고와의 소송에서 승소하였다고 하더라도, 제3당사자는 피고와의 별소에서 첫 번째 소송의 원고 주장을 부당하다며 다툴 수 있고, 그로 인해 두 번째 소송에서 패소해야 할 제3당사자가 승소하는 예상하지 못한 상황이 발생할 수도 있게 된다.

비록 연방법원 재판에서 당사자들과 권리가 경합하는 제3당사자가 연방규칙 제14조에 의해 규율된다 하더라도, 관할이 서로 다른 다양성 사건에서 피고가 원고에 대해 책임이 인정되었다면 법원은 당사자 아닌 제3자가 피고에게 그 책임의 전부 또는 일부에 대한 책임이 있는지 여부를 확인하기 위하여 주 실체법에 대해 검토할 필요가 있다.

제2장 요 건

I. 관할권

만일 본소가 적법한 연방관할사건에 기초하고 있다면 제3당사자소송신청서를 제출하는 것은 본소 청구와 관련하여 관할권을 위반하는 것은 아니다. 이와 같이 본소가 광역관할의 다양성 요건을 완전하게 충족하고 있다면 제3당사자가 본소의 원고나 피고와 마찬가지로 같은 주에 거주할 것이기 때문에 광역관할은 문제되지 않는다. 제3당사자소송의 청구는 본소 청구의 관할을 침해할 수 없지만, 기본적으로 관할권의 근거는 제3당사자소송을 주장하기 위해 존재하여야 한다.

본소의 청구가 연방법원 관할권에 기초한 경우에 제3당사자소송의 관할권은 28 U.S.C. §1367(a)에 의해 보충적 관할권이 적용될 수 있다. 일종의 관련재판적이 인정되는 것이다. 그러나 광역관할사건에서는 이러한 문제가 더욱 복잡한 양상을 띠게 된다. 28 U.S.C. §1367(b)에 따라 연방규칙 제14조에 의해 당사자로 불려나온 사람들을 상대로 원고가 제기하는 청구에 대해서는 보충적 관할권이 적용되지 않는다. 이러한 규정을 종합하면 만약 피고가 제3당사자피고를 광역관할사건에 끌어들이게 되면 28 U.S.C. §1367(b)에 의해 보충적 관할권이 적용된다고 하겠다. 반대로 만약 피고가 원고를 상대로 반소를 제기하고, 원고가 연방규칙 제14조에 근거하여 제3당사자를 상대로 제3자당사자소송을 제기하려고 하는 경우에는 보충적 관할권이 적용되지 않는다는 것이 28 U.S.C. §1367(b)의 취지라 하겠다.

그러나 28 U.S.C. §1367(b)의 마지막 조문은 이러한 예외적인 보충적 관할권 적용의 문제를 제한하고 있다. 즉 그러한 예외는 그러한 청구에 대하여 보충적 관할권 적용이 28 U.S.C. §1332의 관할 요건과 불일치할 때 적용된다는 것이다. 일부 법원은 28 U.S.C. §1367(b)의 마지막 조문이 없더라도, 원고에 대한 제3당사자피고의 청구가 필요적 반소인 경우에는 원고가 제3당사자피고를 상대로 주장하는 청구에 대하여 28 U.S.C. §1367(b)의 보충적 관할은 배제된다고 밝히고 있다.[307] 즉 제3당사자피고에 의해 제기된 소송에 대해 원고가 필수적 반소를 제기하는 것을 금지하는 것은 불공정하고 비효율적이라는 것이다.

Ⅱ. 실질적 요건

제3당사자소송은 청구의 쟁점이 주된 청구에 대해 조건이거나 그로부터 파생된 것일 경우에 허용된다. 달리 말해 제3당사자소송절차는 피고가 원고에 대하여 책임이 인정될 경우 피고(제3당사자소송의 원고)에게 책임이 있는 제3당사자(제3당사자소송의 피고)를 상대방으로 하여 소를 제기할 수 있다는 것이다. 이러한 제3당사자소송은 연방규칙 제20조가 적용되는 통상적인 공동소송과 달리 청구가 동일한 처리과정에서 발생하였거나 발생의 한 부분을 형성하고 있어야 하고, 공통의 사실관계 또는 법률관계에서 발생하여야 한다.

조건부 또는 파생책임은 다양한 상황에서 발생할 수 있다. 조건부 또는 파생책임의 첫 번째 예로 일방 당사자가 어떤 다른 사람의 특정 법적 책임을 지기로 동의하거나 법에 의해 책임이 부과되는 경우, 즉 보증책임과 같은 경우이다. 예를 들면 건축업자가 그의 직원이 사용하는 장비로 인해 발생한 책임에 대해 제조업자가 져야 할 책임을 그 직원에게 책임지기로 하였는데, 그 직원이 그 장비사용으로 인하여 피해를 입게 되어 건축업자를 상대로 소송을 제기해 온 경우, 소송을 제기당한 건축업자가 그 장비제조업자를 상대로 소송을 제기하는 경우이다.

---

307) Gibson v. Chrysler Corp., 261 F.3d 927, 938 (9th Cir. 2001); Kessler v. National Enterprises, Inc., 347 F.3d 1076 (8th Cir.(Ark.) Oct 30, 2003).

같은 경우로 불법행위로 인해 제소당한 자동차운전자가 보험에 가입하였다면 피해자가 자동차운전자를 상대로 소송을 제기할 경우 그 자동차운전자가 보험회사를 상대로 손해배상책임을 구하는 경우이다.

조건부 또는 파생책임의 두 번째 유형은 구상권책임에서 나타난다. 대부분의 주법은 개인의 신체적 피해 또는 재산상의 손해를 발생시킨 불법행위에 가담하거나 개별적으로 책임이 있는 사람들 상호 간에 구상권을 인정하고 있다. 이에 따라 불법행위를 원인으로 제소당한 피고는 다른 공동불법행위자 또는 개별적으로 책임 있는 제3당사자를 소송에 인입시켜 구상권을 행사하거나 책임을 분담토록 강제할 수 있다.

조건부 또는 파생책임의 세 번째 유형은 대위변제, 즉 추급권을 행사할 목적으로 다른 사람의 권리 안에 포섭되어 있는 경우이다. 예를 들어 채권자가 담보제공자를 상대로 강제집행을 통해 변제를 구할 경우 그 보증인이 주채무자를 상대로 추급권을 행사하는 경우이다.

법원은, 일반적으로 조건부 또는 파생책임이 첫 번째 주된 청구에 연관이 있는 경우에는 피고가 원고에 대하여 책임을 지듯, 제3당사자피고가 제3당사자원고(본소의 피고)에게 책임을 지도록 제3당사자의 참가나 인입을 허용하고 있다. 위 교통사고의 경우 피고는 원고에게 책임을 지겠지만, 다시 보험회사를 인입시켜 그 책임을 대신 배상토록 하게 된다.

제3당사자소송은 전면적으로 허용된다. 당사자 아닌 자가 원고 청구의 일부 또는 전부에 대해 피고에게 책임을 져야 할 경우에도 허용된다. 그렇지만 제3당사자소송절차를 이용할 것인지는 당사자의 자유이기 때문에, 만약 소송의 당사자 아닌 자가 원고의 피고에 대한 청구의 전부 또는 일부에 법적 책임이 있는 경우에도 그 제3당사자를 소송에 인입토록 원고가 피고에게 요구할 수는 없다. 피고는 제3당사자소송절차를 이용할 것인지 즉, 제3당사자소송절차를 이용할 수 있는 경우에도 피고는 제3당사자를 상대로 별소를 제기하는 것이 유리하다고 판단되면 그렇게 할 수도 있고, 소송인입이 유리하다면 소송인입의 방법을 선택할 수도 있다.

Ⅲ. 법원의 허가

미연방규칙 제14조에 의하면, 제3당사자피고가 본소의 피고가 답변서를 제출한 후 14일 이내에 그러한 제3당사자소송신청을 할 경우에는 법원의 허가가 필요하지 않다. 그러나 14일이 경과한 이후에는 법원의 허가가 필요하다. 법원은 제3당사자소송을 허가함에 있어, 다른 무엇보다도 제3당사자소송이 제기됨에 따라 판결의 효율성이 있는지, 본소의 소송절차가 지연되지 않는지, 본소의 당사자들과 제3당사자소송의 당사자들 사이에 판결의 부당함이 없는지 등을 종합적으로 고려하여야 한다. 법원은 제3당사자소송이 제기된 경우 연방규칙 제14조의 요건이 충족된 경우라면 재판 직전에 제기되었더라도 소송절차의 지연이 심하지 않거나 본소의 당사자들과 잠재적 당사자들에게 커다란 손해가 발생하지 않는 한 일반적으로 제3당사자소송을 허용하고 있다.

제3장 변론 절차

Ⅰ. 방어권 보장

제3당사자피고는 본소의 피고에 대하여 인적 관할권의 부존재, 금반언, 권리포기 등을 주장하며 방어권을 행사할 수 있다. 또한 제3당사자피고는 원래의 피고가 원고에 대하여 주장할 수 있는 모든 항변권을 행사할 수 있다. 예를 들면 만약 원고의 청구가 이미 기판력이 있거나 법률에 의해 제소장애사유가 있는 경우 제3당사자피고는 제3당사자원고, 즉 본소의 피고가 이를 주장하지 않겠다고 하더라도 이를 주장할 수 있다. 그러나 제3당사자피고는 본소의 피고에 대한 인적 관할의 부존재, 본소의 피고에 대한 부적절한 제소, 부적절한 재판적에 관한 항변 등 제3당사자원고(본소의 피고)에 대한 주관적 사유를 원용하여 주장할 수 없다.

Ⅱ. 제3당사자소송의 분리 등

연방규칙 제14조는 어느 당사자라도 제3당사자소송의 이송, 분할 또는 변론의 분리를 신청할 수 있다고 규정하고 있다. 이에 대해 법원은 재판을 분리해 재판할 것인지를 결정함에 있어 상당한 재량권을 가지고 있다. 법원은 제3당사자소송이 배심원의 결정을 어렵게 만들거나, 상당한 소송 지연을 가져오거나, 다른 명백한 불이익을 가져오지 않는 한 원칙적으로 공통의 사실상 또는 법률상의 원인에 기초하고 있는 제3당사자소송의 분리를 허용하고 있지 아니하다. 사건의 연결성으로 인하여 동일한 결론을 도출할 필요가 있기 때문이다.

제4장 제3당사자소송신청서의 제출

법원의 허가를 구할 사유가 있는 경우에는 제3당사자소송의 당사자는 일정한 경우 본소의 경우와 마찬가지 요건을 갖추어야 한다. 즉 제3당사자피고를 상대로 소장의 제출이 필요하고, 이의 송달 또한 필요하다. 제3당사자피고는 연방규칙에 따라 소장에 대답하여야 한다.

제5장 기타 제3당사자소송

연방규칙 제14조는 일단 제3자소송이 제기되면 당사자들은 청구나 항변을 주장할 수 있다고 규정하고 있다. 따라서 제3당사자피고는 연방규칙 제12조 및 제14조에 근거하여 제3당사자청구에 대하여 어떠한 항변이라도 주장할 수 있다. 또한 제3당사자피고는 연방규칙 제13조에 근거하여 제3당사자원고를 상대로 반소를 제기할 수도 있고, 다른 제3당사자들을 상대로 교차청구도 할 수 있다. 연방규칙 제14조(a)(1)(D)는 원고의 제3당사자원고(본소의 피고)에 대한 청구의 주요 쟁점인 거래관계나 사실관계에 대하여 제3당사자피고는 원고에 대항하여 항변할 수 있다고 규정하고 있다. 그러나 반드시 하라고 강요할 수는 없다. 게다가 연방규칙 제14조(a)(3)에 따라 원고는 제3당사자원고(본소의 피고)에게 주장할 수 있는 원고의 주요 청구원인이 되는 거래관계나 사실관계에 대하여 제3당사자피고에게 주장할 수 있다. 그리고 제3당사자피고는 연방규칙 제12조에 의거하여 가능한 모든 방어방법을 주장할 수 있다.

연방규칙 제14조(a)는 제3당사자피고로 하여금 연방규칙 제14조의 요건을 충족시킬 수만 있다면 네 번째 당사자(제4당사자피고)를 상대로 또 다시 제3당사자소송을 제기할 수 있다고 규정하고 있다.

한편 연방규칙 제14조(b)는 반소가 제기된 경우 본소의 원고(반소피고)는 제3

당사자(제3당사자피고)를 상대로 제3당사자소송을 제기할 수 있다. 그 반소청구원인에 제3당사자가 최종 책임이 있는 경우이다.

제3절 강제적 공동소송[308)]

제1장 의 의

일반적으로 어떤 피고를 상대로 소송을 제기할 것인지는 원고에게 달려 있다. 일종의 당사자처분권주의의 결과라 하겠다. 하지만 일정한 경우, 예를 들어 소송밖에서 소송의 결과에 영향을 받는 당사자 아닌 자 또는 소송결과의 공정성 확보를 위해 원고나 피고의 추가병합 또는 원고 쌍방의 추가병합이 반드시 필요하여 강제되는 경우가 있는데, 연방규칙 제19조가 이러한 강제적 공동소송에 대하여 규정하고 있다.

법원은 필요하다면 연방규칙 제19조(a)에 따라 당사자가 소송에 참가해야 하는지 여부를 결정해야 하는데, 연방규칙 제19조는 그러한 요건에 대하여 명문으로 규정하고 있지 않기 때문에 첫째, 법원은 강제적 공동소송의 필요성을 판단하여야 하고, 둘째, 그 당사자에 대한 공동소송이 필요하다고 판단되면 그러한 공동소송이 그 당사자에게 가능한지 여부를 판단하여야 한다. 참가가 필요한 해당 당사자에 대한 관할법원의 관할권이 없는 경우에는 강제적 공동소송에 참가하라고 결정할 수 없다. 셋째, 소송 밖의 관련당사자에 대해 강제적 공동소송이 불가능하게 될 경우 법원은 그 당사자가 연방규칙 제19조(b)에 의해 참가가 필수불가결한 당사자인지 여부를 결정하여야 한다. 만약 누락된 당사자가 그 강제적 공동소송에서 필수불가결한데 공동소송이 불가능하다면 그 소송은 당사자적격을 갖추지 못하였다는 이유로 소 각하 될 수밖에 없다. 자유롭게 운영되는 연방규칙 제20조

308) Compulsory Joinder는 필수적 공동소송 또는 강제적 공동소송 등으로 번역될 수 있는데, 우리 소송법체계상의 필수적 공동소송과 반드시 같은 제도는 아니기 때문에 편의상 이하에서는 강제적 공동소송이라 한다.

의 임의적 공동소송과 달리 제19조의 강제적 공동소송의 경우 법원은 공동소송에 참가하도록 명령하는 것을 기피하거나, 병합이 불가능하다는 이유로 소 각하하는 것을 기피하는 경향이 있다.

일반적인 경우 누락된 당사자에 대한 병합청구는 기존 당사자에 의해 제기되는 것이 일반적이나, 필요한 경우 법원이 직권으로 결정하기도 한다. 이와 같이 강제적 공동소송에 관한 연방규칙 제19조는 소송 외에 방치된 당사자들이 판결 결과가 달라짐으로써 받게 되는 불이익을 사전에 예방하고, 분쟁의 일회적 해결을 통해 판결의 모순·저촉을 방지하고 소송경제를 도모하고자 함에 있다고 하겠다.

당사자가 공동소송을 제기하여야 하는지 여부는 절차적 문제일 뿐이다. 그리고 연방규칙 제19조의 강제적 공동소송에 관한 문제는 광역관할사건인 다양성 사건의 경우에도 적용된다.

제2장 누락된 당사자의 참가

Ⅰ. 참가 의무 여부

연방규칙 제19조의 가장 중요한 점은 누락된 당사자의 참여가 가능할 경우 반드시 참여하여야 하는가 여부이다. 만약 당사자가 필요하지 않을 경우에는 법원으로서는 당사자가 참여하지 않았다고 하여 그 소송을 각하할 것은 아니다. 그렇다면 어떤 경우에 누락된 당사자가 연방규칙 제19조에 의해 반드시 참여할 것이 필요한지 여부라 하겠다.

Ⅱ. 요 건

1. 연방규칙 제19조(a)(1)

연방규칙 제19조(a)(1)는 소위 완벽한 구제조항으로, 당사자 일부가 누락된 경우 소송당사자들에게 완전한 구제를 실현시킬 수 없을 경우, 누락된 자들이 참여한다면 강제적 공동소송이 된다고 규정하고 있다. 동 조항의 핵심은 누락된 당사자를 구제하는데 있다기보다는 소송에 참여하고 있는 당사자들의 분쟁을 해결하기 위해 누락된 당사자가 반드시 필요하다는 것이다. 자문위원회 주석서는 동 조항에 대해 당사자의 누락으로 이해관계인 모두에게 쟁점에 대한 완전한 해결을 해줄 수 없게 되는 것이 바람직하지 않기 때문이라고 밝히고 있다.

연방규칙 제19조(a)(1)에 따르면, 이론적으로 가능한 그러한 해결방법이 아니라 실질적으로 의미 있는 해결방안이 가능하여야 한다. 예를 들어 계약상 관련당사자가 다수인데 그 중 일부 채무자만 공동소송의 당사자가 되는 경우이다. 만약 모든 채무자가 적용법규에 의해 개별적으로 연대하여 책임을 지게 되는 경우에는 개별적으로 전부에 대해 책임을 지면 되기 때문에 누락된 당사자가 반드시 소송에 참여하지 않아도 된다. 연방대법원은 Temple 판결[309]을 통해 공동불법행위자들 중 일부가 누락된 경우에도 강제적 공동소송이 아니라는 이유로 연방규칙 제19조가 적용되지 않는다고 하였다. 즉 부진정연대채무자는 각자 피해자에 대해 전액의 채무를 부담하기 때문에 일부가 누락되어도 무방하다는 것이다.

2. 연방규칙 제19조(a)(1)(B)(i)

연방규칙 제19조(a)(1)(B)(i)는 일명 침해 또는 방해조항이라 불린다. 연방규칙 제19조(a)(1)(B)(i)은 누락된 자가 참가가 가능할 때 그 누락된 자가 그 소송의 청구원인에 관련된 이익이 있다고 주장하면서 누락된 채로 소송이 종료되면 그 이익을 보호할 자신의 지위가 침해되거나 방해받게 된다고 주장할 경우에 참가할 수 있도록 보장하고 있다.

연방규칙 제19조(a)(1)(A)가 당사자들에 대한 차별적 구제를 해결하려는데 반하여, 연방규칙 제19조(a)(1)(B)(i)는 누락된 자가 소송에 참가하지 않은 채 소송이 종료될 경우 그 자의 권리가 침해받게 되는 것을 구제하기 위한 것이라 하겠다. 그런데 이익을 주장한다는 조문에 대해 그 누락된 자가 자신의 이익을 주장하고 있지 않은 상태인 경우가 일반적이기 때문에 어떻게 해석해야 하는가를 놓고 혼란스럽다. 그래서 그 조문은 일반적으로 그 누락된 자가 청구원인과 이해관계가 있다라는 뜻으로 해석하고 있다. 그러한 이익은 누락된 자가 당사자의 지위에서 보호받을 만한 이익이어야 한다. 누락된 당사자의 이익이 소멸하게 되는지 여부를 확인하기 위해서는 누락된 당사자에 대해 중요한 몇 가지 조사가 이루어져야

309) Temple v. Synthes Corp. 498 U.S. 5 (1990); North & Co., Inc. v. Kohner, 2010 WL 2770547.

한다. 일반적으로 법원은 몇 가지 기본적 사항을 점검하고 있다.

한편 누락된 당사자에게 선례구속성의 원칙의 효력을 인정하여 연방규칙 제19조(a)(1)(B)(i)를 당연히 적용해서는 안 된다. 반대로 판결의 기판력과 쟁점효로 인하여 누락된 당사자에게 그 판결의 효력이 불리하게 작용한다면 그러한 부정적 판결로 인해 누락된 당사자의 이익은 분명하게 침해되거나 방해받게 될 것이다. 그런데 서로 다른 이 두 가지 원칙 앞에서 정확하게 기준을 잡는 것이 결코 쉬운 일은 아니다.

"침해 또는 방해조항"은 연방규칙 제24조의 소송참가와 동일한 목적을 수행한다. 즉 누락된 자의 이익이 침해되는 것을 막을 수 있다는 것이다. 양자의 차이점은 강제적 공동소송은 원고나 법원에 의해 행해지는데 반해, 연방규칙 제24조의 소송참가는 누락된 부재자 또는 법원에 의해 적극적으로 행해진다는 점에서 차이가 있다. 다만 누락된 자가 소송에 대한 정보가 없는 경우에는 소송참가를 할 수 없기 때문에 그 경우에는 별 의미가 없다.

3. 연방규칙 제19조(a)(1)(B)(ii)

연방규칙 제19조(a)(1)(B)(ii)는 소위 다수의 책임조항이라 불리는데, 다수의 책임에 대해 규정하고 있다. 동 조항은 누락된 자가 청구원인에 이익이 있고, 누락된 채 사건이 해결되면 현존하는 당사자에게 두 배, 몇 배, 또는 모순된 책임을 불러일으킬 근본적인 위험성이 있을 때 병합하여야 한다고 규정하고 있다. 동 조항에 의한 조사는 누락된 자를 배제한 채 이루어진 판결로 인해 존재하는 당사자들 특히 피고에게 다수 또는 모순된 책임을 부과하게 되는 위험성이 있느냐 여부에 달려 있다고 하겠다. 예를 들어 생명보험금지급을 둘러싸고 재산관리인이 주법원에 소송을 제기하고 보험금수익자가 직접 연방법원에 소를 제기할 경우 피고는 이중의 지급위험에 노출되게 된다. 이러한 이중지급의 문제를 해결하기 위하여 양 소송을 병합해야 한다는 것이다.

Ⅲ. 법원의 판단

법원은, 당사자가 위에서 언급한 세 가지 요건 중 어느 하나에 해당된다고 판단되면, 공동소송이 가능한지 여부에 대하여 판단하여야 한다. 따라서 누락된 자는 연방규칙 제19조(a)의 요건, 즉 인적 관할권, 사물관할권, 재판적의 요건을 갖추었을 때 비로소 강제적 공동소송이 가능하게 된다. 한편 당사자 아닌 자가 그 소송에 대해 면책을 주장할 경우에는 그러한 병합이 허용되지 않는다.

독립된 사물관할권이 없는 경우 병합이 방해받는지 여부는 보충관할권이 적용될 수 있는지 여부에 의하여 결정된다. 임의적 공동소송과 마찬가지로 보충적 관할 규정은 연방법원 관할과 관련하여 적용될 수 있다. 그러나 광역관할에 관한 다양성 요건은 별도로 그 요건을 충족해야만 광역관할권이 발생한다. Allapattah 판결[310]이 있기 전에는 연방규칙 제20조의 적용 여부를 놓고 법원 사이에 혼선이 있었으나, 연방규칙 제19조가 적용되면서부터 이런 문제는 발생하지 않게 되었다. 즉 위 판결은 연방규칙 제19조에 의해 병합하도록 제소된 당사자의 청구에 대해서는 보충적 관할권이 적용되지 않는다고 밝혔기 때문이다. 그럼에도 불구하고 많은 법원들은 28 U.S.C §1367(b)가 연방규칙 제19조의 필수적 공동소송과 제20조의 임의적 공동소송을 구별하는 것에 대하여 비판적 입장을 보이고 있다.

Ⅳ. 공동소송인이 참가 불가한 경우

연방규칙 제19조(b)에 의하면 강제적 공동소송인이 참가할 수 없다면 법원으로서는 공평과 양심에 따라 그 소송을 각하할 것인지, 아니면 참가 없이 그대로 참가한 당사자들만으로 소송을 계속해야 할 것인지를 결정하여야 한다. 연방규칙 제19조(b)는 이러한 결정을 위해 고려할 사항으로, 첫째, 법원은 누락한 사람과 참가한 사람 사이에 편파적인 판결이 내려질 수 있는지 여부를 조사하여야 한다. 이에 대해 자문위원회 주석서는 누락된 자에게 판결이 어떤 의미를 가지는지를 고려하여야 한다고 설명하고 있다. 즉 실재 누락된 자에게 부정적 영향을 미칠 것인지, 그렇다면 그 침해가 즉각적이고 심각한 것인지 아니면 급하지 않거나 사소한 것인지 여부 등을 평가하여야 한다는 것이다. 또한 참가 중인 당사자들에 대해 내려진 부수적 판결 결과에 대해서도 평가할 필요가 있다. 그리고 어떤 당사자가 그 누락된 당사자에 의해 노출되며, 만일 노출된다면 피해정도는 어느 정도인지 등도 함께 검토되어야 한다. 예를 들어 만약 그 소송의 쟁점효 또는 기판력에 의해 누락된 당사자가 침해를 받음이 명백한 경우가 이에 해당된다 하겠다.

310) Exxon Mobil corp. v. Allapattah Services, Inc., 545 U.S. 546 (2005); Pilgrim's Pride Corp. v. Frisco Food Services, Inc., 2007 WL 737737.

마찬가지로 어떤 경우에 누락된 당사자가 그 판결로 인해 책임지게 될 채무를 전부 떠안아야 하는 경우에도 마찬가지라고 하겠다.

둘째, 어떠한 편파적 판결의 결과가 보호조항, 피해구제의 형상화 또는 다른 방법 등으로 인하여 최소화되거나 피할 수 있는 범위를 고려하여야 한다. 그러한 한 예로 편파적 피해자인 피고를 보호할 목적으로 경합권리자가 방어를 위해 소송참가하거나, 부작위위법확인 같은 선언적 구제로 인해 참가할 수 없는 비당사자가 불리한 지위에 놓이게 될 경우 금전적 피해를 배상받기 위하여 소송참가하는 경우 등이 이에 해당된다 하겠다.

셋째, 법원은 연방규칙 제19조(b)(3)에 의해 당사자가 누락된 상태에서 내려진 판결이 적합한지 여부를 조사하여야 한다. 이러한 조사는 일부 구제 방식이 적합하지 않을지라도 단순히 참가 중인 당사자들에 대해 의미 있는 구제방식인지를 조사하라는 의미라 하겠다. 이러한 요건은 앞서 살펴본 둘째 요건과 어느 정도 겹치기도 한다. 많은 경우에 주장된 권리가 제소된 피고들로부터 회복될 수 있다면 다른 피고들이 책임을 져야 할 사유가 있다고 하더라도 제소된 피고들에 대한 현재의 소송이 부적합하다고 볼 것은 아니라고 하겠다. 예를 들어 기업의 고용주가 감독관의 불법행위를 원인으로 하여 종업원인 원고로부터 소를 제기당하였을 경우, 기업이 원하는 치료 등을 제공할 능력이 있다고 인정될 경우에는 구태여 그 감독관까지 공동피고로 삼을 필요가 없다는 것이다.

넷째, 법원은 연방규칙 제19조(b)(4)에 의해 만약 소송에 참가하지 아니한 자들을 위해 소송을 기각할 경우에도 적절한 피해보상이 이루어질 수 있는지 여부를 고려하여야 한다. 자문위원회 주석서는 원고의 소가 각하될 경우 그 원고가 다른 더 좋은 공동소송당사자들과 함께 다른 소송을 효과적으로 수행할 가능성이 있는지를 고려하도록 하고 있다. 예를 들어 원고가 광역관할 요건을 충족하지 못하여 연방법원에서 소를 각하당하더라도 나중에 본질적 이해관계인들과 함께 주법원에 소를 제기하여 구제받을 가능성이 있으면 그러한 사실은 그 소를 각하하는데 무게를 두게 될 것이다. 그 소를 각하할 것인지 여부는 완전히 제1심법원의 자유재량에 맡겨져 있다.

연방규칙 제19조(b)가 규정한 이러한 네 가지 요건은 그 중요도에 있어 철저하게 구분되고 있지는 않다. 결국 그 소를 각하할 것인지 아니면 그대로 유지할 것인지는 그로 인해 영향을 받는 당사자에 대해 공정성을 보장해 줄 수 있느냐라는 사실관계에 달려 있다고 하겠다.[311] 법원은 일반적으로 편파적 판결의 영향이 크지 않는 한 위와 같은 이유로 연방규칙 제19조(b)에 의해 소를 각하하는 경우는 그리 많지 않다.

Ⅴ. 절차적 쟁점

강제적 또는 필수불가결한 당사자가 소송참가에 실패하는 주된 이유는 주로 소송이나 변론에 대한 판결을 위한 신청서나 답변서에서 주장되고 있다. 연방규칙 제12조(h)(2)에 의하면 연방규칙 제19조(b)에 의해 참가가 요구되는 사람이 그러한 참가에 실패하는 것을 방어하기 위해서라면 재판의 어느 단계에서도 자신의 이해관계를 주장할 수 있다. 강제적 공동소송의 당사자가 소송에 참여하는 것이 부정될 경우 이는 제1심은 물론이고 항소심 이후에도 근본적인 공평성을 침해했다는 논란이 야기될 수 있는 아주 중요한 문제이다. 따라서 항소법원도 직권으로 이 문제를 검토할 수 있다. 만약 이의제기가 늦게 제출될 경우 법원으로서는 원고가 소송을 지연시킬 목적이 없이 선의로 그러한 주장을 하는지 여부 등에 대하여 검토하여야 한다.

---

311) Republic of the Philippines v. Pimentel, 553 U.S. 851, 862-863 (2008); SourceOne Global Partners, LLC v. KGK Synergize, Inc., 2009 WL 1346250 .

제4절 임의적 공동소송[312)]

제1장 의 의

연방규칙 제20조는 임의적 공동소송에 대하여 규정하고 있다. 임의적 공동소송이라 함은 다수 또는 한 명의 원고가 한 명 또는 다수의 피고들을 상대로 소송을 병합하여 제기할 수도 있는, 그러면서도 병합이 강제되지 않는 유형의 다수당사자소송을 말한다. 보통법, 즉 관습법에 의해 그 동안 인정되어 온 제도를 성문화한 것이다. 이 조항은 원고 한 명 또는 다수가 피고 다수 또는 한 명에 대하여 공동책임을 묻고자 할 때 제기할 수 있다. 이러한 임의적 병합에서는 연방규칙 제23조의 엄격한 요건을 필요로 하지 아니한다. 우리 소송법상의 임의적 공동소송과 유사하다고 하겠다.

임의적 공동소송은 다수당사자 사이의 분쟁을 1회적으로 해결함으로써 소송경제를 도모하고 판결의 모순 · 저촉을 방지하기 위하여 고안되었다. 결과적으로 연방규칙 제20조는 상당한 해석상의 재량권이 보장되고 있다.[313)] 그런데 임의적 공동소송은 의무적인 것이 아니기 때문에 원고로서는 다수의 당사자를 공동피고로 삼을 수도 있고, 다른 원고가 제기한 유사한 소송에의 참가요구를 거절할 수도 있다. 즉 개별소송으로 여러 건의 소송을 제기할 수도 있고, 하나의 소송으로 병합하여 제기할 수도 있다.

연방규칙 제20조는 절차법이기 때문에 광역관할사건인 경우에도 모든 연방법원의 병합소송에 적용된다. 반면에 병합 자체는 단지 하나의 소송절차에 불과하

---

312) Permissive Joinder, 임의적 병합, 임의적 공동소송 등으로 번역될 수 있으나, 이하에서는 임의적 공동소송으로 칭한다.

313) United Mine Workers of Am. v. Gibbs, 383 U.S. 715 (1966); National Organization for Women, Inc. v. Scheidler, 897 F.Supp. 1047, RICO Bus.Disp.Guide 8892 (N.D.Ill. Jul 25, 1995).

기 때문에 실체법인 연방법이나 주법상의 새로운 권리를 만들거나 변경할 수는 없다. 따라서 연방규칙 제20조가 특정 상황 하에서 병합을 규정하고 있다고 하여 그것이 어떠한 청구가 효력이 있다는 것을 의미하지는 않는다.

연방규칙 제20조의 임의적 공동소송을 연방규칙 제14조의 제3당사자소송절차와 오인하여서는 아니 된다. 왜냐하면 제14조의 제3당사자소송절차는 피고가 소송 밖에 있는 제3자를 상대로 별도의 소를 제기하는 것이다. 이 경우에는 원고, 피고(제3당사자원고), 제3당사자피고의 세 당사자관계가 연속적으로 형성되는데 반하여, 연방규칙 제20조의 임의적 공동소송은 소송에 참가한 자가 공동원고가 되거나 아니면 공동피고가 되게 된다.

또한 연방규칙 제20조의 임의적 공동소송은 연방규칙 제24조에 의해 규율되는 소송참가와 구별되어야 한다. 연방규칙 제20조는 소송참가와 관련하여 일정한 경우에는 당사자가 아닌 제3자의 소송참가를 불허하고 있다. 당사자가 아닌 자는 연방규칙 제20조에 의해 당사자로 참가할 수 없다.

제2장 원고의 병합

Ⅰ. 의 의

연방규칙 제20조(a)에 의하면, 첫째, 원고들이 동일한 매매나 사건으로부터 발생한 권리를 병합하여 주장하거나, 일련의 매매나 사건으로부터 발생한 권리를 병합하여 주장하는 경우, 둘째 원고들이 사실상 또는 법률상 공통의 쟁점을 가지고 있는 경우에 임의적 병합이 허용된다고 하겠다.

원고는 소장에서 위와 같은 두 가지 요건을 주장 자체로 주장하여야 하며, 그로써 요건은 충족된다고 하겠다. 따라서 심리 결과 그러한 요건이 충족되지 못하면 소를 기각하면 될 것이다. 임의적 병합이 허용되면 각 당사자는 자기 사건에서만 당사자가 된다. 따라서 개별적으로 소송대리인을 선임할 수 있고, 자신만의 청구를 주장하고 증명하면 된다. 대표당사자소송과 달리 어느 한 당사자가 다른 당사자를 위해 주장해 줄 필요가 없다. 실재로는 원고들이나 피고들이 동일한 소송대리인을 선임하여 소송을 수행하는 경우가 대부분이다.

Ⅱ. 요 건

1. 동일한 권리 또는 사실관계

법원은 일반적으로 원고들이 동일하거나 일련의 비슷한 매매나 사건을 주장하는지 여부를 사건별로 유연하게 판단하면 된다. 일부 법원들은 연방규칙 제13조가 적용된 판례들을 참조하기도 한다. 왜냐하면 연방규칙 제13조가 교차청구나 강제적 반소와 관련하여 하나의 매매나 사건이라는 요건을 갖추고 있는지를 검토하도록 하고 있기 때문이다. 법원은 보통 원고들의 주장 자체만으로 논리적 관계가 있는지 여부를 판단하여 임의적 공동소송 여부를 결정하고 있다. 이는 사실에 기반하여 판단한다. 즉 원고들이 동일한 매매나 사건이라고 주장할 경우 원고들이 같은 행동을 하였다거나 동일한 사건에 대해 주장하면 요건은 일단 충족된다는 것이다. 예를 들면 증권중개인이 일정기간 동안에 다수의 의뢰인에게 특정 주식에 대해 허위공시를 한 경우라면 임의적 공동소송이 허용된다고 하겠다.

반면에 일부 법원은 임의적 공동소송이 실질적 유사성에 근거하고 있더라도 그렇게 병합하는 것이 공평한가 여부를 추가로 판단하여야 한다고 하고 있다. 법원은, 동일한 경찰공무원들에 의해 다른 시간에 일정기간 동안 유사한 폭행이나 괴롭힘을 당해 왔다고 주장하는 다수의 원고들이 함께 병합하여 소송을 제기한 경우에도, 임의적 공동소송을 인정하였다.

그러나 법원은 같은 피고의 다른 종류의 행동을 주장하며 다수의 원고들이 병합하여 소송을 제기한 경우에는 임의적 공동소송을 허용하지 않았다. 예를 들어 병합하여 소송을 제기한 원고들 중 한 사람은 직장 내 상사의 성추행을 주장하고, 다른 한 사람은 승진과정에서 인종차별을 주장한다면 임의적 공동소송이 허용되지 않는다. 마찬가지로 법원은 거래 또는 사건의 동일성을 심사함에 있어 예를 들어 자동차와 같은 생산물에 결함이 있음을 원고들이 공동으로 주장하는 경우에는 임의적 공동소송을 허용하지 않지만, 그 생산물을 다른 방법으로, 다른 시간에, 다른 장소에서 사용한 경우에는 요건이 충족되었다며 임의적 공동소송을 허용하였다. 일반적으로 동일한 내용에 대한 전소 판결이 있는 경우에는 후소에서 유리하게 작용하기는 하지만, 같은 거래나 사건을 포함하고 있다는 사실에 대한 판단을 하는 것은 법적으로 구속을 받는 것은 아니기 때문에 제한적 의미를 가질 뿐이다. 즉 다르게 판단할 수도 있다는 것이다.

2. 사실상 또는 법률상 공통의 쟁점

동일한 사실이나 거래여야 한다는 요건에 더하여, 연방규칙 제20조(a)는 그러한 사실이나 거래에 공통의 쟁점이 존재할 것을 요구한다. 이러한 공통의 쟁점이라는 요건은 임의적 공동소송에서뿐만 아니라 연방규칙 제23조(a)(2)의 공통성 요건, 연방규칙 제24조(b)의 임의적 소송참가, 연방규칙 제42조(a)의 병합에도 필요하다. 기타 많은 연방법에서도 공동소송과 관련하여 이러한 요건들을 규정하고 있다. 위의 모든 경우에 사실상 또는 법률상 하나의 공통쟁점이 있어야 한다. 그런데 연방규칙 제20조(a)는 연방규칙 제23조(b)(3), 즉 제4유형의 대표당사자소송에서 필요한 요건들에 대하여 규정하고 있지는 않다.

일반적으로 위와 같은 공통쟁점 요건은 쉽게 충족될 수 있다. 실재로 매매를 한 사실관계가 동일하거나 일련의 유사성을 가지고 있다면 공통의 쟁점이 쉽게 충족되기 때문이다. 구체적으로 살펴보면, 다수의 당사자들이 공통으로 사용하는 하나의 제품에 원래 흠결이 있었는지 여부, 다수의 당사자들에게 노출된 오염물질에 독성이 있었는지 여부, 동일한 항공기사고로 상해를 입은 당사자들에게 있어 조종사의 과실이 공동으로 영향을 미친 경우 등이 있을 수 있다.

그런데 법원은 간혹 사실상 또는 법률상 공통의 쟁점이 없다면서 임의적 공동소송을 허용하지 않은 경우도 있다. 예를 들면 다수의 원고들이 회사가 직원인 원고들을 차별대우하였다며 소송을 제기하였으나, 실재 그 상사가 아닌 다른 부서의 결정권자가 고용을 결정한 경우이다. 이미 살펴본바와 같이 연방대법원은 Dukes 판결을 통해 추정적 대표당사자소송에 있어서의 공통성 요건 충족을 더욱 엄격하게 만들어 버렸다. 이 공통성 요건에 대한 접근방법이 사실상 또는 법률상 공통의 쟁점을 요구하는 임의적 공동소송 및 기타 비대표당사자소송인 다수당사자소송에 어떤 영향을 미칠지는 더 지켜볼 필요가 있다고 하겠다. 그렇지만 같은 거래관계나 사실관계에 대한 요건은 공통의 쟁점과 분리되어 있기 때문에, 대표당사자소송에서의 공통성이 아닌 임의적 공동소송에서의 공통의 쟁점은 보다 용이하게 충족될 수 있다고 하겠다. 예를 들어 어떤 대리점이 각각 다른 시간에 다른 사람들에게 같은 이유로 어떠한 가입신청을 거부하였다면, 그 거부당한 사람들은 시간과 당사자가 서로 다르기 때문에 공통의 쟁점이 없으므로 연방규칙 제20조의 임의적 공동소송으로는 적합하지 않지만, 거절 이유가 동일하다는 것을 근거로 연방규칙 제42조에 의해 "사실상 병합"에 의해 함께 재판진행을 할 수는 있을 것이다.

법원은 임의적 공동소송 요건이 충족된 경우에도 반드시 임의적 공동소송을 허용해야 하는 것은 아니다. 즉 병합 허용 여부는 제1심법원의 재량에 달려 있다고 하겠다. 그러나 실재로 이러한 병합은 요건이 충족되면 대부분 허용되고 있다. 반면에 소송지휘를 통해 제한을 가하더라도 배심원의 혼란을 바로잡을 수 없을 정도의 특별한 사유가 있는 경우에는 병합을 허용하지 않을 수도 있다.

3. 모든 구제를 승인받는 것에 대한 이해관계

연방규칙 제20조(a)(3)은 원고가 청구된 모든 구제를 얻어내는데 이해관계가 없는 경우에도 임의적 공동소송을 허용할 수 있다고 규정하고 있다. 그 결과 특정 원고가 다른 원고들이 청구하는 손해배상을 청구하지 않는다거나 소장에 기재된 어떠한 청구원인에 대해 제소하지 않았다고 하여 임의적 공동소송이 거부될 것은 아니라 하겠다.

4. 관할권의 존재

연방규칙 제20조의 임의적 공동소송이 유효하려면 병합요건뿐만 아니라 관할권 요건도 갖추어야 한다. 1990년부터 시행된 28 U.S.C. §1367(a)(보충관할법)에 의하면, 청구가 연방관할 쟁점인 민사소송의 경우에 모든 병합된 원고나 피고에 대해, 심지어 계속 중인 사건이 주법의 쟁점에 관계되어 있는 경우라도 그것까지 포함하여 보충적 관할권을 결정할 수 있는 재량권이 지방법원에게 있다. 반면에 관할이 당사자의 주적이 여러 주에 분산되어 있는 광역관할사건인 경우에는 28 U.S.C. §1367(b)가 적용되어 보충적 관할권을 행사할 수 없다. 28 U.S.C. §1367(b)는 광역관할사건으로 밝혀지면 연방규칙 제14조, 제19조, 제20조 또는 제24조에 의해 제기되는 청구, 연방규칙 제19조에 의해 원고로서 참가하도록 제안 받은 자가 제기한 청구, 연방규칙 제24조에 의해 원고로서 소송참가를 통지받은 경우, 그러한 청구에 관해 보충적 관할권을 집행하는 것이 28 U.S.C §1332가 정한 관할권 요건에 부합하지 않을 경우에는 주지방법원은 보충적 관할권을 행사할 수 없다. 원고로 병합참가를 제안 받은 자가 제기한 청구에 대해 보충적 관할권을 금지하려면 연방규칙 20조가 아닌 제19조에 근거하여야 한다고 28 U.S.C. §1367(b)가 규정하고 있다.

결과적으로 Allapattah 판결[314)]이 나오기 전까지는 연방규칙 제20조에 근거하여 다수 원고들이 1인의 피고에 대해 임의적 공동소송을 제기하였으나 그 중의 일부 원고만이 관할권 요건을 충족하고 있는 경우에 그 사건에도 보충적 관할권을 인정할 수 있는가에 대해 법원들 사이에 상당한 혼란이 있었다. 그런데 연방대법원이 Allapattah 판결에서 위와 같은 경우에 보충적 관할권을 인정하여야 한다고 하였다. 이 사건은 관할권을 갖춘 어린아이가 불법행위를 저지른 피고를 상대로 손해배상청구를 구하였으나, 정신적 위자료 및 경제적 손해배상청구를 한 그 아이의 가족들이 관할권 요건을 갖추지 못한 경우에 보충적 관할권을 인정한 것이다.

Ⅲ. 피고의 병합

앞에서 살펴본 바와 같이 연방규칙 제20조는 원고들의 임의적 공동소송뿐만 아니라 피고들의 임의적 공동소송도 인정하고 있다. 동 규칙 제20조(a)상의 피고들의 병합요건도 원고들의 병합요건과 마찬가지라고 하겠다. 즉 다수의 피고들에 대해 동일하거나 일련의 유사한 법률관계나 사실관계에 근거하여 병합적으로 또는 개별적으로 청구가 주장되고, 하나 또는 그 이상의 사실상 또는 법률상 공통의 쟁점이 있으면 허용된다고 하겠다.

다만 차이가 있다면 연방규칙 제20조에 의해 원고들이 공동소송을 제기한 경우는 원고들이 적극적으로 병합의사를 가지는 것이지만, 피고들은 원고에 의해 수동적으로 제소당하기 때문에 자신의 의사와 상관없이 소극적으로 임의적 공동소송에 복종하여야만 되는 점이라 하겠다.

피고들은 다양한 상황에서 피고로 병합되어지고 있다. 예를 들어 불법행위를 직접 저지른 종업원과 사용자책임을 지게 되는 회사를 공동피고로 하거나, 다수의 불법행위자들을 공동피고로 하거나, 공동의 특허권침해를 원인으로 공동피고로 하거나, 공동소유 재산을 둘러싼 분쟁으로 인하여 공유자들을 공동피고로 하는 등 다양한 형태로 나타나고 있다.

반면에 법원은 원고가 공동피고들을 유사한 불법행위에 연루되었다고 주장하였

314) Exxon Mobil Corp. v. Allapattah Services, Inc., 545 U.S. 546 (2005); Pilgrim's Pride Corp. v. Frisco Food Services, Inc., 2007 WL 737737 .

으나 그렇지 않은 경우, 예를 들어 함께 공모하지 않았거나 행위를 같이 하지 않았거나 이러저러한 이론으로 연결되지 않은 사람들에 대해서는 임의적 공동소송을 불허하기도 한다.

연방규칙 제20조(a)(3)에 의하면, 청구된 손해배상에 대해 개별 피고가 방어할 이익이 없는 경우에도 임의적 공동소송이 인정된다. 예를 들어 여러 가지 청구에 대해 모두 배상책임을 지고 있는 피고와 그 중 일부에 대해서만 배상책임을 지는 피고는 병합될 수 있다고 하겠다.

Ⅳ. 선입견 배제 명령

연방규칙 제20조(b)는 당사자들이 임의적 공동소송에서 난처한 상황, 선입견, 소송지체를 예방하기 위하여 필요한 명령을 발해주기를 요구할 경우 이를 허가할 수 있도록 하고 있다. 같은 공동피고끼리도 이해관계가 대립될 수 있기 때문에 그럴 경우 변론의 분리를 요구할 수 있다는 것이다. 법원은 배심원들이 여러 원고들이 주장하는 청구원인으로 인해 혼란에 빠지거나 원고들이 주장하는 내용에 대해 피고들이 용이하게 응소하도록 할 필요성이 인정되는 경우에 변론의 분리 명령을 발할 수도 있다. 반대로 법원은 공통의 쟁점에 대하여는 변론의 병합을 명할 수도 있고, 개별적 쟁점에 대한 변론이 종결되면 분리하여 일부판결할 수도 있다. 법원은 이처럼 임의적 공동소송 사건에 대하여 변론을 분리하거나 병합을 명할 수도 있고, 하지 아니할 수도 있다.

Ⅴ. 잘못된 병합

연방규칙 제21조는 잘못된 임의적 공동소송의 경우 이를 이유로 소를 각하할 것은 아니며, 당사자의 요청 또는 직권으로 해당 당사자를 추가하거나 배제할 수 있는 재량권을 법원에 부여하고 있다. 항소심에서도 이를 할 수 있다. 그러나 연방대법원은 당사자의 의사에 반하여 어떠한 청구를 분리할 수 없다. 그러나 소각하가 잘못된 병합에 대한 적절한 해결방법이 아니라는 연방규칙 제21조는 강제적 공동소송에서 당사자가 그 사건에서 누락되거나 병합될 수 없을 경우에는 적용되지 아니한다.

제 5 절　권리경합확인소송[315)]

제1장　의 의

권리경합확인소송은 특정한 기금 또는 하나의 재산을 놓고 다수 또는 잠재적으로 상충된 권리자들로부터 권리가 주장당할 경우, 그러한 청구에 직면한 자가 그러한 권리주장자들을 모두 공동피고로 하여 하나의 소송절차에서 분쟁을 해결하는 제도이다. 이 소송절차를 이용하게 되면 최종적 권리자가 확정될 수 있기 때문에 다수의 이해관계인들이 이중 책임에서 벗어나게 되고, 판결의 모순ㆍ저촉을 방지할 수 있고, 여러 다른 법원에의 중복제소를 막을 수 있는 장점이 있다. 이러한 유형의 소송은 제한적 기금대표당사자소송과 유사한 면이다. 우리 소송법상의 독립당사자참가 중 권리주장참가와 유사한 형태의 공동소송이라 할 수 있다.

연방법상 두 가지 유형의 권리경합확인소송이 있다. 하나는 연방규칙 제22조에 의한 권리경합확인소송이고, 다른 하나는 법률상 권리경합확인소송(28 U.S.C. §1335)이다. 위 두 유형은 서로 비슷한 면도 있지만, 절차상 및 실체상 요건뿐만 아니라 여러 면에서 차이가 있다. 두 유형 모두 자발적이다. 다시 말해 이해관계인은 이 유형의 소송방법을 이용할 수도 있고, 다수의 권리주장자들을 분리하여 별도로 소송을 제기할 수도 있다. 이러한 자율성으로 인해 두 가지 유형의 권리경합확인소송은 법원에 의해 자유롭게 허용되고 있다.

---

315) Interpleader, 특정한 물건 또는 금전에 대하여 동일한 권리를 주장하는 자가 복수이고, 물건 또는 금전의 점유자, 관리자가 그 중의 1인의 권리를 인정하면 다른 자로부터 2중의 이행을 청구당할 우려가 있는 경우에 , 점유자, 관리자가 권리주장자 전원을 피고로 해서 소를 제기하고, 피고 상호 간에 누가 참된 권리자인지를 다투는 소송절차이다. 이하에서는 권리경합확인소송이라고 칭한다.

제2장 연방규칙상의 권리경합확인소송

Ⅰ. 의 의

연방규칙 제22조(a)는 원고의 청구로 인하여 이중 또는 다중 책임을 지는 것으로 밝혀진 사람들은 피고로 소송에 참가할 수도 있고, 제3당사자로 소송에 참가할 수도 있다고 규정하고 있고, 동일한 책임에 노출된 피고는 교차청구나 반소청구를 통해 제3당사자를 권리경합확인소송으로 끌어들일 수 있다고도 규정하고 있다. 이처럼 권리경합확인소송은 피고뿐만 아니라 원고에 의해서도 제기될 수 있다.

연방규칙상의 권리경합확인소송이 성립하려면 첫째, 하나의 기금이나 재산권에 대한 다수의 권리주장자가 있고, 둘째, 적어도 둘 이상의 권리주장자가 있어야 한다.

Ⅱ. 요 건

1. 이해관계인의 관련성

권리경합확인소송을 제기하려는 이해관계인은 동일한 기금이나 재산권에 대하여 다수가 권리자라고 주장하는 것에 대하여 실질적인 관련성이 있어야 한다. 이때 이중으로 책임을 지게 될 수 있다는 위험성은 실질적이고 합리적으로 예상된다 하더라도 그러한 위험성이 즉시적이거나 확실하게 발생할 것일 필요는 없다는 것이 판례의 입장이다. 즉 다수의 청구가 장래 주장될 수 있다는 두려움만으로도 충분하다고 하겠다.[316]

뿐만 아니라 이해관계인은 어떠한 개인적 청구가 더 유익하다거나 권리주장자 사이에서 이 소송제도가 상대적으로 장점이 있다는 등의 참가이유를 증명할 필요도 없다. 권리경합확인소송을 제기하는 이해관계인으로서는 이중책임을 지게 될 위험이 있다는 것과 다수의 소송절차를 하나의 절차로 해결할 수 있다는 것에 대한 선의를 가지고 있는 것으로 충분하다. 이해관계인은 자신은 보증된 금전이나 재산권에 대해 어떠한 청구권이 없음을 주장할 수도 있다.

---

316) State Farm Fire & Cas. co. v. Tashire, 386 U.S 523 (1967).

2. 권리자의 경합

권리경합확인소송이 성립하려면 적어도 둘 이상의 권리자가 한정된 기금이나 재산권에 대하여 다투고 있어야 한다는 것을 의미한다. 즉 기금이나 재산권이 동시에 잠재적 다수에게 지급될 수 없고, 자신만이 권리자라고 주장한다는 의미이다. 이러한 잠재적 청구인들 상호 간은 서로 그 존재를 모르고 있어도 무방하고, 서로 적대적일 필요도 없다.

3. 일반소송요건 구비

연방규칙 제22조에 의거 이 소송은 완전한 광역관할 요건을 갖춘 연방법원의 관할이라 하겠다. 광역관할과 관련하여 이해관계인은 모든 청구권자들에 대해 관할권을 가지고 있어야 하고, 청구금액이 7만5천 불을 초과하여야 한다. 재판적은 모든 청구권자가 거주하거나, 특별한 청구원인의 발생지이거나, 다툼이 있는 재산권의 실질적 상당부분이 위치하는 곳이 적합하다(28 U.S.C. §1335). 연방규칙 제22조에 의한 권리경합확인소송은 연방규칙 제4조에 의한 소송절차에 관한 요건과 지역적 제한요건을 지켜야 한다. 연방규칙 제22조는 이해관계인으로 하여금 소송상 다툼이 있는 기금이나 재산을 법원에 공탁하도록 하거나 미리 보관하도록 할 필요는 없다고 하고 있다.

Ⅲ. 재판절차

권리경합확인소송은 두 단계로 진행된다. 첫 번째 단계에서 법원은 권리경합확인소송이 적절하게 제기되었는지 여부를 판단한다. 만약 적절하게 제기되지 않은 경우에는 청구인에 대하여 단순취소처분을 하고, 금전상 또는 재산상 청구권자로 인정되는 자에게 청구를 인용한다. 만일 이해관계인의 청구가 금전상 또는 재산상의 권리에 대해 권리가 인정되지 않으면 이해관계인의 소송은 실익이 없게 된다.

두 번째 단계에서 청구권자가 금전 또는 재산상의 청구를 주장할 자격이 인정되면 법원 또는 배심원단은 본안을 판단하여 청구의 인용 여부를 판결하게 된다.

제3장 법률상의 권리경합확인소송

Ⅰ. 의 의

법률상의 권리경합확인소송은 1917년에 연방법으로 규정되었다. 연방규칙 제22조의 권리경합확인소송과 마찬가지로, 법률상의 권리경합확인소송도 이해관계인으로 하여금 기금 또는 재산상의 권리에 대하여 관련성이 있는 다수의 청구권자가 존재하여야 한다.

28 U.S.C. §1335는 둘 이상의 청구권자들이 이해관계인의 소유 또는 관리하고 있는 금전 또는 재산에 대하여 권리를 주장하거나 권리를 주장할 개연성이 있을 때 적용된다고 하겠다.

Ⅱ. 요 건

법률상의 권리경합확인소송의 관할 요건은 연방규칙상의 권리경합확인소송보다 훨씬 충족되기가 용이하기 때문에 대부분의 이해관계인은 법률상 권리경합확인소송을 더욱 선호하고 있다. 28 U.S.C. §1335는 법률상 권리경합확인소송과 관련하여, 광역관할에 관한 다양성 요건에 대하여 특별히 규정하고 있는데, 연방규칙 제22조와 28 U.S.C. §1332가 요구하는 모든 청구권자와 이해관계인 사이에서는 필요하지 않고, 단지 권리경합이 이루어지고 있는 당사자 사이에서만 존재하면 다양성 요건은 충족된다고 규정하고 있다. 그리고 청구금액도 연방규칙 제22조와 28 U.S.C. §1332가 요구하는 7만5천 불이 아니라 5백불 이상이면 된다. 연방규칙 제4조가 적용되는 연방규칙 제22조의 권리경합확인소송과 달리, 법률상의 권리경합확인소송은 사법절차에 관한 28 U.S.C. §2361에 의해 전국적으로 시행되는 절차로 보장되고 있다.

28 U.S.C. §1397에 의거, 청구권자가 거주하는 모든 지역이 재판적이 된다. 이러한 재판적 요건은 연방규칙 제22조에 의한 권리경합확인소송보다 편리하지만, 경우에 따라서 이해관계인은 연방규칙 제22조에 의한 권리경합확인소송을 더 선호하기도 한다. 예를 들면 연방규칙 제22조의 권리경합소송의 경우에는 이해관계인이 자신의 거주지, 청구원인의 발생지 또는 쟁점이 되는 재산소재지에서 소를 제기할 수 있는 반면에 법률상의 권리경합소송의 경우에는 어느 청구인도 그

곳에 거주하지 않을 경우 그 재판적에 소송을 제기하는 것을 허용하지 않고 있기 때문이다.

연방규칙 제22조의 권리경합확인소송과 달리 28 U.S.C. §1335는 이해관계인으로 하여금 법원의 적절한 판단을 도울 수 있도록 하기 위해 재산을 법원에 공탁하거나 보관할 것을 요구하고 있다. 이런 부담을 피하기 위하여 일부 이해관계인은 오히려 공탁이나 보관을 하지 않아도 되는 연방규칙 제22조의 권리경합확인소송을 선호하고 있다.

법률상의 권리경합확인소송의 장점 중 하나는 관할법원이 같은 재산상의 청구에 대해 28 U.S.C. §2361을 근거로 다른 법원의 소송절차를 금지시킬 수 있다는 것이다. 일반적으로 다른 법원의 소송절차를 제한하는 명령을 법원이 내릴 수는 없다. 따라서 이러한 명령이 가능한 것은 법률상의 권리경합확인소송의 특권이라 할 수 있다. 법원으로 하여금 다른 관할 절차를 금지토록 할 수 있는 28 U.S.C. §2361에 대응할만한 특별한 대표당사자소송은 없다.

제4장 효 과

권리경합확인소송에서 기존의 당사자와 새롭게 참가한 참가인 중에서 그 재산이나 권리에 대한 진정한 권리자를 확인함으로써 다수당사자 사이의 분쟁을 일회적으로 해결하게 되고, 판결의 모순·저촉을 방지할 수 있게 된다.

제6절 소송참가

제1장 서 론

앞에서 살펴본 다양한 유형의 공동소송형태는 모두 당사자들에 대한 것이었다. 그런데 연방규칙 제24조는 일정한 경우 당사자 아닌 자가 자신의 이익을 보호하기 위하여 소송에 참여하는 소송참가를 허용하고 있다. 소송에 참가함으로서, 소송의 당사자가 아니었던 자가 그 소송의 당사자로 된다. 연방규칙 제24조는 두 가지 유형의 소송참가를 허용하고 있는데, 하나가 권리소송참가이고, 다른 하나가 허가소송참가이다. 권리소송참가에는 엄격한 요건을 갖출 필요가 있지만, 허가소송참가는 비록 법원이 소송에서 특정 쟁점이나 안건이나 단계별로 제한적 허가를 하고 있지만 허가기준에 대한 법원의 상당한 재량권으로 인해 허가요건이 완화되어 있다.

제2장 권리소송참가

I. 의 의

연방규칙 제24조에 의거 연방법률이 소송참가할 수 있는 권리를 조건없이 부여하고 있으면 제때 소송참가신청서를 제출함으로써 권리소송참가를 할 수 있다.

특정한 개인을 당사자로 소송참가토록 보장하고 있는 법령으로는 공정거래주택법(the Fair Housing Act, 42 U.S.C. §3612(o)(2))나 증권거래법(the Securities Exchanges Act of 1934, 42 U.S.C. §78p(b)) 등이 있다. 다른 연방 법령들도 이러한 소송참가를 허용하는 관련법령을 다수 가지고 있다.

Ⅱ. 요 건

1. 일반요건

이러한 개별 법률이 없는 경우에도 연방규칙 제24조는 당사자가 네 가지 요건을 충족하면 소송참가를 권리로써 인정하고 있다. 첫째, 참가시기가 너무 늦지 않게 적절해야 하며, 둘째, 신청인이 본소의 청구원인인 거래나 재산권과 일정한 관련성이 있음을 주장하고, 셋째, 신청인의 상황이 그 신청을 포기할 경우 이익을 보호할 수 있는 신청인의 지위가 소멸 또는 배제될 수 있거나, 넷째, 신청인의 이익이 기존 당사자들에 의해 적절히 대표되지 않아야 한다. 이러한 요건들을 충족하지 못하면 치명적이다. 일부 법원에서는 이외에도 다섯째 요건으로 수정헌법 제3조의 기준을 충족할 것을 요구하고 있다.

2. 법원의 허가

권리로서의 소송참가 요건이 충족되면, 법원은 소송참가를 허가하여야 한다. 법원이 소송참가와 관련하여 특정 쟁점이나 절차에서만 참가를 허용하는 것과 같이 일정한 제한이나 조건이 부과된 소송참가에 대한 허가를 할 수 있는가는 판례법상 명확하지 않다. 실재로도 그러한 조건을 붙이는 것을 법원이 그리 좋아하지 않는 것이 현실이다.

3. 소송참가 시기

연방규칙 제24조는 소송참가의 시기에 대하여 특별한 제한을 가하고 있지 아니하다. 제1심 재판 중이나 판결 이후는 물론이고 드물지만 항소심에서도 소송참가를 적합하다고 인정한 경우도 있다. 소송참가신청이 적합한지 여부를 판단하기 위하여 법원은 수많은 요소들을 고려하고 있는바, 소송참가인이 문제를 알고 난 후 참가하기까지 당사자가 기다려야 하는 시간의 적절성, 소송참가가 거부될 경우 소송참가인이 겪게 될 고통의 정도, 반대로 소송참가가 허가될 경우 기존의 당사자들이 겪게 될 고통의 정도, 소송참가를 무제한 허가할 경우 나타나게 될 특별한 상황에 대한 고려 등 여러 요소를 종합적으로 검토하여야 한다.

4. 참가인의 권리

이 요건은 연방규칙 제24조가 1966년에 개정된 이후 더 유동적으로 변하였다. 개정되기 전 규칙은 소송참가인이 그 사건의 결과에 법적으로 구속될 경우에만 소송참가를 허용하였다. 즉 개정 전 규칙은 소송참가인은 당해 판결의 기판력에 구속되어야 한다는 것이었다. 자문위원회 주석서가 밝히고 있는 바와 같이, 개정된 규칙은 소송참가인이 기존의 당사자들에 의해 자신의 이익이 적절히 대표되고 있지 못하다고 판단할 경우 연방규칙 제19조(a)(1)(B)(i)에 의한 필수적 병합처럼 소송참가할 수 있는 지위를 갖는다고 하겠다. 자문위원회 주석서는 연방규칙 제19조(a)(1)(B)(i)의 기준은 실질적으로 대단히 중요하고, 기판력에 대한 구속을 삭제한 것은 기속력의 엄격한 구속이라는 선례의 구속으로부터 자유롭다는 것을 의미한다고 밝히고 있다. 그럼에도 불구하고 현행 연방규칙 하에서조차 소송참가신청은 당해 사건에서 직접적이고, 본질적이며, 법적으로 보호할 이익이 있어야만 허용되고 있다. 당해 사건의 판결로부터 나오는 단순한 추상적 이익만으로는 소송참가가 허용되지 않는다.

5. 권리의 침해

실질적인 문제는, 소송참가가 없을 경우, 소송참가인이 자신의 권리를 보호할 수 있는 자격이 방해를 받는가 여부에 달려 있다고 하겠다. 법원은 다른 사항들처럼 다른 구제절차가 있는지 여부, 그 다른 구제절차를 통해 소송참가인이 자신의 이익을 보호할 수 있는지 여부, 소송참가인이 참고인 진술서를 제출하는 것만으로 자신의 지위가 변론한 것으로 인정될 수 있는지 여부 등 모든 사항을 종합적으로 검토하여야 한다.

6. 기존 대표권의 부적절성

이 요건의 충족 여부는 쉽게 판명될 수 있다. 소송참가인은 기존의 대표권이 부적합할지도 모른다는 것을 보여줌으로써 이 요건을 충족하게 된다. 예를 들어 소송참가인이 기존 당사자가 주장하지 아니한 이론이나 쟁점을 제기하게 되면 이 요건은 충족된다고 하겠다. 반면에 기존 당사자가 소송참가인과 같은 이익을 가지고 있거나 소송참가인이 주장하는 것과 같은 법적 주장을 이미 하고 있다면 이 요건은 충족되지 않는다 하겠다.

대표권의 부적절성을 보여주는 것은 기존 대표당사자가 부재 중인 자의 이익을 대변하는 행정기관인 경우에는 훨씬 어려워진다. 그런 경우에 법원은 일반적으로 기존의 대표권은 적절하다고 보기 때문이다. 그럼에도 불구하고 소송참가인이 공적인 공통의 이해관계에 반대되는 개인적 이해관계를 주장하는 경우에는 법원은 행정기관의 대표권행사가 적합한지 여부에 대하여 별도로 평가하여야 한다.

Ⅲ. 허가기준

법원은 당사자의 소송참가를 허가할 것인가를 판단함에 있어 수정헌법 제3조를 적용할 것인가를 놓고 견해가 나누어져 있다. 일부 법원은 수정헌법 제3조를 적용해야 한다고 보고 있고, 일부 법원은 그러하지 아니하다고 보고 있다. 또 다른 일부 법원은 연방규칙 제24조가 수정헌법 제3조의 기준보다 더 많은 것을 요구하고 있기 때문에 그러한 문제는 학문적 문제일 뿐이라고 보고 있다. 수정헌법 제3조의 요건을 갖추어야 한다고 보는 법원들은 그러한 기준은 헌법에 의해 위임된 것으로 무시해서는 안 된다는 입장을 취한다. 따라서 이러한 법원들은 소송참가인은 추상적이거나 추측성 가설이 아니라 구체적이고 특정된 이익을 주장할 것을 요구하고 있다.

반면에 구태여 증거의 기준이 필요하지 않다는 입장을 취하고 있는 법원들은 기존의 당사자들이 수정헌법 제3조의 요건을 이미 충족하고 있기 때문에 소송참가인은 그러한 것들을 구태여 증명할 필요가 없다고 한다. 물론 실제적인 문제로써 만약 기존의 당사자가 수정헌법 제3조의 요건을 충족하고 있지 않다면 그 당사자는 권리소송참가에 대한 연방규칙 제24조(a)의 엄격한 요건을 충족시키는 것이 어려울 것이다.

Ⅳ. 구체적 사례 검토

법원은 조합원들이 일하고 있는 공장을 고용주가 폐쇄하는 것에 대해 화해가 이서된 법원 명령(consent decree)에 반대하기 위하여 제기한 반독점소송에서 노동조합의 소송참가는 당연한 권리로서 인정된다고 하였다. 법원은 또한 공익적 기능을 폐쇄하겠다며 위협하는 규제소송에 대해 공익단체의 소송참가를 허가하였다. 뿐만 아니라 법원은 토지소유자들로 하여금 자신들의 토지가 공공 목적의 계획에 의해 침해를 받게 되는 경우에도 소송참가를 허용하였다. 또한 법원은 공정근로기준법을 침해한 고용주를 상대로 하는 노동부 소송에 대하여 근로자들의 소송참가를 허가하였다. 마찬가지로 법원은 보험회사 관련 소송에서 실질적인 당사자로서의 이해관계를 가지고 있는 보험가입자의 소송참가도 허용하고 있다.

다만 모든 법원이 그러는 것은 아니지만 법원은 소송참가인들이 단지 선례구속성의 원칙에 의해 영향을 받는다는 이유만으로는 소송참가를 허가하지 않고 있다. 마찬가지로 소송참가인이 원고들이 거짓 주장을 하는 것이라고 불평하면서 소송참가하는 경우에 대해서도 그러한 원고나 소송대리인을 상대로 하는 소송참가를 허용하지 않고 있다. 그리고 법원은 당사자의 기록생산물이 소송참가인에게 죄를 뒤집어씌울 수 있다고 주장하는 비당사자에 대해서는 소송참가를 허용하지 아니하고 있다.

제3장 허가소송참가[317)]

연방규칙 제24조(b)는 당사자 아닌 자도 두 가지 경우에 소송참가할 수 있다고 규정하고 있다. 첫째는 연방규칙 제24조(b)(1)(A)가 규정하고 있는 바와 같이 연방법률이 조건부 소송참가를 허용하고 있는 경우이다. 이러한 조건부 소송참가를 허용하는 법령으로는 공정근로기준법이나 평등교육기회법(the Equal Education Opportunities Act, 20. U.S.C. §1717) 등이 있다. 그러나 연방법령이 소송참가를 허용하고 있는 경우에도 이러한 소송참가가 정당한지 여부에 대해서는 법원이 재량권의 범위 내에서 결정할 문제이다.

둘째는 연방규칙 제24조(b)(1)(B)에 규정된 것처럼 이러한 소송참가가 허용될 경우에도 당사자의 주장이나 항변이 주된 소송의 공통적 사실관계나 법률관계와 관련성이 있어야 한다. 이러한 경우에는 소송참가권이 당연히 인정되는 경우와 달리 소송참가인이 쟁점사항에 대해 거래 또는 재산권과 관련된 직접적인 개인적

317) permissive intervention은 재량적 소송참가 또는 허가소송참가 등으로 번역될 수 있으나, 권리주장참가에 대비하여 법원의 허가가 있어야 참가할 수 있다는 점을 고려하여 이하에서는 허가소송참가라는 용어를 사용하기로 한다.

이해관계가 있을 것을 요구하지 아니한다. 이러한 재량적 소송참가를 허가하는 결정을 함에 있어, 연방규칙 제24조(b)(3)은 법원으로 하여금 소송참가로 인해 기존의 당사자들이 불공정한 판결을 받게 되거나 지나치게 소송이 지연되는지 등을 고려하도록 하고 있다. 또한 법원은 참가신청 시기가 적절한지 여부도 판단하여야 한다.

허가소송참가에 대한 요건은 당연한 권리로서의 소송참가에 비해 훨씬 완화되어 있기 때문에 대부분의 법원은 당연한 권리로서의 소송참가 요건을 찾기보다는 재량에 의한 허가소송참가를 실무상 택하고 있다.

사실관계 또는 법률관계에 대한 공통적 쟁점의 기준은 연방규칙 제20조가 규정한 임의적 공동소송의 요건과 같다고 보면 될 것이다. 이러한 공통성이라는 기준이, 오직 하나의 공통적 사실관계 또는 법률관계를 요구하는 것으로, 연방규칙 제24조(b)의 네 가지 유형의 대표당사자소송 요건인 공통성에 대한 Dukes 판결의 영향이 명확한 것은 아니지만, 공통성 요건을 충족되는 것은 결코 어려운 것은 아니라 하겠다. 몇몇 법원은 소송참가인이 허가소송참가를 하고자 할 경우 시기의 적절성에 대한 쟁점에 보다 엄격한 편이기는 하지만, 당연한 권리로 인정되는 권리소송참가의 경우에도 마찬가지라고 하겠다.

연방규칙 제24조(b)는 허가소송참가를 위한 기준으로 대표권의 적합성에 대해 명시적으로 언급하고 있지는 않지만, 법원은 일반적으로 당연한 권리로서 소송참가가 인정되는 경우에도 기존의 당사자가 소송참가인의 권리에 대해 적절히 대표권을 행사하고 있는지 여부, 특히 기존의 당사자가 정부기관일 경우 제대로 행사하고 있는지에 대하여 이러한 요건들을 보다 엄격하게 조사하고 있다. 왜냐하면 대표권이 적절하게 행사되고 있는데도 소송참가를 허용하는 것은 불필요하게 소송절차를 복잡하게 만들 뿐이기 때문이다. 마찬가지로 법원들은 소송참가인이 그 쟁점의 해결을 위해 유용하거나 중요한 유일한 소송자료의 제출이 이루어질 것인지 여부 또는 그러한 소송자료의 제출이 역효과를 가져오는 것은 아닌지 여부 등을 고려하여야 한다.

허가소송참가가 본소의 당사자의 권리실현을 지나치게 지체시키는지 여부에 대한 판단은 법원의 자유재량의 문제라 하겠다. 예를 들어 만일 소송참가인이 당해 소송절차를 통해 추가적 쟁점이나 증인을 신청한다면 소송지체 등의 피해가 발생할 수도 있다. 연방규칙 제24조(a)의 경우와 달리 만일 연방규칙 제24조(b)의 기준이 충족되어진다면 소송참가는 허용되기 때문에 임의적 소송참가를 허용할 것인지에 대한 결정권을 궁극적으로 제1심법원의 재량권의 문제라 하겠다. 당연한 권리로서 인정되는 권리 소송참가처럼 허가소송참가를 허용하는 사건은 상당히 특정사실에 관한 것들이다.

법원은 종종 허가소송참가의 경우에 특별한 목적이나 사건의 단계에 따라 소송참가를 허용하는 것과 같은 일정한 조건부 허가소송참가를 허용하기도 한다. 다만 조건부 허가소송참가가 허용된 경우에는 사전증거조사나 제1심 소송절차의 전반에 대한 소송참가가 제한될 수는 있다.

제4장 소송참가절차

소송참가인은 청구나 방어에 대한 변론서를 첨부하여 소송참가신청서를 제출하여야 한다. 소송참가신청서나 변론서는 연방규칙 제5조에 의해 기존의 당사자에게 제공되어야 한다. 법원으로부터 소송참가가 인정되면 신청인은 당사자가 된다.

제5장 관할에 관한 쟁점

소송참가인들은 소송참가로 인해 당해 사건이 연방법원 관할사건으로 인정되기 위해서는 관할에 관한 요건을 독자적으로 갖추어야 한다. 따라서 소송참가인들은 연방문제에 관하여 변론을 하거나 주적의 다양성을 주장하거나, 보충적 관할권을 주장하여야 한다. 보충적 관할권에 관한 요건은 1990년에 제정된 28 U.S.C. §1367에 규정되어 있다. 그 이전에는 관할에 관한 독자적 요건은 오직 재량적 소송참가에만 필요하였을 뿐 당연한 권리로서의 소송참가에는 필요하지 않았다.

소송참가에 대한 보충적 관할권의 적용은 연방 쟁점 관할이 포함되었을 때 허용되었을 뿐이고, 28 U.S.C. §1367(b)가 적용되는 다양성 사건의 경우에 보충적 관할권은 더 제한적이었다. 즉 28 U.S.C. §1367(b)는 다양성 요건을 갖추지 못한 소송참가인에 대하여 원고로서 소송참가하고자 하는 사람들에 의해 제기된 청구사건에 대하여는 보충적 관할권이 허용되지 않았다.

제6장 참고인으로 참여

당연한 권리소송참가 또는 허가소송참가가 허용되지 않은 자는 많은 경우에 법원의 조력자 또는 참고인의 지위로 당해 소송절차에 참가할 수 있는 자격을 얻어낼 수도 있다. 그러나 이러한 참고인으로서의 역할은 일반적으로 진술서를 제출하거나 간혹 구두변론에 참여하는데 제한을 받고 있다. 소송참가인과 달리 이러한 보조적 참고인은 당해 소송에서 당사자의 지위를 가지지 아니 한다.

제7절 재판의 병합과 분리

제1장 서 론

사건의 병합은 18세기 영국에서 시행된 제도로, 당시에 이 방식은 같은 실체적 문제를 포함하고 있는 다중 소송을 피하기 위해 사용되었다. 미국에서는 1813년 연방법령에 의해서 인정되었고, 1938년에 와서 연방규칙 제42조에 의해 성문화 되었다. 이 제도는 임의적 공동소송을 허용하지 않았던 초기 제한의 시대에 유익하게 이용되었다.

연방규칙 제42조(a)는 특정한 재판 구역에서의 소송들이 공통의 사실관계 또는 법률관계에 기초하고 있을 경우에 그 소송에서 쟁점이 되고 있는 모든 문제 또는 일부 문제에 대한 변론이나 판결을 법원이 병합할 수 있다고 규정하고 있다. 즉 소송을 병합하거나, 불필요한 비용이나 시간을 절약하기 위하여 일정한 명령을 발할 수도 있다는 것이다.

한편 연방규칙 제42조(b)는 이와 반대로 소송의 편리함, 판결모순의 방지, 신속한 재판, 비용의 절감을 위해 필요한 경우에는 특정한 청구 또는 쟁점에 대해 변론을 분리할 수 있다고 규정하고 있다.

제2장 재판의 병합

Ⅰ. 병합의 본질과 목적

병합은 분리된 소송을 통합하는 것은 아니다. 즉 병합된 소송들은 병합하였더라도 하나의 소송으로 취급되는 것이 아니라 여전히 분리된 채 독립의 소송으로 남아 있고, 한 사건의 당사자는 다른 사건의 당사자가 되지 않고, 자기 사건에서만 당사자가 된다. 그러나 분리된 판결에의 참여는 요구된다. 이것은 사건들이 판결을 위해 병합되어질 경우에도 마찬가지이다.

병합의 목적은 법원과 당사자의 소송편리를 위해, 특히 병합된 사건들이 동일한 증인이나 동일한 영향을 받는 사실관계에 기초하고 있을 경우에 소송편리를 위해 이용되고 있다. 또한 사건의 병합은 판결의 모순·저촉을 방지하기 위해서도 필요하다. 연방규칙 제42조는 변론이나 판결의 병합을 규정하고 있고, 동 조항이 판결에 관한 연방규칙편에 제정되어 있지만, 연방규칙 제42조를 적용하여 사전증거조사 같은 예심절차를 위해서도 필요하다면 사건의 병합이 허용된다 하겠다.

사건의 병합은 오직 사건들이 같은 법원 앞에 놓여 있을 때만 허용된다. 따라서 법원은 하나의 소송을 연방규칙 제42조에 의해 병합 목적으로 다른 법원으로 이송하라고 명령할 수 없다. 반대로 사법심사위원회는 광역관할사건에 대하여 예심을 위한 목적 또는 수많은 연방법원에 계속 중인 사건에 대하여 일정한 경우에 하나의 법원으로 이송하라고 명령할 수 있다고 밝히고 있다. 연방법원은 28 U.S.C. §1404에 의해 일정한 경우에 하나의 사건을 다른 연방법원으로 이송하라고 명령할 수 있다.

Ⅱ. 요 건

법원은 사건을 병합할 것인지 여부를 평가함에 있어, 주로 쟁점의 동일성 여부를 먼저 검토하여야 한다. 연방규칙 제20조(a)와 마찬가지로 연방규칙 제42조(a)는 병합을 위해서는 오직 하나의 공통적 사실관계 또는 법률관계가 여러 사건 사이에 있을 것을 요구하고 있다. 이러한 요건의 필요성에 대하여는 연방규칙 제23

조(a)(2)도 마찬가지로 규정하고 있다. 그런데 법원은 쟁점에 대해 상당한 정도의 본질적 중복이 있을 경우에는 일반적으로 사건의 병합을 허용하고 있다. 쟁점에 대한 공통성 요건은 전통적으로 어려운 요건은 아니었으나, Dukes 판결이 공통성에 대해 달리 판단함으로서 그 영향이 어떻게 미칠 것인지 두고 볼 일이라 하겠다.

법원은 당사자들 사이에 동일성이 인정되는지 여부를 살펴보기도 한다. 만일 당해 사건에 있어 당사자들 사이에 너무 많은 차이가 있어 동일성을 인정하기 곤란한 경우에는 법원은 사건의 병합을 허용하지 않는다. 다른 통합에 관한 규칙과 달리, 임의적 공동소송과 같은 경우에는 병합되는 사건들이 동일한 거래나 사실관계에서 비롯되었을 것을 요구하지 않는다. 그리하여 사건을 병합하기 위한 기준이 다른 사건의 병합기준보다 훨씬 용이한 편이다.

병합과 관련하여 중요한 쟁점은 그러한 절차가 배심제도의 혼란을 야기하게 되는가 여부이다. 예를 들어 제2연방항소법원은 수많은 개인별 불법행위소송에 대한 병합은 배심원들이 각 사건들에 대한 사실관계와 상황에 대해 올바로 파악하기 어려운 심각한 위험성이 있기 때문에 병합에 적합하지 않다고 판시하였다.[318] 그러나 또 다른 경우에는 이러한 배심원들의 혼란에 대한 염려는 특별한 심문절차를 밟거나 단계별 판결절차를 통해 해결되기도 한다. 그리고 만일 병합되는 사건의 수가 적은 경우에는 배심원들이 혼란에 빠질 염려가 상대적으로 적기 때문에 그리 문제될 것은 없다고 하겠다.

연방규칙 제42조에 의한 병합 여부를 결정하는 것은 법원의 합리적 재량에 달려 있다. 그러나 이러한 재량권은 무한한 것이 아니기 때문에 제1심법원의 병합결정이 만일 당사자들의 공정한 재판을 받을 권리를 근본적으로 침해하는 경우에는 파기될 수 있다.

제3장 변론의 분리

연방규칙 제42조(b)는 법원에게 개인의 청구 또는 쟁점별로 재판의 분리를 명할 수 있는 재량권을 부여함과 동시에 법적 책임과 손해액 산정을 분리하여 판결

---

318) Malcom v. Nat'l Gypsum Co. 995 F.2d 346 (2d Cir. 1993); Asbestos Litigation, 173 F.R.D. 81, 38 Fed.R.Serv.3d 1013 (S.D.N.Y. Mar 28, 1997).

할 수 있는 재량권을 광범위하게 부여하고 있다. 자문위원회 주석서는 재판에 대한 쟁점의 분리는 근본적으로 명령으로 해결될 수는 없다고 지적하면서도 그 동안의 재판경험을 통해 변론을 분리하는 것에 대한 효과는 충분히 증명되었다고 밝히고 있다. 연방규칙 제42조(b)에 따라, 예를 들어 두 개의 다른 쟁점에 대한 증거가 명백하게 구별이 되거나 하나의 쟁점에 대한 판결이 다른 쟁점을 재판할 필요성을 줄여주는 경우에는 2단계심리재판절차를 밟을 필요성이 있다.[319] 피고에 대한 2단계심리재판절차는 잠재적인 판결의 모순을 방지하는데 유익하다. 예를 들어 경찰공무원의 과도한 강제권 행사를 주장한 인권침해사건에서 공동피고인 시와 경찰청장은 연방규칙 제42조(b)에 의해 개별 경찰공무원의 재판과 분리함으로서 이러한 모순을 해결할 수 있었다.[320] 다만 연방규칙 제42조(b) 자체가 명백하게 이를 밝히고 있는 것처럼 변론의 분리나 2단계심리재판절차는 변호인에 의한 재판을 받을 연방권리에 부합하여야 한다.

---

319) Athridge v. Aetna Cas. & Sur. Co., 604 F.3d 625, 635 (D.C. Cir. 2010).

320) Shannon v. Koehler, 616 F.3d 855, 858 (8th Cir. 2010).

제 6 편

법원 간 상호 협력

자 유

김 남 주

만인을 위해 내가 일할 때
나는 자유이다
땀 흘려 힘껏 일하지 않고서야
어찌 나는 자유이다라고 말할 수 있으랴
만인을 위해 내가 싸울 때 나는 자유이다
피 흘려 함께 싸우지 않고서야
어찌 나는 자유이다라고 말할 수 있으랴
만인을 위해 내가 몸부림칠 때 나는 자유이다
피와 땀과 눈물을 나눠 흘리지 않고서야
어찌 나는 자유이다라고 말할 수 있으랴
사람들은 맨날
겉으로는 자유여, 형제여, 동포여! 외쳐대면서도
안으로는 제 잇속만 차리고들 있으니
도대체 무엇을 할 수 있단 말인가
도대체 무엇이 될 수 있단 말인가
제 자신을 속이고서.

(시집 '나의 칼 나의 피'에 수록, 1987)

제1절 서 론

실재 재판을 진행함에 있어 연방규칙이 기본이 되지만 연방규칙에 없는 여러 가지 방안이 이용되고 있다. 주법원 또는 연방법원 상호 간에 이용되고 있는 통합과 협력방식으로는 첫째, 28 U.S.C. §1407에 의해 다중지구소송법률(Multidistrict litigation statute)에 의한 이송, 둘째, 28 U.S.C. §1404에 의한 이송, 셋째, 2002년의 Multiparty, Multiforum Trial Jurisdiction Act에 의한 다수당사자에 대한 재판절차, 넷째, 연방법원 상호 간의 비정형적 협력, 다섯째, 통합장치로서의 파산절차 등에 대하여 살펴보기로 한다. 이러한 제도들도 앞에서 살펴본 다른 제도들처럼 복잡한 사건을 용이하게 해결하기 위한 방편으로 개발되어 이용되고 있다.

이러한 장치들에 더하여 연방법원과 주법원은 경우에 따라서는 관련 사건을 해결하기 위한 수단으로 비정형적 절차들을 발전시켜 왔다. 이하에서는 이러한 절차에 대하여 살펴보기로 한다.

제2절 다중지구소송

제1장 서 설

다중지구소송을 규율하는 28 U.S.C. §1407은 1968년에 제정되었다. 동 법률은 연관된 조항에서, 사실관계에 대한 하나 또는 그 이상의 공통적 쟁점을 가지고 있는 민사소송이 여러 연방법원에 계속 중일 경우 그러한 소송에 대해 예심절차를 진행하거나 조정을 위하여 하나의 연방법원으로 사건을 이송하여 병합심리할 수 있다고 규정하고 있다. 이러한 이송은 28 U.S.C. §1407에 근거하여 설립된 다중지구소송에 관한 소위 사법심사위원회(소위 MDL 패널)가 결정하게 된다. 사법심사위원회는 연방대법원장에 의해 지명된 일곱 개의 연방항소법원 및 지방법원 판사들로 구성되어 있다. 28 U.S.C. §1407의 목적은 예심절차에서 재판 효율성의 극대화에 있다고 하겠다. 28 U.S.C. §1407은 예심절차의 목적을 달성하게 되면 각각의 사건에 대한 재판은 원래의 지방법원으로 반송하도록 하고 있다.

위 법령이 제정된 이후 사법심사위원회는 조정절차에 회부하기 위해 약 23만건 이상의 사건을 이송결정하였다. 이러한 사건들은 주로 반독점규제, 증권사기, 대량불법행위, 고용차별, 특허침해, 제조물책임소송에서 발생하고 있다. 최근 사법심사위원회는 도요타 자동차의 의도하지 않은 급발진사고에 대한 손해배상청구사건을 캘리포니아 중앙지구법원으로 이송하거나 Deepwater Horizon이라는 오일장치의 폭발로 인한 기름유출사건을 루이지애나 동부지구법원으로 이송하기도 하였다.

제2장 절차의 개시

28 U.S.C. §1407에 의해 관할이송은 위 사법심사위원회의 결정이나 이송이 적합하다고 주장하는 당사자의 신청에 의해 자발적으로 개시될 수 있다(28 U.S.C. §1407(c)(i)(ii)). 이송절차를 개시할 경우 위 사법심사위원회는 이송이 필요한 사건의 모든 당사자에게 이송사실을 통지하여야 하며, 조정절차나 예심변론절차가 보장될 수 있는지를 결정하기 위해 변론절차를 열 것을 요구하여야 한다.

제3장 이송 기준

재판 전 조정이나 사건의 병합을 명령하기 위하여, 위 사법심사위원회는 여러 개로 분리되어 있는 사건들에 하나 또는 그 이상의 공통적 사실관계가 존재하는지, 그러한 이송이 당사자와 증인들의 편리를 증진시킬 수 있는지 및 그 소송에 대한 공정하고 효율적인 절차를 증진시킬 수 있는지 등을 검토하여야 한다(28 U.S.C. §1407(a)). 사법심사위원회는 공통적 쟁점이 개인적 쟁점에 우선하는지 여부까지 확인할 필요는 없지만, 공통적 쟁점이 존재하는지 여부 및 이송이 사법적 효율성을 촉진할 것인지 여부에 대하여는 조사할 필요가 있다. 연방규칙 제23조(a)(2)의 공통성 요건에 대한 연방대법원의 견해가 어떠한지 Dukes 판결에 비춰 볼 때 명확하지 않기 때문에 연방대법원이 28 U.S.C. §1407(a)를 어떻게 해석할 것인지 또한 명백하지 않은 실정이다.

복잡한 소송을 위한 지침서(4차)가 밝힌 바와 같이 이러한 이송은 공통의 쟁점이 많거나, 복잡하거나, 비정형적인 조정에 영향을 받기 쉽지 않은 사건에 적합하다. 왜냐하면 법원의 통일된 견해를 정립할 필요가 있기 때문이다. 반대로 이송은 비교적 적은 수의 사건이 계속 중이거나, 쟁점이 단순하거나, 계속 중인 소송들이 상호 간에 밀접하게 근접해 있어서 법원들이 비정형적 조정을 손쉽게 이루어낼 수 있는 경우에는 적합하지 않다. 왜냐하면 각 법원이 손쉽게 판단할 수 있기 때문이다. 사법심사위원회는 모든 당사자들이 반대할 경우에도 이송을 명령할 수 있다.

제4장 수이송법원 결정

이송 받을 법원을 어디로 할 것인가와 관련하여, 앞서의 사법심사위원회는 여러 가지 요소들을 종합하여 검토하고 있다. 그러한 검토 요소로는 당사자들 및 증인들의 거주지, 적절한 증거의 소재지, 고려할 만한 다른 사건의 처리 경험 등이 고려될 수 있다. 사법심사위원회는 당사자들이 이송되기를 원하는 법원에 구속받지 않으며, 현재 쟁점이 되고 있는 하나 또는 그 이상의 사건을 취급하고 있는 법원을 선택해야 하는 제한도 받지 않는다. 따라서 재량에 의해 가장 적절한 법원을 이송받을 법원으로 자유롭게 결정할 수 있다.

제5장 이송결정의 효과

사법심사위원회가 이송명령을 발하고 그 명령이 이송받을 법원에 도달하게 되면 현재 사건이 계속되어 있는 법원은 그 사건에 대한 관할권을 상실하게 된다. 그러나 그 도달 이전에도 사건이 계속 중인 법원은 자유롭게 되지만, 그럼에도 불구하고 계속 중인 법원은 이송명령이 이송받을 법원에 도착하기 전에 그 사건에 대한 관할권이 없음을 이유로 그 사건을 관할권 있는 주법원으로 이송할 수 있는 결정을 하는 것을 포함하여 필요하다고 인정될 경우에는 그 사건에 대해 어떠한 결정을 내릴 수도 있고 나아가 다른 법원으로 이송을 명할 수도 있다. 사건을 이송받은 법원은 이송 전 법원이 내린 모든 명령이 유효함을 인정하여야 한다. 다만 이송받은 법원이 이를 변경하면 그 효력은 변경된다.

사건을 이송할 경우 이송 받은 법원은 요약판결신청서와 같은 신청서와 사전증거조사를 포함하여 사건 전반에 걸쳐 사전심사를 한 것과 같은 권한을 가진다. 대부분의 다중지구 관련사건들이 재판 이전에 화해가 성립하여 이송 전 법원으로 되돌아가는 경우가 별로 없기 때문에 이송 받은 법원이 당해 사건에 대해 모든 사전심사권을 행사할 수 있다는 점은 대단히 중요하다고 하겠다. 이송 받은 법원은 연방 쟁점이나 다중 관할에 관한 요소가 결핍되어 있다면서 반송을 신청하는 경우 등을 포함하여 관할 위반 여부 등에 대하여도 결정권한이 있다. 주법을 포함하여 판결을 함에 있어 이송 받은 법원은 그 사건이 여전히 이송한 법원에 계속되어 있다면 적용받게 될 법에 따라 재판해야 하는 구속을 받는다. 연방법을 포함하여 판결을 함에 있어 이송 받은 법원 중 일부 법원은 종종 이송 받은 법원의 법을 적용하기도 하는데, 반면에 다른 일부 법원은 이송 전 법원이 적용할 법을 적용하고 있다.

제6장 전송받은 법원의 재판

연방대법원은 1998년에 28 U.S.C. §1407에 의해 이송 받은 법원은 이송 받은 사건에 대한 판결을 할 수 없다고 판결[321]함으로써, 당시까지의 관행적 판결과 다른 판결을 하였다. 위 판결은 이송한 법원으로 다시 반송하여 원래의 관할법원에서 판결하도록 하였다.

물론 반송과 관련하여 당사자는 28 U.S.C. §1404(a)에 근거하여 이송 전 법원으로 하여금 재판해 줄 것을 요구할 수도 있다. 동 조항이 법원과 당사자 및 증인들의 편리 및 공정한 재판을 위하여 당해 사건을 이송할 수 있는 권한을 지방법원에 부여하고 있기 때문이다. 그러나 이송 전 법원이 그러한 요구에 반드시 응해야 할 의무는 없다. 위 Lexecon 판결에도 불구하고, 이송 받은 법원이 이송 받은 사건을 판결할 수 있는 방법이 있음을 복잡한 소송을 위한 지침서(4차)가 밝히고 있다.

제7장 사법심사위원회의 결정 검토

이송 신청을 거절한 사법심사위원회의 결정에 대하여는 항소나 재심사가 허용되지 않는다. 사법심사위원회의 다른 명령에 대하여는 28 U.S.C. §1651에 의한 예외적 영장발부가 있을 때만 재검토가 가능하다. 위 법령은 예외적 영장발부에 관한 특별한 내용을 규정하고 있다. 예를 들어 이송 결정에 대한 재심사를 구하는 예외적 영장발부청원서는 수이송법원에 대한 관할권을 가지고 있는 연방항소법원에 제출되어 동 연방항소법원이 심리할 수 있도록 하고 있다(28 U.S.C. §1407(e)).

321) Lexecon Inc. v. Milberg Weiss Bershad Hynes & Lerach, 523 U.S. 26 (1998); Motor Fuel Temperature Sales Practices Litigation, 711 F.3d 1050, 13 Cal. Daily Op. Serv. 3067, 2013 Daily Journal D.A.R. 3579.

제3절 28 U.S.C. §1404 유형의 이송

제1장 서 론

28 U.S.C. §1404(a)는 당사자와 증인의 편리 및 공정한 재판을 위하여 필요한 경우 하나의 연방법원으로부터 사건을 다른 법원으로 이송할 수 있다고 규정하고 있다. 실재로는 법원이 당사자의 신청에 대해 위 법령에 의한 이송을 결정하는 경우는 거의 없지만, 간혹 직권 또는 당사자의 신청으로 28 U.S.C. §1404에 의한 결정을 하기도 한다. 28 U.S.C. §1407과 달리 28 U.S.C. §1404는 다수 당사자 상황에 반드시 연관되어 있지는 않다. 따라서 법원은 단 하나의 사건인 경우에도 28 U.S.C. §1404(a)에 의해 다른 법원으로 사건을 이송할 수 있다. 그럼에도 불구하고 다수의 유사한 사건을 하나의 법원에서 재판할 수 있도록 하기 위해서 28 U.S.C. §1404(a)가 논의되고 있다.

제2장 이송요건

I. 당사자의 동의

28 U.S.C. §1404(a)는 이송요건을 규정하고 있다. 최근 입법 전까지 중요시되었던 요건은 소송이 제기되었거나 제기될 수 있었던 곳으로만 사건이 이송될 수 있다는 것이었다. 이러한 요건은 엄격하게 적용되었다. 연방대법원은 법원으로서는 피고의 신청이 있더라도 원고의 관할권이 없는 법원으로 사건을 이송할 수는 없다고 하였다.[322] Hoffman 판결은 피고가 이송을 원할 경우에도 그 사건

322) Hofman . Blaski, 363 U.S. 335 (1960).

에 대한 재판적이나 인적 관할권이 없다면 그러한 주장을 포기해야 한다고 밝히고 있다. 연방대법원은 28 U.S.C. §1404(a)를 적용하여 하나의 사건을 다른 법원으로 이송할 수 있는 지방법원의 권한은 피고의 요구나 포기에 의해 결정되는 것이 아니라 이송될 법원이 원고에 의해 소가 제기될 수 있는 법원인지 여부에 의해 결정된다고 판시하였다. 그러나 이러한 엄격한 제한은 더 이상 적용되지 않게 되었다. 왜냐하면 연방법원관할 및 캘리포니아 재판적에 관한 법률(2011)에 의해 모든 당사자들이 동의하면 이송 받을 법원이 원래 제소법원이 아닌 경우조차도 지방법원이 그렇게 정한 법원으로 사건을 이송할 수 있도록 하였기 때문이다.

Ⅱ. 응소의 편리

28 U.S.C. §1404(a)가 적용되는 경우 당사자와 증인들의 재판상 편의를 위한 것이 아니면 이송은 허용되지 않는다. 이 요건을 판단할 때는 당사자와 참고인의 거주지 및 적절한 증거서류의 소재지 등과 같은 요소 등이 고려되고 있다.

Ⅲ. 법원의 재판 편리

28 U.S.C. §1404(a)가 적용되는 경우 "재판의 편리를 위하여" 요건은 신속한 재판이 가능한지, 함께 재판할 관련 사건이 있는지, 그 사건에 적용될 법률에 대한 전문성을 갖춘 법관이 있는지 등을 함께 고려하여 판단하여야 한다.[323] 이 요건의 근본적인 목적은 재판의 공정성과 효율성이라고 하겠다.

제3장 재판의 통합 목적

28 U.S.C. §1404(a)가 적용되는 이송은 재판을 포함하여 모든 경우에 효과적이다. 28 U.S.C. §1404(a)는 예심을 위한 목적만으로 적용되는 28 U.S.C. §1407과는 대조적이라 하겠다. 그럼에도 불구하고 수많은 법원에 산재되어 있는 다중 소송을 집합시키기 위해서는 그러한 사건을 담당하는 판사들의 이송에 대한 동의가 필요하다. 이 부분이 28 U.S.C. §1407와 아주 다른 부분인데, 이러한 이

323) Heller Fin. Inc. v. Midwhey powder Co., 883 F.2d 1286, 1293 (7th Cir. 1989); Butler v. Adoption Media, LLC, 2005 WL 1513142 .

송결정은 다중 관할에 대한 사법심사위원회 결정에 의해 이송 여부가 결정되고 있다.

28 U.S.C. §1407과 마찬가지로 28 U.S.C. §1404(a)는 연방법원 사이의 이송에만 적용이 되기 때문에 주법원 상호 간이나 주법원과 연방법원 사이의 이송에는 적용되지 않는다. 이러한 한계가 있음에도 불구하고 28 U.S.C. §1404(a)는 종종 석면피해사건처럼 기능적 또는 법률적으로 모든 사건이 발생할 수 있는 하나의 지방법원에 사건을 통합시켜 재판할 경우 등에 종종 이용되고 있다.[324)]

제4절 다수당사자 및 다중 재판 관할

2003년에 제정된 다수당사자 및 다중 재판 관할법(the Multiparty, Multiforum Trial Jurisdiction Act of 2002, MMTJA)은 그 동안 전통적인 다양성 규칙에 의해 주법원에 의해 심리될 것이 요구되어 왔던 전형적 형태의 대형사고와 관련된 사건, 예를 들어 비행기 추락이나 열차충돌 사건 같은 경우에 대한 연방법원의 관할권을 인정하고 있다. 위 법은 하나의 단일 사고로부터 이해관계가 대립된 자들 사이의 최소한의 다양성이 포함된 민사소송에 대한 관할권은 원칙적으르 연방법원에 있다고 하였다(28 U.S.C. §1369(a)). 위 단일 사고는 적어도 75명의 자연인이 서로 분리된 지역에서 그 사고로 사망한 사건이었다. 또한 동법은 28 U.S.C. §1369(a)에 따라 원래의 관할법원인 연방법원에 제소한 사건에 대한 반송을 허가하였다(28 U.S.C. §1441(e)(1)(A)).

동법에 대해 자세히 살펴볼 수는 없으나, 동법은 비행기 충돌이나 건물붕괴, 대형화재사고 같은 경우에는 하나의 사건으로 보아 동법이 적용되지만, Hurricane Katrina 같은 대형 자연재해나 제조물책임법이 적용되는 사안의 경우에는 동법이 적용되지 않는다는 입장을 취하고 있다.

---

324) Joint Eastern and Southern District Asbestos Litig., 769 F.Supp. 85 (E. & S.D.N.Y. 1911).

제5절 법원 간의 협력

복잡한 소송을 위한 지침서(4차)는 28 U.S.C. §1407나 28 U.S.C. §1404(a)에 의한 이송이 없는 경우에도 연방법원은 첫째, 28 U.S.C. §292-§294에 의해 다른 연방법원 판사에게 특별한 사건에 대한 사건수탁을 의뢰할 수도 있고, 둘째, 다양한 사건들 중 다른 사건들을 중지시켜 둔 채 하나의 사건을 표본으로 하여 선도적 판결을 한 후 중지시켜 두었던 사건에 대한 해결 기준으로 삼거나, 셋째, 법원들이 공동청문회를 개최하거나, 넷째, 전문가나 특별 법원사무관을 고용하거나 사건에 대하여 공동대표변호사를 선임토록 하거나, 다섯째, 사전증거조사 등을 공동으로 실시하는 등의 방법으로 실질적으로 서로 협력하여 사건에 대한 해결방안을 모색하기도 한다.

제6절 통합장치로서의 파산

통합장치로서의 파산은 그 자체로 대단히 복잡하다. 이를 자세히 여기서 논할 수는 없지만, 파산의 당사자는 다수일 뿐만 아니라 상호 간에 관련성이 크기 때문에 약간의 검토는 필요하다고 하겠다. 예를 들어 파산선고를 신청한 회사가 대량 불법행위로 인한 손해배상청구소송을 제기당한 경우, 그 손해배상사건이 여러 주법원의 관할사건이라고 하더라도 그 회사에 관한 소송은 종국적으로는 연방파산법원의 관할이 될 수밖에 없다. 파산절차에 모든 이해관계인이 관련되기 때문이다. 일정한 경우에 파산법인과 공동피고인 다른 피고들은 자신들의 사건을 연방파산법원으로 이송할 수 있다. 28 U.S.C. §105와 28 U.S.C. §362에 의하면, 파산신청서가 제출되면 연방법원과 주법원에 계속 중인 파산자와 채무자에 대한 모든 소송은 자동적으로 정지되게 되며, 채무자의 재산에 영향을 미칠 수 있는 주법원 또는 연방법원의 절차에 대한 중지명령을 받아내는 등 파산보호방안이 모색되게 된다. 소송절차가 중단되는 것이야말로 파산보호방안의 가장 신속한 이득 중 하나라고 하겠다. 일정한 경우 파산자는 소송 중단과 파산법상의 증지명령의 취득을 통해 채무자의 재산에 대한 일시적인 보존을 도모할 수 있게 된다.

소송중단이 있고 나서, 파산절차에서의 또 다른 목적은 모든 채권자에게 공정한 배당이 질서 있게 보장될 수 있도록 채무자에 대한 모든 청구금액의 합산, 즉 총채권액 파악에 있다고 할 것이다. 일반적으로 채무자를 상대로 소송을 제기하는 자는 채권자들이다. 파산절차에서 계속 중인 사건에 대한 청구금액을 합산하기 위한 다양한 법적 장치들이 마련되어 있다. 그 중 하나가 파산절차에 대하여는 그 파산이 발생한 지역을 관할하는 법원으로 하여금 파산절차를 담당하도록 하는 것이다. 복잡한 소송을 위한 지침서(4차)는 대량불법행위로 인한 손해배상책임과 관련하여 자동적인 소송중단은 채무자의 재산에 대해 배타적 통제권을 행사하는 파산법원과 결합하여 채무자의 주법원과 연방법원의 대량불법행위사건들을 단 하나의 연방법원의 관할로 귀속시킨다고 밝히고 있다. 그런 상황 하에서 파산은 강력한 소송통합장치로 이용된다. 특히 연방법원과 주법원의 사건들의 결합을 허용하고 있기 때문에 더욱 그러하다.

파산채무자에 대한 모든 법적 청구를 하나의 법원에서 총괄하도록 하는 것은 일반적으로 논란이 되고 있지는 않지만, 대량불법행위 영역에서 파산법원이 관할한다는 점에 대하여는 심각한 논란이 발생하고 있다. 28 U.S.C. §1334(b)에 의하면 지방법원이 원칙적으로 파산에 관한 관할권을 갖지만, 파산법 제11절에 의해 발생하거나 관련성이 있는 모든 민사소송절차에 대한 배타적 관할권을 모두 갖는 것은 아니다.

관련된 사건에 대한 관할이 있어야 한다는 것이 파산을 주장하는 채무자에 관련된 문제일 필요는 없다. 즉 요구되는 모든 것은 그 사건과 파산절차 사이에 연결되어 있는 것으로 충분하다. 28 U.S.C. §1334(b)의 목적은 파산재산과 관련된 모든 문제를 신속하게 효과적으로 처리하기 위하여 파산법원에 포괄적인 관할권

을 부여하기 위함에 있다.[325)]

연방대법원이 "관련된 사건" 관할이 무엇인지에 대하여 명확하게 판시하지 않아 연방항소법원들의 견해가 나누어져 있다. 일부 연방항소법원은 "관련된 사건" 관할의 개념을 파산에 관하여 단지 간접적으로 관련된 사건을 총괄하기 위한 방법으로 당사자들이 파산절차를 확장하여 사용하는 것을 차단하기 위한 것으로 보았다. "관련된 사건" 관할은 논쟁이 되고 있는 두 개의 대량불법행위사건[326)]에 적용되었다.

그 중 하나인 A.H. Robins 판결에서 채무자인 A.H. Robins는 여성의 자궁 내 임신예방장치(Dalkon Shield)의 결함으로 인하여 제기된 대량소송의 결과 버지니아 동부지구법원에 파산보호신청을 하였다. 그 결과 A.H. Robins와 관련된 소송이 자동적으로 중단되자, 많은 원고들은 A.H. Robins에 대한 청구만을 분리 중단시킨 채 남은 다른 공동피고들에 대한 청구를 그대로 유지하여 재판을 진행하였다. 이에 대해 A.H. Robins는 공통의 보험증권에 의한 것으로 자신도 다른 공동피고들과 이해관계가 있다고 주장하면서 자신의 소송이 중단된 것처럼 관련된 다른 공동피고들의 소송도 중단시켜 달라고 요구하면서 모든 중단된 소송을 버지니아 동부지구법원으로 통합해 달라고 요구하였다. 지방법원은 A.H. Robins의 이러한 요구를 받아들여 Dalkon Shield와 관련된 모든 사건을 버지니아 동부지구법원으로 이송하여 통합하였다. 그러나 제4연방항소법원은 이러한 지방법원의 결정에 대하여 관련된 사건에 관한 관할의 의미를 지나치게 확대해석하였다며 지방법원의 이송결정을 파기하였다.

이와 비슷한 포괄적 접근법이 또 다른 사건인 Dow Corning 사건에도 적용되었다. 이 사건은 채무자인 Dow Corning과 다른 실리콘 가슴 보형물 제조사들 모두가 공동피고로 제소된 사건이었다. 이 제조자들을 피고로 한 수천 개의 소송이 수많은 연방법원에 분산되어 제기되었는데, 사법심사위원회의 결정에 의해 모든 사건이 앨라배마 북부지구법원으로 통합되었다. 위 북부지구법원은 42억5천만 불의 화해기금을 조성하기로 하는 임의적 대표당사자소송을 확인하였다. 위 화해에도 불구하고 약 44만 명의 여성이 위 단체소송의 구성원으로 참여하지 않

325) Celotex Corp v. Edwards, 514 U.S. 300, 308 (1995); Hill v. Opus Corp., 464 B.R. 361 (C.D.Cal. Nov 14, 2011).

326) Dow Corning Corp., 86 F.3d 482 (6th Cir. 1996); A.H. Robins Co. v. Piccinin, 788 F.2d (4th Cir. 1986).

은 상태였고, 수천 명의 여성은 개인적으로 소송을 진행하였다. 탈퇴한 많은 구성원들로 인한 소송비용의 증가를 우려한 Dow Corning은 미시간 동부지구법원에 청원서를 제출하였다.

이 청원을 법원이 받아들임으로써 Dow Corning을 상대로 제기된 모든 소송이 자동적으로 중단되었다. 결과적으로 Dow Corning은 파산절차가 진행 중인 연방법원으로 위와 같이 화해가 성립된 대표당사자소송에서 탈퇴한 모든 구성원들의 개인별 소송을 통합하였다. 이러한 이송은 주법원에 제기된 탈퇴한 구성원들의 소송을 포함하고 있었지만, 28 U.S.C. §1452(a)에 의해 연방법원으로 재이송되었다. Dow Corning는 파산재건계획의 일환으로 실리콘 가슴 보형물이 원고들이 주장하는 질병의 원인이 되었는지를 판단해 달라며 배심재판의 통합을 청구하였다. 전국에 걸쳐 있던 모든 사건을 통합하고 이송함으로써 Dow Corning은 상당한 소송비용의 절감 효과를 얻을 수 있었다. Dow Corning의 공동피고들도 Dow Corning이 통합을 주장한 법원에 참가하기 위하여 미시간 동부지구법원으로 사건을 이송해 달라고 요청하였다.

지방법원은 Dow Corning의 청구는 받아들였지만, 다른 공동피고들의 청구는 Dow Corning 파산절차와 "관련된 사건"이 아니라는 이유로 받아들이지 않았다. 그러나 제6연방항소법원은 채무자 아닌 다른 피고에 대한 "관련된 사건" 관할이 인정된다는 이유로 위 지방법원의 판결을 파기하였다. 제6연방항소법원은 "관련된 사건" 관할을 적용하기에 충분할 정도의 기여와 보상에 대한 소송의 위협은 채무자의 재산에 영향을 미칠 수 있다는 가능성이 증명되는 것으로 충분하다며 사건을 파기하였다. 위 연방항소법원은 지방법원이 파산법상의 여러 절제조항에 의해 채무자 아닌 다른 피고 사건에 대해 변론절차에서 자제하였는지 여부를 확인할 필요가 있다면서 위 사건을 지방법원으로 환송하였다.

그러나 일부 법원은 "관련된 사건" 관할을 좁게 해석하는 접근법을 취하였다. 예를 들어 일부 법원은 Dow Corning 사건에서 공동피고들이 동일한 물질을 사용한 후유증으로 채무자에게 채무가 발생하였고, 피고들이 동일하고 비슷한 제품을 만들어 동일한 시장에서 판매하고, 본질적으로 비슷한 상해를 유발했다는 점에서 밀접하게 관련성이 있다는 이유로 Dow Corning 판결이 있기 전까지는 석면피해청구사건과 Dow Corning 사건은 서로 다른 경우라는 입장을 취하였다.[327] 반면에 Arnold 사건에서는 석면피해소송의 피고는 마찰브레이크, 절연제,

가스켓, 그 외 다른 용도로 석면을 사용하였음을 근거로 A.H Robins를 특수한 제품을 생산하는 공통성이 있다고 하여 서로 같은 경우라는 입장을 취하였다.

제7절 연방법원과 주법원의 상호 협력

제1장 의 의

앞에서 살펴본 바와 같이 광역관할소송에 관한 28 U.S.C. § 1407과 28 U.S.C. §1404(a)에 의한 이송은 연방사건을 병합할 때만 적용되었을 뿐이고, 연방사건과 주사건 사이에서는 이송이 허용되지 않았다. 뿐만 아니라 연방규칙 제48조에 의한 병합은 같은 연방법원에 계속 중인 사건에만 적용되기 때문에 훨씬 더 적용범위가 좁다. 결국 파산절차를 제외하고는 연방사건과 주사건의 병합을 명할 수 있는 법적 근거는 전혀 없다고 하겠다.

이것은 비현실적이라고 하지 않을 수 없다. 지난 수십 년 동안 수많은 광역관할사건에 대한 주요 판례들은 연방법원과 주법원에 계속 중인 분리된 사건들을 포함하고 있다. 그러한 판례가 나오기에는 여러 가지 이유가 있다.

그러한 이유로는 첫째, 원고 사건을 수행하는 많은 변호사들이 가능하다면 의도적으로 연방법원이 아닌 주법원을 선택해 왔기 때문이고, 둘째, 당사자들의 거주지, 소송의 성질, 이송에 관한 연방법원의 특별한 태도 등을 고려할 때 어떤 주 사건이 연방법원으로 성공적으로 이송되어질 수도 있고, 반면에 다른 사건들의 경우 주법원으로 반송되어질 수도 있기 때문이고(혹은 처음 소가 제기된 곳으로 반송되지 않을 수도 있다), 셋째, 자신의 동료 변호사들이 주법원에 소를 제기하는 것과 달리 어떤 원고 변호사들은 연방법원에 소송을 제기할 수도 있기 때문이다. 그 경우에 그 변호사는 주법뿐만 아니라 연방법의 적용을 동시에 주장하

---

327) Arnold v. Garlock, Inc., 278 F.3d 426 *5hr Cir, 2001); Sibley v. Lincoln, 2007 WL 2176979 .

는 소송계획을 세울 수도 있다.

복잡한 소송을 위한 지침서(4차)에 의하면, 연관된 사건의 연방판사와 주판사는, 특히 같은 주 안에 있는 경우에, 종종 관련된 사건을 비공식적 방법을 통해 서로 협력을 도모하기도 한다. 이러한 공동협력의 문제는 사전증거조사, 신청의 집행, 대표변호사와의 협의 약속 등으로 나타나기도 하고, 사법심사위원회가 비슷한 사건이 주법원에 계속되어 있을 경우 연방법원으로 이송하는 경우에도 이루어질 수 있다. 위 지침서에 의하면 이러한 협력은 같은 변호사가 소송을 수행하거나 사건들이 하나의 주법원 또는 상당히 적은 수의 주법원에 계속되어 있는 경우에는 그리 어렵지 않지만, 사건들이 전국적으로 흩어져 있는 경우에는 이러한 협력을 유지하는 것은 상당히 어렵다고 한다.

제2장 제도 개선과 입법

위와 같은 문제를 해결하기 위하여 연방청구와 주청구가 협력하여 해결될 수 있도록 하는 다양한 방안이 모색되고 있다. 가장 정교하고 광범위하게 모색된 것으로 1994년에 만들어진 미국법률협회의 복잡한 소송 프로젝트(ALI's Complex Litigation Project)가 있다.

이 계획에는 첫째, 연방법원에 계속 중인 사건으로 동일한 거래나 사실관계로부터 발생하거나 연속적인 거래과정이나 사실관계에서 발생한 사건, 둘째, 공통의 사실관계 또는 법률관계를 공유하고 있는 사건에 대하여는 다양성 관할 요건을 갖추지 못한 경우에도 주법원으로부터 연방법원으로 사건을 이송할 수 있도록 하는 내용이 포함되어 있다. 광역소송에 관한 사법심사위원회[328]를 모델로 삼고 있는 복잡한 소송심사위원회[329]는 이송을 허용할 것인지 여부를 결정하고, 이송된 사건이 연방법원에 이미 계속 중인 사건이나 이송된 사건끼리 서로 통합될 수 있는지 여부 등을 결정하게 된다. 제안된 적용법 선택 조항에 의해 사건을 통합하는 법원은 많은 경우에, 그 사건이 여러 주에 걸쳐 발생하였더라도, 그 사건에 관하여 하나의 통일된 법을 적용하는 것이 허용된다.

미국법률협회의 위 제안에 의하면, 복잡한 소송심사위원회는 거래와 관련된 사

328) the Judicial Panel on Multidistrict Litigation
329) the Complex Litigation Panel

건들을 이송할 수 있는 독점적 재량권을 가지며, 당사자들은 그러한 사건들을 일방적으로 이송하기 위해 허가를 얻을 필요가 없다. 주법원 절차를 따르고자 하는 일방 당사자의 신청이나 소송 중 하나가 진행되기 전 주법원 판사의 확인에 의해 이송이 이루어질 수 있다. 그리 되면 위 소송심사위원회는 그러한 이송이 적합했는지 여부를 판단하게 된다. 더하여 위 제안에 의하면 일정한 경우에 비슷한 유형의 사건을 함께 해결하기 위하여 연방법원에 계속된 사건을 주법원으로 이송할 수도 있다.

연방주의제도에 대한 재고를 포함한 본질적인 논쟁으로 촉진된 미국법률협회의 위 제안은 의회에서는 별다른 관심을 받지 못하고 있다. 그럼에도 불구하고 이 제안은 앞으로 이송과 관련된 많은 문제해결의 방안을 모색하는 자료가 될 수 있을 것으로 기대된다.

제 8 절 비대표당사자소송의 통합

연방대법원의 Amchem 판결에 대한 입장은 일정한 경우 광범위한 화해를 유도하려는 당사자들에게 많은 어려움을 안겨 주고 있다. 다른 경우에 광범위한 화해가 가능하다고 하더라도, 당사자들은 대표당사자소송에 소송요건을 충족시켜야 하는 소송상의 어려움을 피하기 위하여 비대표당사자소송의 해결방식을 선호할 수도 있다.

그러한 비대표당사자소송방식의 합의로 최근 주목받을만한 것으로 Merck라는 제약회사가 생산한 Vioxx라는 약이 심장마비와 뇌졸중의 원인이 되었다고 주장하면서 소송을 제기한 피해자들과 위 회사가 48억5천만 불에 통합적 화해를 이루어낸 사건이 있다. 그러한 화해과정은 대단히 복잡하였다. 원고 소송대리인들은 원고 구성원들에게 화해를 제안하였다. 한 사람의 고객이라도 동의하지 않으면 변호사는 그 원고들을 대표할 수 있는 자격을 상실할 수밖에 없었다. 그런데 모든 고객들이 원고로 참가하기로 동의하였다. Vioxx를 포함하여 최근의 다른 비대표당사자소송 방식의 통합적 화해는 그러한 화해에 적용될 근거에 대한 논란을 유발하였다. 왜냐하면 그러한 신청들은 연방규칙 제23조에 근거해 제기된 것이 아니기 때문에 대표당사자소송에 적용되는 연방규칙 제23조(e)가 요구하는 것과 같은 공정한 심사를 법원이 할 수 없었기 때문이었다. 그렇지만 법원은 위 사건에 대한 화해조항을 재심사함에 있어 대표당사자소송에서 화해에 대한 승인절차를 준용하여 취급하였다.

그러한 화해를 규율하는 오래된 규칙은 윤리적 규칙밖에 없다 할 것인데, 이러한 윤리적 규칙은 소위 통합적 화해규칙이라 하여 모든 주에서 적용되고 있다. 이러한 규칙이 적용되는 경우 한 명 또는 다수의 변호사들은 비대표당사자소송 유형에 근거한 사건에 대하여는 둘 또는 그 이상의 원고들을 대표하게 되고, 분쟁에 대한 화해를 모색하게 된다. 한편 소송대리인은 그러한 화해에 동의하기 전에 모든 원고들에게 그 화해조항에 대한 재심사기회를 제공하고 동의를 받아내어야 한다.

미국법률협회는 2010년도에 출간된 통합소송 프로젝트 중 통합화해규칙을 검토 후 대안적 방안을 모색하기에 이르렀다. 이러한 검토의 주요 관심사는 그러한 화해에 동의해 주는 대가로 추가이익을 얻어내려는 당사자들의 자격에 관한 것이었다. 이러한 위험성은 모든 원고가 화해에 동의한 상태에서 피고가 동의할 것인가 만을 남겨 놓은 경우에 가장 크게 나타난다. 만일 피고가 추가이익을 제공하고 화해에 동의하지 않으면 원고들이 화해에 응하지 않으면서 개별적 추가소송을 제기하겠다며 피고를 곤란하게 만들 수도 있기 때문이다.

미국법률협회는 위 프로젝트를 검토한 후 원고들과 소송대리인들이 화해에 앞서서 피고에 의해 제안된 화해조항에 대해 원고들이 사전투표를 통해 대다수의 원고들이 통합적 화해조항에 동의하면 원고 전원이 모두 동의한 것으로 간주하겠다는 내용을 먼저 합의한 후 통합적 화해에 나서는 방안을 마련하면 좋겠다는 의견을 제시하였다. 그렇게 해야만 마지막 단계에서 합의사항에 대한 일부 원고들의 부동의로 인한 파국을 막을 수 있다는 것이다(통합소송법의 제원칙 §Ⅲ.17). 그러한 사전 동의는 원고들에게 자신들이 합의과정에서 무엇을 포기해야 할 것인가에 대한 충분히 이해한 후 일정한 근거에 바탕한 동의를 할 수 있게 하는 역할을 수행한다. 또한 위와 같은 사전 동의를 통해 원고들은 합의로 인해 자신들이 받을 배당액이 공정한지 또는 적합한지 여부를 판단할 수 있고, 부당하다고 판단할 경우에 이의를 제기할 수 있게 된다(위 제원칙 §Ⅲ.18). 하지만 아직은 위와 같은 미국법률협회의 수정제안이 통합적 해결규칙의 수정에 이를 것인지 여부는 속단하기 어렵다.

집단적 대량 피해가 발생하고 있는 것이 현대사회의 특징이다. 이럴 경우 개별적 분쟁해결에 맡겨 둔 종래의 통상적인 소송제도로는 분쟁해결에 한계가 있을 수밖에 없다. 따라서 우리나라도 대표당사자소송제도의 도입을 신중하게 검토할 단계에 왔다고 하겠다. 물론 증권관련집단소송법이나 소비자기본법에 의해 제한된 범위에서 단체소송이 허용되고 있지만 일반소송으로 확대할 필요성이 크다고 하겠다. 그렇지만 영미법상의 대표당사자소송 역시 적용 과정에서 많은 문제점이 발견되었고, 이러한 문제점에 대한 보완책이 끊임없이 연구되고 있다. 앞으로 우리나라의 경우에도 대표당사자소송이 보편적 소액 다수의 피해자들을 구제하는 소송제도로 도입될 것이 기대된다.

부 록

Federal Rule of Civei Procedure 23(Class Actions)

(a) Prerequisites. One or more members of a class may sue or be sued as representative parties on behalf of all members only if:

(1) the class is so numerous that joinder of all members is impracticable;

(2) there are questions of law or fact common to the class;

(3) the claims or defenses of the representative parties are typical of the claims or defenses of the class; and

(4) the representative parties will fairly and adequately protect the interests of the class.

(b) Types of Class Actions. A class action may be maintained if Rule 23(a) is satisfied and if:

(1) prosecuting separate actions by or against individual class members would create a risk of:

(A) inconsistent or varying adjudications with respect to individual class members that would establish incompatible standards of conduct for the party opposing the class; or

(B) adjudications with respect to individual class members that, as a practical matter, would be dispositive of the interests of the other members not parties to the individual adjudications or would substantially impair or impede their ability to protect their interests;

(2) the party opposing the class has acted or refused to act on grounds that apply generally to the class, so that final injunctive relief or corresponding declaratory relief is appropriate respecting the class as a whole; or

(3) the court finds that the questions of law or fact common to class members predominate over any questions affecting only individual members, and that a

class action is superior to other available methods for fairly and efficiently adjudicating the controversy. The matters pertinent to these findings include:

(A) the class members' interests in individually controlling the prosecution or defense of separate actions;

(B) the extent and nature of any litigation concerning the controversy already begun by or against class members;

(C) the desirability or undesirability of concentrating the litigation of the claims in the particular forum; and

(D) the likely difficulties in managing a class action.

(c) Certification Order; Notice to Class Members; Judgment; Issues Classes; Subclasses.

(1) Certification Order.

(A) Time to Issue. At an early practicable time after a person sues or is sued as a class representative, the court must determine by order whether to certify the action as a class action.

(B) Defining the Class; Appointing Class Counsel. An order that certifies a class action must define the class and the class claims, issues, or defenses, and must appoint class counsel under Rule 23(g).

(C) Altering or Amending the Order. An order that grants or denies class certification may be altered or amended before final judgment.

(2) Notice.

(A) For (b)(1) or (b)(2) Classes. For any class certified under Rule 23(b)(1) or (b)(2), the court may direct appropriate notice to the class.

(B) For (b)(3) Classes. For any class certified under Rule 23(b)(3), the court must direct to class members the best notice that is practicable under the circumstances, including individual notice to all members who can be identified through reasonable effort. The notice must clearly and concisely state in plain, easily understood language:

(i) the nature of the action;

(ii) the definition of the class certified;

(iii) the class claims, issues, or defenses;

(iv) that a class member may enter an appearance through an attorney if the member so desires;

(v) that the court will exclude from the class any member who requests exclusion;

(vi) the time and manner for requesting exclusion; and

(vii) the binding effect of a class judgment on members under Rule 23(c)(3).

(3) Judgment. Whether or not favorable to the class, the judgment in a class action must:

(A) for any class certified under Rule 23(b)(1) or (b)(2), include and describe those whom the court finds to be class members; and

(B) for any class certified under Rule 23(b)(3), include and specify or describe those to whom the Rule 23(c)(2) notice was directed, who have not requested exclusion, and whom the court finds to be class members.

(4) Particular Issues. When appropriate, an action may be brought or maintained as a class action with respect to particular issues.

(5) Subclasses. When appropriate, a class may be divided into subclasses that are each treated as a class under this rule.

(d) Conducting the Action.

(1) In General. In conducting an action under this rule, the court may issue orders that:

(A) determine the course of proceedings or prescribe measures to prevent undue repetition or complication in presenting evidence or argument;

(B) require—to protect class members and fairly conduct the action—giving appropriate notice to some or all class members of:

(i) any step in the action;

(ii) the proposed extent of the judgment; or

(iii) the members' opportunity to signify whether they consider the representation fair and adequate, to intervene and present claims or defenses, or to otherwise come into the action;

(C) impose conditions on the representative parties or on intervenors;

(D) require that the pleadings be amended to eliminate allegations about representation of absent persons and that the action proceed accordingly; or

(E) deal with similar procedural matters.

(2) Combining and Amending Orders. An order under Rule 23(d)(1) may be altered or amended from time to time and may be combined with an order under Rule 16.

(e) Settlement, Voluntary Dismissal, or Compromise. The claims, issues, or defenses of a certified class may be settled, voluntarily dismissed, or compromised only with the court's approval. The following procedures apply to a proposed settlement, voluntary dismissal, or compromise:

(1) The court must direct notice in a reasonable manner to all class members who would be bound by the proposal.

(2) If the proposal would bind class members, the court may approve it only after a hearing and on finding that it is fair, reasonable, and adequate.

(3) The parties seeking approval must file a statement identifying any agreement made in connection with the proposal.

(4) If the class action was previously certified under Rule 23(b)(3), the court may refuse to approve a settlement unless it affords a new opportunity to request exclusion to individual class members who had an earlier opportunity to request exclusion but did not do so.

(5) Any class member may object to the proposal if it requires court approval under this subdivision (e); the objection may be withdrawn only with the court's approval.

(f) Appeals. A court of appeals may permit an appeal from an order granting or denying class-action certification under this rule if a petition for permission to appeal is filed with the circuit clerk within 14 days after the order is entered. An appeal does not stay proceedings in the district court unless the district judge or the court of appeals so orders.

(g) Class Counsel.

(1) Appointing Class Counsel. Unless a statute provides otherwise, a court that certifies a class must appoint class counsel. In appointing class counsel, the court:

(A) must consider:

(i) the work counsel has done in identifying or investigating potential claims in the action;

(ii) counsel's experience in handling class actions, other complex litigation, and the types of claims asserted in the action;

(iii) counsel's knowledge of the applicable law; and

(iv) the resources that counsel will commit to representing the class;

(B) may consider any other matter pertinent to counsel's ability to fairly and adequately represent the interests of the class;

(C) may order potential class counsel to provide information on any subject pertinent to the appointment and to propose terms for attorney's fees and nontaxable costs;

(D) may include in the appointing order provisions about the award of attorney's fees or nontaxable costs under Rule 23(h); and

(E) may make further orders in connection with the appointment.

(2) Standard for Appointing Class Counsel. When one applicant seeks appointment as class counsel, the court may appoint that applicant only if the applicant is adequate under Rule 23(g)(1) and (4). If more than one adequate applicant seeks appointment, the court must appoint the applicant best able to represent the interests of the class.

(3) Interim Counsel. The court may designate interim counsel to act on behalf of a putative class before determining whether to certify the action as a class action.

(4) Duty of Class Counsel. Class counsel must fairly and adequately represent the interests of the class.

(h) Attorney's Fees and Nontaxable Costs. In a certified class action, the court may award reasonable attorney's fees and nontaxable costs that are authorized by law or by the parties' agreement. The following procedures apply:

(1) A claim for an award must be made by motion under Rule 54(d)(2), subject to the provisions of this subdivision (h), at a time the court sets. Notice of the motion must be served on all parties and, for motions by class counsel, directed to class members in a reasonable manner.

(2) A class member, or a party from whom payment is sought, may object to

the motion.

(3) The court may hold a hearing and must find the facts and state its legal conclusions under Rule 52(a).

(4) The court may refer issues related to the amount of the award to a special master or a magistrate judge, as provided in Rule 54(d)(2)(D).

참 고 문 헌

1. 단행본

Richard Nagareda and Robert Bone	The Law of Class Actions and Other Aggregate Litigation (University Casebook Series) 2nd Edition	Foundation Press	2013
Brian Anderson and Andrew Trask	The Class Action Playbook 2nd Edition	Oxford University Press	2012
Robert Klonoff and Edward Bilich	Class Actions and Other Multiparty Litigation (American Casebook Series)	West Academic Publishing	2011
Paul G. Karlsgodt	World Class Actions: A Guide to Group and Representative Actions around the Globe	xford University Press	2012
Deborah Hensler and Erick K. Moller	Class Action Dilemmas: Pursuing Public Goals for Private Gain	RAND Corporation	2000
United States Congress Senate Committee	Class Action Litigation	BiblioGov	2010
Rachael Mulheron	The Class Action in Common Law Legal Systems: A Comparative	Hart Publishing	2004

	Perspective		
Arnaud Nuyts and Nikitas E. Hatzimihail	Cross-Border Class Actions: The European Way	sellier european law publishers	2014
Gregory C. Cook	The Class Action Fairness Act: Law and Strategy	American Bar Association	2014
Thomas A. Dickerson	Class Actions: The Law of 50 States (Litigation Series)	Law Journal Press	2015
James Lagenfeld	The Law and Economics of Class Actions (Research in Law and Economics)	Emerald Group Publishing	2014
Joel S. Feldman	Class Action Litigation 2009: Prosecution and Defense Strategies (Litigation and Administrative Practice Series)	Practicing Law Institute	2009
Jayne A. Goldstein	Class Action Litigation Strategies 2010 (Litigation and Administrative Practice Series)	Practicing Law Institute	2010
LandMark Publications	Class Action Settlements (Litigator Series)	LandMark Publications	2014
Sean P. Wajert	Class Actions and Mass	Practising Law	2015

	Torts Answer Book 2015	Institute	
The Federalist Society for Law and Public Policy Studies and The Federalist Society for Law and Public Policy Studies	Class Action Watch, September 2011	The Federalist Society for Law and Public Policy Studies	2011
Nicholas M. Pace and Stephen J. Carroll	Insurance Class Actions in the United States	RAND Corporation	2007
Aspatore Books Staff	Best Practices for Class Action Litigation	Aspatore Books	2007
United States. Congress. Senate. Committee on the Judiciary. Subcommittee on Improvements in Judicial Machinery	Reform of class action litigation procedures	University of Michigan Library	1978
Deborah R. Hensler and Christopher Hodges	The Globalization of Class Actions	SAGE Publications	2009

2. 논문

AD Lahav	Symmetry and Class Action Litigation	UCLA L. Rev	2012
CR Drahozal	Franchising, Arbitration, and the Future of the Class Action	Entrepreneurial Business Law Journal	2009
David Rosenberg* and Kathryn E. Spier	Incentives to Invest in Litigation and the Superiority of the Class Action	Journal of Legal Analysis	2014
DR Hensler	Goldilocks and the Class Action	Harv. L. Rev. F.	2012
Fitzgerald, Patrick W	Tort Reform And Class Action Litigation In The States	Conflict Resolution & Negotiation Journal	2012
John C. Coffee, Jr.	Class Wars: The Dilemma of the Mass Tort Class Action	Columbia Law Review	1995
Lynn Bai, James D. Cox and Randall S. Thomas	LYING AND GETTING CAUGHT: AN EMPIRICAL STUDY OF THE EFFECT OF SECURITIES CLASS ACTION SETTLEMENTS ON TARGETED FIRMS	University of Pennsylvania Law Review	2010
N Ruan, SA Moss	The Second-Class Class Action	American University Law Review	2012
M Gilles, A Sebok	Crowd-Classing	DePaul L. Rev.	2013

	Individual Arbitrations in a Post–Class Action Era		
MH Redish, P Julian, S Zyontz	Cy Pres Relief and the Pathologies of the Modern Class Action	Fla. L. Rev.	2010
Michael D. Sant'Ambrogio and Adam S. Zimmerman	THE AGENCY CLASS ACTION	Columbia Law Review	2012
MK Kane	Supreme Court's Recent Class Action Jurisprudence	Lewis & Clark L. Rev.	2012
onathan R. Macey and Geoffrey P. Miller	The Plaintiffs' Attorney's Role in Class Action and Derivative Litigation	The University of Chicago Law Review	1991
RA Nagareda	Litigation–Arbitration Dichotomy Meets the Class Action	Notre Dame L. Rev.	2011
Stern, S.	Class Action Work	CONGRESSIONAL QUARTERLY WEEKLY	2005
unknown	Annual Workplace Class Action Litigation Report	Labor law journal	2006
Wright, Michelle	Class actions : litigation	Without Prejudice	2013
X Huang, J Shen, GY Tian	U.S. Class Action Lawsuits Targeting Foreign Firms	SSRN 2428334	2014

저자 약력

변호사, 법학박사, 시인
숭실대학교 법과대학 졸업
한양대학교 대학원 졸업
중앙대학교 대학원 졸업
숭실대학교 법과대학 학장
숭실대학교 법학연구소 소장
Illinois Institute of Technology Kent Law School 방문교수
한국민사법학회 부회장, 편집위원
한국민사소송법학회 이사, 편집위원
대한변호사협회 사업이사
대한변호사협회 인권위원
대한변호사협회 사법평가위원
의료분쟁조정중재원 이사
환경부 중앙환경보전자문위원
한국법과대학교수회 수석부회장
현대시학회 회장

〈주요 저서〉
민법총칙, 물권법, 채권총칙, 채권각칙,
친족상속법, 민사소송법, 민사집행법,
채권자취소권, 법학개론,
생활 속의 법률, 민법강의 외 다수

〈주요 논문〉
채권자취소권에 관한 고찰,
이자제한에 관한 연구
관습법상의 분묘기지권에 관한 연구,
대위처분금지가처분의 효력에 대한 입법론적
고찰 외 다수

미국법상의 대표당사자소송

발 행 일 • 2015년 8월 28일 초판 1쇄 발행
저　　자 • 오시영
발 행 인 • 이향준
발 행 처 • (주)법률저널
출판등록 • 2006년 4월 11일 (제320-2006-31호)
주　　소 • 151-862 서울 관악구 서림동 120-32
연 락 처 • (02)876-4312
팩스밀리 • (02)874-1144
홈페이지 • http://www.lec.co.kr
I S B N • 978-89-6336-234-2

정 가 30,000원